宮城浩藏の人と刑法思想

川端　博著

刑事法研究　第18巻

成　文　堂

はしがき

「刑事法研究第一八巻」は、明治時代初期のわが国の刑法学の第一人者であった宮城浩蔵の人となりと彼の思想および刑法理論を明らかにする『宮城浩蔵の人と刑法思想』である。宮城が学者および実務法曹として活躍したのは、明治一〇年代から二〇年代中盤までの間である。この時期には、中国法思想の影響を受けてきた伝来の日本の法思想は、西洋法の継受により著しく西欧化・近代化したのであり、刑事法の領域においては、フランス刑法の影響を受けた旧刑法が制定・施行された。この時期をわたくしは、近・現代における第一期「刑事立法の時代」として特徴づけている。立法に関与した宮城は、新しく制定された刑法典を定着させるべく、明治法律学校で刑法の講義を担当して刑法を講述した。この講義の講義録として公刊されたのが『刑法講義』であり、その改訂版が『刑法正義』である。『刑法正義』は、宮城の歿後、遺稿を井上正一、亀山貞義、岸本辰雄が校閲し出版したものである。

宮城浩蔵について小野博士は、「明治二十年代の刑法学者として、なほ井上正一、宮城浩蔵、亀山貞義などを挙げることが出来よう。……それぞれ著書を遺してゐるが、いづれもフランス刑法学を学んで我が刑法の解釈を論じたものである点に於て根本的に同一の性格を有する。なかんづく学問的に最も完成されたのは宮城の『刑法正義』上下巻（明治二六年）であらう。逐条的註釈であるが、それだけ詳細で、しかも整然たる叙述である。蓋し当時における我が刑法解釈の第一人者であつた」と評された。直輸入法学としての性格を有していた当時の刑法の著書の中で宮城の『刑法正義』が「学問的に最も完成された」ものとする小野博士の評価は、特筆に値する。その評価の正しさを本書において明らかにしたいとおもう。

右のような企図の出発点は、明治大学創立百周年記念事業の一環としてなされた「学術叢書」の出版の「建学者の精神と足跡」シリーズ全七巻のうち、宮城の本を担当することになってはじめて、彼の著書を丁寧に読む機会を得たことにある。すなわち、学術叢書出版委員会から、①翻刻版の対象となるべき著書の選定、②翻刻版原稿の作成、③解題の執筆および④翻刻版の校正の依頼を受けたのである。既に公刊され広く好評を博していた『刑法講義』ではなくて、その実質的改訂版である『刑法正義』を選定した。これを翻刻刊行することが彼の遺志を実現し彼の刑法学を後世に伝えることになると考えたから、これを選んだのであった。本シリーズは、すべて片仮名書きを平仮名書きに改め、句読点および濁点・半濁点を付して現代語表記化することになっていたので、本書の表記もこの方針に従った。在外研究から帰国して間もない頃で各種の仕事に追われていた身にとってその作業が結構大変であったことをいま懐かしく思い出している。

宮城に関する直接的な「資料」はきわめて少ない。最近、日本法制史家の村上一博教授が新たな史料を数多く収録した宮城の『論文選集』を公刊された。そこで、その史料を基礎にして「解題」における宮城の人となりおよび国会議員・代言人としての活躍に関する叙述を補正し、『刑法正義』の叙述から彼の「思想」と「刑法理論」を浮彫りにすることにした。本書を『宮城浩藏の人と刑法思想』と題する所以はここにある。宮城の人となりと時代背景を明らかにするに当たって、刑法学者としての宮城も「時代の子」であり、その「時代」を基礎にして彼の人格と彼の刑法理論の思想史的意義を解明する必要性を痛感した。彼自身の考え・想念を直接、示す日誌や手紙類の史料はほとんど見つかっていないので、彼の事跡や彼に関する記述などの記録類から彼の内面を推測せざるを得ないことを予め断っておかなければならない。自己の思想・意識・思考・想念などを明記する日誌や手紙類の史料が存在していないという点に関するかぎりにおいて、宮城は、「記録を残さなかった男」といえる。『記録を残さなかった男の歴史』（渡辺響子教授訳）の著者アラン・コルバンは、従来の社会史の方法と異なる方法論に基づいて、「記録を残さなかった男」が生きた社会に関する新たな社会史像を提示しており、その方法論は、ここでの考察にとって大いに参考になった。さらに、歴史学・歴史像および解釈学・哲学の意義などについても考察する必要に迫られたのであった。しかし、その考察は、自由で楽しかった。研究者冥利に尽きる気がする。

宮城浩蔵は、明治二六年二月一三日に逝去した。新聞各紙は、「宮城浩蔵氏逝く」という見出しで報道した。『郵便報知新聞』は、明治二六年二月一五日付けで、「法学社会に錚々の聞へ高かりし山形県第一区選出代議士仏国法律学士宮城浩藏氏は曩に病を獲、爾来専ら療養中の処ろ薬石効なく終に一昨十三日午前十一時を以て溘焉永眠したり前には松野貞一郎氏を失ひ今又た氏の訃音に接す法学社会の為め惜みても尚ほ余りあり嗚呼悼むべき事どもなり」と報じた。『東京日日新聞』は、二月一六日付けの紙面で「法社会に錚々の聞へ高りし山形第一区選出代議士代言人仏国法学士宮城浩藏氏は予て腸室扶斯に罹り療養中なりしが薬石効なく遂に一作十四日逝去したり曩には松野貞一郎氏を失ひ今又た氏の訃音に接す法学社会の為め悼惜に堪へず今氏の履歴を聞くに左の如し」として詳しい評伝を掲記した後、「氏死する年僅に四十有四」と感動的に擱筆している。宮城は、腸チフスに罹患して急逝したのであった。これからの益々の活躍が大いに期待されていただけに、それを実現することなく死を迎えたのは無念であったに違いない。余りにも早過ぎる宮城の死去は、惜しみても余りあるものであった。主人公の活躍にわくわくしながら見入ってきた演劇が大団円を迎えることなく突如幕を降ろしてしまい、余りにも早過ぎる終幕となったとの感を深くする。明治法律学校の後身である明治大学の法学部を出てその刑事法講座を担当したわたくしとしては、宮城の見果てぬ夢への思いを禁じ得ない。

本書において偉大な宮城浩藏の業績を顕彰するとともに彼から多くを学び取った思いがする。本書で掘り下げることができなかった彼の刑法理論の詳細については、今後、個別的論点との関連において検討することにしたいとおもう。

本書の刊行に当たっても成文堂の阿部成一社長には、多大な御配慮を賜ったので、厚く御礼を申し上げる次第である。また執筆などについてわたくしのいつものペースを尊重して頂いたうえ編集につき大変お世話になった編集部の飯村晃弘氏に対しても感謝の意を表する。

平成二九年（二〇一七年）六月二〇日

川端　博

目　次

初出一覧

① 駒澤貞志・川端博「解題　宮城浩藏の人と刑法思想」明治大学創立百周年記念学術叢書出版委員会編『刑法正義　宮城浩藏著』《翻刻版》百周年記念学術叢書第四巻（昭59年・一九八四年）所収［第一部および第二部・改題のうえ構成変更・大幅加筆修正］

② 佐々木忠藏「先師宮城浩藏先生　小伝」［翻刻版］前掲①『刑法正義　宮城浩藏著』所収［第三部］

③ 川端博「旧刑法・刑法改正第一次草案対照表」『法律論叢』第五九巻五・六号（昭61年・一九八六年）、第六〇巻第一号（昭62年・一九八七年）［第三部］

第一部

宮城浩藏とその時代

序章　宮城浩藏との出会いと本書執筆の経緯

宮城浩藏の名を初めてわたくしが目にしたのは、明治大学の法学部に入学した昭和三八年のことであった。明治大学の前身である明治法律学校の創立者の一人・教授としての宮城である。当時、学内の各種の大学案内書などにおいて創立者の紹介がなされており、それらを読んで知り得る程度の知識を有していたにすぎなかったのである。その後、彼が明治時代の初期における著名な刑法学者・法律実務家（法曹）であることを知ったが、その著作・記録に接するまでには至らなかった。ところが、明治大学創立百周年記念事業の一環としてなされた「学術叢書」の出版の「建学者の精神と足跡」シリーズ全七巻のうち、宮城の本を担当することになってはじめて、彼の著書を丁寧に読む機会を得たのである。すなわち、学術叢書出版委員会から、①翻刻版の対象となるべき著書の選定、②翻刻版原稿の作成、③解題の執筆および④翻刻版の校正の依頼を受けたのであった。①については、既に広く公刊され好評を博していた『刑法講義』ではなくて、その実質的改訂版である『刑法正義』を選定した。本書は、宮城の没後に刊行されたものであるが、彼が精魂を込めて原稿を完成させ公刊を待っていた著書である。これを翻刻刊行することが彼の遺志を実現し彼の刑法学を後世に伝えることになると考えたから、これを選んだのであった。本書の価値については、後で第一章において述べる。②本シリーズは、すべて片仮名書きを平仮名書きに改め、句読点および濁点・半濁点を付して現代語表記化することになっていたので、本書の表記もこの方針に従った。その作業が結構大変であったことをいま懐かしく思い出す。③解題は、当初、わたくしの単独名による執筆であったので、自由に筆を運ぶことができた。後に公刊の段階になって委員会の決定に基づいて、内容はそのままにして講座主任との連名で収録されることとなった。実際の執筆者と講座主任との連名は、本シリーズの全巻についてなされている。それで本書についても刑事法講座主任の駒澤貞志先生との連名となっているわけである。④校正はすべてわたくし一人でおこなう予定であったが、刊行を急ぐ必要があったため、各論の部分は担当をはずしてもらった。③および④の点については、「あとがき」において、「解題の執筆や上巻ならびに刑法草案の校正にあたられた川端博教授……の御努力にたいし深く感謝したい」と明治大学創立百周年記念事業・学術叢書出版委員会委員長の池田一新教授が述べておられる。[1]このように、解題は実質的には単独執筆であるので、これに大幅な加筆修正と構成変更を施して、本書を書き上げた次第である。さらに、本書執筆に至ったのは、以下の理由による。

宮城の経歴や言動について、直接的に宮城自身による叙述・史料がきわめて少なかったため、解題にはわたくしの推測に基づく解説が多くならざるを得なかった。それゆえ、文中に「……に違いないとおもわれる」とか、「……したであろう」とかの表現が散見されるのである。はては「……を示す資料を知り得ないのは、いかにも残念である」と嘆いたことであった。このような推測に基づく叙述は、「解釈学」における合理的解釈の方法であり、裁判における「事実認定」の手法に基づくものであるとおもう。この点については、歴史学の方法論の問題として第一章において検討することにする。

宮城に関する直接的な「資料」が少ないことについては、右に述べたとおりである。史料を発掘するのは法制史家の仕事であり、門外漢のわたくしのよくするところではない。それゆえ、より詳しい調査をして史料を読み込んだうえで、粗雑な解題を補充する必要を感じながらも、いたずらに時が経ってしまった。ところが、最近、日本法制史家の村上一博教授が新たな史料を数多く収録した宮城の『論文選集』を公刊された。[2]優れた史料集成である本書を読んでみると、わたくしの「推測」もまんざら的外れでなかったことが分かった。この点で日本史家の色川大吉教授のいわゆる「創造的想像」力がみとめられたと自負している。これに気をよくし右の「解題　宮城浩蔵の人と刑法思想」[3]を補充のうえ改めたいと考えるようになった。そこで、その史料を基礎にして宮城の人となりの叙述を補正し、『刑法正義』の叙述から彼の「思想」と「刑法理論」を浮彫りにしようと決意したのである。これが、本書を『宮城浩蔵の人と思想』と題する所以にほかならない。

そこで、宮城浩蔵の思想および刑法理論を見る前に、彼の人となりと時代背景を明らかにすることとする。それというのも、刑法学者としての宮城も「時代の子」であり、その「時代」を基礎にして彼の人格と彼の刑法理論の思想史的意義を解明する必要があるからである。彼自身の考え・想念を直接、示す日誌や手紙類の史料はほとんど見つかっていないので、彼の事跡や彼に関する記述などの記録類から彼の内面を推測せざるを得ないことを予め断っておかなければならない。自己の思想・意識・思考・想念などを明記する日誌や手紙類の史料が存在していないという点に関するかぎりにおいて、宮城は、「記録を残さなかった男」といえる。彼がなぜそのような記録を残さなかったのか、については不明である。おそらく年少の頃から学んだ儒学の影響による謙譲と無言実行の精神の反映ではないかとおもわれる。その点はともかくとして、『記録を残さなかった男の歴史』の著者アラン・コルバンは、従来の社会史の方法と異なる方法論に基づいて、「記録を残さなかった男」が生きた社会に関する新たな社会史像を提示している[4]。その方法論は、ここでの考察にとって有益であるとおもう。次にこの点について検討することにしよう。

コルバンの前記の著書の翻訳者である仏文学者の渡辺響子教授によれば、「本書は、『記録を残さなかった人間の記録』というよりも、記録を残さなかった人間の生きたであろう世界を再構成する、という作業であった。しかし、これが前代未聞の試みであることに変わりない。コルバン自身が本書冒頭で（そして、多くのインタビューに答えて）

述べているように、出発点は、現行の歴史の手順に対する物足りなさであった。これまでの社会史の仕事では、過去の人間の日常を書くとうたっている場合でも、普通の人間が描かれることはほとんどなかった」とされている。たしかに、社会史が「社会」の変化を叙述するものである以上、それに影響を与える人物が対象とされることになる。したがって、それは、有力者に限られ普通の人ではあり得ないのである。そのような者たちの「集団」が社会変革の主役として描かれたといえる。逆からいえば、集団の一構成員としての「個人」には関心が向けられなかったのである。しかし、「例外的に個人が登場するのは、二つのケースにおいてのみである。まず第一に、その個人が自伝や回想録を書き残した場合。第二に、犯罪や暴動、裁判記録などに、固有名詞が現れる場合である」とされる。宮城は、第一のケースに関わる。彼は、自伝・回想録は残していないが、学術書や公開の場における発言録を残している点で第一のケースに準じ得るとおもわれる。渡辺教授は、第一のケースに関して、「手紙や日記も含まれると考えられよう。日本でも一時期『ピープス氏の秘められた日記』や『元禄御畳奉行の日記』などが話題になったこともあった。だが、たとえ書き手の念頭に、公表する意図がまったくなかったとしても、そもそも、『書く』という行為自体に、一種の選択や創作の力が必然的に働くということは、誰でも経験のあることだろう。まして、回想録の類を残した人間であれば、実際の体験と記述の間には、時として数十年という歳月が流れている。よきブルジョアや尊敬すべき老人になった書き手が過去を振り返る時、意識的であるか否かは別として、そこに多少の脚色がないはずはない。テクストに含まれている感傷や美化、正統化を、読者はどのように濾過することができるだろう？また、ヨーロッパに関して言えば、たとえば十九世紀に文字が書けるということ自体すでに、特権的な人種であることも考慮しなければならない」とされる。(5) たしかに、ヨーロッパにおいては階級差によって文学を書くことにも大きな差が存在していた。日本では古くから歌を詠む文化が定着していたため、文字を書くこと自体に関してはヨーロッパほどには格差は大きくないといえる。近世においては寺子屋で、近代以降は学校で読み書きの教育が普及したのでなおさらである。しかし、出版となると話は別である。自伝や回想録の公刊は特権的な人たちに限られていたのである。発言などが公的記録に収録されるばあいにも、右と同様であるといえる。

ある者が自らの行動や想念について記録するばあい、渡辺教授が指摘されるように、本人にそれを公表する意図がなかったとしても、書く行為自体によって一定の変容が生ずることは、公知の事実である。まず、書く行為の中に「表現」作用に伴う無意識的な脚色の介在があり得るのである。叙述する際の「ことばの選択」と叙述の「形態・順序」により微妙なニュアンスの相違が生ずる。さらに、実際の体験とそれを叙述する時期の間に時間的なズレ（タイムラグ）があるばあいには、「時間の経過」による記憶の変容、感情の変化や自己正当化などの心理的作用が強く働くことがある。また、執筆者の文章能力、つまり「叙述能力」により叙述対象と叙述内容との間に乖離が生じ得る。記録された物が有する「証明力」については、右のような事情を考慮に入れなければならない。ここであえて法律用語としての「証明力」という語を用いたのは、訴訟における「事実認定」を類推すると、法律家にとって分かりやすいと考えたからである。逆に、「記録のない人」については、このような考慮は不要である。このばあいには、別の観点からの考察が必要となる。

伝記・自伝と社会史との関係について、渡辺教授は、「今回の著作に関して、あるインタビュアーが、『不可能な伝記ですね』と言ったのを受けて、コルバンは、『どんな伝記でも不可能なのです』と言っている。伝記とは、『一人の人間が生きた全行程を再構成したもの』だからだ。だとすれば、自伝もまたしかり、であろう。したがって、伝統的な手法で書かれてきた社会史は、どんなに一貫性があるように見え、辻褄があっていようとも、それは、まことしやかな虚像であることを免れ得ないのである」と述べておられる。(6) 従来の社会史が重視してきた「自伝」についても、右に見てきたような特性がある以上、それに基づいて構築された社会「像」は、「まことしやかな虚像」たらざるを得ないことになるわけである。われわれは、後に見る「歴史像」も、このような「虚像」をできるかぎり排除しながら構築すべきであることを忘れてはならない。

コルバン自身は、前記の著書を執筆する動機について次のように述べている。すなわち、「ここにはもうひとつ、実験的な本を書くという問題もあった。社会史を書く方法を検討し、次のような素朴な問いに対して答えようとすることだ。つまり日記や自伝、書簡の類をまったく持たない普通の人々について、何を知ることができるのだろう？という問いだ。個人として、一度たりとも記述の対象になったことのない人間、ひとことで言えば、戸籍簿上の表記以外に、何も残さずに消え去った人々の大半について、何を知ることができるのか、ということだ。

［記録を残さなかった男］ピナゴの感情や態度、振る舞いについて、誰も話した人はおらず、彼自身文盲であって、物質的な痕跡しか残すことはできなかったわけだが、少なくとも彼の立場に立って、彼が見たり聴いたり感じたりしたかもしれないことを理解しようとすることはできるはずである。彼が暮らした場所や、肩を並べていた人々、彼が立ち会った様々な出来事について、われわれが知っていることに照らし合わせ、理解しようと試みるのだ。われわれのするべきことは、親戚や隣人、友人たちなど、ピナゴの生活を満たしていた人々にどんどん近づきながら、大勢の人間に息を吹き込む作業だった。そして、ピナゴの仕事上の人間関係を再構成し、彼のつきあいの形態を描き出すことだ」とされているのである(7)。ここで重要なのは、対象となる「人物」がまったく無名の「普通の人」であることであり、彼の事跡を明らかにしたうえで、彼の立場に立ってそれを「理解」し、彼に関わる人たちとの人間関係を「再構築」しようとすることである。

ところが、本書が対象とする宮城は無名の「普通の人」ではなくて客観的に叙述され評価されて存在する偉大な人物であり、当代の著名人である。ただ、彼自身によって叙述された彼自身に関する記録がないだけである。しかし、このような記録のない人物についても、その人物像などを明らかにするためには、コルバンの手法はなお有用であるので、それを学び取る必要があるとおもう。その観点からコルバンの主張を見ておくことにしよう。

コルバンは、次のように彼の意図を詳しく述べている。すなわち、「本書での私の意図は、一人の人間が生きた痕跡を集め、次いでこれをつなぎあわせることだが、その痕跡のいずれも、一つの運命としてのピナゴの存在を構築しようと思って作られたものではなく、運命などというものを持ち合わせたかもしれない個人としてピナゴを示そうという意図で作られたわけでさえもない。要するに、最初はバラバラの断片からパズルを組み立てるということだ。そして、そうすることで、時間に呑みこまれてしまった人々、消え去ってしまった人々について書こうとしているのであって、何かを証言しようなどと言い張るつもりはない。消滅に関するこのような考察は、その想い出がなくなってしまったような存在、私がどんな愛着も寄せていない人間を、もう一度生きさせることを目指している。この人間と私は、どんな信条も、使命も、契約も先駆的に分かち合っていない。問題は、この人間を再–創造し、彼が自分の生きた世紀の記憶に入っていく二度目のチャンス——さしあたり、かなり揺るぎないチャンス——を与えることだ」とされているのである(8)。ここにおいて示されているある個人に関する「生きた痕跡」は、まさしく「史料」にほかならず、それらは最初は「バラバラの断片」にすぎない。その断片から「パズル」を組み立てるのであるが、それは対象となる「人物像」である。このようにして「時間に呑み込まれた」人物を「再・創造」することによって社会像が明らかにされることになる。

コルバンの意図は、次のように実現されている。すなわち、「私の仕事は、確実な、立証可能なデータに基づくことだった。言ってみれば、取るに足りないような痕跡をはめこみ、選び出した個人を確実に取りまいていたものを全て描き出すことだった。それからあり得たもの、おそらくそうであっただろうものを再創造できるような、様々な要素を読者に提供することだ。風景や周囲の人々、環境のヴァーチャルな歴史を思い描いてみたり、歴史をスケッチできるよう、仮想の感情や対話の場面を再構成してみたり、下から見た社会の地位の位置関係や記憶の構造化様式を想像できるように提供するのである」とされている[9]。ここにおいて、厳密な歴史学的方法が実践されていることに注意しなければならない。わたくしも、この方法を採り、コルバンとは逆に、「社会像」から宮城の「人物像」を「再創造」していくようにしたいと考えている。歴史学的方法については、第一章において詳しく見ることにする。

本書の構成は、第一部として宮城の経歴と時代背景および思想を、第二部として宮城の刑法理論をそれぞれ内容とし、第三部として資料を収録することにした。

（1）池田一新「あとがき」明治大学創立百周年記念学術出版委員会編『刑法正義　宮城浩藏著（創立百周年記念学術叢書第四巻）』（昭59年・一九八四年）八七一頁。
（2）村上一博編『東洋のオルトラン　宮城浩藏論文選集』（平27年・二〇一五年）
（3）前掲注（1）八四三―七〇頁。
（4）アラン・コルバン『記録を残さなかった男の歴史―ある木靴職人の世界　一七九八―一八七六―』渡辺響子訳（平11年・一九九九年）。
（5）渡辺響子「訳者解説」コルバン・前掲注（4）四一三頁。
（6）渡辺・前掲注（5）四一四頁。
（7）コルバン「日本の読者へ」コルバン・前掲注（4）二―三頁。
（8）コルバン・前掲注（4）一二―三頁。

（9）コルバン・前掲注（4）一四頁。

第一章　時代背景の把握の方法

第一節　歴史・歴史像・歴史学の関係

本書において宮城浩藏が生きた時代背景について歴史学的方法に基づいて叙述することにするが、そのためには、まず、歴史・歴史像・歴史学の関係を明らかにしておく必要がある。この点に関して、日本史家の成田龍一教授は、「歴史は、出来事を選択して論ずる方法を採っています。言い換えれば、『解釈』を施し提供したうえで叙述をしています。歴史とは、ある解釈に基づいて出来事を選択し、さらにその出来事を意味づけて説明し、さらに叙述するものということになります。本書ではこれを『歴史像』と呼んでいきます。

ここでの前提は、歴史と歴史学は別ということです。歴史は無数の出来事の束から成っています。そのなかから重要な出来事を選び出し、関連づけ、意味づけて叙述し歴史像にしていくのが歴史学です。教科書はこうした歴史学によって解釈され叙述された歴史――実際には歴史像になりますが――を提示しているのです」と指摘しておられる。[1] ここで「歴史」と「歴史学」の違いが指摘されている。すなわち、生の事実として存在する「出来事」としての「事実」が「歴史」である。つまり、現実に生じた「出来事」が、歴史であり、歴史的事実にほかならない。言い換えると、「事象」としての「歴史」は、まったく評価が加えられていない社会的事実であり、無限に連鎖している。それは、いわば手つかずのビッグ・データである。そのような歴史から、「重要な出来事」を抽出し、「関連づけ」て「意味づけて叙述」したのが「歴史像」であり、それを体系づけるのが「歴史学」であるということになる。逆にいえば、「歴史学によって解釈され叙述された」ものこそ「歴史像」であるとされているわけである。ここで「歴史叙述」が新たな問題となる。この点について、日本史家の色川大吉教授は、次のように述べておられる。すなわち、「歴史叙述とは何であろうか。歴史を忠実に描いたものだろう。それなら歴史小説や史劇とどこが違うのか。同じ言語による歴史の表現である以上、歴史叙述も究極においては歴史文学と近いものになるのではないか。それとも文学とは本質的に違う何かが歴史叙述にはあるのだろうか」という観点から、「歴史小説との関連の問題」から検討される。(2) そして、歴史叙述や歴史小説を論ずるには、①読者の問題、②表現する主体（歴史家や作家）の問題および③方法の問題を検討する必要があるとされる。

まず、①については、「現在、一般の国民の歴史意識に大きな影響をあたえているのは、……小説である。その小説がテレビというメディアを通して何百万という人に見られる場合、あたかもそのテレビを見ている人は本当の歴史がそこにあるかのように錯覚するか、知らず知らずのうちに歴史の見方に影響を受けてしまう。私たち歴史家が一所懸命論文を書いたとしても、そんなものはせいぜい学術雑誌などに発表されて、千部とか二千部出るのがおちだ」とされる。(3) たしかに、一般的に学術論文よりも歴史小説の方が多くの読者を獲得しているといえる。しかし、このことは両者の内容上の本質的な相違ではないとおもう。

②については、「小説家が歴史叙述の方に近づいている。一部の歴史家が作家の方に近づいているときに、こういう逆現象も今発生している。そこでますます混乱してしまうので、歴史家と歴史作家の関係というのは、だからこそ筋道をたて直さなければいけない」とされるのである。「歴史家と歴史小説家ははっきり違う、また歴史叙述として書かれたものと、歴史小説としてつくられた作品とでは決定的な違いがある、その違いをはっきり自覚しなくてはいけない」という。(4) これは、③の問題にほかならない。歴史家が歴史叙述にとりかかるためには次の「三つ位の

段階」を踏むとされる。第一段階は、「無数にある過去の事実（史料）の中から歴史の真実を代表させるのに都合がよい、あるいは歴史の真実を最もよく表現していると思われるもの（史料）を選び出す。私たちの言葉でいう史実（歴史的事実）を事実の中から選び出す」ことである。この第一段階は、歴史の史実をただ選び出すだけではなくて、選んだ史料に加工する過程であり、これには第一次加工、第二次加工（グラフ化や統計資料の作成など）がある。これは小説家もほぼ同じであるが、小説家は資料を集めてそれに加工する作業を自分の目的意識に応じておこなう点で異なるとされる。すなわち、「主役になる人間、自分の気にいった人物で、その歴史小説の主役にする人を中心にすえて行う。つまり、史料集めも主役本位の選び方ということになる」とされるのである。(5)いいかえると、主役になる特定の人物に関係する史料を中心に収集することになるわけである。

これに対して、歴史家のばあいには、「歴史において最も重要なその時点、時点の矛盾を表現している史料」は、特定の人物に直接関係なくても一応集めるが、その理由は、次の点にある。すなわち、歴史家の目的は、その人物を描くことにあるのではなくて、「その歴史の客観的な意味と、その時代の一部分をになう人間の活躍ぶりや役割を描くこと」にあるからである。(6)このように第一段階において小説家と歴史家には明白な違いが生ずる。

第二段階は、「集められた歴史的事実を使って、それを組み合わせ、組み立てて、一定の歴史像を構成することである」。いかに資料をたくさん上手に集めても、その資料を並べただけでは「歴史の姿」は浮かんでこない。その資料を関連づけてはじめて「史実」といえるものになる。その関連づけは、「歴史家の想像力によって行われる。その想像力も空想的想像力では困るので、史料の精神を読みとって歴史的背景にまで関連づける創造的な推理力でなければいけない」とされる。(7)その「創造的想像力」は「歴史家の想像力と小説家の想像力では果してあらわれ方が違ってくるものだろうか」ということが、次の問題となる。(8)

「創造的想像力」について、色川教授は、歴史家の想像力のばあい、ある集められたデータを基にして、その時代の歴史の姿を段階的に構成して行くためには、史料を読み抜く力と仮説が必要とされるが、仮説とは自然科学におけるいわゆる「法則としての仮説」とは異なるとされる。すなわち、「歴史家における仮説というのは、たとえばある説を歴史家がたてれば、その説によって歴史の原因なり結果なりの説明が大変やり易くなるという意味での仮説である」とされるのである。(9) 歴史家にとっては、史料の解読能力と仮説の設定能力が要求される。小説家のばあいには、史料の解読能力があれば足り、仮説の設定能力は不要であるといえる。なぜならば、仮説がなくても史料を基礎にして想像力によって事実関係を構築して感動的に叙述することができればよいからにほかならない。

第三段階は、「歴史像」を表現することである。これは、小説家のばあいは作品として書き上げ、歴史家のばあいはその構成に従って叙述するという表現過程にほかならない。「この表現過程で作家と歴史家が決定的に違うのはフィクション使用の問題である。作家はフィクションを自由に使える。歴史家にはフィクションを使う自由は全くない。というより許されない。……つまり史実に全く無縁、無根拠なものを使ってはならない。これが歴史家の鉄則であり、第一命題である。……一つの事柄を扱う場合にも全局面、全体性との関連を見失ってはならない。これが歴史家の守るべき約束である。それ故に、ある一つの局面のある一つの事柄への歴史的評価には絶対に正しいなどということはありえない。つねに多義的である」とされる。(10) すなわち、表現過程において、歴史家には、フィクション使用の禁止、全局面・全体性との関連に基づく歴史的評価の要請が求められるわけである。ここに「事実」の歴史的評価における多義性がみとめられることになる。

このように、四つの点で比較してみると、作家と歴史家との間には差が存在し、それは、大きいように見える。その原因は、両者の目的の違いにあるとされる。すなわち、文学と歴史学本来の目的には違いが存在する。文学の目的は、娯楽であり、「読者に精神的な楽しみを与える」ことである。さらに文学は、「自分の人生や人間に対する認識、考えを、自分以外の読者に、モデルを使って、フィクションを使って表現」するのであり、「歴史上の人物を通して自分の今の人生に対する認識や感慨を表現」するために、作家は、「フィクションを自由に使う」のであり、「自由な発想法、解放された創造的想像力をこそ大事にし」、「主役の内面を掘り下げ、主役本位の歴史の収拾の仕方をする」とされる。[11] 文学は、その目的を達成するために、「自由な発想法」と「解放された創造的想像力」を駆使するものであるとされる。

これに対して、歴史学は、「娯楽を提供することを目的」とせず、「歴史叙述の最良のものはしばしばシニシズムの形をとる。歴史叙述の極限の美みたいなものが辛辣さを伴なうのは意味深い。その辛辣さがどのような質のものであるかによって、歴史叙述の傑作か、傑作でないかが品定めできるほどだ」とされる。[12] すなわち、歴史的叙述の極致は、「シニシズム」（辛辣さ）の中に表れるとされるのである。そして、人間には、①「偶然的な個性といわれる一回性の側面」、つまり「個性的価値」と②「人間の中に生きているその時代性、その一般性、普遍性」の側面があり、文学が①を重視するのに対して、歴史学は②を重視するのであるという。[13]

さらに、「ある歴史的矛盾のその一部をでも典型的に表した人間」は、「歴史的存在」として歴史家が分析する価値があるが、そういう人間は「人間的な個性」をもっており、「それは作家の領域である。私たちに問題なのはその人間が体現した時代の本質的な矛盾である。それを見事に描いていけば小説とはまた別な芸術的迫力を持つのではないかというわけである。

Ｅ・Ｈ・カーがうまい例をひいている。ニーチェはヨーロッパ社会の、というより、特にドイツの社会の生粋の産物であって、中国やペルーには現われようのない人物である。この個人が体現していた性質がいかにドイツ的、歴史的なものであったか、と。そして次のように定式化している。『歴史家が本当に関心を持つのは、特殊的なものではなく、特殊的なもののうちにある一般的なものなのです』（『歴史とは何か』）と[14]。ここにおいて、著名な歴史家であるカーは、ニーチェという「個人」の中に「ドイツ的、歴史的なもの」という「一般的・普遍的」な特性を見出しているのである。つまり、「個」に体現された「普遍」を発見したといえるとおもう。これらの考察を通して、歴史学の対象は、まさしく「特殊的なもの」の中に存在する「普遍性」であることが確認されなければならない。

第二節　歴史と解釈

「歴史」と「解釈」の関係について、成田教授は、「二〇世紀における最大の歴史家の一人であるE・H・カーは、『歴史とは何か』（一九六二年。原著 What is History? London 1961）で次のように述べています。

歴史とは歴史家と事実との間の相互作用の不断の過程であり、現在と過去との間の尽きることを知らぬ対話なのであります。（清水幾太郎訳）

よく知られた文章ですが、歴史が『現在と過去との間の尽きることを知らぬ対話』とするとき、『現在』が推移し変容すれば、『過去』の叙述――歴史叙述も変わることになります」としたうえで、「このとき、いま一つ歴史とは、解釈に基づく営みであることが前提とされています。『過去』はあらかじめ固定された不動のものではなく、『現在』との間の『対話』により、その姿を現すのです。そのことを、カーは『歴史とは解釈のことです』と説明していますと述べておられる[15]。ここにおいて、カーは、歴史が「現在と過去との間の尽きることを知らぬ対話」であるとして、「現在」の変容が「過去」の叙述に変化をもたらすことを逆説的に明らかにしている。その「変容」こそ「解釈」にほかならない。そうであるから「歴史とは解釈のことです」と断言できることになる。そこで、「歴史と解釈」

の問題を改めて検討する必要に迫られることになる。

本書は、宮城の法思想をも歴史的観点から考察の対象とするので、歴史と解釈を検討する前に、「思想史研究」という観点の問題について見ておくことにしよう。

『歴史と解釈学』を著した歴史家の安酸敏眞教授は、思想史研究に関して、「思想史は哲学者や思想家と呼ばれるようなエリートの思想だけを扱うのではなく、コーンフォードのいう『書きあらわされない哲学』(the unwritten philosohy)、あるいは『時代精神』(Zeitgeist)とか『風潮、思潮、知的風土』(climates of opinion)なども明らかにしようとする。それゆえ、大衆文化のなかに示現している風潮や時代精神に背を向けることは許されないが、その第一義的な主要課題は『思想』とか『観念』と呼ばれているものを、その潜在力と作用の実態に即して解明することである」と述べておられる。[16] 安酸教授によれば、思想史は、「時代精神」を明らかにしようとするが、その主要な課題は、「思想」・「観念」をその「潜在力と作用の実態」に即して解明することであるとされる。そして、思想史研究をおこなうための必要条件は、まず研究対象の文献を読みこなすだけの語学力であり、日本思想史のばあいには、漢籍を読む漢文の力と古文書を読みこなす古文の読解力であるが、西洋思想史のばあいには、古典語(ギリシア語、ラテン語、ヘブル語)と近代ヨーロッパ言語(英語、ドイツ語、フランス語など)のうちの最低でも二つ三つの習得であるとされる。[17] さらに、幅広い学際的知識と教養が求められるが、「不可欠なのは、第一に、文献学と歴史学の基本的技能である。……第二に、『解釈学』(Hermeneutik : hermeneutics)の理論と技法の修得が思想史研究の sine qua non である。とりわけ二十世紀中葉から、解釈学理論の目覚ましい発展と深化がみられるので、これについての一通りの知識は不可欠である」とされている。[18] このようにして、「解釈学」が思想史研究にとって決定的に重要な意義を有することになるわけである。

ここで、「解釈学」の意義と「歴史主義」との関係を検討する必要が生ずる。この点につき、安酸教授は、「解釈学（Hermeneutik）が現代哲学の中心的トピックの一つであることは、ガダマーやリクールを引き合いに出すまでもなく、異論の余地がほとんどない。これに対して、少なくてもわが国では、歴史主義（Historismus）は過去のものとなっており、今日それについて語られることはきわめて稀である。しかしドイツでは、前世紀の八十年代以降、歴史主義に関する論議が活発化してきて、再び新たなアクチュアリティを獲得している。歴史主義が再度関心を集める理由は、それによって提起された問題が未解決のまま今日に至り、形を変えて現代の主要な問題となっているからである」と指摘されている[19]。このように「歴史主義」が今改めて問い直されるに至っているのである。解釈学と歴史主義との関係を考えるに当たって、まず、解釈学の意義から見ることにしよう。

近代的「解釈学」の嚆矢は、シュライアーマッハー（Friedlich Ernst Schleiermacher）の業績であるが、それをさらに発展させたのは彼の弟子で文献学者であったベーク（August Boeckh）であるとされる。ベークによれば、解釈学の語源ヘルメーネイアとオリュンポスの十二神の一人ヘルメースとは、語源学的に関連している。すなわち、解釈学ヘルメノイティク（Hermeneutik）という名称は、ヘルメーネイアに由来しており、この言葉は明らかに神ヘルメース（ヘルメアス）の名前と関連を有するが、しかし、ここから導き出せるものではなく、寧ろ両者は同じ語源を有しているのである。神ヘルメースは冥府の神々に属しているが、この神々の使者は、神々と人間との間の仲保者として現れ、「神的な思想を明示し、無限的なものを有限的なものへと翻訳し、神的な精神を感覚的現象へともたらす。ここから彼は区別、尺度、特殊化の原理を意味する」とされる[20]。つまり、「ヘルメースが、神々の世界と人間界を仲介する仲保者——神々の使者、布告使、霊魂の案内者——として、神的な精神を感覚的現象へともたらし、それを人間的な言語へと翻訳するように、解釈学の本質は Verstandlichmachen あるいは Verstandlichmachung、つまり他者の会話や言述を『理解できるようにすること』に存している」のである。いいかえると、解釈学の本質は、対象の「翻訳」にほかならない。ベークによれば、「解釈の対象によって解釈学の特殊な相違が生じることはあり得ない」ので、「聖書を聖なる書物として他の世俗的書物の解釈から峻別し、一般の『俗なる解釈学』(hermeneutica profana) に対して『聖なる解釈学』(hermeneutica sacra) を対峙させる、従来のやり方は許されない」ことになる。[21] ベークによれば、解釈学は、神々の世界の精神を人間界に理解できるようにするために「人間的な言語」に翻訳することを始原的に意味していたのである。そして、解釈の技法は解釈の「対象」によって異なることはないとされている。そうすると、問題は、具体的な「解釈の技法」にあることになる。

具体的な解釈の技法には、ベークによれば①文法的な解釈、②歴史的解釈、③個人的解釈、④種類的解釈がある。まず、「文法的解釈」(die grammatische Interpretation) は、あらゆる解釈の「基礎を形づくる」ものである。①の文法的解釈は、「一方では『個々の言語的諸要素それ自体の意義』を画定することによって、他方ではそれらの『諸要素の連関』を明らかにすることによって、言語の『客観的な語義』を規定しようとする。言語的解釈の主たる困難は、いろいろな言葉や言語的形式の多義性に存する『同音異義語』(Homonymen) や『同義語』(Synonymen) の問題がそこにある。それと並んで、一つの根本的意義を他の対象へと転用することによって生じる、『換喩』(Metonymie)、『隠喩』(Metapher)、『提喩』(Synekdoche) なども、文法的解釈において熟練を要する事項である」とされる。[22] 文法的解釈は、「客観的な」語義を明らかにすることを任務とするが、それには言語の多義性が困難をもたらす。それを克服するために熟練が必要となるわけである。さらに、①を補充するテクニックとして、②・③・④が必要とされるのである。

②の「歴史的解釈」(die historische Interpretation) は、「語義そのものからは必ずしも知り得ない言語的記念物の客

観的意義を『現実的状況との関係によって』理解することを任務としている。解釈学の対象は一般的には『言語的記念物』(Sprachdenkmal) であるが、これを理解するためには、文法的解釈だけでは不十分である。なぜならば、言語的記念物そのものの意義の一部は、現実的事態への関係によってその客観的意味に結びついているところの、いろいろな表象に存しているからである」とされる。解釈の対象となる「言語的記念物」としての言語そのものは、現実的事態に依存しており、そこに歴史的意義の解明が要請される。そして、言語的に表現された内容は、「歴史的に与えられた事態との現実的結合のうちにあり、こうした歴史的所与は語り手や書き手の暗黙の前提となっている」ので、「解釈者が言語的記念物の客観的側面を理解するためには、歴史的状況についての知識もまた必要となる」とされるのである。[23] このようにして、言語の「客観的側面」を理解するためには、歴史的状況についての知識を有することが必要とされる。

③「個人的解釈」(die individuelle Interpretation) は、「語りのなかに反映されている話し手の『主観性』(Subjectivität)、すなわち『個性』(Individualität) に着目し、『言葉の意義をこの側面から理解すること』を任務とする」ものである。そして、「個人的解釈は、解釈者が話し手の個性を知悉しているときに、完全なものとなるであろうが、しかし話し手の個性は彼の語りからしか知り得ないので、ここには『解釈学的記述によって回避すべき、明白な課題の循環が存在している』。個性はまず『個人的な文体』(der individuelle Stil) として、つぎに全体の連関（筋書き）のなかに、つまり『構成の仕方』(Compositionsweise) のなかに、表現されているので、これら二つの側面から個性を規定することがここでの課題となる」とされるのである。[24] ここで注意しなければならないことは、問題となっているのは「解釈者の主観」ではなくて解釈の対象となっている言説の語り手としての「発話者の主観」であるということである。発話者の主観は、文体と構成方法の理解によって発見されることになるのである。

④「種類的解釈」(die generische Interpretation) は、「話し手の思想がそのなかに実現している発話のジャンル (Gattung) に着目して、そこから言語の主観的な意味を理解しようとするものである。発話のジャンルとは、作者あるいは話し手が眼前に浮かんでいるみずからの理解ないし思想を表現するのに適した、文芸作品の様式上の種類のことであり、韻文、散文、歴史的叙述、叙情詩的叙述、叙事詩的叙述、哲学的叙述、演劇的叙述、修辞学的叙述など、さまざまな発話・叙述の種類が存在する」とされる。[25] 種類的解釈においては、叙述の様式を問題とするのであり、その様式から言語の主観的な意味を把握する方法論として発現する。ジャンルの性格と個人的な様式、さらには歴史的状況の間には、相互に依存しつつ規定し合う関係があるので、「解釈学的循環」が生ずることになる。われわれは、ここにおいて、解釈学的循環が生ずることに留意しなければならない。

このように、四種類の解釈技法の間には、「相互に他のものを前提しつつ、また補充し合う」という循環関係があり、ベークはそれを「解釈学的循環」(der hermeneutische Cirkel) と称している。「ベークはこの概念を、もちろん個別と全体の循環関係を念頭に置きつつ、四種類の解釈技法の間の相互補完的な循環関係の意味で用いることが多い」とされる。[26] 解釈学的循環の概念が「個別と全体の循環関係」を包含している点には注意する必要がある。

解釈学的循環は重要な問題であるので、それについてのベークの説明を詳しく見ることにしよう。彼は、以下のように述べている。すなわち、このような循環は「『事がらそのもののなかに存している円環』(der Kreis,der Sache selbst liegt) に由来するものである。彼は、この円環を『原理の請求』(petition principia) とも呼んでいる。通常この概念は、これからはじめて証明されるべき未証明の命題を、証明の根拠として前提する誤り、すなわち不当前提を意味している」が、ベークはこれを解釈学に応用して、「個性は言語作品そのものから突きとめられているが、しかし言語作品は個性からはじめて解釈され得るということである。にもかかわらず、客観的な語彙は個人的解釈なしでは完全に不明瞭である。ひとはそこから全体の連関を、著作の統一性が明らかとなる限りにおいて、把握することができる。そのときそれによって個々の箇所の個人的意義がふたたび解明され、そしてそのようにして個々の箇所における理解の間隙を補填することによって、ひとはそこからふたたび作品の新しい側面を理解するのである。そのようにして全体と個々の部分はあとからあとから相互に規定し合うのである。原理の請求（petitio principii）は、ひとが個人的解釈からはじめて文法的に明瞭になる一つの箇所から、個性を規定しようと欲するときにのみ、入り込んでくる。なぜなら、ひとはそのときに、そこから見出そうと欲するところのものを、その箇所のなかへと含ませて解釈するからである」と述べているのである。[27]

安酸教授によれば、「ベークにおいては古典文献学と歴史学が基礎になっており、単なる発話モデルを脱却した歴史的地平で、独自の解釈学が構想されている。詰まり解釈学に関して、言語学的モデルから歴史学的モデルへの転換が強力になされている」のであり、「ベークが文献学の『歴史化と知性化』（die Historisierung und die Intellektualisierung）を強力に推進したこと」は、専門の文献学者によって裏書きされているとされる。そして、「シュライアーマッハーの解釈学においては表面に現れなかった歴史主義の基調が、彼と精神的共闘を組んでいた弟子のベークによって、前面に押し出されたことの意義は大きい」とされるのである。[28] ベークにおいて、「言語学的モデル」から「歴史学的モデル」への転換がなされているという指摘は重要であるとおもわれる。なぜならば、解釈学それ自体の中において「歴史主義」の復権が見られるからにほかならない。

このように、史実の解釈の前提として「解釈学」の意義について見てきたのであるが、解釈それ自体の中にすでに「歴史」性が包含されていることを再確認することとなったのは、じつに興味深いことである。ここに解釈学の「循環」が見られる。その原因となるのは、言語的表現が歴史的状況に規定されているという「言語」の有する「歴史依存性」にほかならないとおもわれる。この視点は、今後の「法」解釈学の在り方にも重要な影響を及ぼすとおもう。

解釈学の意義を前提にして、歴史学そのものの問題に戻ることにしよう。歴史学における通説に変更を迫るものについて、成田教授は、「歴史学研究のなかで、史料の発見や解釈の積み重ねの結果、一九六〇年には、ペリーの来航こそが明治維新の起点であるという解釈、つまりは歴史像が、多くの人たちに理解・支持されるようになり、通説が変更されたのです。

注意したいのは、新たな史料の発見だけでなく、新たな解釈が重要だということです。出来事を新たな目で解釈したときに、いままで気がつかなかった事実に意味が与えられることが少なくありません。もちろん、出来事それ自体が変化するわけではありません。『史実』と言ったり、出来事の『硬い芯』という言い方がされますが、出来事それ自体は存在しています。そうではなく、出来事の解釈が変わるのです。どのような出来事を選び、どのような意味を与えるのかが、状況によって異なってくるのです。どの出来事を結びつけるかも、変わってくるでしょう。

また、通説に変更を迫るのは、研究だけにとどまりません。世の中の変化が歴史の見方を変え、通説を支えていた解釈を変えます。歴史とは『現在と過去との対話である』とよく言われます。歴史像は、状況の変化によっても変わるのです。とくに近現代史は、時々の政治状況や国際関係が、解釈に影響を与えることが少なくありません。

さて、通説が描き出す歴史像を支える枠組みを、科学史の用語を借りて『パラダイム』と呼びます」とされる。(29)

このように、歴史学における通説のパラダイムの転換をもたらすものとして、出来事の解釈としての研究と状況の変化が挙げられている。そして、重要なパラダイム・シフトについて、成田教授は、「戦後になってから近現代日本史は、大きく二つのパラダイム・シフト（変化）を経験します。

敗戦後に再出発した歴史学研究は、『社会経済史』をベースにしていました。それが、一九六〇年頃からは『民衆』の観点を強調するようになりました。これが第一の変化です。さらに一九八〇年頃に『社会史』が強く提唱されるようになります。これが第二の変化です。大胆に言えば、この二つのパラダイム・シフトを受けた近現代日本史は、時代によって三つの見方――第一期の社会経済史をベースにした見方、第二期の民衆の観点を入れた見方、第三期の社会史研究を取り入れた見方があると言えます」と指摘されている。[30] このように、近現代日本史における歴史学研究には、①社会経済史的考察、②民衆の観点からの考察および③社会史的考察のパラダイム・シフトがあるとされている。本書において、宮城が生きた社会を考えるばあいにも、このような視点を考慮に入れて考察していく必要があるとおもわれる。

第三節　歴史像の形成とアルトーグの方法論

古典学者であると同時に歴史を問う歴史家として注目を集めているフランソワ・アルトーグは、歴史像の形成に関して興味深い指摘をしている。彼は、「時の秩序」、「『歴史』の体制」および「現在主義」という用語を用いて独自の方法論を展開する。彼は、まず、時の秩序について、次のように述べている。すなわち、時代や場所に応じて様々な「時の秩序」が存在することを疑う者はなく、それはあまりに圧倒的なものであるから自覚することさえなく人が従っているたぐいの秩序である。「それらの秩序はかくも自明なものである。つまり、人がそれに反しようとすれば、衝突することになる秩序。確かに、ひとつの社会が時間とのあいだにとりもつ諸関係は、議論の余地などほとんどないとか、交渉の余地など全くないように映る。秩序（ordre）いう言葉には、継承と命令の意味合いがただちに理解される。様々な時間が欲したり、欲しなかったりし、復讐することもあれば、乱れた秩序を再建し、正義として振舞うこともある。時の秩序は『歴史』の体制（régime d'historicité）という、おそらく一見やや謎めいた表現を一挙に明らかにすることになる」とされるのである。[31] 秩序が継承と命令を合意する点において、体制との違いが強調されている。

次に、「歴史」の体制と現在主義について、彼は、日本語版の序文において次のように述べる。すなわち、「私が目標とする歴史家とは、ある（共有された）判断――すなわち現在のカテゴリーの力と充溢という判断――から出発する歴史家であるが、こうした歴史家は、同時代のこのような経験を名づけるために仮説（現在主義という仮説）を立て、そして、それを調査するために、発見に寄与するひとつの手法（instrument heuristique）を提案する。それが『歴史』の体制（régime d'historicité）という観念である」とされるのである。「『歴史』」の体制」という観念の「目的」は、「時間の様々な経験、もしくは時間の危機、すなわちハンナ・アレントによって『裂け目』と呼ばれた契機のように、時間の当たり前の流れが乱れはじめる契機を問うことである。そのときまさに、過去・現在・未来の明らかな分節が失われる」とされる。さらに、「『歴史』の体制という方法によって、過去における時間と我々が生きている現在における時間双方の様々な『危機』を比較することで、現在の特殊性をよりよく明るみに出すこと。この同時代の現在が過去のその他の現在と異なっているとすれば、どの点においてか？　同時代の様々な時間経験は、新たな『歴史』の体制をあえて仮説としてたてることによって解明可能となるのか？　このようなことが私の考えてきたことである」とされる。そして、「このように歴史家が同時代において同時代の者となるためのひとつの方法、それは、時事問題や時流の尻馬に乗るのではなく、この同時代という揺るがぬ自明性を疑問視することによる」とされる。[32] このように、同時代という揺るぎない「自明性」を疑問視することによって、同時代において「同時代の者」となり得ることになるわけである。

「現在主義」と「歴史」の体制との関係について、彼は、次のように述べている。すなわち、「仮説（現在主義）と方途（『歴史』の体制）は、互いに堅く結びつき、互いが互いを当てにしている。『歴史』の体制がこの仮説を可能なものとし、この仮説が『歴史』の体制という観念を練り上げることに一役買う。少なくとも、はじめは、一方なしに他方はありえない」とされるのである。そして、用語法に関して、「私がなぜ『歴史』の形式（forme）ではなく体制（régime）という用語を好むのか尋ねた者があったし、また、なぜ『時間』の体制ではなく『歴史』の体制（régime）なのか、と問うた者もあった。『体制』と言ったのは、この言葉（régime）が、食養生（ラテン語で régimen、ギリシア語 diaita）、風力、エンジンの回転数、といったものにつながり、そこには、かなり異なった領域を思わせる、かくも多くの隠喩が見られるが、すくなくても体制（régime）という言葉が用いられるいずれのケースにおいても、それらは、程度、混同、構成物、暫定的で不安定なものであるがある種の均衡に関して用いられる点で共通するからである」とされている。このようにして、「『歴史』の体制は、過去・現在・未来をかみ合わせ、この三つのカテゴリーの混合物を構成するためのひとつの方法に他ならない。ちょうどギリシアの政治理論において混成政体（貴族制・寡頭制・民主制の三つから成り、実際にはそのうちのどれかひとつが支配的となっている）と言われていたように」と述べているのである。[33] この「『歴史』の体制」という観念は、ヨーロッパまたは西洋世界だけに限られるものではなく、比較学の手段として有効であるとされる。この語の使用は、「ある時はマクロの歴史に関わり、またある時はミクロの歴史に関わる」のであり、「それは歴史上の人物の伝記をつまびらかにするための人工物［アーティファクト］」であるばあいもあり、「明らかにされるのは、ごく普通の人物の伝記」であるばあいもあるのである。[34]「歴史」の体制の内実は、次のようなものであるとされる。すなわち、「何が『歴史』の体制であり何がそうでないか。『歴史』の体制は所与の現実ではない。直接観察可能なわけでもないし、同時代人の名鑑に書き込まれているわけでもなく、歴史家によって構築されるものである。……あたかも空から降ってきたかのように、地面から湧いてきたかのように存在する『歴史』の体制に別の体制が機械的に続くのではない。『歴史』の体制は（ボシュエやコンドルセの意味における）時代とは一致せず、文明のように不確かで漠然とした広がりには全く似ても似つかない。それは、それがもつ発見に寄与する能力によって有効となる人工物［アーティファクト］である。それは、観念、形式的カテゴリーのいずれかであり、ヴェーバーの『理念型』と同列のものである。過去・未来・現在のカテゴリーのいずれかが支配的になるに従って、そこから生じてくる時間秩序は、明らかに同じではあり得ないだろう」とされるのである。(35) このように見てくると、『歴史』の体制」は、前に明らかにした「歴史像」と同じ観念であることが分かる。これは、まさしくウェーバーの「理念型」と同一であり、歴史の分析概念としての機能を有するものである。そのこととの関連において、時の秩序は、歴史的事実にほかならない。本書において、アルトーグの現在主義の仮説を踏まえつつ、明治時代の初期の歴史像の形成を試みることにしたい。

第四節　歴史学と哲学の関係

歴史という名を冠した歴史哲学の分野を有する哲学と歴史学との関係を見ておく必要がある。この点に関する歴史学者と哲学者の対話に耳を傾けて多くを学び取ることにしよう。その対話において、最初に、日本中世史家の本郷和人教授は、次のように発言される。すなわち、「まず歴史資料＝史料がある。信頼できる史料を精読して解釈し、歴史事実＝史実を明らかにする。こう言ってしまうと簡単ですが、史料の信頼性を確認する作業、史料を精読する作業はなかなか困難で、歴史研究に従事する人間は、相当な年数をかけて、これを習得していくわけですね。……そうやって得られた確度の高い史実をさまざまに工夫して積み上げていって、歴史像＝史像を構築します。ここが歴史研究者の腕の見せ所です。史実を漫然と並べただけでは、史像は生まれません。読み手が思わず惹きつけられるような、ストーリーを持っていなくてはならないのです」と歴史学の立場を説明される。[36] そして、「整合的な史像が備蓄されたときに、時代を貫く歴史観、即ち史観が誕生する条件が整う。唯物史観の有効性が疑問視されて久しい現在、僕たち歴史研究者は、新しい史観の構築に取り組まなくてはなりません」とされたうえで、さまざまな史実がなかなか一つのストーリーになってくれないばあい、「現象学という方法に助けをかりたらどういう地平が広がるのかなと、僕は前から思っていたので。それを、ぜひうかがいたいなと思っているわけです」と現象学に詳しい哲学者の西研氏に問い掛けておられる。[37] これに対して西氏は、次のように回答されている。すなわち、「現象学的に考えたとき、史実・史像といったものをどう理解したらよいか」について、「歴史学だけではなくて自然科学も含めて、それらは実証科学とされています。科学ということには、全くのフィクションなどではなくて、みんなが共有できるもの、という意味合いがあります。もちろん歴史学とか社会科学の領域は、自然科学よりも共有度は大分落ちるわけですが、でも全くでたらめではないとされているわけですね。

では、何ででたらめでないか、というと、結局、事実に基づいているからだということになると思うんです。歴史学では史実ということになります」とされたうえで、「現象学的には、史実は、『史料と推論を通じて確定され信じられるもの』ですから、事実は事実であっても、第二次的な事実ということになります。それよりも、もっと基礎的な事実があって、それは『いま見たり触ったりしていることで、かつ、だれもが共有できると信じられること』、つまり、〝現在の知覚事実〟ということになります。……史料や文書に触れてそれらの存在を確かめ、さらには文字を見る、ということが第一次的な事実ということになるでしょう。『いま〜と書かれた文書を見ている、そこには……という文字が読めるし、――な形をした印がある』ということが第一次的事実。そこからさまざまに推定したり、また複数の文書を参照することによって、『史実』という形で過去に生じただろうことを確定する。これが第二次的な事実ということになります」とされる。[38] このように、実証科学が「事実」を基礎とする点においてすべて共通するが、その確度は分野によって異なるとされる。そして、現象学的方法論において、「事実」の意義について第一次的事実と第二次的事実の二つがあることを指摘されているのである。

さらに、「ストーリー＝史像を編む」際の理論の在り方ないし優劣の基準について、西氏は、「たくさんの物事をより包括的に説明できるということが一つ、もう一つは、特に物理学の場合に顕著ですけれど、説明原理があまり複雑でないこと、つまり、よりエレガントであること、ですね。要するに、さまざまな現象をたった一個の原理から説明できると、非常に美しいですよね」と述べておられる。[39] 理論は、一個の原理から説明され得るばあいに、美しいと評価されることになるとされる。そして、「具体的に」人間と社会を理解する方法について、「哲学は一般性・普遍性を目指すのですが、具体的に人間と社会を理解するためには、一般的なものが特定の環境とか、社会的条件のなかでどのような具体的な形をとるか、ということを考える必要があります。人という生き物には共通な本性があって……その共通なものが環境的・制度的な条件のなかで、特定の時代的な人間性のかたちをとる。そういうふうに、一般性と時代の諸条件と両面で人間を考えることが必要だと思うんです」とされる。[40] 人間と社会を具体的に理解するためには、人間に共通する一般性としての人間性と時代の諸条件の中における特定の時代的な人間性を考慮する必要があるとされるのである。そのうえで、レヴィ＝ストロースを例に挙げておられる。すなわち、「レヴィ＝ストロースの構造主義には、人間性としての共通なもの、同じモチーフが異なった民族や社会のなかでさまざまに変容しながらいろいろな形をとっている、という直感があるんですね。だからこそ、多様な神話の中に同一構造を読み取れるわけです。同一構造を読むということは、そこに同じモチーフがあるということで、つまり、同じような悩みや課題を人の生は抱えこんでしまう、という人間の普遍的なあり方をレヴィ＝ストロースは信じている」とされる[41]。そして、歴史学でもこれと同じことがいえるとして、「日本のある種の制度は日本独自のあり方をしているけれども、その独自のあり方も、完全に絶対に独自であるはずがない。ある条件の中で人間として持っている共通のものがこういう形をとっているのだ、と見ることができれば、そこに公分母みたいなものが設定できる。そうすると、その見方は、ほかのさまざまな国の歴史などともつながっていけるはずですよね」と述べておられる[42]。ここにおいて、われわれは、わが国の制度の在り方が必ずしも絶対的な独自性を有するものではないことを確認することを迫られることになる。そして同時に、他の国のそれと共通するものの存在を肯定しなければならないのである。

次に、本郷教授は、哲学者の竹田青嗣氏と「実証」について対話されている。本郷教授は、中世史研究者の研究方法について、実証作業を推し進めていくので、「タコつぼにならざるを得なくて、なかなか見通しの良いところまで到達できない。そこで、竹田さんみたいに深い洞察力を持ち、広い視野に立った研究者のお話を伺いたい、と切望するわけです」と持ち掛けられると[43]、竹田氏は次のように述べられる。すなわち、「哲学をやっていると気づくのは、歴史解釈というのがかなりはっきりあるということです。これが面白い。まずホッブス、ルソー、それからヘーゲル、ニーチェ、フロイト、ハイデガー。マルクスは唯物史観だからもちろんだけど、みなきわめて独自の歴史解釈というか、歴史哲学がある。けっこう思い切ってずばっと歴史の本質はこうである、という説を出している。このうち、歴史をかなりつっこんで専門的に勉強した人は、それほどいない。ヘーゲルとマルクスはかなり打ち込んだ形跡があるけど、ニーチェは古典文献学とはいえ、歴史専門ではない。ルソーがいちばん象徴的で、そんなにたくさん読んでるはずがない。それでも、いま読むと恐ろしく本質的なことをいってる。そこが何とも面白いですが、ともあれ、彼らはほとんど例外なく人間の歴史の意味は何か、ということをまず問いかける。歴史について根本的解釈を提示するということ自体が哲学の役割でもあるわけです。

歴史学は、基本的に実証が土台にあるので、彼らのいわば独断的歴史観を検証するときに必ず必要になるけれど、私が歴史が面白くなってきたのは、哲学者のそういう、ある意味で独断的な歴史観に触れてからですね」と歴史学に対する哲学の役割を指摘される[44]。つまり、独自の歴史解釈としての歴史哲学において、歴史の本質が独断的に「歴史観」として叙述されると指摘されているのである。そして、実証をすることの哲学的基礎づけについて、竹田氏は、次のように指摘される。すなわち、「哲学の領域では、近代の人文科学は実証主義に全部吸収されてしまって本来の人文科学としての本質を見失ってしまった。そういう考えが、一九世紀の終わりころから二〇世紀のはじめにかけて出てきた。ディルタイ、ジンメル、フッサール、ベルクソンなど。新カント主義にもそういう要素がある。ジンメルは『生の哲学』をいい、フッサールは『本質学』といった」のであり、「人文科学は事実学に堕している」とされる[45]。つまり、「事実」学に堕してしまった「人文」科学は、本来の人文科学の本質を喪っているとされているのである。この点について、竹田氏自身は、「私は、現代はますますその問題が露呈していると思ってます。マルクス主義という『唯一の正しい世界観』を標榜していた哲学、つまり独断論がようやく終わったと思ったら、こんどはポストモダン思想と分析哲学という相対主義が主流になってしまった。人文科学では、もう『普遍的な認識』とかいうだけであぶないヤツと思われる始末です。私は何とか本質学を立て直そうとしている」とされたうえで、「事実を実証的に調べるのは、我々が社会というものをどう考え、人間が社会の矛盾をどうやって克服していくか、ということのために意味がある。もちろん、知識を集積すること自体に意味がある、という考えが、近代の実証主義的学問の一つの理念であることは知ってますが、その意味は哲学的には反省されていない」と指摘される[46]。たしかに、偉大な哲学者の独断論的な歴史解釈・歴史哲学が歴史の「本質」を突いていることは、多いといえる。しかし、それを実証・検証することが困難であることも多い。そこで、歴史学の学問としての在り方が問題となる。

学問の在り方に関して、竹田氏は、「日本のいわゆる学問の概念は、基本ドイツからやってきた理念なんですね。一つの分野でとことん調べて、ほかとの関連はあまりないままその領域での事実をどんどん深めていくというのが、いわば二〇世紀に成立した中心的な学問理念ですね。……ヨーロッパでは、人文的学問は基本的にギリシャ、ローマからの古典教養の伝統があったけれども、それがだんだん深く細かくなっていった。それはなぜかというと、やはり国家間の闘争による。戦争に勝つために何が必要かとなるとそのためには科学をどんどん応用して非常に特化した実証研究へ進んでゆく。そこから実証的な考え方が人文研究の領域にもどんどん展開していった。……それまでの伝統的学問は、これは自分で調べたわけではないですけれども、クラシクス、すなわちギリシャ、ローマの古典というものがあり、それを中心とするいわゆるヒューマニティーズ（人文学）が中心だった。アメリカにもそういうのが広まっていたんです。ところが、後発近代のドイツでは、とくにプロイセンですが、先発近代国家に負けてはいけないというので、科学技術を中心とした学問がすごく進展するんですね。……実証的学問研究の分野では先進国よりもむしろドイツが先駆けで、一九世紀にはあらゆる学問領域でドイツが突出するようになり、その風潮がだんだん世界全体に広がっていった」とされる。[47] しかし、歴史学は人文科学であるという見地から、「歴史の意味とは何か」というテーマが学問から消えてしまったことをドイツではディルタイやフッサールが強調するが、「そもそも新カント派がその先駆けです。特にヴィンデルバント、リッケルトなどの西南学派。つまり人文学としての本質が忘れられて、人文・学は人間の意味や価値の問題を教えなくなっているという考えが出てきた。ハイデガーはいわばそこにつけ込んで、『死の哲学』を示し、若者がハイデガーの考えに熱狂した、というような背景があるわけです。……私の考えでは、歴史の一番大事な意味は、我々が歴史をどう理解して、これから人間社会がどういうふうに進んでいくかについての新しい合意をつくり出すためのものであるということです。事実の集積はそのための土台としてはもちろん大事ですが、そのこと自体が目的ではないわけです」と指摘されている。[48] われわれは、実証主義的学問研究とヒューマニティーズとしての哲学の方法論的相違に留意しつつ、歴史を研究して将来に通用する「歴史観」を確立していく必要があるといえる。そこで、歴史学者と哲学者との右の対話から、われわれは、多くを学び取り、社会科学としての歴史学においても、哲学を基盤とする「歴史観」の構築を追究していくべきであるともわれる。

第五節　問題意識としての「近代」

歴史的考察において、「問題意識」が重要な意味を有する。この点について、成田教授は、「歴史学ではしばしば問題意識ということが強調されます。問題意識とは、歴史の無数の出来事のなかから、何を重要なものとするか、歴史のなかに何を求めるかということです。その意味では、歴史は、歴史学の問題意識によって解釈され、提示されていると言えます。近年では、歴史像は、歴史学にとどまらず、社会学、文化人類学、あるいは文学研究、社会思想といった分野からも提供されてきています。その場合には、歴史学以上に解釈を施して、歴史像を提供していると言えるでしょう。

したがって、歴史像は永遠不変とは言い切れません。新しい考え方によって、あるいは新しい解釈、つまり新しい歴史像が生まれるからです」と指摘しておられる。[49] ここにおいて歴史像は、歴史学以外の諸科学からも影響を受けていることが明瞭に示されていることになる。これらの成果が新しい歴史像の形成をもたらすのである。

このように、問題意識は、歴史における重要な事実を意味づけるものであり、一定の観点・視点となるものである。これによって事実の評価・解釈が異なってくることになる。本書における問題意識は、あくまでも宮城浩藏が生きた時代と時代精神を描き出し、それが彼の思想・行動に及ぼしたことを明らかにすることおよび彼が理解した「近代」の内実を明らかにすることである。

近時、ポスト・モダンとの関連において「近代」は終わったといわれることが多い。その当否を考える前提として、そもそも「近代」（モダニティ）とは何か、それは「いつ」から始まったのかを明らかにしなければならない。この問題に真正面から取り組んだのが、思想家のスティーヴン・トゥールミンである。この点についてまず彼は、次のように述べる。すなわち、「『近代は終わった』といった類の陳述は、何度も繰り返されるがその真意は理解されていない。近代の死――もしすでに起こっているのでなければ、いずれは避けられないと言われている死――をなぜ人々がそれほど重大なことと考えるのかは、何よりもまず人々が、『近代［モダン。ルビをこのように表記する。以下、同じ］』という言葉で何を意味しているかを問い、またその近代的なるもの［モダーニティ］が、いつ始まったと考えているのかを問うことによってのみ知ることができるのである」とされるのである。[50] 近代の終わり（死）の時期を問題にする以上、その始まり（生）の時期を明らかにする必要があることは、当然であるといえる。そこで、彼は、「いつ近代［モダン・エイジ］が始まったのかについて、モダーニティを支持する人々についても同じことがあてはまる」として、ドイツの哲学者ユルゲン・ハーバーマスが、「ポスト・モダン」という言葉を振り回す一部の著述家のルーズな使い方をからかい「ポスティーズ」と呼んで彼らを嘲笑していることを例に挙げる。[51] ハーバーマスにとっては、近代が始まるのは、フランス革命に啓発されたイマヌエル・カントが、公平で普遍的な道徳律を政治の領域での目的や方針を判断するのにどのように適用できるかを示した時であるとする。すなわち、「フランス啓蒙運動の社会的理想は、カントに哲学的表現を見出した。以来、進歩的政治はカント的公正さという公平の要請によって方向付けられてきた。フランス革命はアンシャン・レジームを打破することで民主主義と政治参加への道を開き、その道徳的遺産は今日も一八世紀末期同様の威力を保っている。してみると、ハーバーマスにとって出発点は一八世紀の最後の二五年間、より明確には一七七六年か、一七八九年になる」とされている。[52]ドイツ人であるハーバーマスがドイツ人のカントを贔屓にすることはもっともなことである。それ以上に、カントの認識論がデカルトと同様に合理主義を基盤とする近代思想の出発点となり得るものであるとおもわれる。しかし、このような考え方に対してトゥールミンは、「カントの業績は無から突然生じたわけではない。カントが普遍的道徳律を強調しているということは、一世紀以上前に倫理学と自然哲学の分野でデカルトによって述べられた『合理性』の理想が、倫理学の分野にまで及んだということである」と批判する。そのうえで、彼は、「『モダーニティ』とは、ガリレオとデカルトが新しい合理的な探求方法にコミットしたことに始まる、歴史的な段階のことなのだ。だから、モダーニティは今や終わったなどという言い方は、どれも疑念を抱かせるし、少なくとも反動的である。それにたぶん非合理的でもあろう。『ポスト・モダン』を持ち出す最近の状況は、このようにさらなる解放のための変化に対し、特に余分な障害となるだけであろう」と指摘している。[53]そして、モダーニティの観念をめぐる「混乱と不一致の奥には一つの合意が隠されている。最近の論争――それが芸術と建築におけるモダンとポスト・モダンについてであれ、近代科学の効用についてであれ、あるいは近代科学技術の欠陥についてであれ――の間じゅうずっと、その議論は、合理性に関して共存しているいくつかの前提に立脚しているのだ。この論争に参加している人々はすべて、自然および社会に関する新しい考え方が一七世紀の自称『新哲学者』によるものであることを認めている。新哲学者は近代世界を、自然についての新しい『科学的』な考え方にゆだねた。また彼らは、より『合理的』な方法を用いて人間生活と社会の諸問題に対処しようと決意した。彼らの業績は、それゆえ、ヨーロッパ史の転換点であり、モダーニティの真の出発点として特筆に値する」という。[54] ここで注意されるべきは、次の点である。すなわち、近代の真の出発点が一七世紀のいわゆる「新哲学者」たちの言説にあることは、論争者たちにとって共通認識であることが指摘されている点である。

トゥールミンは、右の主張を日本版への序文において、日本の近代化に触れつつ、端的に述べている。すなわち、「本書は、主に西洋の自然科学、政治理論および文化的状態が一五五〇年代から一九五〇年代の間にどのように発展したかについての哲学的観点から見た歴史研究である。とりわけ、至高の数学的・機械論的な想像力をもつ神のような存在――完全無欠な時計師――によって創造された自然界という概念によって、ヨーロッパ思想の拠り所になっている基本的前提が、物理学のみならず他の多くの分野においても、どのような仕方で形作られるに至ったのかについての歴史研究である。一六〇〇年から一九〇〇年までの西洋の思想家は、これらの点では、仏教の教えを導いた人たちとは大いに異なる方向に進んだ。

それにもかかわらず、これらヨーロッパの諸前提は日本で影響力を及ぼしてきた。それは、ヨーロッパあるいは北アメリカの物理学や工学を東アジア諸国に紹介した書物が、それらを当然のことと考えていたからである。特に、明治維新後の、近代日本の形成期においてそうであった。重機械工業の発達および鉄道の敷設と共に、ルネ・デカルトやアイザック・ニュートンの時代から二十世紀初頭まで西洋の物理学の基礎となっていた『機械論的』思想が日本で足場を獲得するのは自然なことだった。すなわち、イギリスの製造業が技術革新によって産業革命に成功した――まもなくドイツとアメリカ合衆国がこれに続いた――ことで、それを支えていると思しき知的基盤の正当性が証明されるように思われたのである」と。[55] われわれは、「近代日本の形成期」においてすでに日本が西洋物理学の基礎となっていた「機械論的」思想を知的基盤として正当化していたことに留意しておく必要がある。なぜならば、これは、その後の日本の思想を支配し、不当にも刑法学において一部の学説に対して今なお影響力をもっているからにほかならない。

このように発展してきた「近代」の観念は、現代においてその基盤とする「科学」観の変容に直面せざるを得なくなっている。この点についてトゥールミンは、次のように述べている。すなわち、「一九二〇年代になってようやく――そして一九五〇年代以降きわめて顕著に――自然に対する西洋と東洋の態度の相違は消滅し始めた。二十世紀の間に、ヨーロッパの物理学の中核をなす思想自体がますます非機械論的になってきたのである。相対性理論と量子物理学の発達――それは一九〇〇年から一九一四年の間にマックス・プランクとアインシュタインに始まり、一九二〇年代後半に量子力学が出現したことでいっそう研究が進んだ――によって、物理学を構成する単位はますます堅固な物体ではなくなり、電磁気学の場合と同じように、ますます触れることのできない『場』とみられるようになった。それと時を同じくして、他の自然諸科学は生命有機体あるいは精神活動についての考察方法を開発し、それが古典物理学の機械論的論拠を弱めることになった。生命と環境、脳と心に関するさまざまな思想に触発され、神経生理学から言語心理学に至るまで、また遺伝学から生態学に至るまで、古典物理学の最盛期には考えることもできなかった種類の、新しいタイプの理論の展開が始まったのである」とされている。[56] 物理学の構成単位が堅固な「物体」ではなくて、触れることのできない「場」に変わっていることの指摘は、きわめて重要である。これは、物理学の「中核思想」が「非機械論」的なものに変わったことを示すものである。ここに「新しいタイプの理論」が誕生したのである。古典物理学が圧倒的に優位であった地位を譲った「新しいタイプの理論」を基礎にしながら、われわれは新しい知的基盤を構築していかなければならない。わたくしは、刑法学において古典物理学を基礎とする「機械論的思考」から脱却すべきことをかねてより強調してきたので、[57] トゥールミンの右の主張に大いに賛同するものである。彼の主張を踏まえたうえで、宮城における「近代」の内実を明らかにしていきたい。

（1）成田龍一『近現代日本史と歴史学』（平24年・二〇一二年）八頁。
（2）色川大吉『定本歴史の方法』（平18年・二〇〇六年）一七―八頁。
（3）色川・前掲注（2）一八頁。
（4）色川・前掲注（2）二四頁。
（5）色川・前掲注（2）二四―五頁。
（6）色川・前掲注（2）二六頁。
（7）色川・前掲注（2）二六頁。
（8）色川・前掲注（2）二七頁。
（9）色川・前掲注（2）二七頁。
（10）色川・前掲注（2）三四―五頁。
（11）色川・前掲注（2）三八頁。
（12）色川・前掲注（2）四一頁。
（13）色川・前掲注（2）四三―四頁。
（14）色川・前掲注（2）四四―五頁。
（15）成田・前掲注（1）二九一―二頁。
（16）安酸敏眞『歴史と解釈学―《ベルリン精神》の系譜学―』（平24年・二〇一二年）四五頁。
（17）安酸・前掲注（16）四五頁。
（18）安酸・前掲注（16）四五頁。
（19）安酸・前掲注（16）一一九頁。
（20）安酸・前掲注（16）一二八頁。

(21) 安酸・前掲注（16）一二九—三〇頁。
(22) 安酸・前掲注（16）一三二頁。
(23) 安酸・前掲注（16）一三二頁。
(24) 安酸・前掲注（16）一三二頁。
(25) 安酸・前掲注（16）一三四頁。
(26) 安酸・前掲注（16）一三四—五頁。
(27) 安酸・前掲注（16）一三六—七頁。
(28) 安酸・前掲注（16）一五一—二頁。
(29) 成田・前掲注（1）iv頁。
(30) 成田・前掲注（1）iv頁。
(31) フランソワ・アルトーグ『「歴史」の体制—現在主義と時間経験』伊藤綾訳（平20年・二〇〇八年）二〇頁。
(32) アルトーグ「日本語版への序文」アルトーグ・前掲注（31）四—五頁。
(33) アルトーグ・前掲注（32）五頁。
(34) アルトーグ・前掲注（32）八頁。
(35) アルトーグ・前掲注（32）七頁。
(36) 西研・竹田青嗣・本郷和人『歴史と哲学の対話』（平25年・二〇一三年）一二頁。
(37) 本郷・前掲注（36）一三頁。
(38) 西・前掲注（36）一六—七頁。
(39) 西・前掲注（36）三〇—一頁。
(40) 西・前掲注（36）五一頁。
(41) 西・前掲注（36）五二頁。
(42) 西・前掲注（36）五三頁。
(43) 本郷・前掲注（36）一一八頁。
(44) 竹田・前掲注（36）一一八—九頁。
(45) 竹田・前掲注（36）一二〇頁。

(46)　竹田・前掲注(36)一二一頁。
(47)　竹田・前掲注(36)一七三―四頁。
(48)　竹田・前掲注(36)一七四―五頁。
(49)　竹田・前掲注(36)八―九頁。
(50)　スティーヴン・トゥールミン『近代とは何か　その隠されたアジェンダ』藤村龍雄・新井浩子訳(平13年・二〇〇一年)七頁。
なお、本書の邦題としては、村上淳一博士による『コスモポリス―近代の隠れた課題』が原題に近いといえる、村上淳一『仮想の近代　西洋的理性とポストモダン』(平4年・一九九二年)一四三頁。
(51)　トゥールミン・前掲注(50)一二頁。
(52)　トゥールミン・前掲注(50)一二頁。
(53)　トゥールミン・前掲注(50)一三頁。
(54)　トゥールミン・前掲注(50)一三頁。
(55)　トゥールミン「日本版への序文」トゥールミン・前掲注(50)xi―xii頁。
(56)　トゥールミン・前掲注(55)xii頁。
(57)　刑法において違法性を判断するに当たっては、主観的な要素をすべて排除したうえで、事後的に、すなわち裁判時に明らかになった事実に基づいて裁判官の見地から判断すべきであるとする「物的不法論」は、古典的物理学を前提とする「人間機械論」を基礎とするものであって妥当でない旨を、わたくしはかねてより強調してきた。そして、わたくしは、現代的な知見を前提とする科学論を基礎にした「二元的人的不法論」を構築すべく努めてきているのである。その出発点としてまとめた論文集が拙著『違法性の理論』刑事法研究第二巻(平2年・一九九〇年)である。

第二章　宮城浩藏の出自と青少年期

第一節　宮城浩藏の出自と東北戦争

宮城浩藏は、嘉永五年（一八五二年）四月一五日、山形県羽前国東村山郡天童藩の藩医武田玄々（直道）の次男として出生した。本書においては、天童「藩」という一般的呼称を用いる。宮城が生きた時代を明らかにすることに主眼があり、あくまでも宮城との関係で幕末・明治初期を扱うのであって、その時代を厳密に歴史学的に検証することを目的としないので、当時、一般的に使用されていた「藩」という語を使用することにしたのである。しかし、藩の語を用いるからには、その観念の概略を見ておく必要がある。藩の観念は、日本史家の児玉孝多教授によれば、次のような内容を有する。すなわち、「藩という言葉は、日本では古くはあまり使われないが、中国では古くから用いられている。おほふという意味があって、屏や蔽に通ずる。まがきという意味もある。これも屏や蔽に通ずる。藩屏となると、侯伯の領するところで、王家を守る国をさすようになる。おなじような意味のものに藩維・藩垣・藩鎮・藩国などがある。藩翰もかきねと柱で、転じて地方を治め、君の守りとなるものをさす。新井白石の『藩翰譜』もそれによるものであろう。中国では、したがって、藩侯・藩臣・藩邸・藩府などという言葉は珍しくはなく、ことに唐代の藩鎮の強盛はよく知られ、唐は藩鎮によって亡ぶなどともいわれた。日本では江戸時代になって用いだされたが、それも一般化したのは幕末になってのことである。大名の家来でも、何々藩士とはいわず、細川越中守家中というように名乗る。さもなければ『肥前佐賀家中』などという。しかし幕末になると、大藩・小藩ということもあれば、長州藩・薩藩ということも稀ではなくなる。ところがそれはあくまで私的な称呼であって、正式名称ではない。正式名称になったのは、明治二年（一八六九）に版籍奉還が行なわれた時に、旧領主をそれぞれの知藩事に任命した時である。いずれも城や陣屋の所在地の名を付けて、金沢藩・熊本藩などとしたのである。「幕藩体制」との関係について、日本史家の山本博文教授は、「江戸時代の政治体制を『幕藩体制』、その国家を『幕藩制国家』と呼ぶことは、すでに常識の範囲に属する。江戸時代の体制が、幕府と藩の重層的な権力によって、百姓以下の民衆を支配するものだったことによる。この場合、大名が治めた地域を藩と言っているわけだが、その『藩』という言葉は、江戸時代の公称ではなく、明治政府が採用したものであった。明治元年（一八六八）、旧幕領に府・県を置き、旧大名領は『藩』と呼んだのがその始まりである。明治四年には廃藩置県が行なわれて藩が消滅するから、わずか四年のことだった。しかし、新井白石の『藩翰譜』に見られるように、江戸時代においても大名領や大名家中を『藩』と呼ぶことはあった。中国の封建制をモデルとし、諸大名を幕府の『藩屏』になぞらえたことによる命名である。この用語は、大名を主君とした政治組織やその支配領域を指すのに便利なものなので、一般的に用いられている」とされる。[1] 右の「幕藩体制」という用語は、日本史家の伊東多三郎教授の創唱であるとされている。[2] このように、明治政府が藩を公称として採用し、その後、廃藩置県が実施されたのである。

天童は、元和八年（一六二二年）に最上氏が改易された後、諸藩の飛地的領地となっていたが、明和四年（一七六七年）、信長の二男信雄の四男信良の子孫である。織田信浮が高畠に入部した際、天童は信浮の領地となった。高畠は、遠隔の地であるため、寛政一二年（一八〇〇年）、天童に陣屋を設け、代官を常置し、高畠より郡奉行を派遣して支配に当たっていた。文政元年（一八一八年）に信浮の遺領を継いだ信美は、天保二年（一八三一年）に本拠を高畠から天童に移した。同七年、信学が封を継いだが、嘉永元年（一八四八年）幕命により置賜郡内の織田領は天領に上地され、これに替えて村山郡内の天領のうちから同額分を与えられたことによって二万三千石余が天童周辺にまとめられた。その後、浩藏は、一三歳のとき代々天童藩の織田公の家老職にあった宮城瓏治（宗右衛門）の養子となった。当時、長男が家督を継ぎ、次男以下は他家に養子入りするのが一般的であったので、浩藏が藩の有力者である宮城家の養子になったのは、珍しいことではない。彼は、藩校養正館に入って勉学に励んで抜群の成績を修め、藩主信学公にその才をみとめられ、養正館の「句読師」となるに至ったのは、浩藏一五歳の時であった。

藩校は、藩内の士分の子弟が入学して勉学に励む藩の学問所であり、各藩においてほぼ同様の教育がなされていたようである。天童藩の「養生館」に関する史料が入手できなかったので、同じ羽州の庄内藩の藩校「致道館」について見て参考にすることにする。「庄内藩酒井家は譜代であったが、致道館の教育は朱子学ではなく、徂徠学をもって根本とした。致道館の組織は職名に至るまで幕府の聖堂にならったもので中国式であった。致道館は藩士の子弟の教育を目的とするものであり、今の小学校にあたる句読所から始まり、終日詰（今の中学課程）、外舎（今の高校課程）、試舎生（今の大学教養課程）、舎生（今の大学の学部）の五段階に分かれており、厳しい試験を行って能力のある者を進学させた。卒業した者は能力に応じて役人に登用されることになった」とされている[3]。養生館もこれとほぼ同様であったと解される。

次に、致道館の組織を見てみよう。「致道館の職員は次のようであり、人数は五〇名に及んだ。

㈠　学校総奉行、同副奉行　家老または中老があたり最高の監督者
㈡　祭酒　一名　小姓頭以上　釈典を司る
㈢　司業　二、三名　三百石以上、今の校長にあたり子弟教育の責任者
㈣　学監　二、三名　三百石以上、今の教頭にあたり学校の取締りにあたる

㈤　助教　一四、五名　士分以上、学業の教授にあたる
㈥　典学　五名　士分以上、書記として事務にあたるとともに子弟の監督にあたる
㈦　句読師　九名　士分以上、小学校教師にあたり幼少年に句読を授けた
㈧　司書　二名　士分以上、図書係
㈨　舎長・外舎長　各々二名　助教、句読師、舎生の中から兼ねる　舎生と寝食を共にし、舎内外の取締りをする」とされている。[4]

宮城が任じられた「句読師」は、幼年少者に句読を教授する教師に当たることになる。宮城が一五歳にして句読師に任じられたことは、彼がいかに優秀であったかを示す証左となるものである。

宮城は、一九歳になった年（明治元年・一八六八年）、奥羽征討の先導師となった織田公の軍にあって藩の監軍吉田大八に従って勇敢に戦ったという。彼の戦いぶりについて、「戊辰の歳天下大に乱る奥羽諸藩同盟して王命に抗す朝廷織田氏を奥羽征討先導師と為す氏時に年十七、藩の監軍吉田大八に属し従軍数閲月、大八殊に氏の勇胆を愛し常に左右に従へて戦に臨めり」と述べられている。[5]これは、いかに彼が勇猛果敢であったかが窺われる叙述である。この時、宮城が戦った相手は、庄内藩であり、「天童の戦い」と称されるこの戦いは、東北戦争の一環である。彼と庄内藩には深いつながりがあるので、同藩について見ておくことにする。庄内藩の藩祖である酒井忠勝が、信濃松代十万石から十三万八千石余で鶴岡に入部したのは、最上氏が改易された元和八年（一六二二年）のことである。その庄内藩の幕末の状況は、次のとおりである。すなわち、「戊辰戦争のとき庄内藩は終始佐幕の態度を堅持して、天童藩・新庄藩・久保田藩を攻撃するなど抗戦したが、米沢藩の降伏によって官軍が集中的に攻撃を加えようとして来たので、庄内藩は仙台藩に次いで降伏した。しかし西郷隆盛の取計いによって、賠償金として七十万両の献金を

命ぜられただけで済んだ、明治元年（一八六八年）十二月、忠宝が十二万石で相続し、会津若松、平と転封となり、明治二年七月、再び鶴岡の地に戻った。同二年八月、大泉藩と改称、同四年、廃藩置県を迎えた」とされている。(6)

　東北戦争における庄内藩の状況は、次のとおりである。公卿の九条道孝を総督とする奥羽鎮撫総督府の一行は、慶応四年（一八六八年）三月一八日に海路仙台藩に入った。総督府の東征の目的は、陸奥の会津藩と出羽の庄内藩を攻撃することであった。「会津藩は松平肥後守容保の所領、庄内藩は酒井左衛門忠篤の所領である。いずれも徳川幕府の親藩として、最後まで徳川家を支えてきた藩である。それだけに官軍側としては、滅ぼさなければすまない相手だった。この二藩のほかにも、徳川家を支えてきた藩はたくさんあるが、官軍側の憎しみは特にこの二藩に対して強かったのである。というのは、会津藩主の松平容保は京都守護職を務めていたし、庄内藩主の酒井忠篤は江戸の治安責任者だったからだ」とされる。そして、「新政府としては鎮撫軍は送り込むが、その将兵だけで会津・庄内二藩を鎮圧するつもりではなかった。それよりも、東北地方のほかの諸藩に命じて、討たせる方針だった。とくに六二万石と、東北地方唯一の大藩である仙台藩をあてにしていた。すでにこの年の一月、新政府は仙台藩主伊達慶邦に、会津藩討伐の命令を下していた。それに続いて米沢藩主の上杉斉憲、盛岡藩主の南部利剛、秋田藩主の佐竹義堯にも、同じように命じた。しかし、これら奥羽の雄藩としては、新政府に命じられたからといって、すぐにそれに従うつもりはなかった。これら東北諸藩にとっては、会津藩は近所づき合いのある仲間である。それに朝廷といってもそれをかついでいるのは、薩長など西南の一部の藩にすぎないとみていた」とされる。(7)このような状況下において、小藩である天童藩は奥羽征討の「先導師」の役を押し付けられたのであった。つまり、天童藩は、東北諸藩と親密な関係があったにもかかわらず、小藩ゆえに官軍の命に従わざるを得なかったわけである。

　ところで、「会津藩と庄内藩は、運命共同体としての軍事同盟を結んだ。官軍が押し寄せてきたら、力を合わせて防戦しようというのである。ことは会庄二藩だけの同盟にとどまらず、米沢藩や仙台藩も取り込んで、奥羽列藩同盟を結成しようという動きにまで発展しようとしていた」のであった。その後、「奥羽列藩同盟の結成は、仙台・米沢の両藩がリーダーシップをとって進めることになり、奥羽地方の大藩であるこの二藩の呼びかけは、大変な効果があったため」、その数は奥羽地方のほとんどの藩を含む二五藩にのぼった。天童藩は、小藩の政治的立場のゆえに、吉田大八を責任者として切腹させたうえで、奥羽列藩同盟に参加せざるを得なかったといえる。吉田は、奥羽列藩同盟に参加するための犠牲となったのである。「奥羽列藩同盟の成立を知った北越の日本海側の新発田、長岡など六藩や北海道の松前藩から加入の申込みがあり、奥羽越列藩同盟が成立し、新政府に対抗する事態になった。このような同盟側の態勢が完全にととのったのは、明治元年（一八六八年）の七月のことである。「新政府と旧幕府の戦いは、意外なかたちに発展し、新政府対奥羽越列藩同盟の対立という図式になってしまった。外国人はこれを、アメリカの南北戦争になぞらえ、日本の南北戦争と呼んだ」とされている。これは、地理的関係からいえば、まさしく「南北戦争」である。

仙台から米沢へ転戦した新政府軍は、仙台藩や米沢藩に対しては、戦闘と並行して懐柔戦をしかけた。すなわち、「降伏すれば攻撃もやめるし、領土も保証する。謝罪さえすれば藩主や重役たちの責任も追及しない」と申し出たのであった。この懐柔作戦は功を奏し、九月に入ると、仙台藩および米沢藩はともに降伏した。同盟軍の指導的な地位を占める二つの大藩が降伏したので、ほかの弱小藩はつぎつぎ官軍に降っていった。南部藩や庄内藩なども帰順していき、なおも抵抗を続けているのは会津藩だけであった。

宮城は、天童の戦いの際の功により藩命を受けて庄内藩酒田で雲州の衛戍兵に就いて英式兵法を学ぶこととなった。帰藩後、師範役となって英式戎隊を組織して兵制を改革した。武器に関していえば、「同盟側はエドワード・スネルというあやしげな武器商人と結びついていた。[8] 彼の商会を通じて、大砲から小銃まであらゆる武器を購入した」とされる。エドワード・スネルは、日本経済史家の中村哲教授によれば、オランダ商人である。すなわち、中村教授は、「一八六八年（慶応四）二月二二日、会津藩主松平容保は会津に帰った。徳川慶喜は新政府に対して絶対恭順の方針をとったが、容保はそうでなかった。江戸から帰るとき、オランダ商人エドワード・スネルから武器弾薬を購入し、徳川軍から軍資金や武器を借りている」と指摘されているのである。[9] 武器の多くは、アメリカの南北戦争で使用されたものであったといわれている。日本における「南北戦争」においてアメリカの「南北戦争」で使用された武器が再使用されたことは、歴史の皮肉というべきなのであろうか。宮城が庄内藩の酒田において英式の兵制を学んだのは、同盟側の武器の取扱い方に関連していたと解される。

戊辰戦争の騒擾が止んだ後も、宮城は、なお学問の重要性を自覚し、藩校の再建を志していた。すなわち、「是の時や兵乱既に平ぐと雖も人心激昂殆んど文事を顧みず藩学之が為めに廃絶せんとす氏乃ち率先して藩学の振興を計る養正館依て以て再び隆んなり」とされている。[10] このことは、「君幼にして穎悟文を好み武を嗜み人称して奇材と為す藩学養正館に入り文武の道を講す修学怠らず嶄然頭角を露す」とされた宮城が、奮闘して、「是の時に当り兵乱既に平ぐと雖も人心激昂し少壮ハ劔を磨し槍を横へ疎豪無頼を以て自ら高ふり殆んと文事を顧みず藩学之が為に廃絶せんとするに至る君即ち率先して藩学の振興を計る同志翕然之に応し藩主亦大に其挙を嘉す是を以て養正館再び隆盛を致し而して少壮復文事を修むるに至る」事実を示すものである。[11] この事情は、さらに「時に戊辰の兵乱漸く治ると雖も尚ほ動もすれば殺気天に横はり腥風起らんとす故に藩中少壮の気風も亦自から武事に傾き剣戟を是れ事とし疎豪無頼を喜び謹勅温順の士を斥け文事の如きは殆んと措て顧君窃かに之を憂ひ奮然同輩を諭して曰く――世は既に王制復古となり是れより天下将さに泰平無事に帰し武道の如きは最早や処世の具にあらざれば宜しく文事を研ぐべし――と自から率先して既に衰頽せし学館の再興を計る是に於て乎同志翕然として之れに応ぜり藩主亦大に其学を嘉みし資金を投じて之を助く」と叙述されている。[12] このように、宮城は、武事に傾きがちの青年たちに文事の大切さを説き、藩主もその功をみとめて資金援助して藩校の振興を実現したのである。この事実に後の宮城が教育者として熱意を込めて後進の指導に当たった源泉が見出される。

第二節　宮城浩藏の東京留学

明治二年（一八六九年）、藩主は、宮城を抜擢して東京に派遣して兵学を学ばせたが、宮城は藩主に懇請してさらにフランス語を学んでいる。英式兵法を学んだ宮城が、東京でフランス語を学ぶこととなり、これが彼のその後の人生に決定的な影響を及ぼすこととなった。なぜ彼がフランス語を自発的に学ぶ気になったのかを詳らかにすることは、直接的な史料がないため困難である。しかし、時代背景から次のように推測することは許されるとおもわれる。明治政府は、明治二年（一八六八年）四月八日、布告でもって府県の私兵編成を禁止し、翌明治三年一〇月二日に常備兵員制を制定（太政官）している。その際、陸軍は仏式を、海軍は英式をそれぞれ採用したのであった。兵制に関するこの重大な変化は、英式兵学を学んでいた若い宮城に、大きな衝撃と仏式兵学に対する新たな知識欲を与えたであろう。このような動機は、司法省法学校で同期生となる加太邦憲のばあいと同じであったと考えられるので、加太のケースを見ることにしよう。加太は、その著書『自歴譜』において次のように述べている。すなわち、「準備終るを俟ち深川猿江町村上栄俊の家塾に入門し、仏蘭西学を始めたり。そもそも予の洋学を始めたるは、兵学を目的としたるに在りて、しかも陸軍兵学に至りては仏の英に優る、素よりなれば、これがため仏学に転じたり」というのである。[13] 当時、陸軍兵学においては、イギリス式よりもフランス式が優っていたとされるので、フランス兵学を志す者が多かったと考えられる。宮城もその一人であったと解してよいとおもう。

史料の価値を明確にするために、ここで加太の著書の重要性について触れておく必要がある。日本史家の福島正夫教授は、この点について次のように述べられた。すなわち、「彼は明治新政府のもとで、西欧法学の教育をうけた最初の人たちの一人であり、その意味で特別の体験をもった。つまり司法省法学校第一回の生徒である。この経験をまとめて書いたものは他にほとんどなく、本書は貴重史料としてたえず引用されている。

本書は、彼の死後一年、長子重邦により自費出版され、法曹界に頒布された。それは一九三一（昭和六）年であった。その執筆趣旨は『ただ子孫後進をしてこれを了知せしめ、或は取って以て処世の一端に資せしめんとするの婆心にほかなら』ずとあるが、上述の経過からその一端が知られるようにその客観的な資料意義がきわめて高く、従来しばしば利用されたが、今後も十分な活用に値するであろう」とされている[14]。このように『自歴譜』は、史料的価値がきわめて高い書物であるといえる。そこで、本書においてもこの『自歴譜』に依拠しつつ歴史像を明らかにしていくこととする。

宮城にとって新しい兵制を基礎から学ぶには、翻訳書が乏しい当時にあって[15]、フランス語を自家薬籠中のものにする必要性が痛感されたであろう。宮城のフランス語学の修得の経緯については、その詳細が明らかでないので、加太の事例を参照することにしよう。前に見たとおり、加太は、仏学者村上英俊塾に入塾してフランス語を学び始めたが、彼は、「この時、先発の同志畑氏已に入塾し居たれば、予は大いに便宜を得たり。さて、予は家塾に落着き一安心したるも、学資の事を考うるに及びては先途安からざれば、一寸の光陰も軽んぜず一意勉学したるが、幸いにして過去一年有半英学素養の功により、仏学は四カ月にしてこれと同等の学力に達し、心窃かに喜悦したり」と述懐している[16]。外国語学修得に当たって、先行する別の外国語に関する学識がきわめて重要な影響を及ぼすことは、周知の事実である。おそらく、先行学習が学習者の類推能力を高めるからであると考えられる。加太は、師である村上英俊について次のように述べている。すなわち、「ここに師村上英俊の伝を略言せんに、元、江戸の町医にして蘭学者なりしが、嘉永元年島津斉彬公より仏文理学書の翻訳を託され、仏・蘭対訳辞書によりこれを翻訳したるが、即ち先生の仏蘭西学開始の起源にして、また先生は本邦仏学の元祖なり」と述べている。(17)

ここでフランス語学の状況について見ておくことにしよう。幕末から維新にかけてすでにフランス語学が樹立されつつあった。その第一人者は村上英俊（一八一一年～一八九〇年）であった。加太によれば、村上がフランス語を学び始めたのは、前述のとおり、島津斉彬公から仏文の理学書の翻訳を託されたからであるとされるが、この点については、見解の対立がある。わが国におけるフランス語学史の研究者である富田仁氏によれば、共に松代に在住していた佐久間象山から、火薬製造ついて書かれたオランダ書の紹介を相談された際、村上は、当時、化学書としてヨーロッパの学界において有名であったベリセリウスの『化学提要』を推薦した。そこで、象山が、松代藩に掛け合ってその本を購入することとしたが、実際に届いたのは『化学提要』のフランス語訳であったため、それを読破すべく、村上は、フランス語の修得を決意したとされる。その学習法は、蘭仏対訳の辞書を毛筆で筆写することから始め、オランダ語と対比類推しながらフランス語を学ぶというものであり、難行苦行の末、一六カ月かけて同書を読破したという。(18)その後、村上は、フランス語・英語・オランダ語の三国語対照辞書である仏・英・蘭『三語便覧』を編纂し公刊して仏語学者としての地歩を固め、多くの門人を輩出したのであった。(19)そして、「その門人たちの中には法律の分野にフランス語の知識を活かして法曹界に活躍したり、学界に然るべき地位を築きあげたりした人物が少なくない。ただ、英俊の達理堂だけで学ぶことなく、さらにべつな教育機関に移って学問、研修を深め、そこから立身出世の道をかけのぼっていったケースが眼につく、私塾としての達理堂の限界がそこに反映しているようである。

大学南校、明法寮などには、英俊の門に入ったものの、そこを飛び出し、新しい学問を修めるべく入学した人びとがいたが、その意味では、明日にはばたく人材の養成機関、それも教育機関であったとも考えられる」とされる。その意味において、「英俊の達理堂は大学南校などの予備校的な役割をも果たしていた」といえるのである。[20] 村上英俊の人となりについていえば、「村上先生のフランス語はフランス人には通じない発音だというような評判があったとはいえ、人格者としての名声が高く、その門には多数の俊秀が集まったのであ」り、「英俊はその本質において は決して実学の人ではなかった。むしろ学者肌の人物であり、日仏修好通商条約にかかわりながら外交の舞台に活躍することなく、ひたすらフランス語の教育の道を歩き、政治にも実業にも携わることなく、七十八歳の一生を閉じたのである。明治という時代を生きるにはすでに老境に入っていたこともあったかもしれないが、英俊は時流にうまく棹をさす生き方ができない性格の持ち主であったと考えられる」とされている。[21]

その後、加太は、箕作麟祥塾に移るが、その点について次のように述べている。すなわち、「八月、村上塾を去り、神田神保町箕作麟祥の家塾に入る。箕作は津山藩蘭学医の家なりしが、若年より蘭・英の学を能くし、二十歳前後にして仏蘭西学を修めたる者なり。これ村上先生の仏書研究開始より数年の後なりき。予が入塾の当時は、先生は開成学校の博士（官名にして教授のこと）にして、年齢僅かに二十五、六歳なりき。そもそも予の箕作塾に転じたるは同塾の好評なりしが故なりしに、入門して見れば豈図らんや、同塾は何にか事情ありて数月前に一旦塾生を解放せりしとて、当時、塾生は僅かに英学生を併せ二十名以内に過ぎず、先生の授業もなく、かえって予は先生より新参生の授業を託せられたる次第にて満足も出来ざりしが、幸いに東京唯一の官立洋学校たる大学南校が同塾より僅か三丁程の所（一ツ橋見附外）にあるを以て、塾生の多くはこれに通学し居たれば、予もまたこれに準い、箕作塾を自分の宿泊所と観念して南校に通学し、これを修業の場所とせり」とされているのである。[22] 加太が箕作塾に転じたのは、同塾が好評を博していたことが理由であるという。同塾の評判が良かったのは事実であったようである。[23] しかし、入塾当時、塾生は英学生を含めて二〇名以内にすぎなかったし、箕作自身による授業もなかったが、大学南校に近いので宿泊所と観念し大学南校に通学してここを修業の場所としたとされる。多くの塾生も大学南校に通学していたという事実は、興味深い。

幕末に江戸幕府内においてフランス語の必要性を覚えたのは、長崎奉行所の役人であったとされる。すなわち、「文化四年（一八〇七年）、長崎出島のオランダ商館長ヘンドリック・ドゥーフは長崎奉行所から一通の外国語の書面を渡され、これのオランダ語訳を求められた。長崎奉行は最初オランダ通詞たちに翻訳を依頼したが、誰ひとりとして解読することができなかったので、思いあぐねた末に、ヘンドリック・ドゥーフに持ちこんだのであった」のであり、それはフランス語の書面で「文化三年（一八〇六年）十月、サハリン南部のアニワ（楠渓）湾に上陸して日本人の村落を襲い、暴行、略奪をほしいままにした」ロシア海軍大尉ニコライ・アレクサンドロウィチ・フヴォストフが残したものであったとされる。[24] ドゥーフが訳したオランダ語文を長崎奉行は配下の通詞に日本語に訳させたのであり、「日本語文の翻訳を行なった長崎の通詞たちの間から、フランス語を学習しようとする動きがみられるようになった。とはいえ、勝手にフランス語を学習するわけにはいかず、長崎奉行に申し出て、さらに幕府の許可をえた上で、大通詞の石橋助左衛門、中山作十郎、大通詞見習の本木左衛門、小通詞の今村金兵衛、小通詞の楢林彦四郎、馬田源十郎の六名がドゥーフについてフランス語の勉強を始めることになった。文化五年（一八〇八年）二月六日のことであ」ったのであり、[25]「幕府としても、今回の事件でフランス語のもつ国際性を知ったので、長崎の通詞にむしろ幕命でフランス語の学習をさせることにした」とされる。[26] ところが、通詞たちがフランス語の勉強を始めて、およそ半年後の文化五年（一八〇八年）八月、イギリス船「フェートン号」がオランダ船をよそおって長崎湾において食物などを略奪するという「フェートン号」事件が起こったため、「幕府はイギリスの事情を知る必要に迫られ、翌年二月、今度は長崎の通詞たちにオランダ人ヘトルについて英語の学習を命じた。『フェートン号』事件が、せっかく半年にわたって続けられたフランス語の学習を中止させたのである。日本では、公式には英語よりもフランス語の方が一年ほど早く学習されたのであったが、こんなわけで、フランス語の学習は英語のそれに取って代わられることになった」のであった[27]。

右に見た加太の事例のように私塾を移籍する者も多かったようであるので、フランス語学習の環境という観点から、改めてフランス語の私塾の状況について簡単に見ておこう。富田氏によれば、官立系の学校とは別に「東京の私塾でもフランス語が教えられていたことは、明治五年（一八七二年）の学制施行のあと、東京府に提出させた開業願書によってあきらかである。ちなみに習字を主にして『読み書きソロバン』を教えた寺子屋は家塾とみなされ、その教師はとくに免状を所持することなく、自宅で生徒を教授したが、その数はきわめて多く、現在東京都公文書館に保存されている家塾開業願書は千百余通に及んでいる。家塾では、習字の手本には実用の学を兼ねて修身や地理、歴史などの本が用いられていた。

一方、教師免状所持者が自宅で生徒を教える塾は私塾とされたが、概していえば英語を教えるところが多かった。維新直後の社会的風潮を反映して、蘭学がすたれたので、これに代わって英学が盛んに学ばれるようになったのである。東京府の『家塾明細表』から英語、フランス語、ドイツ語などを教えた塾を拾い出すとき、英学専門あるいは英学併設の塾がほとんどで、ドイツ語が数としては少ないがこれにつぎ、フランス語となるときわめてわずかである」とされている[28]。この時期にドイツ語の方がフランス語よりも多いのは、意外の感がする。というのは、ドイツ法学が優勢となるのは、ずっと後のことであり、当時はフランス語の需要の方が高いはずであったからである。

（1）児玉幸多「大名と諸藩」『新編藩史総覧』『歴史と旅』臨時増刊号31（昭63年・一九八八年）三五頁。
（2）山本博文「なぜ、『三百藩』と呼ばれるのか」『歴史読本』編集部編『江戸三百藩藩主列伝』（平24年・二〇一二年）一八頁。
（3）本間勝喜『庄内藩』〔シリーズ藩物語〕（平21年・二〇〇九年）一三二頁。
（4）本間・前掲注（3）一三三頁。
（5）『東京日々新聞』第六三九三号、村上一博編『東洋のオルトラン　宮城浩蔵論文選集』（平27年・二〇一五年）三二七頁。
（6）『新編藩史総覧』庄内藩七〇頁。
（7）長谷圭剛「会津若松城包囲攻撃」安田元久監修・林英夫編『戦乱の日本史［合戦と人物］第12巻幕末維新の騒乱』（平10年・一九九八年）八四頁。
（8）長谷・前掲注（7）八七頁。
（9）中村哲『明治維新』日本の歴史16（平4年・一九九二年）二九頁。
（10）「宮城浩藏氏逝く」『東京日々新聞』明治二六年二月一六日付記事中「宮城浩藏小伝」村上・前掲注（5）三二七―八頁。
（11）諏方武骨編『山形名誉鑑』上巻明治二四年七月一六日刊、村上・前掲注（5）三〇九頁。
（12）日下（柳昌軒）南山子編著『日本弁護士高評伝全』明治二四年八月三〇日刊、村上・前掲注（5）三一三―四頁。
（13）加太邦憲『自歴譜』岩波文庫版（昭57年・一九八二年）九五―六頁。なお、本書の底本は、『加太邦憲自歴譜』（昭6年・一九三一年）であるとされている。
（14）福島正夫「解説」加太・前掲注（13）三六五頁。
（15）当時の状況について、加太は次のように述べている。すなわち、「因に翻訳につき当時の情況を一言せんに、本邦近世の文化は即ち西洋文明の輸入にして、万般の制度・文物を一度に輸入することなれば、洋書の翻訳急を要したるも、明治初年は洋学者の数少きを以てその需要を充たす能わざりしが、十年前後に洋学者も増加し、二十年前後までは盛んに翻訳を為し、やや訳書も揃い、制度・文物皆これによりて緒に就き、進歩発達の途を開きたり、然れども、当時はその輸入する事項につき未だ識見なければ善悪の区分も立たず、無暗に模倣せんとして、これ、日も足らざるの有様なりき。故に世人はこの過渡期を翻訳時代と称したり。然るに二十二年には憲法の発布を見、学者は素より一般人の識見も次第に高まり来り、政府より二十三年議会に提出せし民法すら、仏国民法の翻訳に過ぎずという非難起こりて遂にこれを改造するに至れり。観るべし、一般思想の著しく発達し来り、始めて西洋の文物を、我が風俗は素より進歩の程度に応じて咀嚼し得るに至れるものなるを」とされているのである、加太・前掲注（13）一二二頁。

（16）加太・前掲注（13）九六頁。
（17）加太・前掲注（13）九六頁。
（18）富田仁『フランス語学事始――村上英俊とその時代』（昭58年・一九八三年）五七―六二頁。
（19）富田・前掲注（18）六五頁以下。
（20）富田・前掲注（18）二二〇頁。
（21）富田・前掲注（18）二二一頁。
（22）加太・前掲注（13）九七―八頁。
（23）富田・前掲注（18）二一八頁。
（24）富田・前掲注（18）一〇頁。
（25）富田・前掲注（18）一二―三頁。
（26）富田・前掲注（18）一四頁。
（27）富田・前掲注（18）一五―六頁。
（28）富田・前掲注（18）一四〇―一頁。

第三章　法学徒としての宮城浩藏

第一節　貢進生・法務省明法寮生としての宮城浩藏

明治政府は、明治二年に箕作麟祥にフランス法典の翻訳を命じており、東京にあって学を志す青年たちにとってフランス法のもつ重要性は十分に認識されていたに違いない。そうだとすれば、やはりフランス語の必要性は宮城にとって切実なものとなっていて、あえて藩主に懇請してその学習の許可を得たものと解される。その際、宮城がどのように藩主を説得したかを示す資料を知りたいものである。宮城が箕作の私塾「共学社」に入門したのは、明治三年一〇月三日のことである。共学社にはすでに岸本辰雄が入塾していた。俊秀の宮城にとって大いに意欲をそそられる知的世界の広がりがそこに見出されたと考えられる。共学社において宮城は、共に貢進生となりフランス留学をし、さらに明治法律学校を創立して法学を講じた岸本と昵懇の間柄になったと考えられる。このことについて、後年、岸本は、宮城の追悼文において、「回顧スレハ君、明治ノ初メ天童藩ノ貢進生ニ挙ケラレ名声夙ニ喧シ、当時余ノ君ト相見ル意気相投シ互ニ相提携ス、其法学ヲ修ムルヤ与ニ官命ヲ帯ヒ仏国ニ留学セリ、其業成リテ帰朝スルヤ同シク法学普及ノ急務ナルヲ感シ相謀リテ経営苦辛遂ニ我明治法律学校ヲ創立セリ」と述懐している。[1]貢進生として共に法学を学ぶ二人は、同期生として生活を共にし大いに語り合ったことであろう。その折に、若い学徒が何をどのように語り合ったのであろうか。それを描くのは小説家の役割である。前述のとおり、箕作は、すでにフランスのナポレオン五法典の翻訳作業を開始していたので、宮城はその状況について知るところがあったと考えられる。

明治三年（一八七〇年）、明治政府は、貢進生の制度を設けて各藩から一名ないし三名の俊秀を東京に派遣させて勉学をさせており、宮城は天童藩主の推薦を受けて貢進生となった。貢進生の実態について、科学史家の中山茂氏は、次のように指摘されている。すなわち、東京帝国大学に関して「南校の系統が主流とされるいま一つの理由があるとすれば、それは大学南校と称していた時代の明治三年に、各藩に藩の大きさによって人数を割り当てた貢進生を受け入れた場所だったからであろう。

大小をたずさえ、ちょんまげを結った、この貢進生三百余名が入ってきた。推薦制だから、優秀な人材に希望を託して送り込んで来た藩もあろうが、大部分は情実、藩内事情に左右されて選ばれたと思われる。そのほかにも開成所以来の生徒が三百名もたまっており、計六百名がいた。彼らは必ずしも能力的に厳選されていたわけではない。事実、貢進生は後の貧乏な官費給費生とちがって、藩から十分金をもらって余裕があり、遊んでいる者が大部分だった、という」とされる。(2) 実際に貢進生であった加太は、貢進生について次のように述べている。すなわち、「十一月、藩より大学貢進生を命ぜられ、南校舎寮に入り、毎月学資として始めは金五円ずつ、後には七円ずつを給せらる。貢進生は正則的に英・仏・独三語中の一および他日一専門を修めしめ、政府の用に供せんがため、政府より特に命じて大藩より三人、中藩より二人、小藩より一人ずつの秀才を藩費にて貢せしめたるものにして、総数凡そ三百五十名あり。しかして井上毅・平田東助ら、これが舎監なり。なお当時、貢進生以外、普通の入舎生（これは貢進生と舎寮を異にす）および通学生三、四百名ありたれば、総てを一括して学派を区別し、学力により等級を立て、凡そ二十名の英・仏・独人を雇うて教授せしめ、大学大丞加藤弘之校長の地位に立ち、同助教授辻新次事務を兼掌し、米人フルベッキ（元、蘭人）教頭たり。予は五名の仏国教師に就き、仏語にて普通学を修めたり」とされる。(3) この叙述から分かることは、①貢進生は藩費で給金を得ていたこと、②南校舎寮にて生活できたこと、③南校には貢進生以外にふつうの入舎生がいたこと、④貢進生は、正則的に英・仏・独語のうち一科目および他の専門科目を履修しなければならなかったこと、⑤学生は学力別に等級分けされていたこと、⑥教師は、約二〇名の英・仏・独人の御雇人であったこと、⑦校長は加藤弘之で、教頭は元オランダ人のアメリカ人フルベッキであったことなどである。①給金により経済的に生活が安定していたのであり、②舎寮で生活できたので、貢進生同士の交流がなされ、③さらに貢進生以外の入舎生がいたのは意外である。④語学は選択制で英・仏・独から一科目選択することになっていた。⑤能力別クラス編成がなされていたのは、注目に値する。⑥教員は、英・仏・独人の約二〇名から成る御雇教師であり、直接、外国語で授業がなされていた。⑦学校体制は、後に東京大学の学長となる加藤が校長で、米国人フルベッキが教頭を務めていたのであり、外国人が行政職を委ねられていたことが注目される。

前に見たとおり、貢進生は、玉石混交であったので、これを嘆く者もなくはなかった。そのような「学生のなかで、古市公威（後の工科大学長）、小林寿太郎（後の外相）など五人が語らって、学校の質をよくするため、学生の不良分子を放逐し、学制を改革することを建言した。学生多数の意見を代表するのとはちがって、同窓の学生を追い出そうというのだから、事が露見すれば袋叩きにあう。決死の覚悟で『五人組』は極秘裡に事にあたった。その結果、その建言は当局の聴くところとなって、明治四年、南校をいったん閉鎖し、学生を再選して三百余名に限定して再出発した」という「封建時代的情実主義から近代国家の能力主義へと移行する際の一エピソード」が述べられている。(4) 能力主義が近代の特徴とされていることに注意する必要がある。これに対立するのが、封建時代の特徴としての情実主義である。右のエピソードの背景事情について、加太は、次のように述べている。すなわち、「然るに翌年九月に至り、設置以来僅かに一カ年に過ぎざりし貢進生、突如廃止せられたり。蓋し各藩より出したる秀才は秀才ならざるのみならず、怠惰遊蕩の者多かりしが故なり。廃止に先立つ二、三月前、舎監より学生一同に貢進生の規則または取締上などにつき、改良を要する点あらば申出ずべき旨勧誘ありしにつき、予は一文を草してこれに復答したり。これによって観れば、蓋し当路の間には当時より既に、貢進生の存廃研究中なりとものと察せられたり。ここにおいて寮を去り、浅草新福井町松平家本邸の一室に仮寓す。しかして政府は十一月に至り篤学の者のみを選み、更に試験を経て南校に入学せしむ。予これに及第して再び舎監に入り、正則を継続す」とされる。[5]明治政府は、貢進生を廃止した直後に、試験をしたうえで篤学の者を選抜して南校に入学させている。宮城も入学を許可された者の一人である。彼が篤学の士であったことが、ここに示されている。

さらに、中山氏は、「今日から見ておどろくべきことは、南校時代に三百十九人でスタートした貢進生のうち、明治十一年の段階で前記の三名の卒業生と十九名の在学生しかいない、という高いドロップ・アウト率である。もっともそのほかに明治八、九年には二十一名が卒業を待たずに海外留学生として出発している。彼らは東京開成学校在学生中の最優秀クラスで、むしろジャンプ・アップ組として卒業生よりも将来が約束されていた」と指摘されている。[6]明治四年九月にこの貢進生制度が廃止された際、天童藩の藩主は命じて宮城を大学南校に入学させている。この事実によっても、宮城がいかに優れた俊英で藩主から多大な期待を寄せられていたことが分かる。大学南校について、加太は、次のように述べている。すなわち、「大学南校のことを一言せんに、旧幕府は安政六年一月洋学所を創立し、翌年二月藩書調所と改称し、後更に開成所と改め、維新政変により自然廃絶し、明治元年鍋島閑叟公の建議により、翌二年二月より再設せられ、開成学校と称し、翌年大学南校、またその後、東京語学校大学予備門と改称し、後、大学東校（医学校）と併せ帝国大学と成りしものなり。当時、南校の仏正則学の教師は、マイヨ、ビジョン、リプロール、レピシェー、ガロー、変則の博士入江文郎・同箕作麟祥・同河津祐之、助教池田寛治・同辻新次・

同今村和郎・同林退蔵らにして、予は辻・林の両氏に就き万国史および仏国史を学びたり。右のほか仏学方には得業生と称したる判任の教官五、六名ありて、新参生の授業を掌りたり」とされている。[7] この叙述で分かることは、前述の大学の変遷のほかに、南校における教師達の陣容である。仏学の正則学はすべてフランス人で、変則学は日本人が担当していた。

明治四年（一八七一年）九月七日、司法省内に明法寮が設置された際、宮城は、これに転じようとしたが、大学南校はこれをみとめなかった。翻刻版の公刊の際の解説において、わたくしは、その経緯については資料が乏しいので必ずしも明らかではないと述べた。この間の事情について、加太が次のように明らかにしている。すなわち、「八月南校を退き、司法省明法寮学校に入る。これは司法省において始めて法律専門の学校を起こされたるによるなり。その転校につき、一の経緯を生じたり。我々南校の仏正則第一級生は凡そ三十名のところ、その内十五名程を挙げて転校を願出でたるところ、学生監（九鬼隆一・浜尾新）はこれを喜ばず、留校を勧めて曰く、『南校においても早晩専門科を設くる見込みなれば、当校に留まりて一同に専門学を修めよ』と。蓋しかく勧める所以のものは、第一級生が半減に至りては、専門科を開くことも覚束なしと考えたる故ならん。然るにかかる漠然たる未来の専門科設立を期待して、長く便々たる能わざれば、この際許可せられたしと懇願したれども聴かれず、再三留校を勧説せられるるのみなれば、ここに至って我々は断然退校を届け放し、校舎を退去したり」とされる。[8] 優秀な学生が南校を去って司法省明法寮に転校すると、南校に専門科の開設が不可能になることを恐れた学生監達が留校を勧設したというのである。そこで有志達は、南校を退校して明法寮に入学したのであった。

法務省明法寮の開設に当たっては、以下のような経緯があったようである。この点について、加太は、次のように述べている。すなわち、「先師箕作麟祥、大学博士にして司法丞を兼ね、仏国五法（民法・訴訟法・商法・刑法・治罪法）の翻訳に従事したるに、難解の点多きよりフルベッキに就き質疑せしも、往々要領を得ず、よって仏国に航し取調を為さんことを時の司法卿江藤新平に乞いしに、江藤は『一人を彼地に派し調査せしめんよりは、寧ろ彼地より法律家を聘して箕作の質問に答えしめ、傍ら学生を募りてこれを教授せしめば一挙両得ならん』との意見にて、ここに乍ち仏国より法律家を迎うる途を立て、また仏国に通ずる学生二十名を募り、明法寮中に一校を起すこととせり、予は始め仏国兵学を修むるの志なりしも、当時、胃腸病にて軍務に堪うべからざるに顧み、素志を抛棄したるに際し、法学生募集の挙に会したれば、これ天の賜なり、宜しく法学を以て一身を立つべきなりと奮起雀躍して、南校第一級生中の同志十数名と共に司法省に出願し、漢・仏両学の試験を経て入学し、純然たる官費生となれり。この時、共に南校より転学したる者は、井上正一・栗塚省吾・熊野敏三・磯部四郎・木下広次・岸本辰雄・宮城浩藏・小倉久らなりき」とされているのである。(9) ここに宮城と岸本辰雄の名前が明記されている。

明治五年八月一七日、宮城は、大学南校から転学して明法寮に入り、そこにおいて法律学を修めることとなった。なお、大学南校は、明治六年四月一〇日、東京開成学校と称し法律学、理学、工業学、諸芸学、鉱山学の五学科を設置している。このように、この時代の大学制度は目まぐるしく変化している。この間の事情を中山氏は、次のように説明されている。すなわち、「明治維新の際に、日本の諸制度が革命的な変革を受けたことは誰でも知っている。この時、旧幕時代の諸制度はいっさい御破算になったはずであるが、幕府直轄の学校には意外に連続するものが多い。儒教教学の中心である昌平黌、洋学一般を講じる開成所や西洋医学を教えた医学所は一時閉鎖になっただけで、すぐに昌平学校・開成学校・医学校と名をあらためて登場する。そこで働く人材やその機構についても、維新の前と後にかけて連続性がある」が、「それというのも、翻訳や医療機関がもともと体制のいかんにかかわらないノン・ポリ的、テクニシャン的性格をもつうえに、とりわけ、西洋語に通じあるいは西洋医学の技倆を身につけた人材の養成が、新政府にも焦眉の急として認識されていたからであろう」とされているのである。[10]たしかに、翻訳および医療は、政治体制とは直接的な関係をもたない「実学的」性格を有するものであるから、連続性がみとめられやすいといえる。儒教の教学は、中国古典の翻訳を通してなされるのであり、その限りにおいて翻訳技術の継承という要素を包含している。さらに新時代の人材は、西洋語に堪能であること、または西洋医療に通じていることを要求されていたのである。明治政府にとってそのような人材の養成が学校教育の急務であったといえる。

右のような学制の変遷と名称の由来などは、後年の歴史研究にとってきわめて重要な意義を有する。なぜならば、それぞれの実態を把握するためには、名称の形式的意味に影響されずに内実に即した理解が必要とされるからである。その詳細について、中山氏は、次のように述べておられる。すなわち、「明治初年には、諸制度の事始のことで、新政府の方針が猫の目のように変わり、学校の名称もしょっちゅう変わって、かなりややこしい。その背後には、皇学派・漢学派の勢力争い、それに皇学派に対する洋学派の確執がある。

明治二年七月の官制改革では、昌平学校を学制の根幹と見なし、そのうえ皇派の意を迎えて、大宝令に出てくる大学寮の名から取って大学校と改称し、開成学校や医学校はその附属的な位置に置かれた。江戸時代にばらばらに発足した諸学校を、一つのシステムとしてまとめ、皇漢洋各派の反目を緩和することが、政府当局の役目であった。

さらに、同年十二月に大学校を大学とし、開成学校を大学南校、医学校を大学東校と改称した。この呼称は地理的な位置によるものであって、当時の地図を見ると、大学は現在の御茶の水駅の近く、昌平坂の聖堂のままであり、大学南校はその南の神田一ツ橋、洋書調所以来の位置（一八六二年、蕃書調所を九段下より移転、改称）に、大学東校は下谷の和泉橋通りにあるが、皇漢学の大学が中心だという発想は消えていない」のであり、「昌平黌→昌平学校→大学校→大学の系統がまだ政府教学の正統として意識されていたのである」とされている。[11]学制の変遷の背景事情として、皇学派、漢学派および洋学派の対立があったことは、幕末から明治時代初期にかけて十分にあり得たものとして理解できる。しかし、その消長については歴史学の成果を待たなければならない。

大学南校などにおける「西洋の学問」についての教授方法などについて、中山氏は、次のように詳しく説明されている。すなわち、「その後、大学東校→東校の系統が、西洋医学を修める医者の養成という明確で特殊な目的を持った専門教育を志向したのに対し、大学南校→南校の系統が東京大学→帝国大学へと発展してゆく主流と目されるようになったゆえんは、後者が西洋の学問をするために最も基礎的な語学を正式に教える語学校、洋学校であって、政府の欧化政策の申し子となったからである。

西洋の学問をするといっても、それを正式に学ぶためにはまず普通学からはじめねばならない。普通学というのは今日の初中等教育にあたるもので、まず読み、書き――といっても日本語ではなくて、欧語（大学は英語）――ではじまる。数学、物理、世界史、地理……、何を教わるにしても、教師は外国人なので欧語を通じてなされる。会話を含めての欧語がすべての基礎となり、これをゆるがせにしては、専門の課目にすすめない。

明治三年閏十月の『大学南校規則』第十条にも

普通科ヲ学フノ間ハ、専ラ教師教官ノ指示ニ従ヒ、妄ニ私見ヲ立ツヘカラス。普通科ヲ経タル者ハ定見ヲ立テ所長ヲ撰ミ、一科或ハ教科ヲ専攻スヘキコト。

とある。十五歳から二十一、二歳までの青年男子が選ばれてきて、チイチイパッパ式の会話からはじめて、英語、または仏・独語をつめこまれた」とされているのである。[12] 授業はすべて西洋人による西欧語でなされ、ただそれを受け入れることだけを要求され、「私見」を立てることは禁じられていたことに、欧化政策の申し子としての特徴が見られる。勉学の苦労は並み大抵のものではなかったであろう。そこで、法律学を学びながら普通学をも履修しなければならなかった学生達に便宜が図られた。すなわち、「仏国より巴里代言人法学上ブスケー（二十七歳）、聘に応じて已に来朝し居たれば、授業を始めたり。然れども我らは未だ普通学を終えざるものなるを以て、司法省は南校において我々の教師の一人なる仏人リプロールを雇い、ブスケーの法律を講ずる傍ら普通学を教授せしめたり。ここにおいて予ら先途目的ある境遇に達し、欣喜勉学に余念なかりき」と加太は述べている。[13] リプロールについて、加太は、次のように詳しく叙述している。すなわち、「この年末、司法省は更に巴里大学教授ボワソナード博士（四十八歳）を仏国より聘し、本省の顧問教授となし、四月より我々に聴講せしめたり。あたかもこの時、普通学教師のリプロール任満ちて帰国す。リプロールは仏国ピュイ・ド・ドーム県の豪農にして、別に専門の学識なきも常識に富み、その人と為り宏量にして懇篤、しかのみならず能く学生の心理を解し、一家の見識を以て教授したる人なり。故に幾分か東洋人に類する所ありて、学生をして学問に倦まざらしめ、愉快に学問せしめたれば師弟能く和合し、一同敬慕深甚なりき。彼の帰国に際し、窮乏汽車賃なき我々は、徒歩夜行にて横浜に見送りたり」とされている。[14] 学生たちは、専門の学識はなくても常識に富む若いリピロールに親近感をもち、楽しく彼と学問に励んだようで、彼の帰国に当たっては、徒歩で横浜まで行って見送ったほどであるという。

明法寮に入り法律学を学び、多くの知己を得たことが宮城の一生を決定づけている。その明法寮を司法省が設置した歴史的背景は、次のとおりである。すなわち、中山氏によれば、「近代国家としての体裁をととのえる焦眉の急の事業が目前に山積している明治新政府は、すぐに役立つ人材が欲しかった。それには小学校からはじまって、近代的教育の階梯を通って人材がそだってくるのを待つわけにはいかなかった。手っとりばやい方法は、まず外国人技術者を雇ってくることである。しかし、それにはお金がいる。日本人の十倍から数十倍の待遇をしなければならない。なかには、横須賀造船所のように技師長から工員まで雇い入れるというケースもあったけれど、それではとても財政がまかないきれなかった。

そこで、それぞれの省庁が自分たちの目前の必要に応じて自前で人材を促成栽培することが考えられた。それには、士族で先祖伝来の役職と秩禄をうしなって失業状態にある若者が大勢いるのだから、そのなかで優秀な者をえらんで、お雇外人技師のもとにつけ、現場で徒弟的に仕事をおぼえさせるのが良策」だったのであり、「以上のような速成コースを各省は持っていたし、さらに相当高度な専門教育機関を設置していた省もあった。明治四年に設けられた工部省の工学寮、司法省の明法寮、同五年設置の開拓使仮学校といった機関がそれにあたり、それぞれ帝国大学の工科大学、法科大学の一源流をなし、また北海道帝国大学の農科大学の前身となった」とされるのである。(15)このように各省庁は、独立して自前の人材養成の速成コースを設置して当座の要請を充足していたのである。しかし、教育制度の整備・拡充の歴史的意義という観点からは、これらが帝国大学の中核を構成したことが重視されなければならない。

明法寮において宮城は、ボアソナードやブスケーの講義を受けた。ボアソナードとブスケー（それぞれボ・ブと略記されている。引用者注）の授業方法について加太は、次のように述べている。すなわち、「五月、ブスケー任満ちて帰国す。ここに我々法学教師ブスケー、ボワソナード両師の教授方法を対比せば、ボは多年本国にて教授たりし経験ある上大家なれば、教場に臨むに一の法律書をも携帯することなく、素手臨場して前日講義せし末尾の一項を学生に尋ね、その続きを講ずるという次第にて、その蘊蓄する所豊富なるが故に、講じた廉々脳中に簇出し、止まる所を知らざるを以て自ら秩序なく、時には横道に入り、遂には本道への戻り道を失することありて、到底初学の者には了解し難く、即ち学士以上の大体法律に通ずる者に聴かしむる方法なれば、我々最初は困却したり。これに反してブは年若く、従って学問未だ深からさせれば、講義の事項を予め調査し、覚書を作りて講ずることなれば、秩序ありて初学の者にも解し易かりき。もしブ一年有半の薫陶なかりせば、とてもボの講義は予らに了解し能わざりしならん。故にブに後れてボの来朝せしは、我々のため大幸福なりき」とされている。(16) 両者の授業方法の相違に関する右の叙述は、福島教授によれば有名であるという。(17) フランス本国で大学教授職にあったボワソナードは大家であり、その授業は初学者にとっては理解が困難であったようである。若いブスケーの分かり易い授業による補充があったからこそ、その授業の理解もはかどったことになる。

ボアソナードの明治前期における刑法理論や刑事立法に対する影響について、澤登俊雄博士は、次のように指摘されている。すなわち、「刑法理論史上明治前期とは、フランスの刑法典と刑法理論の積極的導入とそれに対する熱心な学習の時代であった。周知のように、この導入に決定的な役割を果たしたのがボアソナードであり、そしてこの学習の主要な担い手となったのが、宮城浩藏、井上正一、高木豊三らの明法寮出身者（「司法省法学校正則科第一期生」）であった。ボアソナードによってもたらされた刑法理論は、当時西欧の刑法学に支配的であった折衷主義（école éclectique）の刑法理論であり、その代表者はパリ大学正教授の地位にあったオルトラン（Ortolan）であった。ボアソナードは、この大学で一八六七年（慶応三年）（来日の六年前）以来アグレジェ（正教授の講義の代講資格、やがて正教授に昇進する）の資格をもち、オルトラン教授の代講も担当したことがあり、オルトランと非常に近い関係にあった」とされているのである。(18) 右の簡潔な叙述の中で、ボアソナード、宮城およびオルトランの関係が見事に明らかにされている。澤登博士によれば、明治初期はフランスの刑法典と刑法理論の「熱心な学習の時代」であり、「この学習の主要な担い手」の筆頭は宮城であったとされるのである。この点は、宮城の刑法理論の歴史的意義を考察する際に看過されてはならないことである。

ボアソナードおよびブスケーは、明治七年三月に司法省法学校教師に就任している。なお、ブスケーは、前述のとおり、明治九年三月に日本を去った（『日本法史年表』二三五頁）。ボアソナードについて、その教え子である加太は、次のように述べている。すなわち、「この年（二十八年）、旧師ボワソナード帰国す。彼は仏国の法律博士にして、我が政府の聘に応じ明治六年末来朝し、本邦に在りて二十二年間、民・刑の法案起草・学生の薫陶等に尽瘁し、その任務を果たせしを以てなり。右のほか彼は内閣・外務省等の顧問たり。また明治七年、台湾征討より延いて日・清両帝国間に事を構え、政府は大久保利通を特命全権大使に任じ、清国に派遣し折衝の任に当らしむるや、彼にその随行を命じて顧問に備え、良好の結果を収めしこと、ならびに断獄につき古来より本邦に行われし拷問を廃し、証拠によるべきを司法大臣に献策してその実行を見るニ至りしこと、また二十一、二年に大隈外務大臣が治外法権を撤去せんがため、法官に外国人を容れ、混合裁判制を設けんとして輿論の反感を買いし際、その非を政府に献策せしこと（この際、大隈は遂に来嶋恒喜なる者の爆弾に懸り、隻脚を失うに至れり）の如き特筆すべき功績もありたり。ここにおいて政府は彼に酬ゆるに、勲一等および終身年金二千円を以てしたり。蓋し前例なき恩遇ならん。我が朝野また彼を徳とすること深く、その出立に際し、東京においては官民合同大送別会を開きて彼の功績を称揚し、また大阪においては、同市および附近の司法官および重なる実業家合同して鄭重なる送別会を開き、以て彼の帰国を惜みたり。右に関し大阪にては、予ら二、三の旧門人斡旋の労を執りたり」と述べているのである[19]。彼は、ボアソナードの業績として、①民法典・刑法典の起草、②学生の指導、③内閣・外務省などの顧問就任、④清国派遣特任全権大使の顧問としての活躍、⑤拷問廃止・証拠裁判主義採用の献策、⑥治外法権実現のための外国人法官参加の混合裁判制反対の献策などを挙げている。さらに、ボアソナードが官民から広く敬慕され、送別会が盛大に挙行されたことなどを述べている。これは、旧師に対する思いが滲み出ている紹介文であるといえる。

さらに加太は、ボワソナードの死去の際にも追慕の念のこもった叙述をしている。すなわち、「四十三年六月二十七日、旧師ボワソナード仏国アンチーブ市に歿す。享年八十六歳。彼の本邦における功績は、已に明治二十八年彼帰国紀事に載せたるが、彼は帰国後、余生を地中海々岸のアンチーブ市に養い居たり。旧門人ら、氏の訃に接するや、相会して一面鉄製の大花環を墓の前に供えて弔意を表し、かつ築地教会堂において追悼会を行い、また一面記念物を建造することに決し、一会を設け司法大臣子爵岡部長職を会長に、予を委員長に推薦す。よって予はその事務に鞅掌し、以て寄附金四千三百余円を得、塑像家武石弘三郎氏に託して半身銅像を鋳造せしめ、大正二年六月、これを東京法衙内に建設し、朝野の紳士・仏国大使・京浜の重立ちたる仏国人を招きて除幕式を行い、以て一は氏の帝国に尽せし功労を表し、一は以て我々が恩義を報ゆるの表徴とせり。この銅像建設については、我々旧門生は各々金百円を寄附したり」と叙述されているのである。[20]旧門人らが追悼会を挙行した後、募金運動をして銅像を建設し、旧師に対する「恩義」に報いているのは、じつに奥ゆかしい限りである。

宮城は、明治七年九月に司法省法学校を卒業した。卒業について加太は、「七月、法律学を卒業せり。予、干時歳二十八。後、明治十七年に至り法律学士の称号を授けらる。即ち司法省において、この時始めて学位の制を設けたるによるなり。これ本邦において医科を除き、他の専門科中第一の卒業なりしなり（大学法科に先だつ二年なりき）。即ち明治九年七月、司法省法学正則第一期卒業生、左の如し」と述べ、卒業生二五人の名前を列記している。その中に宮城、辰本、矢代操の名前も見られる。[21]さらに、「司法省法学校の正則生は、我々第一・二期生の卒業後、十七年末第三期・四期時代において文部省へ移管し、更に翌年大学法学部へ合併相成りたり。第一・二期生もまた、大学において卒業したる者と同資格を有するに至れり」と記述されている。[22]すなわち、法律学士の学位が授与されたのであった。

ちなみに、明法寮は、明治八年に廃止され、明治九年三月、司法省に仏国法律学科専門学校（司法省法律学校）が設置された。司法省法学校が後の帝国大学法学部に統合された経緯は、次のとおりである。すなわち、中山氏によれば、「内閣制、立憲政体、議会政治の出発というように明治十年代から二十年代前半にかけて、明治政府の機構の再編成がおこなわれる過程で、すべての教育は体系的に文部省の手に握られる傾向になる。そして、司法省法学校(明治十八年、東京大学法学部に合併、合併時の名称は東京法学校)や工部大学校を統合し、つまり峰の大部分を併合して、富士山型の出世コースが生まれる。東京大学時代の学部を分科大学に改称し、法・医・工・文・理の五つの分科大学からなる『総合大学』帝国大学が誕生した。(大正八年、もとの学部制にもどった。)」とされている。[23]これにより、法曹や行政官僚の教育体制が文部省の下に体系化されて行った経緯が明らかになる。今後、法曹教育の歴史を考察する際に、重要な意義を有する歴史的事実がここにみとめられる。

第二節　フランス留学への出立

宮城は、明治九年八月に司法省の命を受けフランスのパリ大学およびリヨン大学に留学した。留学の事情について、加太は次のように述べている。すなわち、「司法省法学校の第一期卒業は、明治九年夏なりしが、これに先だつ一年、同省より仏国へ留学生七人を派出せり。その人々は井上正一・栗塚省吾・木下広次・磯部四郎・熊野敏三・関口豊・岡村精一なりき(関口・岡村の両名は、過度の勉強に脳を傷め、遂に彼地において斃る)。また九年の卒業と同時に、卒業生中より三名を派出せり。即ち宮城浩藏・岸本辰雄・小倉久なりき。予はこの時仏国へ留学を求め得べかりしも、その前年父を喪い、家事上の都合ありて果たさざりしが、後十年を経てその目的を達したり」とされている。[24]卒業を前後して二段階に分けて留学生の派遣がなされた理由は、右の叙述からは不明である。宮城は、パリおよびリヨンの大学において法律学を学び、フランス法律学士の学位を得て、明治一三年(一八八〇年)六月に帰国した。明治政府が留学先としてフランスを選んだ理由には、次のような事情があった。すなわち、明治政府としては、早急に近代的法体制を整備する必要に迫られていたので、当時、ヨーロッパにおいて法典が整備されていたフランスがわが国の模範になると見られていたのである。中山氏によれば、「明治維新直後、西洋流の整備が試みられた時、仰ぎみられたのは主にフランス、次にイギリスであった。やがてフランス法とイギリス法とのちがいがはっきり認識されるにつれて、政府当局は、フランス法を模範と仰ぎこれを直訳的に継受しようと決意を固める。その理由は中央集権的なフランスが当時最も近代的な法典と司法制度を誇っていたからである。こうして明治五年頃にはフランス一辺倒の傾向がはっきり現れている。同じような中央集権的フランスの影響は、同年発布された『学制』に盛りこまれた学区制にも見られるが、まず形式的機構の導入の方が内容の試行錯誤的整備に先立って性急に試みられるのは、教育にも、裁判制度にも共通して見られる明治新政府の志向である。

そこで司法省に法学校を設けてフランス人教師を高給をもって招き、明治七年には日本法律学の父といわれるボアソナードが来日する。

ボアソナードがフランス語で教えた司法省法学校の方が、司法教育の主流であって、英語系の東京大学では、はじめ法学部でイギリス法を講じる教授がいるだけで、影がうすい。しかし、他の学部とちがって法学部ではフランス語が必須である。予備門では英語しか教えないものだから、学部段階で法学部四年制のうち最初の三年（後に二年）、フランス語を課している」のである。[25]幕藩「体制」から近代的「体制」への移行が目標とされていた明治政府にとって、中央集権的な法体系と教育体系を確立していたフランスがその模範とされたのは、時代背景から見てきわめて自然であったといえるであろう。それゆえ、帝国大学法学部では、明治一四年政変からドイツ法一辺倒になったわけではなく、当時の学生の述懐によれば、やはり英・仏法が明治十年代は中心であったとされる。[26]私立の法律学校も仏法系と英法系しか存在しなかった。後に法典論争が起こったのも、両学派の対立の反映であったのである。ドイツ法学派が台頭してくるのは、明治政府が憲法制定と富国強兵を目標とするに至った時点である。

このように明治政府が、専門領域毎に留学先を選定した歴史的理由は、帝国大学設置よりも先に留学先を定め、直接、外国の成果を採り入れようとした点にある。すなわち、中山氏によれば、「お雇い外人たちがいくら西洋の大学の理念を説き、学部構成を直訳して提示しても、明治政府のホンネからすれば、まず欲しいものは、何年先になったら効果が出るかわからない大学制度の設計図よりも、また学問の研究よりも、とりあえず必要な既成の専門知識であった。そのためには国ごとに狙いを定めて人を派遣し、それぞれの国の長所を採ってくることが緊要である。

明治三年十二月二十五日の岩倉具綱（岩倉具視の長男）自筆になる『海外留学生規則案』がある。それには欧米諸国それぞれの長所を列記し、それぞれ学ぶべき課目を指定している。

英吉利
器械学　商法　地質金石学　製鉄法　建築学　造船学　牧畜学　済貧恤窮
仏朗西
法律　交際学（国際法）　利用厚生学　動植学　国勢学　星学　数学　格致学（物理学）　化学　建築
独逸
政治学　経済学　格致学　星学　地質金石学　化学　動植学　医科　薬制学　諸学校ノ法
荷蘭（オランダ）
水利学　建築学　造船学　政治学　経済学　済貧恤窮
米利堅（アメリカ合衆国）

郵伝法　工芸学　農学　牧畜学　商法　鉱山学

この表にあらわれた各国の長所の判断は、おそらくフルベッキのようなお雇い外人顧問の意見によったものだろうが、明治初年にしては、あまり的はずれでない海外事情の認識をもっていたといえる。ここでドイツからは『諸学校ノ法』を取ろうとした点が注目される。ドイツは大学教育だけでなく、当時成立しつつあった中等教育でも世界の教育界の注目を集めていた」とされるのである。(27) このように『海外留学生規則案』において諸学問の最先端を行く国を模範とすべきことが各国別に的確に指摘されている点は、非常に重要な歴史的事実である。商法については、英米が挙げられており、法律はフランスとされている。商法は、おそらく商取引を意味し、今日の経営学に相当するものであって法律の商法ではないと解される。前記のフルベッキは、「宣教師として幕末に来日し、長崎で布教のかたわら英語、政治、軍事、理学を教え、大隈重信、副島種臣らを育てた人物であり、維新後開成学校の教師となっていた」人物である。(28)

明治初期に法律学専門の留学生がアメリカおよびイギリスにも派遣されていたことは、後の法学系の主導権争いに関して重要な意義を有する。すなわち、明治八年には、「アメリカに渡った法学の鳩山和夫、小村寿太郎など、同九年には、イギリスに行った法学の穂積陳重……など、後に名をなす錚々たるメンバー」がいたのである。(29) 宮城との関係では、法典論争や東京代言人会長選挙において、両派の対立が顕在化するのである。この点については、次章において述べる。その後、ドイツ法学を修める傾向が強くなる。すなわち、「国際的にもドイツの学術に追従しようという趨勢があり、伊藤博文・井上毅路線の政府筋のドイツ学を奨励しようという方針がすでに明白となっている以上、あとは時の勢いである。」

ここで注目されるのが、明治十四年留学を終えて帰国し、法学部教授兼文学部政治学及び理財学科教授に任じられ、法理学と法学通論の講義を担当した穂積陳重である。彼は、明治九年にイギリスに留学したが、ドイツ法学がイギリス法学よりすぐれているだけでなく、日本の国情にも合うことを覚って、明治十二年には留学先をドイツに転じている。そして帰国後は、ドイツ学、ドイツ法学輸入に加藤弘之綜理とともに中心的役割を果たした。こうした伊藤博文お気に入りの国産教授の出現が、ボアソナードのフランス語やフェノロサの英語にかわってドイツ語を重視するという路線の推進に力を与えたことはたしかであろう」とされる(30)。

パリ大学で宮城は、ボアソナードの師でありフランス刑法学の泰斗であるオルトランのもとで刑法学を研究している。後に見るように、彼は「東洋のオルトラン」と称される程に、オルトランから多大な影響を受けているのである。この点については、第二部において詳しく見ることにする。

(1) 岸本辰雄「祭宮城浩藏君文」『明法誌叢』第一二号、明治二六年二月二三日発兌、村上一博編『東洋のオルトラン　宮城浩藏論文選集』(平27年・二〇一五年)三三三頁。
(2) 中山茂『帝国大学の誕生』(昭53年・一九七八年)八―九頁。
(3) 加太邦憲『自歴譜』岩波文庫版(昭57年・一九八二年)九八頁。
(4) 中山・前掲注(2)九頁。
(5) 加太・前掲注(3)九九―一〇〇頁。
(6) 中山・前掲注(2)一八頁。
(7) 加太・前掲注(3)九八頁。
(8) 加太・前掲注(3)一〇二頁。
(9) 加太・前掲注(3)一〇二―三頁。
(10) 中山・前掲注(2)四頁。
(11) 中山・前掲注(2)六―七頁。

(12) 中山・前掲注（2）八頁。
(13) 加太・前掲注（3）一〇三頁。
(14) 加太・前掲注（3）一〇六頁。
(15) 中山・前掲注（2）一三―四頁。
(16) 加太・前掲注（3）一一四頁。
(17) 福島正夫「解説」前掲注（3）三七四頁。
(18) 澤登俊雄「ボアソナードと明治初期の刑法理論」吉川経夫・内藤謙・中山研一・小田中聰樹・三井誠編著『刑法理論史の総合的研究』（平6年・一九九四年）九頁。
(19) 加太・前掲注（3）一六〇―一頁。
(20) 加太・前掲注（3）一九八頁。
(21) 加太・前掲注（3）一一四―五頁。
(22) 加太・前掲注（3）一一五頁。
(23) 中山・前掲注（2）二〇頁。
(24) 加太・前掲注（3）一一六頁。
(25) 中山・前掲注（2）五七―八頁。
(26) 中山・前掲注（2）五八頁。
(27) 中山・前掲注（2）四二―三頁。
(28) 中山・前掲注（2）七頁。
(29) 中山・前掲注（2）一八頁。
(30) 中山・前掲注（2）五八頁。

第四章　法律実務家・国会議員としての宮城浩藏

第一節　官僚としての宮城浩藏

フランスからの帰国後、宮城浩藏は、検事に任命され、後に判事に転じ、さらに司法省書記官、司法省参事官となり、六位奏任官三等に叙せられている。法務官僚および司法官僚として宮城は、順調な昇任を重ねていたのであった。

法典編纂に当たって、宮城は、法律取調委員に任じられ、民法・商法・民事訴訟法の草案作成に参与し、また明治二三年には刑法改正案起草委員を命ぜられている。翌明治二四年一月、第一回帝国議会に提出された改正案（第一次草案）は、宮城、河津らによって起草されたものであるが、これは審議未了に終わった。「その内容は依然としてフランス法系に属し旧刑法を本質的に改めるものではなった」といわれている(1)。その点はともあれ、宮城は、これらの功績により勲六等に叙せられた。法典編纂事業に対する参与に関しては、宮城自身が国会において議員として発言しているので、その詳細は第五章で見ることにする。彼は、ほかにも海軍主計学校教授・警官練習所教授を兼任し、代言人試験委員にも任じられている。彼は、じつに多方面で活躍していたのである。

宮城の官僚としての右のような活躍の詳細を明らかにする資料がないので、ここで詳述することはできない。ただ、国会における発言の中に、法典作成に関与した際の仕事の内容を詳述しているので、これについては第二節で見ることにする。具体的事件に関する司法官・検察官としての記録が史料として顕出されることが期待される。官僚としての経歴に関して簡潔に叙述したものがあるので、それを引用してこの節を閉じることにする。「我政府ハ君ノ帰朝するや其才学を法律編纂の事業に用ゐんと欲し直に司法省に出仕せしむ或は大審院判事となり或は司法書記官となり或は司法参事官となり始終司法部内にありて先づ刑法治罪法草案の修正に従事し其効終りて民法商法訴訟法の取調編纂委員となりて専ら全力を此に尽くし殊に民事商法訴訟法の如きは其の独任する所なりと云ふ而して判事登用試験委員及び代言人試験委員の如きは毎歳其任を受け高等文官試験委員の如きも亦任ぜり君此の如き多端の職務にありながら尚ほ法律の普及を計らんと欲し岸本辰雄矢代操西園寺公望等の諸氏と共に明治法律学校を創立して大いに法学生を養成す」とされている。(2)

第二節　国会議員としての宮城浩藏

第一款　第一回衆議院議員選挙への出馬

明治二三年（一八九〇年）に宮城浩藏の経歴に重大な変化が生じた。すなわち、同年七月に第一回衆議院議員選挙が実施された際、宮城は、山形県第一区で大同倶楽部から立候補して当選し、官界および教育界から政界へ進出したのである。明治二五年（一八九二年）二月に第二回総選挙が実施され、宮城は同区から再選されている。なぜ宮城があえて政界に進出することにしたかについて大いに興味があるが、それを知る直接的資料を持ち合わせていない。しかし、次の事情から宮城の心境を推測することは許されるはずである。宮城は、若くしてヨーロッパの先進国であるフランスに留学し、そこにおいて「権利・自由」の雰囲気の中で法律学を学び、議会において法律が立法されて行く様を見て来たのであり、みずからも立法に直接参加する必要を感じたと解される。つまり、宮城は、もともと「自由主義」の思想を実現するために立法に参与することを考えていたと推測されるのである。このことを示す資料がある。すなわち、「其素志民間に在て自由主義の拡張を謀らんとするにあるを以て遂に本年三月を以て冠を挂げ漸く其志望を達せんとするの道途に上れり」との叙述が存在するのである。[3] これによれば、宮城の「素志」は官途ではなくて「民間」において「自由主義の拡張」を図ることであったのであり、その「志望」を達するために宮城は、官を辞して衆議員選挙に立候補したことになる。このことは、さらに「民間ニ入リ其懐抱スル所ノ自由主義ノ拡張ニ尽力セント欲スレトモ其機ヲ得ザリシガ本年三月ヲ以テ遂ニ意ヲ決シテ冠ヲ掛ケ大同派ニ加盟シテ大ニ平生ノ志望ヲ為サンコトヲ期セリ」と述べられている。[4] 宮城は、抱懐する「自由主義思想」を普及する機会をつねに活かしてきたのであり、満を持して政界に身を転じたわけである。

また、明治法律学校創立以来、「自由民権運動」の影響下にあった明治法律学校における教育に関しても、その運動に共鳴し、法典論争におけるフランス法学派に属する有力者の一人として立法による断行を考えたものと解される。自由民権運動の大きな目標の一つが国会開設であったのであるが、ただ国会を開設すればよいものではなくて、そこにおいて本来の理念を立法によって実現することこそが大事であると考えたものとおもわれる。

宮城は、郷里山形から立候補したが、それには次のような事情があった。すなわち、「郷里山形県の有志者大に君に望を属し国会議員に選出せんと欲し其慫慂止み難く遂に二十三年三月断然冠を掛け候補者となり」とされる。[5] つまり、山形県の地元の有志が彼を強く推したのであるが、その背景事情は次のとおりである。すなわち、「氏は身を東北の僻地に起し現に社会の先導者となり後進を誘致するを以て任となすに方り常に郷里を愛するの念最も深く奥羽士人の強健質朴にして事に耐るの能あるにも拘はらず毎に世人に嘲笑せらる、慨き之を挽回せん事を欲し身劇職にありて公務に遑なきをも厭はず尚郷里の書生を管督教養するを以て自らの任となせり故に全郷書生にして氏の門に出入するもの常に数十人に下らず郷里の父兄も亦氏を景慕して子弟を託するもの甚多しといふ氏が如きは実に先達の士と謂つべきなり」とされたのである。(6) このように宮城の郷里愛には強いものがあったのであり、郷土出身の後進の面倒見が良かったので、その父兄達の支持も厚かったといえる。

宮城は、立候補に当たってその政治信条を明確に表明してはいなかった。そのため反対派は、この点を非難したのであった。つまり、「難者の言ふところに依れば宮城氏の主義は未だ分明ならず、政治家に要するハ主義より急なるは無し、故に主義分明ならざる候補者を選出すべきにあらずとするに在り」とされたのである。(7) これに対して支持派は、「勿論宮城氏は其の主義を発表せざれば則ち已む、然れども氏は大同派の一団体たる東京同志会に入れり、同志会を経て大同倶楽部へ加盟申込の手続を了したるは去る三月中のことなりき、此事たる既に大同倶楽部より山形大同倶楽部へ公然の通知書ありたるのみならず、大同派の機関新聞なる政論は本月一日の大会へ宮城氏臨席の事を掲載して毫末も疑ふ所ろ無し、又以て宮城氏が我が県下同志者の抱持する自由主義と同一なる推知すべきなり」と反論したのである。(8) つまり、「自由主義」を標榜する東京同志会に入った宮城は、同志会を経て大同倶楽部に加盟し山形県大同倶楽部から立候補しているので、その政見は「自由主義」であるとされたわけである。宮城の支持者によれば、「君の政治主義は吾人之を知る能はず然れども會て大同団結に加はり運動をなしたるを見れば亦全く政党に関係なきにもあらず大同団結散じて小同団結をなせり君は尚ほ独り大同主義を守る乎将た之を去りし乎死せる大同団結の骨は尚ほ後藤伯の邸中に残りしも再び活人たらしむる能はず然らば則ち君の大同主義も最早棺中のものとなれり是れより其選む所の主義は自由乎改進乎将た国民乎寧ろ昂然政党以外に立て国利民福を主とし而して冤を解き屈を救ふを以て足れりとする乎君は我国会代議士の錚々たるのみならず学者社会の巨大なれば其政党の去就離合に関しては何人も属目する所なるべし請ふ君政海の情人をして気を痛ましむる勿れ」とされている。(9)

宮城は、当選を果たした。そして、「大多数を以て当選せられ其国会に臨むや鉄中の錚水中の精三百議員の間に超然卓絶すと雖も未た其抱負を充分に顕さゞるが如し蓋し鷙鳥の将さに撃たんとするや先つ其翼を収むと君小に屈して大に散せんとする乎」といわれた(10)。さらに「活発なるものは粗暴に陥り易く温厚なるものは柔弱に流れ易し能く活発にして能く温厚に所謂る磊落にして謹勅を兼ぬるものを覚むるに世幾んと其人稀れなり君の如きは私にして交るときは醇々懇々弱者を憐れみ幼者を愛し人をして景慕已む能はざらくむ然れども言はんとする所あるに至ては豪邁の気、雄快の弁、縦横溢出して抑圧すべからず以謂る仁に当ては師に譲らず義の為めには親疎を論ぜざるのも歟」と賞讃されている(11)。

第二款　第一回通常国会における発言

宮城は、衆議院第一回通常国会において明治二三年一二月九日に議員として発言している。国会の議事録は、宮城自身の「語り」を再現した「公式の記録」であり、いわゆる「記録を残さなかった男」としての数少ないきわめて貴重な史料である。そこで、本章においては、煩雑を省みず、綿密にこれを見ていくことにする。

第一回通常国会に末松三郎議員から提出された「衆議院議員ニシテ会期前ニ逮捕セラレ開会ノ後仍ホ拘留中ノ者ハ衆議院ノ許諾アルニ非ザレバ引続キ拘留スルコトヲ得ズ」という議案が議決されたところ、これに対して「司法大臣は、『司法大臣は憲法明文の命ずる所に従ひ司法権の執行をなさしむるの外既に着手したる刑事訴追を停止せしむるの権を有せず従て他の権勢の諾否により司法権の必要なる処分を張弛せしむること能はす』との理由で『議会の議決に対して何らの関係を有することなし』と覆牒した。島田は、この司法大臣の覆牒に対し、衆議院はどのような態度をとるべきかを検討するために委員を選出することを提案した」。すなわち、島田三郎議員は、動議「司法大臣の覆牒に対し本議院の目的を定め其の利益を後来に確保し議員身体の自由を安全にせんか為めに九名の委員を選挙する件」を提出したのであった。[12]宮城は、この動議に賛成する立場から次のように演説したのである。すなわち、「私は島田三郎君の説に賛成致しまする所の者であります。此の事件に就いては別に論を要せず、直ちに之に決するであらうと思ひましたが、図らざりき反対論が出ましたから私は一言費します、楠本君のお発議に依つてとうとう論が二に別れました、其の一は島田君に従ふこと最う一は上奏することで、此上奏をなすことに就いては諸君に大に考を乞ふのは、上奏して勅裁を請ふのは何の法律にあるか、未だ此の様な法律は無いのである、又一面から論ずれば、果して斯う云ふ問題に就いては、天皇陛下に大に責任を帰すべきものがある、此の点を研究せぬければならぬ、又之を詰めて云へば、帝国議会の上に一の裁判権を……即立法権司法権の双方の間に争が起つたときには、必ず勅裁を仰いで即最う一つ此の上に裁判権を置くと云ふことにはなりませぬか、故に最う一つお考えを乞ひます、今上奏して裁可を仰ぐは宜いかも知れぬか直ちに決するのは甚だ不都合と思ひます、故に島田君の説に就いて委員会を設けるは、甚だ適当と思ひますから、一言致して置きます」と述べたのである。[13]ここにおいて、宮城は、①上奏して勅裁を請うことをみとめる法律があるのか、②立法権と司法権の間に争いが生じたばあいには、必ず勅裁を仰いでさらに上位の裁判権をみとめることになるのではないか、③現時点で上奏して裁可を仰ぐことをただちに決定するのは妥当かどうか、という問題点を提示した。①について、そのような法律は存在しないこと、②について、そのような疑問はもっともであること、③について、それは甚だ不都合であることを指摘し、委員会を設けて検討すべきであると主張したのである。この主張は、いかにも法律家ならではの見解であるといえる。とくに②は、近代の特徴とされている「三権分立」の見地からの主張であり、宮城の「近代」精神の発露と見ることができる。これは、法思想史的意義の観点から再評価されるべきであるとおもう。

第三款　商法等期限法律案に関する第一読会における発言

永井松右衛門議員提出にかかる商法及商法施行条例期限法律案「明治二十三年四月法律第三十二号商法及ひ同年八月法律第五十九号商法施行条例は明治二十六年一月一日より施行す」に関する第一読会において、宮城は、明治二三年一二月一六日に同法律案に賛成する発言をしている。(14) この発言は、きわめて長いものであるが、宮城の面目躍如たる部分が数多く含まれているので、詳しく検討することにする。

宮城は、商法および商法施行条例の延期を内容とする法案に反対する立場から、まず次のように述べた。すなわち、「本員は此の議事日程に掲げてあります所の案に反対の者でありまして、私は此の案は実に国家の大計を誤ると云ふの考でありますから、甚だ訥弁ではありますけれども、私が知つて居ります所信じて居ります所に就いて、暫時の間諸君の清聴を汚します、商法実施延期を唱へます論を承りまするに、先づ第一に商法は不完全のものであると云つて、商法の悪るい処をずつと挙げて来た、それから後に至つて、斯の如きものであるから、延期しなければならんと云ふのであるが、前に菊池君が云はれた通り、論理が甚た適つて居らぬ、然るに私の考へる所に依りまするど、第一に商法は完全なるものである、成程人間の拵へたものだから、多少悪るいこともあるか知らぬけれども、概して之を論ずる時には固より完全で有つて、従つて直ちに施行を要する所のものであると考へます、就きましては彼の商法大体を撃ちます所の論と、それから商法施行延期を主張します論と、論旨を二つに区別して、先づ其の第一より弁明を致しまする考であります、本員は羽州の生で訥弁の上に、加ふるに羽州訛がありますから、諸君定めてお聴き苦しう御座いませうがどうか小生の衷情を御洞察あつて、暫時の間お耳を拝借致します」と発言したのである。

宮城は、自らは羽州の生まれで訥弁のうえに羽州訛りがあるので、お聴き苦しうございましょうという前置きをしたうえで、「衷情を洞察」してほしい旨を述べている。これは、宮城独自の演説上のレトリックであると解される。なぜならば、宮城は、雄弁で知られていたからである。前に見たように彼は、「雄快の弁」と評されていたのである。宮城は、延期論者の論拠として、①商法は「不完全」であること、および②商法の施行を延期する必要性があることを挙げ、これらについて詳細に論駁している。①について宮城は、法案の当否を論ずるばあいには、それが完全であってただちに施行されるべきであることを前提にすべきことを主張した。②については、必要性の有無を吟味した議論を展開している。

宮城は、舌鋒鋭く施行延期論を批判する。冒頭、延期案は「国家の大計を誤る」ものであるとしたうえで、「是迄段々商法を非難する所を聴きますると云ふと、其の論は薄弱にして成程と感ずるが如きものと云ふものは一つもない、甚だ失敬であるが……」と断ずる。そして、彼らの論拠について次々と批判を加えて行く。「其の内に就いて先づ第一に此の条文の用語が、即用いたる所の語が渋難にして解し難くあると云ふことが、此の商法を批難するこれは頗無理な話と云はざるを得ぬ」として、そのようにならざるを得ない理由について述べる。すなわち、「既に此の程多少弁明さるゝ人もあるけれども、元来今日本に於て法律を編纂するには、勢渋難なる語を用いざるを得ぬ場合になつて居る、何となれば日本は甚だ言語は少い、併しながら其の事実はある、事実が有つて言語が少いから、其の事実に適当する言語を求めんと致しまする時には、勢渋難なる所の言語を用いざるを得ませぬ、その渋難なる言語を用いるは止むを得ざる次第である、殊に法律の如き字句整然として、義理が明瞭でなければなりますまい、其の字句整然、義理明瞭なることに致しまするには勢斯の如くならざるを得ぬ次第であります」というのである。つまり、今風にいえば、「立法事実」は存在するにもかかわらず、それを的確に表現する「法律用語」が存在しないから、それを表現するためには一般には難解と感じられる言葉を使用せざるを得ないということになる。これは、現在でも同じであって、法律においては「日常用語」とは異なる「法律用語」が多用されている。このことは、外国においても同様であるとして、彼は、「外国の法典を見ますると、多くは普通の語を用いることはない、矢張日本の法律の如く、一種特別の言語を用いてあることは、諸君の御承知のことであるだらうと思ふ、加之此の法典を編纂する者にあつても、簡単普通の語を用い得るならば、何を苦んで斯の如き文字を用いることを致しませう」と述べている。外国の法律においても、日常言語ではなくて「一種特別の言語」を用いているのであり、法典編纂者の苦労もそこにあると主張されているのである。ここに宮城の外国法に関する学識が表出しており、その主張は現在でも比較法的見地からも正当であると評価できる。さらに彼は、返す刀で、難しい言葉の使用は「実に止むを得ないからのことである。然るにそれを簡単に甚だむつかしき言語を用いてあると云つて、之を非難するは恰も盲人が絵画を評するが如き有様で、実に一種の俗論で、大法典編纂の事案に通暁せない議論としか私は考へない」と断言している。このように延期派の主張は「一種の俗論」にすぎず「大法典編纂の事業に通暁せない議論」であると論難しているのは、法典編纂に尽力してきた宮城の胸中を吐露したものであり、これを聴く者にとって痛快な演説であったといえるであろう。

次に宮城は、延期派の第二の理由は「我国の商業慣用語を採用しなかつた」ということであるが、「これは商法を始より終まで悉く見ないで、論じた」ものであると批判する。すなわち、「なるほど此の商法を見ますると云ふと、是迄用い来りたる所の語を変更して他の語を用いたる所もある。例へば番頭を代務人と云い、乗合商業を共算商業組合と云ふが如きことがありますけれども、是も実に止を得ない次第で、今日本に於て番頭と称するものは豈独り商家の番頭のみならんや、彼の農家に使ひまする支配の如き、矢張り番頭と云ふ、酒を造る所の支配人もやはり番頭と云ふ、甚しきに至りては湯屋の三助も之を番頭と云ふではありませぬか、其の番頭のことを単に商業上に用ゆる番頭に適用すると、誠に不都合を来すに相違ない、番頭とは何を云つたか分らなくなつて、此の番頭なる者の権義か明にならない、即是丈の権利があり義務があると云ふことを知らしむるには、代務人とか代表人とか特別の名を付けなければならぬと云ふことは、是も止を得ない次第である、此の事も深く察せず単に商業慣用語を用いないと云ふて非難するは、恰も餅屋なるものが酒屋の手際を非難するが如く、甚だ事理に通暁せざるの論であります」と主張したのである。ここで、宮城は、多様な形態において使用されている「番頭」という語をそのまま商業についても使用すると不都合を生ずることを示したうえで、一定の権利義務を有する地位にある者を示す語として「代務人」または「代表人」という「特別の名」を用いるのは「止むを得ない次第」であるとする。このように宮城は、番頭という旧来の語を用いると、実態を適切に把握できなくなることを丁寧に説いている。これは、法律学における定義の正確性を主張するものであり、前に見た「立法事実」に対応する「法律用語」の必要性を「定義」の正確性の観点から改めて強調するものであると解することができる。こういう事情を知らずにたんに商業慣用語を用いているとして非難するのは、「甚だ事理に通暁せざるの論」であると批判したのであった。これは、いかにも立法実務に明るい宮城の実感の篭った述懐というべきであろう。

さらに延期派は「民法に重複或は抵触する、又用語の画一を欠く又は法文法意の条文法意に矛盾する」というけれども、「どの点が重複であるか、どの点が民法に抵触して居るか、又はどの点が条文と法意が矛盾して居るか、反対論者は少しも云はない、私が悪いと思ふから悪いと云ふ様なことで、一種の議論として見るに足らない所のものであるから、別に弁明は致しませせぬ」としたうえで、宮城は、「只抵触重複すると云ふことに就いては一言したいと思ふと云ふ次第は、即此の商法なるものは民法の例外法である、既に例外法であるが故に、民法に於て白しと云ふたことを、或は商法に於て黒しと云ふことがあるかも知れぬ、併しながら此の重複する所以と云ふものは、これは法律の編纂に関係あることで、民法に重複すると云ふて悉く必要の条文を削除致しました時には、商法が完全なるものとならずして、却つて不明瞭になすと云ふ結果が生じて来る、故に抵触もあれば矛盾もある次第である、従つて此等の論難は勿論採用するに足らぬことと考へます」と反論している。具体的にどの点が重複であり、民法に抵触し、または条文と法意が矛盾しているのかを示せと反論しているのは、法律家の論法として理に適っているといえる。さらに、商法が「民法の例外法」であることを理由に、民法との矛盾・抵触があることを明言しているのは、まさしく法律論そのものであり、「法律の編纂」の観点からは当然のことであることを悔々と説示するものであると評価され得る。彼がいう「例外法」は今日でいう「特別法」を意味するのであり、ここで一般法と特別法の関係という法条競合論について説明していることになる。

次に、「我が商法は我国の旧慣を採用しないから」妥当でないという主張は、宮城によれば、「商法に関する学理的の非難でありますが、此の我国の旧慣を採用せざると云ふことに至つては、事実を知らざる所の論者が云つたに相違ない」とされる。商法がわが国の旧慣を採用していないとする点は、「学理的」観点からの主張であるが、これは「事実」に反する非難であるとされるのである。そこで、立案に関わった宮城は、その経緯について「始此の案に就いてロエスレル氏に託しました以来、日本全国の旧慣を集めます為に、当局者は大変苦心された、即県庁に対し、或は群衙に対し、或は商業会社に対し、或は商業組合人に対して、始終諮問を起し習慣を取集めまして、商業習慣条例類集と云ふ一種の本が出来て居る、此の本は皆其の紙数を言へば六千ページもあつて、活版になつて出来て居る」位であると述べる。そして、「随分此の事に就いては、力を尽したと云つて可なるものでありませう、最此の或部分に於ては、現時行はれて居りまする風俗、又旧時より成来つたところの慣習に異なるものもありませう、けれどもそれは日本全国の習慣に反したと云ふことはならぬ、何となれば御承知の通り、日本は僅に二十年前までは封建時代であつた、封建時代で御座りますから、各藩とも風俗慣習を異にして居つたでありまます故に、今の此の商法はあちらの習慣を取れば、こちらの習慣に反し、こちらの旧慣を取ればあちらの旧慣に反し、一方のものを取るときは他の一方に反すると云ふ様な都合で、止むを得ざる次第である、此の旧慣は出来得べきに於ては、一定に出づる様にせねばならぬことであるから、多少の風俗慣習に反するは、止むを得ざることであつて、旧慣に反せぬように勉めたものである故に、畢竟旧慣に反して居ると言つて一概に攻撃するのは、未だ其の編纂の事業は如何なることより出来て、如何程の苦心を尽したものかと云ふことは、少しも知らずして論じたものと言はなければならぬ」と断じている。彼は、出来得る限りの努力を尽くして日本全国の旧慣を収集し、可能なかぎり旧慣に違反しないように立案した事実を強調したうえで、多数存在する旧慣の中から一方を選んだことにつき他方に反するが故に不当だとするのは、編纂事業の経緯と当局者の「苦心」を「少しも知らずして論じたもの」として反対論を排斥しているのである。このように宮城は、「事実」を基礎にして立論を構築するという「実証主義的態度」を堅持していた点において、「西洋合理主義的思考」を実践していたと評価することができる。ここに宮城が考えていた「近代」の表れを見ることが許されるであろう。

次に、延期派が主張する論拠は、「商法の如きは国家の大典にして容易ならざる所の影響を経済社会に及ぼすから、最謹慎注意を加へなければならぬ、此の商法なるものは急速に成立つたからして充分に謹慎に、充分に注意を加へなかつたらうと云ふ論旨である」が、それは「最も甚だ事実を誤つて居る」とされる。そのように断定する根拠について、宮城は、「其の故は元来当局者が商法の起草に着手したのは何時である、一番始は明治二年である、其の後に至て彼の江藤新平君が左院にある際に、明治五年の時でありますが、其時に佐賀の乱の為に其事が敗滅に帰しました、其の後明治八年に至り漸くにして商法の草案らしきものが出来て、それからロエスレル氏に起草せしめることとなつたのである、それで氏が此の事件に関係したのは明治十三年である、明治十三年よりして二十年に至つて漸く審査を経て全く成つたので本年四月発布した所の起草がそれである、即商法が発布に至るまで少なくも二十年を経過して居るではありませぬか、此の際許多の名士が即朧漿を搾つて充分に力を尽したと云ふことも想像し得べきである」と述べ、長年にわたる経緯を詳細に語っているのである。このような経緯があるにもかかわらず、「只一概に謹慎を加へないと云ふのは、甚だ惨酷の論と云はなければなりませぬ、尤も是は此の商法其の事を駁撃することに就いて反駁を試みた積である（簡単々々）私はもつと永く話したいが簡単々々と諸君が云いますから寔とに遺憾でありますが、成丈簡単に致します（謹聴々々）」と述べている。ここにおいても宮城は、事実の経過を示したうえで、立案が慎重になされたのであってけっして拙速ではないことを強調している。右に見た実証主義的立論がここでもなされている。会場から「簡単々々」という声が上がったので、もっと長く話したいけれども、「遺憾」ながらと述べてこの点についての議論を切り上げて次の論点に移っている。

第二の問題として、「施行延期に就いての理由」があるが、この点について宮城は、「商法と民法は鳥の両翼の如く車の両輪の如く、両法相待つて始めて其の効用を為すとあります」が、これは、「商法の第一条に『商慣習及ビ民法ノ成規ヲ通用ス』とある、それで此の条があるからして民法がなければ商法が動かぬものである、斯う云ふ論でありますが、果たして此の論の如くであつたならば、どう云ふ訳で彼の治罪法刑事訴訟法が施行され来たつたのでありますか」と問いを投げかけている。つまり、治罪法および刑事訴訟法は民法の存在を前提に施行されているが、民法典がなくてもその施行がなされていることを合理的に説明できないではないかと反論しているわけである。すなわち、彼は、「既に治罪法には民法の成規に従ふと云ふことが明に書いてある、其の当時に於ては如何なる民法を指したのであるかと云ふに、無論其の当時行つてありまする所の民法を指したのに相違ない、此の事は第一条に申しまするところに同しく、現時行つて居りまする所の民法を指したのである、若し民法の編成がないから、我々は民法なしである、民法なしで生きて居るのか決して民法がないと云ふことはない、現に裁判所があつて我々の権利義務が、明瞭になつて居るのであります、若し民法がなければ権利も無からうし、義務も無からうし、権利も義務も財産も皆真暗になる、即民法があるから今日我々が多少権利を鞏固にして、安全になし居るのでありませぬか、即此の商法第一条に申しまする所は、恰も此の民法を言つたのであります、然るに之を誤解して、是非共法典でなければ民法は無効と云ふのは、奇怪の論と言はなければならぬやうに私は考へる［の］です」と述べている。つまり、延期論者は、民法典が存在しない以上、特別法としての商法典は無効であると主張しているが、法典ではない「民法」が存在している以上、商法も有効に存在し得ると反論していることになる。このことは、治罪法と刑事訴訟法が民法典でない「民法」を前提とする条文をすでに規定して実効性を有していた「事実」を前例として挙げることによって論証しようとしたのであった。

さらに、宮城は、イギリス法との対比において「現に英吉利の如きは民法と云ふ編制した所の法典はありますまい、法典はありますまいけれども船舶条例だとか、手形条例だとか、又破産法の如き……船舶条例抔も船舶条例ばかりで数百条になつて、手形条例も同じ事、又破産法の如きも同じ事である、即編制した所の民法と云ふものはないけれども、船舶条例、破産法、手形条例其他の条例、即商事に関する所の法律は充分英吉利に於ては行はれて居ります、決して法典でなければ商法は行はれぬと云ふ、其の論の虚なることは之を以ても明瞭でありませう」と述べている。彼は、大陸と異なり不文法を採るイギリスの実状を把握しており、慣習法としての民法・商法の実効性を強調したのである。これは、法源論の見地から、「法典」という形態をとらなくても「民法」も「商法」も不文法として効力を有し得ることを主張していることになる。比較法的知見を基礎にして立論する点において、宮城の深い見識が示されている。

また、「日が浅いから商家に於て之が実施を準備する暇がない」という主張に対して、宮城は、次のように批判している。すなわち、「商法なるものは皆商人が残らず第一条より後の条に至迄、悉く分からなければ商業が出来ぬと云ふことを信じますのは、是は頗る俗論である、此の論を推して参りますと云ふと、刑法は即刑法第一条から末条まで、悉く皆見なくては危なくて世の中に居られぬ、何時罰せられるかも知れぬと云ふ様な論鋒と同じことである、然るに彼の刑法なるものを一条から末条まで、ずつと知つて居るものが世の中に幾何かある、然も裁判官として法を司る裁判官と雖も、始から終まで、逐一熟知して居る所のものは、実に稀なることでありませう、即商法の如きは要するに、正当なる商人を保護し、不正なる所の商人を制裁……制裁を与ふる所の法律にして、商人と雖も之を知るの必要はない、唯或事を企て或事を為さんとする時に、其の事に関係する条文は見なければなりませぬ、即会社を組織するならば会社法を見なければならぬ、即どれ丈の手続をせねばならぬと云ふことはせねばなりませぬ、唯それ丈の話でそれ丈すればよい故に、普通の場合に於ては知らなくても宜しい」としたのである。彼がもっとも得意とし、しかも一般社会人にとって非常に身近な「刑法」を例に挙げて、刑法典のすべての条文を知っていなければ生活できないわけではないのと同様に、商法の条文も第一条から最終末の条文まで知っている必要はないと断言しているのである。現実的にも必要な時に必要な事項に関する条文を調べて知っていれば足りるというのであり、実際上の観点から見てそれは至言であるといえる。

右の論点の延長線上において「商人となるに就いても、法律を知らなくてはならぬ、西洋の商人は常に法律家を雇つてあるが、日本の商人は法律に委しくないから何とも分からなくて困る、それだから以て延期せねばならぬ」という主張に対しては、次のように批判を加えている。すなわち、「西洋各国と雖も、商業家が一々法律家を雇つて置くと云ふことを聞いたことはない、私も西洋へ行つて来ましたけれども、其の様なことを聞いたことはない、決して無きと信ずる、又法律家に此の商法のことを問ふて分らぬと云ふのは、法律家が分らぬのでありませうが、若し然う云つて何時迄延期せぬばならぬと云つて居つたならば、日本はどれ丈の法律家が出来たならば、初めて商法を実施することが出来るか、甚だ危い日本と云はねばなりませぬ、とうどう未来永劫迄も、日本は商法を実施することが出来ぬ国柄かもしれぬ」と述べたのである。ここで、宮城は、自らの外国留学の体験を踏まえて西洋諸国においても必ずしもすべての商家が弁護士を雇っているわけではない実状に触れたうえで、商家が商法に詳しい法律家（弁護士）を雇うことができるまで待たなければならないとすれば、未来永劫までも、日本では商法を実施できないことになると主張したのである。これは、延期論に対する痛烈な批判であるといえる。

第三に、「慣習に戻つて居るからして、実施する時に大変差支へる」という主張に対して、これは「慣習に戻つて居るから、奸譎なる奸商の為に、正当の商人が害されると云ふ御論であるが、併し此の点に就いては、前弁者の弁せられましたる論を顚倒したら宜しかろう、即此の商法の実施を速にせない時は、自然正当なる商人は奸商の為に害せられつゝあつて、其害を免れることが段々遅くなるであらうと論ぜぬばなりませぬと思ひます」と斬り返している。これは、反対論の主張を逆手にとってその論拠の不当性を証明する論法である。ここでもレトリックにおける種々の論法を駆使する宮城の弁論の巧みさが光る。さらに「商法の施行は来年一月から実施するの必要が果してあるか、又は延ばした方が宜しいかと申しますと、私は此法律の施行は速にすることが甚だ必要である、甚だ国家の為になると云ふことを信じて疑ひませぬ」と反論する。商法の早期実施の理由として、「何となれば維新以来大に盛衰もあり変遷もあつたで御座いましょうけれども、遂に盛大の結果に達することが出来ずに、今日の有様に為つて居ると云ふものは諸君の御存じの通りて御座います、それで今にして是か救済の策を立てずんば、何時まで此の有様で往くか、実に懼るべき結果を生ずることであらうと思ひます」と述べている。つまり、維新以来、「盛大の結果」を挙げることなく現在の状況に至っているのであり、その救済策を講じなければ恐るべき結果が生ずるというのである。そして最悪の結果について、「茲に弊害の最重なるものを挙けて論じますれば、商業の彼の信用と云ふものは恰も人の食物に於けるが如く実に緊要なるものであります、然るに其の信用と云ふものは地を払つて無くなつて、徳義上の信用も法律上の信用も、殆ど地を払つて無くなつた仕舞た、能く申します如く『人をみたら盗賊と思へ』と此の甚た忌むべき嫌ふべき言葉が商業上……商業を為すもの丶恰も手本のやうになつて居る、畢竟するに是は其の取締が甚だ厳でなくなつて帳簿と云ふものもなく、若しも其の争でも起つたときには裁判官ばかりに任して居るけれども、裁判官は守るべき所の法律がありませぬから、己の思想に照らして勝手次第に裁判をすると云ふやうなことに為つて居るから、相互に信用の措き様がない」と述べているのである。ここにおいて、宮城は、商業における「信用」の重要性を人間の食物になぞらえて説明し、その信用が消失してしまい、争いが生じたばあいには、裁判官に任せざるを得なくなっている現状について言及する。そして、裁判官も拠るべき法律がないので、個々の裁判官がそれぞれ自己の思想に従って勝手に処理するという最悪の状況にあると慨嘆しているのである。

最後に、「幾ら法律を拵えへても破産する者はやはり破産する、悪い者はやはり悪いことをする、それ故に法律を拵へるには及ばない」という意見について、「此の論に従ひまするると此処は議院であると云へない、議院は法律を作る所である、然るに然う云ふことを言ふと、議院は廃めて仕舞つた方がよい、刑法の如きものもやはり廃めて仕舞つたがよいと云うやうになる、是は頗るおかしな論であると思ふ」と批判している。どんなに立派な法律を作っても、どうせ遵守されないから立法する必要はないという主張は、結局、立法否定論・立法府不要論にほかならず、宮城が言うように議院廃止論に到達することになる。これは、じつに明快で快哉を叫びたくなるような議員批判ではないだろうか。頑迷な議員に対する痛撃といえる言述である。宮城は、近代社会の根本的契機の一つとして法律を挙げて法律学を学んでそれを教授してきたのであった。法律重視主義の思想がこの言説の中に示されているといえる。

外国の商業家との取引きとの関係について、宮城は、「西洋の精選なる規律ある所の」「商業家に向つて、規律なき所の日本の商業家が対して居るからして勢ひ優勝劣敗で我々日本商業家がどうしても負けざるを得ないので御座います、それで西洋から日本に来て商業を為す者は、恰も我々日本人が彼の南洋諸島に往つて、裸体で居る所の野蛮人と商業を致すやうな有様で、即少しも規律なき信用なき商人と始終取引せねばならぬと云ふ有様である、然るに外国の規律ある商業家と商業の取引をするに、規律なくして之と対等を企望すると云ふものは、是亦木に縁つて魚を求むると同じで甚だ難いことであると思ふ」と述べている。これは、西洋の規律ある商人と規律と信用のない日本の商人が対峙しても優勝劣敗となるのは明らかであるから、わが国においても商法典による規律が必要であるとするものである。商取引きにおける「信用」の重要性を彼は強調している。机上の空論ではなく商取引きの実状を踏まえたうえでの主張には強い説得力がみとめられる。

さらに、彼は、日本と外国との関係の観点から、「本年法律を拵へ今復是が施行期限を急に止めると云ふことは、成程政府と議院との関係はかりならばそれにて宜いか知れぬが、日本と外国との関係から云つて見れば、外国人はどう思ふであらうか、日本人のする事は小供が集つてがやがやと遊んで居ると同じことで、法律を昨日拵へて今日復俄に彼是論を生じて、遂に廃めて仕舞うと云ふ、斯う云ふ点には少しく考へなければなりますまい、即外国の信用を厚ふするには、己躬らを信ずることが厚くなければならぬ、実に朝変暮改をして外国の信用を得ることができませうか決して出来ないことであらうと思ひます」と指摘している。これは、外国の信用を得るためには、朝令暮改を止めるべきとするものである。すなわち、商法を施行するとしながら、すぐに施行期限を廃棄するのは、子供の遊びに類するものであって、国内だけなら通用するにしても国際的には通用しないと痛論していることになる。国際的観点からの指摘は、彼の外国に関する知見の豊かさに由来するものといえるであろう。

以上、詳細に見てきた諸理由に基づいて、宮城は、「商法の施行は来年一月一日より実施することは最必要なことである、即此案の如きは何卒諸君の御賛成を得て、廃滅に帰せんことを私は企望致します」と述べて演説を終えている。

第四款　第三回帝国議会衆議院の「民法商法施行延期法律案」等に関する第一読会における発言

第三回帝国会議衆議院において貴族院提出の「民法商法施行延期法律案」等の第一読会での宮城浩藏の発言を見ることにしよう。[15] 明治二五年六月一〇日に延期論者の安部井磐根議員の発言の後、宮城は、前置きとして、「本員は貴族院の議案に反対をします所の一人であります、今幸に安部井磐根君の後に上りましたから、先づ安部井磐根君に反対を表して、それから本論に入る様に致しませう、安部井磐根君に反対して烈しく駁撃しますのは、其の白い髯に対しまして甚だ忍びませぬが、此の議論の上からは已むを得ませぬから、充分に攻撃を加ふる考であります」と発言している。本論に入る前に直前になされた安部井議員の発言に対してただちに反論を述べているのであるが、これは、議場において準備なしでおこなう臨機応変の対応であり、自信なくしてはなし得ない弁舌であるといわなければならない。しかも、「白い髯」をたくわえている安部井議員に対して若輩を意味する「黒い髯」をはやしている宮城自身が、議論の上からやむを得ぬので、「甚だ忍びませぬが」「攻撃を加ふる」と述べて、ユーモアを交えた弁論を開始しているのである。ここに雄弁家として定評のあった宮城の余裕綽々たる態度が見られる。

本論において宮城は、まず、「安部井磐根君は元来繁文文縟有名無実と云ふことを論拠として、而して其要旨は詰り民法商法は仏蘭西に模擬したものだから、日本に適用するものでないと云ふ様なことに帰着した様であります、要旨は斯の如くでありますか、他の部分に就いては大変な御講釈でありまして、本員には殆ど分からぬかつたと云ふて宜しい、そこで此の繁文文縟と云ふことに就いて論じませう」と皮肉まじりに要点を明らかにする。つまり、安部井議員の発言の要点は、わが国の民法典・商法典はフランスに模擬したものであり、わが国には通用しないということであり、その他は「御講釈」にすぎず、自分にはほとんど理解できなかったとされたのである。そして、「元来繁文なり文縟なり有名無実なりと云ふことは、是は保守的精神の論であつて、保守的精神の人は斯う云ふことを言ふのも宜いことで、決して此事は間違つたこととはしませぬ」として「保守的精神の論」について一般論として否定はしないとする。繁文文縟とは、「規則・礼法などが、こまごまとして煩わしいこと。形式を重んじて、手続きなどが面倒なこと」を意味するのであり（『広辞苑』）、これを重視するのは、まさしく保守的精神にほかならない。それはそれで一般論としては意味のあることである。しかし、個別的観点からは、「凡そ此事柄を適用するには場合がある、何にも彼にも持つて行つて繁文文縟なりと言つて之を拡めたならば、我帝国裁判所の如きは如何なる裁判も為すことは出来ぬと云ふ有様に帰着すると思ひます」と批判する。その理由として、公法と民法の区別を挙げている。すなわち、「茲に区別しなければならないことは、公法と民法の区別があります、凡そ公法なるものは一旦発布します以上は、我々人民は悉く之がために束縛せられ、之を遵奉しなければならないと云ふことはある、けれども民法に至つては決してさう云ふものではない、即ち民法は一般の準則を規定致しました故に、人民が自由に契約して以て之に従はざることは、固より随意である、故に設令繁文あり文縟ありと雖も之がために迷惑を蒙ると云ふことは決してないこと、思ひます、動もすれば此法律を布くと、之がために人民の権利を束縛さる、とか、自由を制限さる、とか云ふ様になります様でありますが、是は大変な誤で、決して民法は今の公法の如く、人の権利を束縛するものではなく、契約の自由にあることで、例へば斯く斯くにせよと民法にありましても、契約を行ひますのは己の意思を表明して其法律に反してなすことは、固より妨ないのであります、故に繁文の弊が多いとか、或は文縟と申します様な事柄は、是は行政機関の運動等に当て嵌めます場合は、随分其理屈を以て今の民法商事の事に当嵌めてたまるものではない」とされるのである。ここにおいて、強行法規である公法と異なって、任意法規である民法のばあいには、詳細な規定があってもその規定に拘束されることなく「契約の自由」が優先するので、延期論の主張する危惧は杞憂にすぎないとするのである。つまり、公法のばあいは、法律の規定によって権限が付与されたり制限されたりするので、その拘束力が強力であるのに対して、私法のばあいは、意思表示が存在しないときの合理的解釈の一般的規準を示したものにすぎないので、法文が繁文であってもそれに拘束されないから、何ら迷惑を被ることはないと主張したのである。このように宮城は、公法と私法の性格を素人にも分かるように説明しながら、自らの主張の正当性を説いているのである。契約の自由こそは、「近代」私法における根本原則であり、近代性の特徴としての意義を有することになる。

延期論者は、民法典案はフランス民法を翻訳したものにすぎず、わが国の国情に合わないと主張するが、この点について宮城は、次のように反論する。すなわち、「仏蘭西法を翻訳したものであると云ふが、どうか其証拠を見せて貰ひたいと思ふ、如何なることから割出して来たものであるか、如何にも此起草者は仏蘭西人に相違ない――初めの起草者は、併ながら各国の法律を参照し復日本の法学者連、及実際家が集りまして、実に精神を籠めて成立つた所の法律である、然るを之を仏蘭西法律の翻訳なりと云ふ、恐くは此法律を見ない――此法律を読むことを知らぬ所の議論であらうと思ふ、それから市町村制を施いたがどうだとか云ふ御議論もあつたやうであるけれども、民法商法と市町村制と一緒に御覧なさる御方では迚も此議論は出来ない、大変な違ひである、丸で公法と私法の区別があることを知らないのである、又輿論が斯うである、『民情風土に適せぬと云うふことを言はれましたが、』是も何の証拠があつて言ふか」と述べているのである。ここで宮城は、反対論者に対して、「証拠を見せよ」と迫り、起草者が各国の法律を参照し日本の法学者などが検討を加えたという立案の詳細な経緯を語ったうえで、民法・商法と市町村制とを同列に論ずるのは「公法と私法の区別」を理解せず、「此法律を読むことを知らぬ」者の論にすぎないと痛罵しているのである。

さらに、民法・商法は民情風土に適しないとの延期論者の主張に対して、宮城は、次のように反論する。すなわち、「民情風土に適せぬ即ち先刻からも申します通り、明治初年以来我日本帝国は此法理学の上に於て、段々進歩し来つて、最早今日に於ては殆と今施行は致しませぬけれども、即ち我民法商法の大部分は之を適用して居るではありませぬか、成程それは成文法を以て規定しなければ適用することが出来ぬ所の法理が沢山ある、あるけれとも併しながら成文法を必要と致しませぬものに就いては、我は或民法の法理を適用するか、若くは英吉利学風の法理を適用するか、若くは独逸学風の法理を適用すると云ふことになつて居る、然らば則ち今の裁判の有様は民情風土に適せぬと言はなければならぬ、此裁判からして悪いと言はなければならない、実に奇怪の御論と思はれます、先づ御論を駁することは是丈にして置きます」と述べているのである。ここにおいて、市民生活上、すでに民法・商法の法理は定着してきていると現状を指摘する。すなわち、成文法を必要としないものについては、国内法、またはイギリス風もしくはドイツ風の法理を適用しているので、これではもはやわが国の民情風土に適しないというべきではないか、とされている。このようにおこなわれている今の「裁判」は「民情風土に適せぬ」といわざるを得なくなるが、これは「実に奇怪の御論」ではないかと延期論の矛盾を衝いている。

いよいよ宮城の弁舌は、佳境に入る。まず、貴族院における議論の在り様を批判している。すなわち、「本案に就きましては貴族院に於きまして凡そ三日の間御討論がありました、併ながら其御討論の有様を見まするとふと、即ち政事家の目を以て討論したことは、失礼ながら大変少ないやうで、宛も法律学校の討論会の如き有様を為しつゝある、是は誠に遺憾極りなき次第であります」というのである。貴族院におけるわずか三日間の討論では「政事家」の観点から議論したのではなくて、それは、あたかも法律学校における討論会みたいだと酷評したのである。これは、政治家は政治家らしく大所高所からの議論を展開すべきことを強調したものと解され得る。書生論を「法律学校の討論会」になぞらえているところに宮城のレトリックの絶妙さを見て取ることができる。このような観点から帝国議会として考慮すべき点は、次のことであると宮城はいう。すなわち、「我々議員として見る所は――即ち帝国議会として見る所は、今我民法商法を施行するの必要不必要如何、其利害如何、之を延期しまする場合に於いても、其利害は如何、即ち此数点に就いて能く吟味を遂げたならば、それで沢山である、即ち我々議員の本分だらうと考へます」とされる。つまり、①民法・商法を施行することの要否、②これを施行することに関する利害如何、③これを延期することの利害の如何、を吟味すれば十分であるのに、貴族院ではこれらについてほとんど議論されていないとされた。このような観点からの議論はなされず、学者・儒者の説を検討したにすぎないのではないかとして、宮城は次のように述べる。すなわち、「勿論夫の学者と云ひ、儒者と称しまする所の者は、種々様々の説を出しまして、甲論乙駁遂に底止する所を知らない、若し是等の議論を聞いて我々が左右せらるゝことであつたならば、仮令修正を加へるにも、常に此迂儒曲儒腐儒の輩が種々様々の論を為して底止する所がなくなるであらう、多くは取るに足らない、そこで是等の説の取るに足らぬこと、説の取るに足らぬことに就いて一二例をあげますると、斯う云ふ可笑いことがある、我民法は占有権と云ふものを認めた、此占有権と云ふものを認めたことは、即ち憲法の何条かに反する、憲法には『日本臣民は其所有権を侵さるゝことなし』と書いてある、然るに民法に於て占有権と云ふことを認めたから、是は即ち憲法に違反するものであると云ふの論があつた、併ながら是等の論は最早既に今日に於ては敵味方を論ぜず、法学社会の一つの笑草になつて居る」とひとつのエピソードを披露する。貴族院においてはは学者・儒者の説が討議されたが、その説は取るに足りないものであり、その一例として笑い話を挙げている。それは、ある議員が、制限物権たる占有権は憲法上保障されている不可侵の所有権を制限するものであるから、占有権をみとめる民法は憲法違反であると主張したもので、法学社会の「一つの笑い草」になっていると紹介されている。このエピソードは、後で強烈なパンチとなる。

宮城は、「臣民の権利の確保」に関して「成文法と不文法」を問題にして、帝国憲法という成文法によって権利は確保されるが、民事・商事上の権利は慣習・条理という不文法によって裁判において確保されるとする。すなわち、「我が帝国憲法に依りますれば、帝国憲法は即ち我々日本臣民の権利及義務を規定致しまして、即ち権利と云ふものは憲法に依つて確保せられたものであります、然るに民事上商事上に於て、裁判上我々は我々の民権、即ち財産上の権利及人事上の権利は如何なる方法を以て保護せられてあるか、今裁判上の有様を見まするを云ふと、諸君も御承知の通、どう云ふ風に裁判をするかと云ふと、斯う云ふ風になつて居る『成文あるものは成文法に従ひ成文法なきもの習慣に従ひ習慣なきものは条理に従て裁判すべし』とある、即ち此方法を以て此法律に依つて我々は裁判を受けて居る、既に御論もありましたから極く簡単に申しますが、元来成文法と云ふものが我国にあるかないか、只今司法大臣は我国の民法は完全でないと仰しやつた、完全でないから、完全にする様にしたいと云ふ御説であつたが、完全にも何もありはしない、即ち成文法と云ふものは無い」とされたのである。つまり、宮城によれば、憲法上の権利・義務は、成文の憲法によって確保されるものであるのに対して、民事上・商事上の権利は、不文法によって裁判において確保されるものであるとされる。そして裁判は、習慣・条理に従ってなされるのである。今のところわが国には民事法・商事法は、「成文法」としては存在していないのだと宮城は断言するのである。

しかし、その慣習も条理も怪しいものであると、宮城は主張する。まず、慣習について次のように述べる。すなわち、「諸君も御承知の通我国は二十五年前までは封建制度であつた封建制度でありましたるが故に我国の慣習と云ふものは皆当つて居りまして今日にては殆ど此異なつて居りまするがために破壊せられて何処にも慣習は無きと云ふても宜しい位である又好し慣習がありましても、甲地の人民と乙地の人民と契約を為す場合に於て、双方で知らずして――慣習を知らずして、契約を為した時には何に依つて裁判するか、どう云ふ慣習に依つて裁判するか甲地の慣習によるか、乙地の慣習に依るか、是等の場合は決して慣習に依ることは出来ぬ、独り依ることが出来ぬのみならず、――斯う云ふ場合は今日交通の頻繁なる我日本帝国に於て沢山あるのです、故に偶々慣習がありますと雖も、此慣習に依ることは出来ない」とされるのである。封建制度の崩壊とともに慣習は、破壊され消滅したのであり、残っているとしても地域によって異なるので、裁判において慣習に依ることができないという。「封建制度」の崩壊を強調する点に宮城の「近代精神」の顕現がみとめられる。

次に、条理についてその実状を明らかにしている。すなわち、「慣習なき時は条理に依る、然らば条理は如何、此条理と申しまするものは、極めて怪しいものである、何となれば人々の考次第である、即ち諸君が蓋し御承知でありませうが、判事登用試は未だ飾を為さぬと云ふやうなことが間々あることは、諸君も既に御洞察のことでありませう、政府は疾くに知つて居る筈のことである、其他法律のみならず是は習慣上も少しは論じなければなりませぬが、此の西洋流で申しまするると私徳公政と云ふことは各個であると云ふ説でありますが、是は誠に学理上に細かなることは本員と雖も感服敬服いたします、然れども是は国が違ひます、あの邦の宗教上に養成せられて、第二の天性が出来てある、其の上に社会の制裁と云ふものが厳重でありまするから、それで何も不都合なし、整然と参つて居るでありませう、我国は然らず、宗旨もなし、誠に徳政一致を以て数年来やり来やり来つたことでありますから、此法律以外の西洋風が入込んだのが、今日甚しく云へば、まあ風紀壊れ、社交紊れたと云ふやうなことがあらうと思ひます」とされるのである。反対論者が西洋の学理に詳しいことに「感服敬服」すると一歩を譲りつつ、わが国と西洋は国情を異にするとして批判を展開する。すなわち、西洋においては、宗教によって養成された第二の天性が出来上がっており、その上に厳しい社会の制裁があるので、「私徳公政」が整然となされているのであり、整然とした条理が妥当する。しかし、わが国は、法律以外の西洋風がはびこり風紀が乱れているだけであるのであり、条理は整然としていないとされるのである。宮城にとって「近代」を顕現する「法律」こそが西洋を意味するのに、わが国は「法律以外」の「西洋」風がはびこってしまったことを彼は嘆いたことになる。

さらに、条理と裁判官・代言人との関係について、宮城は、現状に基づいて次のように問題点を鋭く指摘する。すなわち、「判事を試験して登用致しまする場合に於ては、どう云ふ工合に試験をするか曰く英法を学んだ者は英吉利法で試験する、仏法を学んだ者は仏蘭西法で試験する、今度は日本の民法が出来たから日本民法を学んだ者は、日本の民法に依つて試験すると云ふことになつて居る、そこで英仏独逸勝手次第の学に就いてさうして各判事になるのでありませう、其の判事がどう云ふ頭を持つて居るか、箇々別々になつて居る、唯此一例を以て見ても、即ち夫の条理に依ると云ふ――条理に依つて裁判すると云ふことは随分恐ろしいと云ふことは、諸君が御感じでありませう、故に我々の貴重なる所の財産我々の貴重なる所の人事に関係することに就きましても一に其裁判は裁判官の脳髄に依つてどう云ふ風にも左右せらるゝと云ふことに、今日はなつて居る、之を甚しく申しまするとと云ふと、我々の財産の人事に関する所の権利は、宛も浮べる雲の上に座せるが如き有様をなして居る、そこで其結果として実に奇怪な有様を呈して居りますと云ふのは、例へば代言人が――私も此頃代言人になりましたが――代言人が裁判所に於て訴訟を為しまする場合に、即ち気骨なき代言人、意気地なき代言人は、唯裁判官の鼻息ばかりを守つて居るです、鼻息ばかりを仰いで居るです、斯う云ふ激しいことを言つたら、悪く裁判されはせぬか、怖き裁判されはせぬかと云ふことを恐れて、裁判官の顔色ばかりを見て、中立をして居る、さうなる筈でありませう、既に成文法がなくなつて勝手次第に己れの条理、己れの脳髄を以て裁判することが出来るから、己の可愛い代言人は勝たしてやらう、憎いことを言ふ代言人は負かしてやらう、それは代言人を負かす丈なら宜しいか知れませぬが訴訟人がたまりませぬ、扨て斯る有様になつて居りましても、我々は即ち我々の権利は裁判所で充分確保せられたものなりや否や、保護せられたものなりや否やと云ふに、決して十分に保護せられたりと言ふことに出来まいと思ふ」と主張したのである。この言述から以下のことが分明となる。すなわち、判事登用試験は、受験者がそれぞれ学んだ英仏独の法律に関する学識を問うものである。実際に宮城は登用試験の考査委員をしていたので、その実状を知っていた。それに基づいて条理について述べる。条理の内容は、各裁判官の頭の中にあり、それぞれ異なることになる。その意味において臣民の権利は、あたかも「浮かべる雲の上に座せるが如き有様」であるとされる。このような状況下においては、裁判結果の予測可能性は失われることになる。そこで、意気地のない代言人は、有利な判決を得ようとして裁判官の顔色ばかりを見て行動するため、裁判官の恣意的判断に従うことになるから、臣民の権利は裁判所において十分に保護されているとはいえないとされるのである。宮城は、自分も最近、代言人となった旨断りを入れているが、ここで自分と違って「気骨なき代言人」、「意気なき代言人」の情けない状況について述べている点に彼の自負が見て取れる。

民法・商法の施行と従来、政治的に問題とされてきた外交上の「条約改正」との関係についても、宮城は触れている。すなわち、「是でも民法や商法を施行する必要はありますまいか、斯く論じ来つても民法商法は之を延期する必要があるか、又外国の関係から申しまするると云ふと、勿論此条約改正に大関係あるものである、併ながら条約改正のために之を施行しなければならぬと云ふのでない、即ち前段論じ来たつた所に依つて見まするると、我日本人民の権利——私権と云ふものは十分保護せられてない此保護せられてない時に当つて、彼の外国人は我治外法権を撤去して、我法律の下に服せしめんとするは、随分無理な注文でありませう、故に決して条約改正のために施行しなければならぬと云ふのではないけれども、条約改正を希望するならば是非共執行をして、我私権即ち民権と云ふものが、十分に保護せられてあると云ふことは、十分に証明しなければならぬ、然るに彼の対等条約を希望して、或は上奏案を為し、種々様々の講究を為す人が、今日民法商法の実施——施行を延期を主張すると云ふことは、自家撞着の甚しきものである。実に本員の解さぬ所でありまず」と述べている。宮城によれば、民法・商法の施行と条約改正とは大いに関係を有するが、それは、条約改正のためにではなくて、臣民の権利を保護するためになされるべきなのである。つまり、権利が十分に保護されていることを対外的に証明する必要があるとされる。そうすることによって、条約改正も容易になされるはずなのである。すなわち、右に見たように私権が裁判において十分に保護されていないので、民・商法典を施行することによって日本臣民の私権を確保することが先決であり、私権保護の現実が立証されてはじめて西洋諸国も対等条約の締結に応ずるはずであるとされるわけである。にもかかわらず、対等条約を希望する者たちが民法・商法の施行延期を主張するのは、「自家撞着」が甚しいと厳しく論断されている。

民法・商法は短期間に作成されたものであるから「甚だ粗漏」であり、その証拠として「法律取調委員」による審議の状況が挙げられている。これに対して、宮城は、まず、「民法商法は僅な間に出来上つたものだから、甚だ粗漏である、其証拠に法律取調委員があつて、此取調委員は日に十五条づゝ終らなければならぬ、それから又日々十五条宛終らなければならぬのみならず加ふるに取調委員は法理を論ずることも出来ず、文字の修正を為すことが出来ぬと云ふ、斯う云ふに権限を狭ばめられて、且つ急に拵えたものである、此論は甚だ粗漏である、或は此中に軽忽に出来上つたものが幾らもあるだらう、斯う云ふことを申されましたけれども即ちそれを大いに御懸念になる所だらうと思ふ」と述べており、自らの体験を踏まえて詳細に反論を加えている。この点は、従来、等閑に付されて来た明治初期における「立法過程」を明らかにするうえできわめて重要であるとおもう。それゆえ、この点に関する宮城の指摘を紹介しておくことに法制史学的観点から見て重要な意義がある。そこで、以下においてその詳細を検討することにしよう。

宮城は、法律取調委員会の構成およびそこにおける審議の様子について、次のように詳述している。すなわち、「成程法律取調委員会に於きましては日に十五条宛是非とも終われなければならぬと云ふ規約を為したることは、是は事実である、けれども実は行はれなかつた、此事柄は日に十五条宛所ではない、十条宛も運ぶことは出来なかつた、十条宛にしても盛にやつたので、其進み方は激しいとは言はなければならぬ、それから弁明の必要を生じて来たは、法律取調委員の組織を能く明かにしなければならぬ、法律取調委員会と申すものは、凡そ七十人から成立つて居る、そこで上に居ります所のずつと上に居りまする、法律取調委員と云ふ者が十人程あつて、それから之に次ぎまする所の法律取調報告委員と云ふ者がある、此報告委員が大凡四十人程あつて、それから又之に次ぎまする所の種々の下調を為す所の者が附属として二十人、丁度七十人程度から出来て居ります、そこで総て此法律取調委員報告委員は、即ちどう云ふ訳だか取調委員と云ふは勅任なんです、それから報告委員のやつは奏任なんで、それからそれに付いて附属のやつは判任もある、奏任もある、之を勅令で区別を為したのは、私では分りませぬ、さう云ふやうな工合に出来て居つた、そこで法理学理と申すものは一番上に居る所の取調委員十人の方々が、法理に暗い勅任であるけれども、（拍手起る）甚だ御気の毒であるけれども暗い、真中の四十人の者が一番明るくつて、之に附属する者が之に次ぐ、斯う云ふ訳になつてあつた［の］で、此四十人の人々が附属する者共を相手にして、十分取調べてさうして今の法律取調委員の十人の方々に差出す、四十人の者は例へば四つに分れませう、十人宛に其十人宛に分れますと云ふと、其分科を立て丶十人宛で皆調たものを、一時に今の取調委員へ持つて往く、極く頂上の勅任官の所へ持つて往く、さうすると勅任官は日に十五条宛やらなければならぬやうになつて来る、それはさう云ふ理屈になる、それからして成程勅任の人は十五条宛に当つたかも知れぬが、報告者の連中は四十人でやることだから、日に五条にも当つて居らぬ、三条にも合やしない、故に十五条宛と云ふことは嘘なんで、丁度此位でございます」と述べている。

このように宮城は、「弁明の必要」があるとして、「法律取調委員会の組織」の実態を明らかにしたのである。それによれば、法律委員会は約七〇名で成り、その構成員は次のとおりである。法律取調報告委員は勅任で一〇名、法律取調報告委員は四〇名、報告委員の附属者は奏任または判任で二〇名という陣容である。各条文の詳細な実務的検討に当たったのは、報告委員とその附属者であり、分科会方式で審議がなされたとされている。報告委員は、下調べをした附属者と厳密な議論をしたうえで、分科会方式で一日で数ヶ条位づつ検討し、それをまとめて取調委員に報告したことになるので、かなり稠密な審議をしていたわけである。このようにして検討された条文案は、取調委員に次々と報告されたので、取調委員は一日当たり一五条位を審議したことになる。取調委員は法理学理に暗かったとの宮城の指摘に場内から拍手が起こった旨が、議事録に記されているのは面白い。これで、議員の中にはこれに賛同した者がいたことが分かる。勅任、奏任および判任の区別の基準が自分には分からないと述べた宮城の皮肉が理解されていたことになる。

検討した一日当たりの条数についての言述は、「実際を知らざる者」の言にすぎないとして、「日々十五条宛やつたから粗漏でと云ふのは、唯外見上ばかりであつて、其実際を知らざる者である、それのみならず四十人の者が編制したのも、それならば五条宛やつたかと云ふと、さうではない、此法律の抑々起りと申すものは、明治六年頃から起つたのである、而して明治九年頃から実際着手して、それから明治十八年までの間続いて居つた、此間に千条余出て居る法律案は、民法編纂局と云ふものであつて、商法も矢張り同じことである、其十年も掛つて調べたる所のものを、夫の四十人が仕上げて、之を仕上げた上に、今の委員に出す、それから日々十五条宛もやつたから、大変軽忽だと云ふは間違つた話でございませう」と追撃をかけるように述べる。

民法典・商法典の立案作業は、明治六年頃計画され明治九年から着手され、一八年まで遂行されて民法編纂局・商法典編纂局において法律案が作成されたとされる。それを報告委員が吟味して十分な検討が加えられているのである。

そして、勅任の委員について、「此十人今の勅任の連中は法理を論ずることが出来ぬ、字句の修正も出来ぬとしたのは何の訳である、是には大変の意味ある凡そ分科があつて報告に為つたものを、文字や法理を論じたならば、百年も掛つても出来やしない、大凡夫の勅任の連中は法律が日本の尺度に適するや否やを調べるものであつて、外の事はせぬ、斯う云ふ約束があつた、さう云ふ約束がありまするからして、今の法理を論ずることは出来ぬ、字句を修正することも出来ぬとしたのは、若し是等の人々に是等の委員に法理を論ずることを許すならば、第一番に法律学校を建て、掛らなければならぬ（拍手起る）甚だ失礼なことであるけれども、夫の民法の占有権を規定したのは是は憲法に違反すると言つて世の物笑ひになつた斯る奇説を吐いた人も其委員の中にあつた（拍手起る）」と述べ、その資質を問題にしている。先に見た笑い話の主が勅任の委員であることをここで明らかにし、会場からの拍手を捲き起こしているのである。そして宮城は、法律取調委員の権限が「法律が日本の尺度に適するや否やを調べる」ことに限定されていたことを明らかにしている。取調委員に付与された権限は、法律が「日本の尺度に適するや否や」の審議だけであって、条文の修正などには及ばないとされたのであった。その理由は、彼らに法理を論ずるだけの学識がなかったことに求められていた。

さらに、延期論者の主張には「政治的観点」からなされたものは存在しないので、「駁撃」するまでもないと述べている。すなわち、「一体政治的より致しまする所の駁撃と云ふものは殆どありませぬで、其他皆学理より論じまする所の論難である、其の論難の如きはまだ此場所には現はれませぬ、現はれませぬに依つて駁撃するの必要はないと考へます、幸い第二読会に於て登壇することを得ましたならば、其の際十分駁撃致しまする積でございます大いに諸君の清聴を汚しました（拍手起る）」というのである。このように、宮城は、政治的観点からの論難が出されたら、第二読会において「十分駁論致しまする積でございます」と宣言して発言を締めくくっているのである。

第五款　第四議会における民法典断行論主張の新聞報道と議会外活動

第四議会において民法典延期案が上程された際、宮城は断行論を主張した。宮城の演説における説得力は、新聞でも好意的に報じられていることからも分かる。明治二四年一二月一一日付の『朝日新聞』は、「岡山兼吉氏商法を施行すれバ現今の諸会社ハ破産すべしといふや宮城浩藏氏之を駁して法律を以て是等の事を取締ることが出来ぬならバ日本人ハ少し奇怪な人民なるべしと奇語を放つて人耳を惹けり」と報じ、[16]『扶桑新聞』は、同年一二月一三日付で、「宮城代議士の一語永井代議士を首肯せしむ」という見出しで「商法を施行せば商業社会一大恐慌を来すべしと永井松右衛門氏演了するや宮城氏反駁して曰く商法を実施して商業社会恐慌を来すとは近頃奇怪なる説なり商法施行なきが為め会社議員が拘引せらるゝ事こそ起れりと痛切に言放つや永井氏首肯して語なし」と報じたのであった。[17]宮城の雄弁振りを絶賛する次のような叙述も存在する。すなわち、「君又頗る弁論に巧みなり其講義室にありて法理を弁じ公会にありて議論を戦はすや時に直截簡明なる炳日の如く紆余条達なる源泉の如く人をして思はず拍手感動せしむるの妙あり故に其反対者と雖も往々君の説を改むるものありと云ふ衆議院に於て商法実施延期論の出るや君先つ正反対に立て滔々延期説を駁す言々骨力、声々気魂、猛然たる延期論者も為めに披瀝せんとせしことは今まで尚ほ人の耳目に存せり」と述べられている。[18]

さらに議会外においては、明治二四年（一八九一年）三月に「法治協会」を結成し輿論の喚起に努めた。明治二四年八月一九日付の『山形自由新聞』は、法治協会拡張のための学術演説会について、次のように報じている。[19]すなわち、「一昨十七日ハ予て広告にも見へし通り小姓町丸万座に於て法治協会拡張の為め学術演説会を開きたり聴衆凡そ四百人計りありたりと軈て時刻至れば高澤佐徳氏開会の旨趣を述べ次に古川春策氏登壇法治国の下の吾人の法曹てふ演題にて演了し次に安達峯一郎氏は外交と法律と云ふ題にて演説中頃政談に渉るの恐ありとて臨監警官の注意ありたれども先づは無事に演了したり次に宮城浩藏氏壇上に露れ出で一揖して満場を一瞥し新法実施の必要と云ふ演題に付き演舌したり流石は法律学士お職掌丈けありて法理の弁論講義めきて法学研究の書生連には多少得る所あるもの丶如く聞受たり

最初に憲法中に制定しあるケ条の内一二条を掲げて今に商法実施の急務なる所以を解き初期国会に於て延期に議決したる或る一部の籠商を保護せんが為めに為たるものにして決して此議決は天下の与論と云ふ可きものに非ずと痛論したるとき忽ち聴衆の八方より演説の誹評湧出で場内頗る喧雑に渉りたれ共氏は程なく降壇したり当日は丸山督氏出席すべき筈なりしも病気の為め終に欠席したれば燈光暗淡の中に閉会せしは正に九時なりき」という。宮城は、「新法実施の必要」という演題で演話したが、「流石は法律学士お職掌丈けありて法理の弁論講義」めいていたと評されている。そして宮城は、商法の延期を議決したのは「一部の籠商」を保護しようとしたためだと「痛論」したので会場が騒然となったようである。演舌会場には警察官が臨席し政治論に及んだときには演舌を制止したが、宮城の演舌は制止されていない。また、同年八月二〇日付の『読売新聞』は、「仙台の代言人草刈、松村、藤澤等の諸氏ハ法治協会の趣旨を賛成し東京より同会員末松三郎、福原直道、城数馬の三氏を招き猶目下山形地方遊説中なる同会員宮城浩藏氏及び藤澤、村松、草刈の三氏も之に加り来る廿二日同地に学術大演説会を開くと云ふ右に付末松、福原、宮城の三氏ハ明廿一日上野発の第一列車にて同地へ向けて出発する由」と報じている[20]。宮城は、山形地方演説中で、帰京後、さらに上野から仙台に一番列車で向かうという強行日程であった。これにより彼がこの運動にいかに力を入れていたかが分かる。

第三節　代言人としての宮城浩藏

宮城は、前にも触れたように、代言人としても活躍した。まず、代言人組合の会長選挙について見てみよう。宮城が加入した東京代言人新組合の会長選挙の動向について、明治二四年四月二三日付の『東京朝日新聞』は、「東京代言人新組合にてハ来る廿六日春季総会を開き会長改選を執行するよしなるが右の候補者として現はれしハ宮城浩藏並に現会長鳩山和夫の両氏にて宮城氏ハ仏法学者なれバ明治法律学校の出身者味方となり鳩山氏ハ英法学者ゆえ東京法学院、東京専門学校の人々之を扶け昨今已に競争を始めたるよし」と報じた。(21) 同会において仏法学派と英法学派の対立があり、宮城は仏法学派の領軸として会長選に臨んだとされたのである。同年同月二六日付の『東京朝日新聞』は、「東京新組合代言人正副会長及議長副議長選挙ハ予期の如く昨日銀行集会所に於て行ひたる処其結果ハ左の如し

会長（百七点）宮城浩藏

副会長（九十五点）丸山名政

議長（百七点）中島又五郎

副議長（九十七点）浦田治平」と短く報じている。(22) しかし、この選挙戦は、非常に熾烈であったようである。

会長選挙戦の詳細について、奥平昌洪氏は、次のように述べている。すなわち、「明治二十四年四月二十五日東京新組合代言人会春期通常議会を日本橋区坂本町銀行集会所に開く此より前新組合に於ては法典編纂問題の起りし頃より英法派と仏法派と隠然対立せしが会長鳩山和夫英法派の人なれば同派の澁谷慥爾を後任の会長に推し一味の人々之を佐けて其候補者と為し運動怠らず仏法派宮城浩藏を推し主として明治法律学校出身の人々之を佐け東京組

合代言人会中の仏法派の人々を語らひ応援の為め臨時新組合へ転入せしめたりしかば英法派も横浜組合代言人より転ぜしめたれ是に至りて二十三年度決算報告を認可し次て役員の選挙に移るや中島又五郎建議して曰く吾人は役員選挙競争の弊を避けんが為めに新組合を設けしものなるが本年の如く激烈なる競争を見るは洵に遺憾なり宜しく申合規則第四条を改めて『役員は抽籤を以て十名の候補者を定め其候補者中より之を互選するものとす但出席者は無記名投票を用ゐ欠席者は記名投票を用ゐる』と為すべしと賛否の論熾に起り議場喧騒を極む決を起立に問ふに及び建議は遂に消滅せり乃ち会長の選挙を為ししが其得票左の如し

一百七票　宮城浩藏　九十八票　澁谷慥爾

外に無効二票あり英法派の人々之を見て陸続退場せしかば其他の役員も皆仏法派の手に帰し丸山名政副会長に中島又五郎議長に浦田治平副議長に当選せり仏法派の井本常治不正の投票を取次ぎたりとて英法派の鳥居鍗次郎は同月三十日東京地方裁判所検事局へ投票偽造行使の告発を為ししが検事は罪と為らざるものと認め起訴の手続を為さゞりき」とされているのである[23]。明治初期において仏法派と英法派の対立が代言人の間にも存在した歴史的事実を示ものとして、右の叙述はきわめて重要な意義を有する。しかし、法学界においてはすでにドイツ法学時代が始まっていた。すなわち、「フランス学は明治二十年代に入った頃には、法律と兵学にのみその価値が認められるにすぎなくなっていた。ボアソナードなどによるフランス民法の導入も成功せず、ドイツに範をとった日本帝国憲法が制定されるや、法律の分野でもフランスは幅をきかせることがなくなってしまうのであった」とされているのである。

宮城の代言人としての活躍の全般について、日下（柳昌軒）南山子氏は、「君久しく官海にありと雖も質剛気鋭寧ろ民間の活発なる業務に適せり且つや人に接する叮嚀切実又た能く人をして其情実を尽さしむるに足るを以て其一たび代言事務所を京橋区鎗屋町に開くや依嘱の詞訟事件積て山をなすに至れり同業者の信用亦厚く新組合の諸氏君を迎て会長の椅子を譲れり」と述べている。[24] ここに宮城が民間の活発な業務に適しており、対人応接も丁寧で人気を博した様子が叙述されているのである。

刑事事件に関して、宮城が弁護を辞任したケースが新聞で報道されたので、それを見ておくことにする。明治二五年七月三日付『東京日日新聞』は、「宮城氏弁護を辞す」という見出しで元巡査の養母殺し被告事件について簡単に事実関係を報じている。[25] これに対して同日付の『読売新聞』は、「養母殺し實玄と宮城浩藏氏」という見出しで詳細に報道しているので、この記事を引用することにしよう。同紙は、次のように報じている。[26] すなわち、「昨日公判を開きたる元巡査山田實玄の養母殺し被告事件に付てハ弁護人宮城浩藏氏が半途にして解任届をなし憤然として立去りたる由なるが今其次第を聞くに元来同人ハ第一回の予審に於て免訴となりたる後更に又た起訴を受けて予審に廻され三回程調べを受たるに如何なる理由か予審より警視庁へ廻し二局にて審問したるに三四月頃より残らず白状し予審へ戻りて同じく白状をなしたるより予審終結して公判に附せられたるものにして既に予審に於て綿密に白状せるより今ハ弁護すべき余地なく宮城氏も一旦ハ其依頼を謝絶せしかど予審半ばに警視庁へ廻したるハ成規に違へる処置且實玄より警視庁に於て拷問をなしたるが為めに痛苦に堪ずして陳述をなしたりとのことを聞き且之が為め二局より帰監せしとき手足痺れ痛て自由を欠き夜に入りて縊れ死なんとしたるも身体意の如くならずして果さゞりし事ハ目下石川島にある同監者の目撃し居る所にして警視庁の医師より薬を受けたることもありなと申出でたるを以て宮城氏も左様の次第なれバ弁護して見るべしとて之を引受け昨日公判廷に於て前記の医師と囚人とを証人として召喚あらんことを請求したるに裁判官ハ一切斥けて許さゞりしにぞ宮城氏も然らバ最早弁護の道なしとて其場にて解任届をなし袂を払て公廷を立去る際被告實玄ハ潜然涙を流して氏の袂に縋り只管哀を乞ひしといふ去れど拷問の事ハ今の世にあるべき話にあらねバ其事実ハ素より信じ難し」とされているのである。この記事によれば、宮城は、被告人が予審において綿密に白状している以上、弁護の余地なしとして、一旦は、受任を謝絶していた。しかし、被告人から、①予審の半ばから違法に警視庁へ回されてそこで自白させられたこと、②その自白は警視庁において拷問を受けたためにしたものであることを聞いて、弁護を引き受けた。①は、捜査手続きが違法であり許し難いとおもわれたことを示し、②は、宮城の師であるボワソナードが拷問廃止実現を強調していたことから許し難いと考えられたものであるとおもう。それで弁護を受任したのであった。宮城は、右の違法な捜査がおこなわれた事実を証明するために警視庁の医師と被告人の同監者を証人として召喚するように裁判官に請求したが、裁判官がその請求を斥けたので、宮城は、それではもはや弁護の道はないとしてただちに解任届を出したというのである。宮城としては、裁判官の措置は不当であるとして抗議の意味を込めて弁護の辞任をしたものと推測される。しかし、同紙の記者は、拷問などあり得ない話しであるから拷問の事実は信じがたいとして、被告人が涙を流して哀れを乞うたにもかかわらず宮城が弁護を辞任したことを非難がましく報じている。しかし、刑事司法史において、明治時代以降も拷問が存在していたことは明らかであるから、むしろ宮城の考えたところが真実だったのではないかとおもわれる。

（1）佐伯千仭・小林好信「刑法学史」『日本法発達講座11巻』（昭和42年・一九六七年）二二七頁。
（2）日下（柳昌軒）有山子編著『日本弁護士高評伝全』明治二四年八月三〇日刊、村上一博編『東洋のオルトラン　宮城浩藏論文選集』（平27年・二〇一五年）三一四頁。
（3）秋野篠田『明治新立志編』明治二四年四月一六日刊、村上・前掲注（2）三〇八頁。
（4）高橋忠治郎（摂提子）編『帝国議会議員候補者列伝全』明治二三年刊、村上・前掲注（2）二九二頁。

(5) 日下（柳昌軒）有山子・前掲注（2）三一五頁。
(6) 関谷男也『帝国衆議院議員実伝』明治二三年八月二四日刊、村上・前掲注（2）三〇一頁。
(7)『山形日報』第一号明治二三年五月一三日付、村上・前掲注（2）二九三頁。
(8)『山形日報』前掲注（7）二九三頁。
(9) 日下（柳昌軒）南山子・前掲注（2）三一五頁。
(10) 日下（柳昌軒）南山子・前掲注（2）三一五頁。
(11) 日下（柳昌軒）南山子・前掲注（2）三一五頁。
(12) 村上・前掲注（2）二〇二頁。
(13) 村上・前掲注（2）二〇二―三頁。
(14) 村上・前掲注（2）二〇三―一三頁。
(15) 村上・前掲注（2）二三八―四〇頁。
(16) 村上・前掲注（2）三一六頁。
(17) 村上・前掲注（2）三一六―七頁。
(18) 日下（柳昌軒）南山子・前掲注（2）三一五―六頁。
(19) 村上・前掲注（2）三一二頁。
(20) 村上・前掲注（2）三一二頁。
(21) 村上・前掲注（2）三〇八頁。
(22) 村上・前掲注（2）三〇八―九頁。
(23) 奥平昌洪『日本弁護士史』大正三年一一月刊、村上・前掲注（2）三四五頁。
(24) 日下（柳昌軒）南山子・前掲注（2）三一五頁。
(25) 村上・前掲注（2）三二三頁。
(26) 村上・前掲注（2）三二三―四頁。

第五章　明治法律学校教授・刑法学者としての宮城浩藏

第一節　明治法律学校教授としての宮城浩藏

明治法律学校創立者・同校教授としての宮城を見ることにしよう。宮城は、すでに何度も触れたが、明治一四年（一八八一年）一月に、岸本辰雄・矢代操とともに明治法律学校を創立し、自ら刑法および治罪法の講義を担当した。明治二三年（一八九〇年）三月に官を辞するまで、彼はずっと講師を兼ねていたのである。また、明治二一年から校長・副校長制の導入に伴い退職まで副校長に就いていた。明治法律学校は、当時、次々と設立された私立法律学校中、フランス法系に属し、フランス法学の学理を教授し権利意識を有する若者たちを卒業生として輩出した。当時、盛んになった自由民権運動の影響を受け、その教育内容を含め民権主義化・野党色を強めて行ったといわれている。すなわち、「明治十年代前半から、明治法律学校（後の明大）、和仏法律学校（法政大）、専修学校（専修大）、東京法律学校（中央大）などの私立法律学校が創設されてゆくが、そこでの法学教育は、少なくとも初期には、自由民権法学の教育を目ざすという色彩をおびていた」とされているのである。(1) このような私立法律学校の動向に対抗するために明治政府は、ドイツ式の国権思想の確立に向けて東京大学の教育に変更を加えた。すなわち、明治十七年五月四日付の文部省専門学務局より出された「東京大学予備門学科課程等改正之件」の文書において、「其学校教授上用語ノ儀、自今主トシテ邦語ヲ用ヒ、英語ヲ用フルヲ止メ、且参考ノ為独逸書等ヲ講読セシム」と定めたのである。「こうした措置の裏には、大隈重信創立の東京専門学校（早稲田大学の前身）で講じているような自由民権を支える思想を盛った英語文献から学生を遠ざけて、ドイツ式の国権思想に近づけたいという深慮遠謀もあったとみてよい」とされている。[2] そして、「明治十七年には司法省法学校の正則（速成ではない正規のコース）を文部省に移管して東京法学校と改称し、さらに翌十八年にはこれを東京大学法学部のなかに吸収して、法学部の強化をはかっている。

その年、文学部政治学及び理財学科は文学部を離れて法学部に合流し、法政学部と称するに至った。さらに翌十九年に帝国大学となった時に、法科大学となって、法科系官僚養成のための学部づくりは完了する」とされている。[3] このようにして法科官僚養成制度が確立したのであるが、これは巨視的な観点から見れば、「産業革命のおとずれるころになると、官僚の主な役割は、経済自由主義に基づいて活動する民間からの要求を吸いあげて立法化することに移り、そのために立法とその適用という法律学的教育が必要となってきたのである。

これはまさに帝国大学発足のころの日本の状態にも適合するように思われる。日本のばあい、とくに外に向かっては条約改正の悲願があり、内に向かっては憲法的法治国家体制の確立、法体系の整備の仕事があって、当時の官僚社会には、他のどの時代よりも特に法律的知識が必要とされたという事情もある。

こうして、工学にかわる法科官僚養成のメイン・コースづくりは、ドイツ風の官房学の流れではなく、法学部拡充の方向のなかで実現されていった」といえることになる。[4] この時期においては、明治政府は、対外的には不平等条約の改正、対内的には立憲的法律体系の確立を迫られていた。そのための法科系官僚を養成する大学が求められたのであり、東京大学がその任を負っていたことになる。これは、近代日本の産業資本主義の発展のために官僚制度が拡充されて行く過程の一環をなすものといえるであろう。

宮城は、明治法律学校創設以来、前述のとおり同校において刑法の講義を担当した。創立の年に早くも『日本刑法論』が出版されている。明治一七年に『刑法講義』が刊行されているが、これには次のような経緯がある。宮城の講義を受講した五味武策、豊田鉦三郎、武部其文および安田繁太郎は、宮城の名講義を筆記したものを同学の士の学習のために、つまり「温習の用に備」えるために宮城の許可を得て明治法律学校から明治一七年に刊行した。その際、宮城の校閲を受けていない。そのような事情を五味ら四人は連名で同書の「刑法講義緒言」で次のように述べている。[5] すなわち、彼らは、まず、印刷刊行の目的について、「抑本書ハ仏国法律学士宮城浩藏先生ノ口授セラルヽ所ナリ先生嚮ニ我明治法律学校ノ講壇ニ於テ刑法ヲ講授セラルヽコト茲ニ踰年始テ其業ヲ卒フ生等随テ聴キ随テ筆シ褒然トシテ一部ノ良書ヲ成ス乃チ先生ニ請ヒ刷行シ以テ謄写ノ労ニ代フ固ヨリ広ク天下ニ発売スヘキニ非ス故ニ僅ニ同学諸士ニ頒チ永ク温習ノ用ニ備ヘンコトヲ欲シ此ニ印刷ニ附ス」と述べている。学生たちが宮城の講義録を作成し、他の学生の筆記の労を省き復習の用に供するために刷行することの許可を求めたので、宮城は彼らの熱意にほだされて許可を与えたものと解される。あくまでも同学の士のために印刷されたので、部数は多数ではなかったとされる。そして彼らは、師である宮城の講義について、「蓋シ先生ノ刑法学ニ深キハ固ヨリ生等ノ称揚ヲ待タス其能ク古人未決ノ疑義ヲ決スルヤ恰モ快刀ノ盤根錯節ヲ剖クカ如ク聴者ヲシテ心自ラ融シ意随テ会シ諄々トシテ其要領ヲ得セシム是レ先生法理ノ精緻ヲ究メ論法ノ極致ニ達スルニ非スンハ焉ンソ此ニ至ルヲ得ンヤ」と述べている。ここに、宮城の法理が「精緻」で「論法」が「極致」に達していたことが述べられている。宮城の校閲を得ていないので、文責はもっぱら自分たちにあることについて、「然レトモ生等文辞ニ嫺ハス筆心ト背馳ス恐クハ先生ノ蘊奥ヲ発スル能ハサランコトヲ是故ニ章句ノ穏カナラズ且ツ魯魚ノ誤アルカ如キハ生等請フ其責ニ任セン読者幸ニ先生ヲ咎ムル勿レ今ヤ工既ニ竣ル乃チ一言ヲ巻首ニ弁シ此書ノ成ル所以ヲ告ク」と述べているのである。

その後、宮城の校閲・加筆訂正を受けたので、明治法律学校は、その書の普及のため市販するために民間の知新社に刊行を委託した。同社は、予約刊行をすべく、『朝野新聞』の明治一七年七月一三日付の紙面に次のような内容

の広告を掲載した。すなわち、それは、「西園寺先生　宮城先生講述　五味豊田武部安田諸君筆記

刑法講義　全二巻　凡千五百ページ

右ハ仏国法学士宮城浩藏先生が東京明治法律学校に於て講演せられ五味諸君が筆記せられたる所に係る既に曩きに同校に於て之を刷行して同学諸士に頒ちたりしが其際ハ僅に温習の用に供するの主旨より部数を限りたる為と未だ先生の校閲を経ざりしを以て遺憾とする所少なからざりし然るに今や先生の校閲を経大に訂正増補する所ありて始めて全きを得たるを以て乃ち同校より弊社に嘱託して出版に従事せしめられたり」というものであった。[6] 明治一八年一月に『刑法講義』は上下二巻として刊行された。上巻は刑法総論の部分であり、B六判七七二頁から成り、下巻は刑法各論でありB六判八九九頁から成る。フランスから帰国後数年で、しかも司法省の仕事をしながら、講義録とはいえ、本書を公刊していることは注目に値する。他人が作成した講義の記録原稿に加筆修正を施すのは、非常に手間のかかる作業であるから、多忙の身にありながらの出版には驚かされる。

第二節　刑法学者としての宮城浩藏

公刊された『刑法講義』は好評を博して大いに売れ、しかもその影響力はきわめて強大であったようである。この点について、「刑法講義の書も亦大に世の好評を博し改版七八回を重ね部数一万以上に達せりと云ふ聞く其地方裁判所に於て刑法解釈に関して議論沸騰し甲論乙駁容易に決せざりしが一人宮城君の刑法講義を手にして曰く――諸君憶測の議論を止めよ宮城氏の刑法講義に依て決定を附せん――と遂に君の説に決したることありしを以て君の刑法講義の勢力甚だ大なりしを知るに足れり」との叙述が見られる。[7] これにより、裁判官に対しても宮城の学説が決定的な影響を及ぼしていたことが窺われる。

宮城の没後の明治二六年に、その講義録『刑法正義』が刊行された。刊行に至る経緯などについて、岸本辰雄は、長文の「序」を巻頭に寄せている[8]。岸本は、まず、「是れ亡友宮城浩藏の遺著なり。今将に之を梓に付し、以て世に公にせんとす。余や君に於ける、交り最親しく、君を知る亦最熟せり。安んぞ一言以て此書の來歴を叙せざるを得んや。君少して夙に法律学を修め、該博淹通、窺はざる所なし。而して刑法に至りては其最力を尽す所なり。君明治法律学校に於て、刑法を講ずる爰に十有余年、反復講述、凡其幾回なるを知らず。而して随て講ずれば随て精に、一回は一回より密なり、遂に之れが薀究を究むるに至る。復遺憾なしと謂ふべし」と述べている。宮城は、刑法の講義に精魂を傾けていて、回を重ねる毎に内容を濃密にして行ったのでその校閲にかかる著書は遺憾がないとされたのである。そして、『刑法講義』との関係について、岸本は、「嘗て刑法講義二巻を著はす。大に法学者間に行はれ、声名洋溢、需用日に盛んに、改版五回、発行部数の多き、実に三萬有余に及び、為めに世の學者をして、岸本は、殆んど其観を改めしめたり。世遂に君を目して東洋のオルトランと謂ふ」と述べた。本書は、改版五回、発行部数三万有余に及び世の学者を驚かせ世人は彼を東洋のオルトランと称するに至ったというのである。そのうえで、「其学殖の富胆、亦得て知るべきなり。然りと雖も刑法講義の成るは、実に明治十七年に在り。我刑法発布の後、僅に数年のみ、其実施日尚ほ浅きを以て、実例の徴す可きもの甚だ鮮し。加ふるに爾後君が學力識見の益々進むや、講義の未だ尽さゞる所あるを見、奮然として又新著述に従事せんとす。時是れ明治二十年なり」と述べている。本書が刑法公布後ただの数年を経過した明治一七年に成り、適用実例の少ないにもかかわらず研究が遂行されていたことに岸本は驚嘆したのであった。岸本の右の記述によれば、『刑法正義』は実質的には『刑法講義』の改訂版ということになる。本書は「講法会」から出版されたが、そのことについては、明治二〇年に、「此時に当り、余等同志相謀り、講法会なるものを創立し、会員を募り、講義録を頒つ。君乃ち自ら刑法を担任し、先づ其積累研究に因て新得したる所の結果を述べて、本校生徒に講授し、因て以て稿を起し、漸次之を講義録に登載せり。君公私の繁劇多忙無閑の身を以て、拮据励精、二十五年の晩秋に至り、始めて全成を告ぐ。実に前後五年の星霜を閲歴せり。然るに君が才学愈々進むや、尚ほ未だ意に充たざる所あり。乃ち更に全編を訂正し、以て刑法正義と題簽し、将に今春を待ちて、世に公けにせんことを期せり」とされた。これによれば、講法会が刊行した講義録の刑法を宮城が担当したが、彼は、講義後、原稿を書いて順次、講義録に登載し、明治二五年に完了した。全編に改訂を施して『刑法正義』を脱稿したのであった。宮城は、書名として『刑法正義』を選んでいるが、それには一定の意味が込められているとおもわれる。刑法学において書名に「正義」という語が使用された例はほとんどない。彼が用いた正義は、現在の「正義論」における西洋語のジャスティスに相当する用語ではなくて、中国における『尚書正義』などの例のように「正しい意義または注解」(『広辞苑』)を意味するのである。本の形式としては「注釈書」を、内容としては「正しい意義」をそれぞれ示すこの書名に漢学の造詣が深い宮城が示した彼独自の刑法学についての自負が窺われる。

本書の内容について、岸本は、「蓋し此正義は前の刑法講義より進化し來りたるものなりと雖も、此を以て彼に比する、其精粗優劣の差、雲泥も啻ならざるなり。僅々数年の間にして既に此の如し。君の才學の駿進、実に驚くべき哉」として、その充実振りを讃えている。しかし、宮城自身で刊行することはできなかった。その無念の思いを推し測りつつ、彼は、「夫れ稿既に成れり矣。而して刻未だ成らず。旻天不祐、忽ち君が命を奪ふ。溘然奄逝、其業を終るを得ず。豈悼惜痛哭せざるべけんや。遂に余輩をして、泣血遺著を執りて以て上梓するの已むを得ざるに至らしめたり。嗚呼君曽て畢生の事業として刑法に関する一大著述を為し、以て萬世に嘉恵せんことを期し、又近年刑事人類学の発達して、将に宇内刑法学の一大変革を生じ來らんとするを観、此れに向ひて、大に所見を吐露せんことを期す。而して二者其成を見るを得ず。僅かに此一書を遺すに過ぎざりしは、万世の下、聞者猶余哀ありと謂ふべし」と述べているのである。これによれば、宮城は、①刑法に関する「一大著述」をなして万世に寄与したいと考えていたこと、および②「刑事人類学」の近年の発達に対して自らの所見を表明したいと考えていたことが明らかとなる。①については、その大志を実現することなく、『刑法正義』を遺すにとどまってしまった。②については、まったく意見の吐露はなされなかった。宮城の無念の思いは察するにしのびないものがある。宮城は、前章において見たように、すでに国会議員、代言人として活躍し、社会的に高い評価を受けていた。これを踏まえて岸本は、「嗚呼君が抱負する所如此の大なるよりして之を観れば、此書の如き、唯之れ詹々たる小著述に過ぎずと雖も、亦因て以て君が偉假卓見の一斑を窺ふに足る。余輩安んぞ之を筐底に埋没し、以て蠹魚に飽しむべけんや」と考えて、「同僚井上、亀山二氏亦君と最親しみ善し、頃者余二氏と相謀り、倶に此書を校して、此を梓に付し、以て後進に裨益せんと欲す。蓋し此挙聊以て君が遺志を成し、併せて君の友誼に報ゆるのみ。若し夫れ此書の声価は世自ら定論あり。復安んぞ余輩の呶々を須ひんや」として『刑法正義』を公刊したとされる。そして、「嗚呼天若し幸に假すに数年の寿を以てせんか、学術老練、英才煥發、更に法学社会に向ひて、必ずオルトランを圧すべき偉功を奏するあるらん。而して今は則ち亡し、哀矣哉。會々刻成る、愴然として爰に数言を録し、詳かに此書の来歴を陳し、以て序と為すと云爾」と結んでいる。宮城の長年の親友にして同志であった岸本の至情あふれる叙述は、じつに感動的である。

さらに岸本は、本書の「緒言」において、『刑法講義』および『刑法正義』の基となった講義を筆記した受講者であった校友佐々木忠蔵氏について、「君刑法を講ずるや、校友佐々木忠蔵氏、常に之を筆記して、君が起草の労を助けたり。本書の成る、氏の力、蓋し与りて多しとす。氏は君の同郷の人にして、君の知遇を受けたり。記して以て其労を表す」と記して同氏の協力を労っている。[9] その協力がなければ二つの名著が世に出ることはなかったのであり、その後の刑法学の発展に寄与することもなかったのである。宮城と佐々木の師弟愛は、本当に素晴らしいものであるとおもう。前に解題を執筆するに当たって参照した佐々木「先師宮城浩藏先生　小伝」は、その師弟愛を示すものとして多くの人に読んでほしいので、翻訳版を本書の第三部に収録しておくことにした。

旧刑法時代の刑法学者について小野清一郎博士は、次のように述べられた。すなわち、「旧刑法の下に於て其の体系的解釈論を展開した最初の学者は帝国大学法科大学教授富井政章であった」のであり、「富井は後に専ら民法学に傾倒したが、明治十九年から数年の間帝国大学法科大学に於て刑法講座を担当してゐたのである。『刑法論綱』（初版明治二二年、訂正版明治二六年）は其の内容を整理したものであらう。総論だけであるが、極めて整然たる体系的叙述であって、総則上の諸問題は此の書において大抵一と通り触れられてゐる。フランスのガローに学ぶところ多かつたと思はれるが、決して其の直訳的な模倣ではなく、相当に考へられた理論体系である」とされたのである。そして「明治刑法学の発足に貢献した」学者として帝国大学法科大学教授穂積陳重を挙げ、「明治初期の刑法学に異彩を放つた」刑法学者として江木衷を挙げて「其の『現行刑法理論』（明治二〇年）は総論だけであるが、『現行刑法原理』（明治二五年）は総論・各論より成る全体的叙述として恐らく我が邦最初のものであらう」とされた。[10]

宮城浩藏について小野博士は、次のように述べられた。すなわち、「明治二十年代の刑法学者として、なほ井上正一、宮城浩藏、亀山貞義などを挙げることが出来よう。井上、宮城はフランスに於て法律学を修め、亀山は司法省法学校に学んだもので、何れも実務家であつたが、刑法学を講じ、井上・亀山は一時帝国大学法科大学の講師であった。それぞれ著書を遺してゐるが、いづれもフランス刑法学を学んで我が刑法の解釈を論じたものである点に於て根本的に同一の性格を有する。なかんづく学問的に最も完成されたのは宮城の『刑法正義』上下巻（明治二六年）であらう。逐条的註釈であるが、それだけ詳細で、しかも整然たる叙述である。蓋し当時における我が刑法解釈の第一人者であつた」とされたのである。[11] 当時の刑法学の著書は、フランス刑法学を学んだうえでそれをわが国の刑法に当てはめて解釈した直輸入法学としての性格を有していたものといえる。その中で宮城の『刑法正義』は「学問的に最も完成された」ものであったと小野博士が評されているのは、特筆に値する。「明治以後における我が邦刑法学の発達を、特に我が東京帝国大学教授を概観」する目的で叙述された「刑法学小史」においては、いきおい東京帝国大学教授の業績を中心に取り上げることになる。にもかかわらず、そこにおいて小野博士が、宮城について右のように述べておられるのは、きわめて高い評価を宮城に与えていることになる。これは、明治刑法学の初期において宮城が刑法学者として果たした役割を正当に評価するものであるといえる。

しかしながら、小野博士が宮城をもっぱら明治二〇年代の学者として扱っておられる点には疑問がある。むしろ、この点に関する木田純一教授の次の指摘が正当であるとおもう。すなわち、木田教授は、「宮城浩藏の著書については、小野博士によれば、『刑法正義』のみしかあげられていないが、すでに、『日本刑法講義』二巻、『刑法講義』がいづれも明治一七年に出版されているのである。富井政章が明治一九年から講義をもったとすれば、それよりも早く宮城著が出たことになる。宮城浩藏は……明治一三年に創設された明治法律学校（のちの明治大学）の創立者として、また刑法および治罪法担当の教授として、刑法については、明治一四年からその講義をおこなったのである。その講義の筆記が前記二書（明治一七年）となったわけであるから、富井と宮城を比較すれば、宮城の方が数年早いといわなければならない。したがって、わが国の近代刑法学の最も早い学者として宮城浩藏をあげなくてはならぬことになる。……宮城浩藏の刑法学が、わが国最初の刑法学である」とされたのである。[12] 宮城浩藏の刑法学こそが「わが国最初の刑法学」であるという言述は、まさしく至言である。

たしかに、宮城の著書が公刊される前にも刑法に関する著書は出版されていた。たとえば、村田保『刑法註釈』（和装八冊、明治一三年）および高木豊三『刑法義解』上下二巻（明治一四年）が公刊されていたのである。しかし、小野博士は、これらは「いづれも逐条の簡潔な註釈書である。村田・高木共に我が旧律の知識をもつてゐたので、旧律との関係について屢々適切な指示を与へてゐるが、西洋刑法学の知識が不十分であり、従つて旧刑法の解釈としても極めて粗笨なるを免れない」とされた。[13] 実際にこれらを読んでみると、逐条解釈がきわめて簡略であるし、西洋の刑法に関する叙述はほとんど見られない。しかし、旧律に関する叙述は豊富であり、旧律との関係を知るのには大いに益するものが多いといえる。わたくし自身、これらから多くの知見を得ることができたことを記しておくこともけっして無駄ではあるまい。前述のように『刑法正義』は、大綱において『刑法講義』と大差がないのであるから、小野博士が前者に対して与えられた高い評価は、そのまま後者にも当てはまるものと解され得る。そうすると、宮城浩藏がわが国近代刑法学の祖であると言ってもけっして過言ではないとおもわれる。

このような近代刑法学の先駆的業績である『刑法講義』および『刑法正義』は、「刑法学の理論が体系化という点ではやや物足りない感じがしないでもない」とされている。[14] このような評価は、彼の著書が逐条注釈式で書かれているということに由来する。たしかに、逐条注釈型の叙述は、抽象的理論的な問題についての解説には適切ではないといえる。なぜならば、それは、あくまでも個別的な条文についての解説にとどまらざるを得ないので、体系的な叙述にはならないからである。しかし、『刑法正義』に収録されている明治法律学校長岸本辰雄の緒言によれば、「（宮城は）常に云く、法律の精神と法理とを明晰ならしむには、学理的順序を逐はんよりは、寧ろ法文を逐條に解釈するを優れりと為すと。本書の逐條講義体なるは之に由てなり」とされた。[15] すなわち、宮城としては、「法律の精神と法理」を明らかにするためには、学理的順序を追って説明するよりも「逐条講義体」による方が優れているという持論に基づいてその著作を公刊していたのである。このように逐条解釈の形できわめて詳細かつ具体的に刑法論を展開したのは、「旧刑法直後において理論体系的なものより差しあたり役に立つ逐条解釈書が社会的に要求されたということもあろうし、また根本的には学者というよりは実務家であった宮城の性格にもよろう」と評されている(16)。宮城の性格が根本的には「学者というよりは実務家であった」という評価には首肯できる面がないではない。それは、口述筆記したものに加筆するのではなくて、彼自身が直接、執筆した著述書がない点に表れている。すなわち、実際家ではない学者は、自らの理論を自らの手で叙述して表現することに喜びを見出す者が多いといえるとおもわれる。一般論として学者は、表現に工夫を凝らし言葉の選択に意を払い叙述方法に創意を加えることに執着するはずである。つまり、学者は自らの文章を書くことを楽しむ者であるといえるであろう。しかしながら、宮城は学者としての「資質」と「意欲」をもっていたが、実務家および教育者としての資質・使命感と成果に基づく輸悦が多忙をもたらし研究時間を奪ったと見る方が正確ではないであろうか。現に宮城自身が、「刑法講義講述者序」において、「此書行文ノ体均一ナラサルモノハ数人ノ筆記ヲ採択シタルニ因ル而シテ余訂正ノ際之ヲ変更セス是レ惟リ公私繁務ノ際字句ヲ選択スルノ余暇ナキノミナラス筆記者ノ労ヲ没スルト講義筆記ノ体ヲ失ハンコトヲ恐ル、カ故ナリ読者幸ニ之ヲ諒セヨ」と述べているのである。ここにおいて、宮城は、「公私繁務」のゆえに「字句ヲ選択スルノ余暇」がなかった旨を述懐している。これは、文章を推敲するために字句を選択する意思を有しながらも、それをおこなう時間がなかったことを示すものである。やはり学者として文章を吟味する意欲をもっていたのである。次に、「文体」についても深い思慮を有していたことも明らかである。すなわち、数人の筆記者の文章を基にしているので、「筆記者の労」を無にしたくなかったこと、および、「講義筆記」としての形を失いたくなかったことを理由にして「行文の体」、すなわち文体の統一をあえておこなわなかった旨を述べているのである。学者としては自己の著書の

「文体」にはかなり拘泥するものであるが、あえてこれを我慢して筆記者の立場を尊重し「講義録」という著書の形態を重視したことになる。

さらに、宮城が後に数多くの著書を公刊したいと考えていたことは、前に見た岸本の追悼文に述べられている。このように見てくると、やはり宮城は、学者として研究を深め著書を数多く公刊したいと考えていたのであり、実務家として一生を終える心算ではなかったと解すべきであろう。

判例研究の在り方に関連して、わたくしは、かつて「実務の知」と「学問の知」には相違があり、その「棲み分け」と「相互交流の必要性」について述べたことがある。[17] これは、実務家と学者の関係についても当てはまると考えられるので、ここで改めて見ておく必要があるとおもう。人間の「知」の在り方としてその適切な配分が当然要求されるが、これは、ギリシャ時代からアリストテレスなどが強調してきたことにも関わる。同じ「知」についてギリシャ語にはエピステーメ（Episteme）とプロネーシス（Pronesis）とがある。エピステーメは、学問的な知識、あるいは学問・知識としての「知」を意味し、ラテン語のスキエンティア（Scientia）という言葉に相当する。スキエンティアは、サイエンスの語源であり、「知ること」を意味する。これは、体系的に演繹的に知ることをいい、体系的思考・理論であることを要求するのである。これに対して、プロネーシスは、「賢慮」と訳されることが多く、ラテン語のプルデンティア（Prudentia）に相当する。プルデンティアは、現在、英語に残っているプルデンスの語源であり、プルデンスは、「英知」という意味で用いられている。実務に要求されるのは、プロネーシスないしプルデンティアであり、これが実務の「知」にほかならない。学者が追求する学問の「知」としてのエピステーメは、「知識」に対応し、実務家が追求するのはプロネーシスとしての「知恵」である。これは、アリストテレスがすでに主張していたことである。学者が体系的に物事を認識していく営為に従事するのに対して、実務家は、社会的実体を把握したうえで具体的妥当性の追求に励んでいるのである。個別的問題について、具体的に妥当な結論を導き出していく営為が、実務家にとって重要とされることになる。前に見たように宮城は、実務官僚として豊富な経験を積んできたのであり、実務知を身に付けその実践を愉しんでいたとおもわれる。しかし、宮城は、それに飽き足らず、明治法律学校での講義において法の精神を明らかにするという観点から体系的知の構築に努めたものと考えられる。このようにして宮城において、プロネーシスとエピステーメの「融合」が体現されているのである。

「明治法律学校設立ノ趣旨」の中で宮城ら創立者は、「夫れ法律の管する所は其区域広漠にして其目枚挙に遑まあらず。蓋し之を大にして社会の構成なり政府の組織なり。之を小にしては人々各自の権利自由なり。凡そ邦国の栄誉人類の命脈皆此学に係らざるなし」とし、明治法律学校を設立することによって「公衆集団して人に法理を講求し其真理を拡張せんと」したのであった。「人をして法学を観て以て健訟の具と為さしむる」弊を取り除くという形で、「あくまで地道かつ着実に『権利自由』の法意識と法律知識の育成をめざしたこと」は、哲学者の中村雄二郎教授が指摘されるように、「『権利自由』の法思想を具体的で実務的な法律知識に結びつけるという意味でも、また、実務的な法律知識を理論的原理的に『権利自由』の法思想によって裏うちするという意味でも、注目されるところであり、また、岸本、宮城、矢代のような人々をえてはじめて可能なことであった」といえる。[18] すなわち、現行の実定法に即して理論を具体的に展開することによってはじめて、「権利自由」の基礎である法律知識を学生たちに確実に自己のものとすることが可能となるのである。急速に近代化の波に洗われた明治時代の初期においては、徒らに抽象的な理論体系を提示することよりも、「実用の知識」を「具体的に伝授」することの方が、国民生活になじみの薄い近代刑法についての理解を深めるには最も効率的な方法であったと考えられる。宮城の理論的立場からは、第二部において見るように、実定法は自然法が現実化・実定化されたものであるから、実定法の条文そのものを究明することによって「法律の精神と法理とを明断ならしむること」が可能であるとされたといえる。

宮城は、近代西洋に後れた日本が前進するためには人民に権利・自由の尊さを教えることが急務と考えて、明治法律学校の創立に参画したのであった。この点について次のように叙述されている。すなわち、「君ノ帰朝スルニ当テヤ我国内外ノ事務甚タ整理セズ立憲政体ヲ布カセラル、ノ聖旨アリト雖ドモ人民未ダ権利ノ尊ブベキ自由ノ敬スベキヲ知ラズ君大ニ之ヲ憂慮シ以為ク今ノ時ニ当リテ最モ急務トスル所ハ立憲政体ノ実ヲ挙グルニ在リ立憲政体ノ実ヲ挙ケントセバ人民ヲシテ権利ノ尊ブベク自由ノ敬スベキヲ知ラシムルニ在リ人民ヲシテ権利自由ノ尊敬スベキヲ知ラシメンニハ法律学ヲ普及セシムルヲ措テ他アルナシト依リテ同志ト相謀リテ明治法律学校ナル者ヲ設立シ公務ノ余服鋭意子弟ノ教育ニ従事ス書生就キテ学ブ者千余人卒業スル者已ニ四百余人ニ達セリ」と述べられているのである。[19] 公私多忙を極める中、子弟の教育に精励した彼の姿に真の教育者の模範を見ることができる。彼の教育方針は、「君の後進を率ゆるや専ら実践躬行を主とし気風を焠励し徳性を涵養し以て器才を陶冶するに在り」とされ、雄弁な講述は、「君が法理に明断にして其学識に富むは今日法学社会の輿論にして其雄弁快舌人を驚かしむるの妙あるも亦天下の輿論たり」と評されている。[20] これにより彼の講義が多くの受講者を魅了したであろうことが推知される。

宮城は、明治法律学校のほかにも仏学会において法律学の講義をおこなっていた。すなわち、明治一九年に発足した仏学会は「わが国の学者の学会［ソシエテ］」であり、「仏学会の大きな仕事は学校経営であり、その東京仏学校は東京神田小川町一丁目に古市公威が校長になり開校されたが、当初の生徒数十六名であった。司法省から法律講座を開講するという条件で年額五千円の補助金を受けるや、学則を改正し、『仏語ヲ以テ教授スル法律科』を設け、フランス学の充実をはかることになった。

教科内容は準備課程として国語、フランス語、地理、歴史、数学、体操があり、法律講座には民法、民事訴訟法、商法、刑法、刑事訴訟法、行政法、国際法、経済学、擬律擬判の科目が設けられていた。準備課程の入学者は十四歳以上、法学課程の場合、十七歳以上で、いずれの課程も三年で修了する。法学課程の教師にはフランス人としてボアソナード、アペール、アリヴェ、ヴェルドラン、日本人としては、井上正一、熊野敏三、富井政章、木下広次、岸本辰雄、宮城浩藏、光妙寺三郎、亀山貞義、木下哲三郎、岩野新平、大島誠治がいた」とされる。(21)この記述だけでは宮城が担当した科目名は分からないが、おそらく刑法を担当したものとおもわれる。

宮城は、西洋文明の中核を法律と理学に見出していた。すなわち、「君が爾後西洋法律学の思想を社会人心に注入し文明の発達を提撕せるの功績は実に偉且大なりと謂はざるべけんや君常に人に語つて曰く西洋の文明は一には法律一には理学に基けり法律と理学とを外にしては復た西洋に採るべきものあらずと」とされている。(22)これは、宮城の「近代」観を示す重要な指標であるとおもう。理学の重要性を見抜いていたことは、近代文明の本質を的確に把握するものである。「合理主義的近代」の歴史的条件の一つとして法律学が有する意義について、ドイツ法学者の村上淳一博士は、次のように指摘されている。すなわち、「イギリス出身の思想家スティーヴン・トゥールミンは、一九九〇年の著作『コスモポリス——近代の隠れた課題』において、一七世紀（一六三〇年以降）の『合理主義』（ガリレイ、デカルト、ニュートン、ライプニッツ）とともにヨーロッパの近代が始ったと見る——二〇世紀の二、三〇年代に形成された——通説を批判し、現代の諸課題に対処するためには一六世紀の『ルネッサンス＝人文主義的近代』（エラスムス、ラブレー、シェイクスピア、モンテーニュ、フランシス・ベーコン）によって『合理主義的近代』を補完しなければならない、と説いた」とされる。そして、「トゥールミンによれば、一七世紀の合理主義者が（口頭の議論ではなく）文章による体系的論証、（個別的なケースをカズイスティックに処理するためのレトリックではなく）普遍的な論理、〈ローカルな対象についての知識ではなく〉グローバルに妥当する原則、〈そのとき限りの解決ではなく〉超時間的な原理を追求したのに対して、一六世紀の『ルネッサンス＝人文主義者』はまさにその反対であった。もとより、『ルネッサンス＝人文主義者』の『平信徒文化』は、世俗に対する開放性と懐疑主義者的寛容を特徴とし、そのかぎりですでに『近代性』を主張しうるものであった。しかし、『一六世紀の学識者が何か〈合理的なことを考えてみる〉さいのモデルは、科学ではなく法であった。法律学は〈実践的な合理性〉が〈そのとき限りのもの〉であることを教えてくれるだけでなく、ローカルな多様性や、個別性や、口頭の議論のレトリカルな力が重要な意味をもつことをも教えてくれた。これに対して、普遍妥当的な自然哲学の構想はすべて人文主義者にとって疑問と思われた。それから一〇〇年後、事態は一変したのである……』」とされているのである。[23]「合理主義的近代」を補完するものとしての「ルネッサンス・人文主義的近代」のモデルが法律学であったという指摘は、じつに興味深い。トゥールミンは、一七世紀合理主義と一六世紀人文主義を次の指標によって対置したのであった。すなわち、①「文章」による体系的論証に対して、「口頭」の弁論による個別的論証を、②「普遍的」な論理に対して「個別的」事案に即した論理を、③「グローバル」に妥当する原則に対して、「ローカル」な対象についての知識に基づく原則を、④「超時間的」な原理に対して、事案毎に「臨時的」になされる解決をそれぞれ対置したのである。この対置によって特徴づけられた一六世紀人文主義の指標は、「法律学」というよりも「法廷弁論術」の特徴と解した方が妥当であるともわれる。なぜならば、そのように理解する方が現実の口頭弁論主義に基づく事案の処理の特質を明瞭に示し得るからである。法律学は、合理的に基礎づける知の体系である。つまり、法律学こそは、「実践的合理性」の極致であり、「個別的なケースをカズイスティックに処理するためのレトリック」を駆使するものである。その意味において、法律学は「普遍妥当的な自然哲学」に対置されても何ら不思議はないといえる。しかし、法律学は、法廷弁論術にとどまらず社会科学の一環として発展するようになり、その内部においては「普遍性」の探究がなされてきたのである。なぜならば、学問としての性質上、その理論の普遍的妥当性が要求されるのは当然であるからにほかならない。

法律に関して宮城が「ローマ法」に重大な関心を抱いていたことも重要な視点であるといえる。彼は、おそらくローマ法が有する「普遍性」に関心をもったものと解される。詠んだ日時は明らかではないが、彼が初めてローマ法に接した時に作った和歌がある。そのことについて、「下の歌ハ君始めて羅馬律を繙きし時に詠し者なり千歳までのこる羅馬の法のふミひらきてそのたふときをしる」と紹介されている。[24] ローマは三度世界を支配したといわれるが、その一つがローマ法による支配である。前記の歌は、宮城がローマ法の本を繙いた時に感じ入った様子がしのばれるものである。

ここで、制定されたばかりの我が「刑法典」を詳細に講述することの意義について触れておく必要がある。在来の法学の講義は、「恰かも漢籍の講義の如く一定の洋書を釈読するに過ぎ」なかったのに対して、宮城らは「多数の習慣及び判例等を咀嚼し、其れ自身の説として講義を行った」(『明治大学五十年史』)のであり、これは「当時我国に於ては、正に破天荒の新講義であつた」のである。つまり、洋書の訳読によって外国法を知るのではなくて、わが国の刑法について日本人による自説の展開を通して自国の刑法の知識を伝授するのである。これは、いわゆる直輸入法学からの脱却を意味する。ここにわが国独自の刑法学の誕生がみとめられることになる。このことが、その後の日本刑法学に与えた意義はきわめて大きいといわなければならない。このような講義形式が今日の法律学の基礎を強固にしたことは疑いないところであろう。非西洋社会において、自国語によって法律学を学び得ることの意義はきわめて大きい。社会の近代化に寄与するものとして学術用語は重要であり、それらが自国語で構成されているのは、当時の非西洋諸国には見られなかった。これこそ、日本社会の「近代化」の象徴にほかならない。

「実定法」としての刑法についての知識の普及という実践的観点から、宮城は情熱を込めて講義したものと想像される。「我刑法発布の後、僅に数年のみ、其実施日尚ほ浅きを以て、実例のすべきもの甚だ鮮し」[25]とされた時期に、単なる抽象的理論を排し、あくまでも逐条解釈を精緻におこなうのは、今、我々が考える以上に、大変なことであったとおもわれる。それは、彼がフランスで学び、現に検事として実務に携わっていたからこそ、可能であったといえる。ここに実務と学理の融合を見て取ることができる。それは、小野博士によって「刑法学者」であり「実務家」であると評された宮城にしてはじめてなし得た偉業であった。

(1) 中山茂『帝国大学の誕生』(昭53年・一九七八年) 九二頁。
(2) 中山・前掲注(1) 五八―九頁。
(3) 中山・前掲注(1) 九三―四頁。
(4) 中山・前掲注(1) 九二頁。
(5) 五味武策・豊田鉦三郎・武部其文・八頭田繁太郎「刑法講義緒言」村上・前掲注(2) 二八六―七頁。
(6) 「刑法講義広告」村上一博編『東洋のオルトラン　宮城浩蔵論文選集』(平27年・二〇一五年) 二八七頁。
(7) 日下(柳昌軒) 南山子・前掲注(126) 三一四―五頁。
(8) 岸本辰雄「序」明治大学創立百周年記念学術出版委員会編『刑法正義　宮城浩蔵著(創立百周年記念学術叢書第四巻)』(昭59年・一九八四年) i―ii頁。
(9) 岸本辰雄「緒言」宮城・前掲注(8) vi頁。
(10) 小野清一郎「刑法学小史」同『刑罰の本質について・その他』(昭30年・一九五五年) 四一〇―二頁。
(11) 小野・前掲注(10) 四一二―三頁。
(12) 木田純一「旧刑法と宮城浩蔵の刑法学」『愛知大学法経論集法律』第六八号(昭47年・一九七二年) 三五―六頁。

(13)　小野・前掲注（10）四〇九―一〇頁。
(14)　阿部純二・木村亀二「明治法律学校創設当時の刑法および刑事訴訟法の講義とその内容」明治大学法学部八十五年史編纂委員会編『明治法律学校における法学と法学教育』『法律論叢』別冊（昭41年・一九六六年）一〇四頁。
(15)　岸本・前掲注（9）vi頁。
(16)　阿部・木村・前掲注（14）一〇四頁。
(17)　拙著『法学・刑法学を学ぶ』（平10年・一九九八年）四九―五〇頁。
(18)　中村雄二郎「草創期における明治法律学校」明治大学法学部八十五年史編纂委員会・注（14）二八頁。
(19)　高橋忠治郎（摂提子）編『帝国議会議員候補者列伝全』明治二三年刊、村上・前掲注（6）二九一頁。
(20)　木戸照陽編述『日本帝国国会議員正伝』明治二三年八月一八日刊、村上・前掲注（6）三〇〇頁。
(21)　富田仁『フランス語学事始―村上英俊とその時代』（昭58年・一九八三年）一八三―四頁。
(22)　木戸照陽・前掲注（20）三〇〇頁。
(23)　村上淳一『仮想の近代　西洋的理性とポストモダン』（平4年・一九九二年）一四三―四頁。
(24)　伊東洋二郎『国会議員百首』明治二四年一二月刊、村上・前掲注（6）三一七頁。
(25)　岸本・前掲注（8）i頁。

終章　余りにも早過ぎる終幕

宮城浩藏は、明治二六年二月一三日に死去した。新聞各紙は、「宮城浩藏氏逝く」という見出しで報道した。『郵便報知新聞』は、明治二六年二月一五日付けで、「法学社会に錚々の聞へ高かりし山形県第一区選出代議士仏国法律学士宮城浩藏氏は曩に病を獲、爾来専ら療養中の処ろ薬石効なく終に一昨十三日午前十一時を以て溘焉永眠したり前には松野貞一郎氏を失ひ今又た氏の訃音に接す法学社会の為め惜みても尚ほ余りあり嗚呼悼むべき事どもなり氏の遺骸は同日午後赤十字社病院より引取りたるが葬儀は明十六日午後二時を以て谷中天王寺共同墓地へ埋葬する由なり」と報じた[1]。同日付の『都新聞』は、「法学社会に錚々の聞え高く山形第一区より撰まれて代議士となりたる仏国法学士宮城浩藏氏ハ予て病気に罹り療養中なりし処薬石効なく一昨日十三日［午］前十一時を以て終に永眠したり曩にハ松野貞一郎氏を失ひ今又氏の訃音に接す法学社会の為め惜みても尚ほ余りあり」と報じた[2]。『東京日日新聞』は、二月一六日付けの紙面で「法社会に錚々の聞へ高りし山形第一区選出代議士代言人仏国法学士宮城浩藏氏は予て腸室扶斯に罹り療養中なりしが薬石効なく遂に一作十四日逝去したり曩には松野貞一郎氏を失ひ今又た氏の訃音に接す法学社会の為め悼惜に堪へず今氏の履歴を聞くに左の如し」として詳しい評伝を掲記した後、「氏死する年僅に四十有四」と文を閉じている[3]。宮城は、腸チフスに罹患して急逝したのであった。これからの益々の活躍が大いに期待されていただけに、それを実現することなく死を迎えたのは無念であったに違いない。余りにも早過ぎる宮城の死去は、まさしく惜しみても余りあるものであった。わくわくしながら見入ってきた演劇が大団円を迎えることなく突如幕を降ろしてしまい、余りにも早過ぎる終幕となったとの感がする。

貢進生時代からともに法学を学び、フランス留学後に明治法律学校の創立に関わり子弟の教育に情熱を傾けてきた長年の友人であり同志であった岸本は、痛切な思いを込めて明治法律学校長として、次のように述べている。すなわち、「我法学ニ深博ナル畏友宮城浩藏君逝矣、嗟呼哀矣哉、余ヤ君ト莫逆刎頸、其交情兄弟モ啻ナラス、安ンソ遽カニ其柩ヲ送クルニ忍ヒンヤ」という文章から始め、さらに続ける。「爾来君益々力ヲ斯学ニ致シ夙夜励精敢テ怠ルナシ、君ノ学生ニ対スル丁寧懇篤、猶ホ慈父ノ愛子ニ於ケルカ如シ、君ノ刑法ヲ講スルヤ識見卓抜細ニ蘊奥ヲ究ム、其刑法ノ書ヲ著ハスヤ洛陽ノ紙価為メニ貴シ、我党ノ士称シテ東洋独歩ト為ス蓋シ誣言ニ非サルナリ、而シテ君ノ薫陶ニ浴シ為メニ智識ヲ啓発スル者又豈啻ニ我校幾多ノ学生ノミナランヤ、乃チ学友相伝ヘテ殆ント全国ニ徧カラントス。君又公ニ法律事業ニ従ヒ大に賛助スル所アリ、又代言ノ業ニ就クヤ蹶然一挙シテ頭角ヲ顕ハセリ、『嗚呼君一身ヲ挙ケテ法律学校普及ノ事ニ任シ其効ヲ致スモノ蓋シ鮮少ナラサルナリ、余輩同志ノ徒安ンソ感銘セサル可ケンヤ。』君又衆議院議員ニ挙ケラレ特立独行、衆望大ニ帰シ前途将ニ為ス所アラントス、鵬翼既ニ成リ、図南ノ機既ニ熟シテ而シテ旻天不幸、寿ヲ斯人ニ仮サス、一朝道山ニ帰ス、嗟呼哀矣哉。君、啻ニ学識深博、弁舌勇壮ノミナラス天資英敏、温容玉ノ如シ、人ヲシテ敬服セシムルニ足ル、天下知ルト知ラザルト苟モ君ノ名声ヲ聞ク者ノ訃ニ接シ誰レカ痛哀深悼セサランヤ、況ンヤ余輩、君ト多年相親交スル者ニ於テヲヤ。特ニ惜ム君其心血ヲ注キシ法律事業ノ大成ヲ見サリシコトヲ、思フテ此ニ至レハ悲痛余哀アリ。然リト雖モ君ハ斯ノ如キ衆望ト斯ノ如キ功績トヲ齎シ以テ逝ク、君ニ於テ夫レ或ハ憾ミナカラン。今日君ノ柩ヲ送ル者、同僚幾百、門生幾千、他日必ス誓テ君ノ遺志ヲ成シ以テ君ノ霊ヲ慰メントス、請フ瞑セヨ。余ヤ君ノ親友トシテ又君ノ心力ヲ尽セシ我明治法律学校ノ代表者トシテ恭シク君ノ英霊ヲ祭リ茲に哀悼ノ意ヲ表ス。血涙滂沱、言ハント欲シテ言フ能ハス、嗚呼哀矣哉、尚クハ饗ケヨ」と。(4) これは、岸本の切々たる思いが述べられている感動的な哀悼の辞であり、明治法律学校の後身たる明治大学の法学部を出てその刑事法講座を担当したわたくしの胸を強く打つ。宮城の見果てぬ夢への思いを禁じ得ない。

このように見てきた宮城は、日本近代史家の色川大吉教授のいわゆる「明治青年の第一世代」に属するといえる。明治青年の第一世代というのは、次のような人々である。すなわち「主として一八五〇年代生まれのひとびとで、明治初年代に青少年期をむかえ、啓蒙主義の洗礼をうけ、人間としてのめざめを体験した。ほぼ初年代からおそくも明治十年代の初めには自己の思想を形成しおわった。かれらのチャンピオンの多くは、明治政府の有能な官僚となるか、自由民権運動の第一線活動家となった。かれらの前には福沢諭吉ら天保生まれの先学による啓蒙主義の地ならしがあり、天皇制はまだ確立せず、文明開化の急ピッチの進行と、下からの民権運動の力強いもりあがりとが国民大衆の健康な活力をみなぎらしていた。そうした恵まれた環境のなかにかれらの成長期はあったのであり、感受性の鋭いかれらの胸には『進歩ノ世紀』の印象があざやかに刻印されたにちがいなかった。

河野広中・末広重恭・矢野文雄・馬場辰猪・星亨・杉田定一・小野梓・大石正巳・田口卯吉・犬飼毅・原敬・奥宮健之・植木枝盛・尾崎行雄など、みなこの第一世代の典型的人物である」[5]。色川教授が、これらの人達を「明治青年の第一世代」の典型例として描出されたのは、その独自の歴史学的考察方法に基づいているので、その点を見ておく必要がある。

色川教授は、歴史の方法として「典型的人物」を発掘してそれに基づいて叙述するという方法を実践されて来ている。その基礎には、「歴史に対する一つの哲学的な見方」ないし「諦観」がある。「それは、どんな人間が善意をいだいて努力したとしても、歴史の法則という奴は、ちょうど歴史の女神が戦車をひいて何百万という人間の頭骸骨を踏みくだいていくように、無残に貫徹していくものだという、一種の歴史法則と人間の生との間のきしみ合いみたいなものに対するはっきりした虚無主義があったわけである。どんなに誠意をもって、どんなに全力をあげて闘って生きても、その人間はしょせん、時代の枠組を超えることはできないし、結局その大きな枠組のなかで、その壁につき当って倒れたり、傷ついたり、初志を達成できなかったりして人はその生涯を終るものだという、そしてそこに歴史の悲愴美があり、詩があると、そう観念していたのである。歴史の女神が戦車をひいて幾百万もの人間の頭骸骨をふみくだいていくというような、人間の意識とは独立して行われていく一つの無残な、しかも鉄のような非情な壁への諦めの感覚は、あるいは私たち戦中派が敗戦体験の中で得たものなのかもしれない」とされる。(6)歴史の女神クリオに触れつつ歴史の中に「悲愴美」や「詩」が存在することを指摘している点に、この方法論の特徴があるといえる。

そして、「その非情な歴史の女神クリオの意志に健気にも立ち向かって行く人間の歴史とのきしみ合いの中で演じられるドラマの美、そういうものが私の歴史意識の中に非常に強く流れていた」から、「そういう自分の歴史美学みたいなもの、そこから出て来るシニカルなリリシズム、そういう美意識にとらわれる自分と、もう一つはもっと実践的な同時代者としての変革意志、一九六〇年代のゆがんだ近代化過程を何とかして内側からチェックしたいという価値指向性が一身の中に混り合っている。しかも、それとよく似た事態が日清戦争前夜段階の北村透谷の中にも、日本全体にもあったのだということに気づいたとき、この現代と明治の時代の距たりを越えた価値意識の共感が沸き起こり、そこから研究意欲が発した」とされるのである。(7)色川教授が、「第一世代の次の時代」の「典型的人物」として提示したのが北村透谷であったが、その理由は、次の点にある。すなわち、「一八九四年、日清戦争のはじまった年に、孤立した個人でありながら全力をあげて、誠意を尽して、時代の枠いっぱいに生き、日本の歪んだ近代化への道と大陸進出への歩みというものを、何とかして食い止めようと奮闘しつつ倒れた北村透谷を典型として捉え」たのである。「うってつけのモデル」とされた北村透谷は、「明治元年に生まれて、自由民権運動に挫折し、日清戦争の二カ月前に死んだ」のであり、「時代の枠組みギリギリまで生ききって、ついに枠を破ることができず自分を破ってしまった。そうした一つの『未完な近代』の破産の後に日清戦争がはじまる。そういう人物をもってくれば、自分の価値意識を鋭くこの歴史叙述の中に活かせる」と考えられたからであるとされる。「そこで日本資本主義の成立を描くためには、その無理をして富国強兵策をおしまくろうとした国家が当然生みだしたところの悲劇や犠牲になった人びとを数名なり十数名なり引き出してこなくてはならない。しかもある階層やグループの代表者を、その人々がそれぞれのドラマを持って苦しんだ範例として引き出してこなければならない」とされる。[8]このような方法論に基づいて、前述の「明治青年の第一世代」の観念が提起されていたのであった。第一世代と次の時代の人とは部分的に重なる時期がある。「第一世代の次の世代」の典型的人物として色川教授は、北村透谷を挙げられたが、わたくしは、「近代」と格闘し続けた夏目漱石を挙げたい。この二つの世代の共通点と相違点を分析することによって、日本の近代化の過程を明らかにすることができるであろう。しかし、それは本書の枠を超える仕事である。

（1）村上一博編『東洋のオルトラン　宮城浩蔵論文選集』（平27年・二〇一五年）三二六頁。
（2）村上・前掲注（1）三二六頁。
（3）村上・前掲注（1）三二七―八頁。
（4）岸本辰雄「祭宮城浩藏君文」『明法誌叢』第一二号、明治二六年二月二三日発兌、村上・前掲注（1）三三三頁。
（5）色川大吉「明治二十年代の文化」『岩波講座日本歴史17近代4』（昭41年・一九六六年）二七八頁。
（6）色川・前掲注（5）七〇―一頁。
（7）色川・前掲注（5）七一頁。
（8）色川・前掲注（5）七一―二頁。

第二部

宮城浩藏の刑法理論

序章　宮城浩藏の刑法理論の把握の視点

第二部において、明治時代初期のわが国の刑法学の第一人者であった宮城浩藏の刑法理論の概略を明らかにすることにしたい。宮城が学者および実務家として活躍したのは、前に見たように、明治一〇年代から二〇年代中盤までの間である。この時代は、中国法思想の影響を受けてきた伝来の日本の法思想が、西洋法の継受により著しく西欧化・近代化した時期に当たる。刑法においては、フランス刑法の影響を受けて旧刑法が制定・施行された。この時期をわたくしは、近・現代における第一期「刑事立法の時代」として特徴づけることが可能であると考えている。新しく制定された刑法典を定着させるべく、宮城は、明治法律学校で刑法の講義を担当し、刑法を講述した。第一部において見たように、この講義の講義録として公刊されたのが『刑法講義』であり、その実質的改訂版が『刑法正義』である。『刑法正義』の序において明治法律学校長岸本辰雄が記しているように、これは宮城の歿後、遺稿を井上正一、亀山貞義、岸本辰雄が校閲し出版したものである。

ここで『刑法正義』から宮城の刑法理論を読み取ることにするが、本書は、前述のとおり、現在の刑法体系書の叙述とは異なり、逐条注釈の形式を採っているので、本書の叙述から彼の刑法理論を体系的に浮き彫りにするには、かなりの困難が伴う。(1) にもかかわらず、あえてその大要を探ることにしたい。彼の刑法理論の詳細については、今後、個別的論点との関連において検討することにしたいとおもう。煩雑を避けるために、以下において、宮城の所説の引用の注記は、別注ではなくて翻刻版の頁数をカッコ内に示すことにする。また記念事業の一環として短期間に刊行されたため、十分な校正をすることができなかったので、校正漏れが散見される。引用する際に適宜、校正をほどこすことにした。

第二部においては、刑法の条文引用に当たって旧刑法をたんに「刑法」と表記し、現行の刑法を「現行刑法」と表記する。

（1）　宮城の著作と彼の理論体系の関係について、澤登俊雄博士は、次のように指摘されている。すなわち、宮城の最初の著作『日本刑法講義』は、「村田保や高木豊三の逐条的註釈書の形式を受け継いでおり、実務家の手引という感を与えないでもないが、叙述の内容に当ってみれば、体系的な関連がよく配慮されていることに気づくであろう」とされ、『刑法講義』は、「ある程度の体系的思考に基礎を置いて実用的な解釈論を展開している有効な手引書の最初のもの」であると評価されているのである、澤登俊雄「宮城浩藏の刑法理論」吉川経夫・内藤謙・中山研一・小田中聰樹・三井誠編著『刑法理論史の総合的研究』（平6年・一九九四年）二六頁。

第一章　法・法律・刑法・刑法学・刑法史研究についての宮城浩蔵の見解

宮城浩蔵は、『刑法正義』の講究の対象を「本邦現行の刑法」であるとし、刑法を知るためには「法律」を、法律を知るためには「法」の何たるかを究明しなければならないとして、次のように述べる。すなわち、「予が今後講究せんとする所の目的物は則ち本邦現行の刑法なり。刑法とは何ぞや。刑法の何物たるを知らんと欲せば法律の何物たるを知らざる可からず。而して法律の何物たるを解せんと欲せば法の何物たるを解せざる可からず。法とは仏蘭西語の所謂ロワーにして法律はドロワーなり。此法と法律との定解に付きては我国に於ても古來解釈を為したる者なきに非ざれども、多くは文字上の解釈にして之を学理上より観れば殆ど取るに足らざるなり。故に予は直ちに哲学上に入りて其定解を求むべし」とするのである（五頁）。彼は、法律と法を区別したうえで、従来、わが国においても両者の「定解」について解釈を提示した者も存在するが、それは「文字上の解釈」にすぎないので、「学理上」の見地から見れば「取るに足らざる」ものであると断じている。そこで、ただちに「哲学上」の観点からその定解を求めるとして、彼は、オルトランの説を採用して「法とは事物動不動の必要を謂ふ」と主張するのである（五頁）。それは、①形体を支配する法、②生活機関を支配する法、③人類の行為を支配する法に分かれるとされる（五―六頁）。今日の言葉でいえば、①は物理法則、②は生理学的法則、③は自由意思を意味することになるとおもう。ここにいう「必要」は、必然ないし強制を意味する。①および②は物理学的法則の問題であるから、それほど疑問はないが、③についてては問題が生ずる。彼によると、人間の「行為を支配する法」には二種類あって、一つは、「良心」を基礎とする「道徳法」であり、他の一つは良心と他人の意思とを基礎とする「法律」（ドロワー）であるとされる。

これを端的に約言すると、道徳法は「篤実に生活せよ」と要求し、法律は「人を害すること勿れ」と要求するものである（八頁）。ここにおいて、法と道徳とが峻別されていることに留意する必要がある。なぜならば、その思考は、法思想史的観点からは、旧来の思考の枠を超える法思想といえるのであり、それがわが国において刑法学者である宮城によって主張されたことの意義はきわめて大きいからにほかならない。その法思想によれば、人を害しないかぎり、法律は人間に関与すべきではないから、人間の「自由」が最大限に保障されることになる。これは、まさしく自由主義を意味するのであり、ここにおいて自由主義者としての宮城の立場が明らかになっている。法律は、自然に存在する「法」の一部であって、文字化することによって発生するものではないから、成文である必要はないはずである。しかし、「人の智識の不同なる」ことから、物についての理解の度合に相違が生じて来る。そこで、このように相異なる「分子の集合体をして一定の必要に服従せしめんと欲せば、必ずや之を成文として規定せざる可からざるなり」とされる（八―九頁）。すなわち、人の知識の程度には相違があるから、人に一定のことを強制するためには、その内容を明確に示す必要があり、その必要を充たす手段として成文化が要求されることになるとされるのである（九頁）。宮城は、自然法を実定化する必要性を、強制される内容について法律の適用を受ける者の理解が前提となることに求めている。これは、別の観点からいえば、法の実効性はその適用を受ける国民の「理解」と「承認」を基礎と解する近代合理主義の主張にほかならない。

宮城は、とくに刑法は成文を必要とするものであることを明言する。これは、今でいう「罪刑法定主義」を宣明するものである。刑法が成文法主義を採るのは、「刑法の制裁は最も厳重のものにして吾人の生命、身体、財産、名誉等に直接に関係する」からであり、「人の行為に適応する所の制裁は各人其思想の度を同ふ」しないからであるとされている（九頁）。ここに近代刑法の基本原理である罪刑法定主義が明確に継承されていることに注意する必要がある。罪刑法定主義については、第二章において詳しく見ることにする。

宮城は、「成文法」と「文字に上せざる自然の法」である「自然法」または「性法」とを区別するが、内容それ自体は両者一致すべきであるとする。すなわち、「蓋し成文法は自然法を文字に写し出したるに過ぎざるを以て、必ずや自然法に適合せざる可からず。若し自然法に反したる成文法あらば、是れ不法の法のみ、野蛮の法のみ。何ぞ以て成文法と称するを得んや」と述べているのである（九頁）。彼によれば、成文法は「自然法を文字に写し出した」ものにすぎないので、自然法に適合しない成文法は「不法の法」である。第二次大戦後にとくにドイツ法思想において強調された「不法の法」の観念をすでに宮城が明確に主張していたことは、法思想史的観点から見て大いに注目に値するとおもう。フランス法を学んだ宮城の「自然法主義者」としての面目躍如たるものが、ここに見られる。

宮城によれば、法を実現するに当たって「民法上の制裁」では満足がいかないばあいには、「吾人の心と権利と身体との三者に或る苦痛」を与える制裁としての「刑」を科することになる。これが刑法にほかならない（九頁）。宮城は、哲学的意義における刑法と成文刑法とを区別し、「哲学上の定解」として「刑法とは人類為不為の必要にして制迫の手段は若干の痛苦を受けしむるに在るもの是なり」と把握する。しかし、「成文刑法の定解」としてはこれでは不十分であり、成文刑法の形式に着目して、「刑法とは人若し法律を破れば社会は此破法を理由として之に或る痛苦を受けしむることを得るとする所の社会と人との関係を規定したるものなり」と定義している（九―一〇頁）。この定義は、今日の刑法学における刑法の定義と内容的には大差ないといえる。ただ、この定義においては、刑法を「社会と人」との関係として捉え、「国家と国民」との関係という観点が欠落していることは、興味深い。これは意識的になされたのか、それとも社会には国家も含まれると解されたためなのか、は明らかではない。おそらく後者と見るべきであろう。というのは、彼は国際法を国家間ではなくて「社会と社会との関係を規定したるもの」と解しているからである（一〇頁）。

宮城によれば、「人類の智識」で知得できる目的物には、「事物の真理を探知する」ところの「学」、「学に依りて得たる真理を事物に応用する」ところの「術」、応用できる真理を「実地に施行」するところの「実用」の三個の区別があり、法律学にもこれに対応する区別が存在するという。すなわち、「自然の法理を研究する」のが学であり、「立法者が自然法を順序正しく編纂する」のが術であり、「裁判官の如き之を実際に運用する」のが実用であるとされる。術は実用を助け、学は術と実用とを完成させるものであるとされている（一一頁）。ここに刑法学の必要性が格調高く強調されているといえる。彼の次の叙述は、今なお強く我々に訴える力を有している。すなわち、彼は、「嗚呼、学は法なり、本なり。術と実用との如きは末なり、葉なり。本法を明らかにせずんば何を以て末葉の明らかなるを望むべけんや。刑法は即ち法律学の一部なり。已に学を形成したる以上は、其法理を探知講究するの必用なる其れ此の如し」と高らかに主張しているのである。現在では、学・術・実用の関係は、刑法理論・立法（学）、実践（実務）の関係として説明できるとおもう。しかし、自然法の存在をみとめない法実証主義の見地からは、立法は自然法の実定化として捉えることはできず、政治論として位置づけられることになるであろう。第三期の「刑事立法の時代」を迎えて、立法学の重要性が法解釈学者にとっても自覚されるに至っている現在、法思想史的観点から宮城の見解の再評価が検討されなければならないとおもう。

刑法史研究の必要性について、宮城は、一般論としてはこれを肯定するが、わが国の刑法の歴史の研究は不要であるとしている。その理由として、①詳細な法律史が存在しないこと、②現時の刑法は旧法の刑法に比してまったく面目を一新しているので、少しも縁故を有しないこと、③新律綱領・改定律令は、多少ヨーロッパの法律を参照しているにしても、その実、明律・清律に基づいており旧套を脱していないこと、④わが刑法はフランス刑法を基礎としているので、フランス刑法の歴史を研究した方がよいこと、をあげている（一一一二頁）。

たしかに、フランス刑法を基礎にして成立した刑法（旧刑法）を解明するに当たって、それと根本的に異なるそれ以前のわが国の刑法を研究する必要性は乏しかったといえる。しかし、学としての刑法学の観点からは、現実の刑法をとりまく法意識の問題との関連において、従前の刑法についての歴史的知見をもつことの必要性はけっして小さくはない。「法の継受」の問題を考えるばあい、旧来の法慣行、法意識の考察は重要であるといえる。しかしながら、我々は、一般に指摘されているように、自らを優位の立場に置いて現代の視点から安易に過去を評価してはならない。言い換えると、その当時の時代背景において有していた意味を正当に評価すべきなのである。その視点から見れば、宮城の刑法史不要論は（当時の）現行の「法の発見」という点では重要な実践的意義を有していたことになる。

第二章　罪刑法定主義

第一節　罪刑法定主義の意義と内容

第一款　罪刑法定主義の意義

刑法第二条は、「法律ニ正條ナキ者ハ何等ノ所為ト雖モ之ヲ罰スルコトヲ得ス」と規定し、近代刑法の根本原理である罪刑法定主義を宣明している。現代の刑法学において普及している「罪刑法定主義」という言葉は、宮城の著作には出てこないが、内容的にはこれを強力に主張していたのである。(1)

罪刑法定主義とは、「一定の行為を犯罪とし、これに刑罰を科するためには、その行為がなされる前に、犯罪と刑罰が法律によって規定されていなければならない」とする原則をいう。(2)

犯罪がおこなわれると、それに対して刑罰が科せられる。刑罰の理念をめぐって、刑罰は悪行に対する「応報」であると解する「応報刑論」と刑罰は行為者が再び犯罪をおこなわないように改善するために科せられる「教育」手段であると解する「教育刑論」との対立がある。この点について、わたくしは、教育刑論が妥当であると考えている。刑罰が重大な法益剝奪を内容とする強制的な処分である点において、刑罰は「苦痛」にほかならないので、応報刑論と教育刑論のいずれの立場に立ったにしても、刑罰が「苦痛」であることには変わりがない。その「苦痛」をできるかぎり課せられないように行動しようとするのは、人間の情として当然のことである。どういう行為が犯罪とされ、それに対してどのような刑罰を科せられるのか、が明らかにされていないばあいには、いつ何時、予想外の刑罰を科せられるかもしれないという不安が生ずるので、国民としては自由に行動できなくなる。なぜならば、これまで適法とされてきた行為をおこなっても、突如として国家によって犯罪行為として断罪され、犯罪者の烙印をおされてしまうという「恐怖」が生ずるからである。

このような「恐怖」を取り除くためには、何が犯罪であり、それに対してどのような刑罰が科せられるのかということ、つまり「罪刑」が、法の種類の中でもっとも明確な形態である「法律」で「規定」されている必要がある（「法定」主義）。国民の行動の自由をより確実に保障するためには、これだけでは十分でない。

罪刑の法定が「行為後」になされてもよいとすると、行為者としては、後になって自分の行為が犯罪とされることもあり得るので、自由に行動できないことになる。そこで、行動の自由を保障するためには、罪刑の法定は「行為前」にされていることが必要とされるのである。このようにして、罪刑法定主義は、「行動の自由」を保障するための法原則として、「犯罪と刑罰」が「行為前」に「法律」によって「規定」されていなければならない、という内容を有することになる(3)。

内容的には罪刑法定主義は、「形式」による「法律適用」の適正を図る制度として特徴づけることができる。つまり、正当性・正義の理念ではなくて、あくまでも「形式的合法性」・「法的安定性」の理念によって「法律適用の厳正」を維持し、実質的な「事後立法」を禁止することが、罪刑法定主義の本来の任務なのである(4)。

第二款　思想的背景

罪刑法定主義の思想的背景について、通説は、次のように解している。(5) すなわち、罪刑法定主義の成立そのものは、歴史的には、モンテスキューらによって強調された「国法思想」としての「三権分立論」と「刑事政策思想」としてのドイツの刑法学者・フォイエルバッハの「心理的強制説」を基礎にしている。旧体制時代（アンシャン・レジーム）の「罪刑専断主義」のもとにおいては、犯罪および刑罰の決定と刑事裁判の実施が国王から委任を受けた裁判官の裁量に任せられていた結果、個人の自由は著しく侵害されていた。つまり、裁判官が立法権と司法権を掌握していたので、その恣意的行使により市民の自由は侵害されたのであった。その歴史を踏まえて、市民国家においては、個人の自由を最大限に保障する原理として三権分立論が強調されたのである。これは、立法・司法・行政の機能を分離・独立させたうえで、それぞれ別個の国家機関に帰属させて、「権力集中」による個人の自由の侵害を防止することを目的とするものである。この思想は、裁判が立法府の制定した法律だけに従ってなされることによって、個人は裁判官の専断から保護されることになるとして、刑事裁判においては、犯罪と刑罰があらかじめ「法律」によって定められている必要があると主張した。この思想の主たる関心が、制度的に「裁判官の恣意」を防ぐことにあったことに留意しなければならない。

近代刑法の父といわれるフォイエルバッハは、「心理的強制説」を創唱し、その観点から罪刑法定主義を導き出した。彼によれば、もともと人間は、快楽を求め不快を避けるように打算的に行動するものであるから、あらかじめ犯罪と刑罰が法律によって規定されていれば、人間は犯罪をおこなわないことから生ずる「小さな不快」と犯罪をおこなって科せられる刑罰という「大きな不快」とを比較して、「大きな不快」を避けるために犯罪をおこなわないことを選択することになる。つまり、犯罪と刑罰が法律に規定されることによって、人間は犯罪をおこなわないように心理的に強制されていると理解されるのであり、この観点から罪刑法定主義が理論的に基礎づけられたのであった。

右に見たように、罪刑法定主義は「自由主義思想」から生まれた法原則である。行為前に実定化された法律で「犯罪と刑罰」を明確に規定することによって、行為者に「法的効果の予測可能性」を保障し、「行動の自由」を最大限に保護しようとすることにこそ、罪刑法定主義の中核があるといえる(6)。

第三款　宮城の所説

宮城は、第二条について、「実に我刑法の本条を設けたるは我刑法の一大進歩と謂ふべし」と述べ、罪刑法定主義の採用をきわめて高く評価している（四九頁）。そして、正条外に、「背徳加害の所為にして吾人の之を必罰すべき感覚」を生ずるものもあり、立法者が「偶々疎漏に失し其規定を遺忘したる所為」も存在するが、「立法者の認むる所とならざれば、称して正条外罰すべき所為なりと謂ふを得ず」として「法律の正条外には所謂犯罪と称すべき者之あることなし」とその内容を明解に述べている（四七頁）。

罪刑法定主義の根拠として、宮城は、次の三つを挙げている。すなわち、①行為が「社会を害する」ものであること、②犯罪と刑罰を法定して「法律の範囲内」において厳に処分することによって「無辜を刑し有罪を恕するが如き処分」を防止すること、および③犯罪と刑罰を法定することによって裁判官の「専恣横断」を防止することを挙げているのである（四七―五〇頁）。

まず、①について見てみよう。宮城は、折衷主義の見地から、可罰的行為を「背徳」・「加害」の所為として理解している。すなわち、「吾人の行為に於て刑罰を受くる所の者は道徳に背き社会を害するの二原素なかる可らず」とされるのである（四七頁）。自己の行為が背徳の所為であるか否かは、行為者の「良心」に問いかけることによって弁別できるが、行為が「社会を害する」か否かは、「特に之を正条に規定して後始めて之を知るを通例とする」という（四七―八頁）。その例として猥褻罪を挙げている。すなわち、猥褻物の陳列・頒布が道徳に背くことは明白であるが、それが社会を害する点については社会意識に相違があるとされる。刑法制定前は、この行為は社会を害しないとされていた。このように「昔時は社会に害なしとし、今日は之を害ありとするは国と立法者の正条を設けたると否とに因るなる可し」と解されている（四八頁）。

右の説明は、折衷主義の立場からなされたじつに精妙なものといえる。彼によれば、行為の「反道義性」は明白であるから明文を必要としないが、「社会侵害性」は不明瞭であるから明文が必要であるとされる。しかし、現代社会の見地からは、このように解することには問題がある。まず、社会生活が複雑化し価値観が多元化している現代社会では、行為の反道義性は必ずしも明確であるとは言い難い。そうだとすれば、「社会的有害性」の不明瞭さだけを法定主義の根拠に挙げるのは妥当ではないことになる。立場によって見解が異なるのである。次に、社会的有害性も、立法者が有害とみとめたから有害であると言うに等しくなる。それでは折衷主義の形骸化に連なることになるであろう。しかし、宮城の真意はそこにあるわけではあるまい。社会的有害性は、不明瞭であるから、これを明文化することによってはじめて、明確になるということを宮城は強調したいと考えたとおもわれる。これは、法の「実定性」を表現するために、あえて右のように述べたものと解されるのである。宮城は明言こそしていないが、これは行為の効果の「予測可能性」の原理を主張していると解することが許されるであろう。

宮城のいう「可罰的行為」は、現在の違法性における「違法行為」（不法）に相当すると解することができるとおもわれる。現在の違法性論においては、「結果無価値論」（結果反価値論）と「行為無価値論」（行為反価値論）との対立が重要視されている。「結果無価値論」とは、「法益侵害」または「法益侵害の危険」を内容とする「結果無価値」（結果反価値）だけが違法性の本質をなすと解する学説をいう。これに対して「行為無価値論」とは、違法性の本質は、結果無価値に尽きるのではなくて、行為態様などの「行為者の主観」を包含する「行為無価値」（行為反価値）をも考慮すべきであると解する学説をいう。行為無価値論と結果無価値論の対立点は、「人的要素」である行為者の「主観」を違法性の本質の把握に当たって重視するかどうか、にある。したがって、違法性の存否を判断する際、行為者の意思を重視する行為無価値論を「人的不法論」と称し、人的でない「物的」な法益侵害ないしその危険のみを考慮に入れる結果無価値論を「物的不法論」と称するのが妥当である。[7]

法的に承認された価値としての「法益」の侵害は、法秩序にとって重大な脅威であるから、法秩序はそれを禁止するのである。すなわち、法益を侵害するという結果が重大であるからこそ、その結果をもたらす「行為」それ自体が、禁止の対象とされるわけである。結果無価値は不法の構成要素であり、「不法」はそれに尽きると解する立場が、物的不法論である。しかし、違法行為は、その行為者の主観を考慮に入れてはじめて、人間の行為としての「意味」を有し得ることを看過してはならない。

行為者の主観は、結果無価値に影響を及ぼす。たとえば、故意・過失は、法益侵害としての「結果発生の確実度」に重要な差をもたらすのである。また、「行為態様」も法的評価に当たって重要な役割を果たしている。したがって、違法性の本質として、結果無価値と行為無価値を要求する「二元的人的不法論」が、もっとも実体に即しているといえる。[8] わが国の通説・判例は、二元的人的不法論の立場に立っている。

従来の人的不法論は、「社会倫理秩序違反」を問題にすることによって、違法性の中に倫理を持ち込んだのであった。すなわち、ヴェルツェル流の二元的人的不法論は、行為無価値の中核として「社会倫理」規範違反を措定しているのである。[9] しかし、刑法の任務は、生活上、重要な「法益」を保護することにあり、その「価値」は社会倫理的なものに限られない。したがって、違法性の中核は、「価値」秩序の破壊ないし侵害であって「社会倫理秩序」違反ではない。それゆえ、人的不法論を採りつつ、違法性を「社会倫理秩序違反」の問題として把握すべきではないのである。[10]

宮城が可罰的行為の二要素と解した「社会的有害性」は、「法益侵害ないしその危険」であり、「反道義性」は、まさしく「社会倫理規範違反性」にほかならない。そうすると、宮城の所説は、ヴェルツェル流の二元的人的不法論と同じであるといえることになる。

②社会刑罰権を実行するに当たって、犯罪者を訴追しこれを裁判する者は、被害者たる「社会」である。このように「一人にして原告人となり裁判人となる」ばあいは、「其意に任せて無辜を刑し有罪を恕するが如き処分」をなすことになる。したがって、「諸種の罪を蒐集し適当の刑を規定して厳に法律の範囲内に於て処分」させることによって、右の「弊害を未だ生ぜざるに防ぐ」べきであるとされる（四八頁）。この説明には、刑事裁判構造論における「当事者主義」の論拠を想起させるものがある。要するに、宮城が主張しているのは、三権分立論による司法と立法の分離の必要性であると解される。これは、今でも通用する論拠である。「国家」論の観点がもっと前面に出ているとよいのであるが、当時としてはまだ望蜀の感を免れないであろう。三権分立論は、自由主義を基盤とする国家構造論であり、近代国家の中核であるにもかかわらず、宮城がこれを刑事裁判の構造論として把握している点に、物足りなさが残ると言わざるを得ない。

③裁判官の「専恣横断」から国民の生命、身体、財産などを守るためには、「予め罪と刑とを規定して此規定外は決して罰することを得ず」とすべきであるとする。たしかに、裁判官は、「公平無私にして理を理とし非を非とし毫糸も曲ぐるなきを本務とす」るものではあるが、しかし、「専恣横断、私に徇ひ利を謀り吾人の生命を絶ち財産を奪ふ者なきを保すべからず」とされる（四八―九頁）。この第三の理由こそ、三権分立論の中核にほかならない。そこで、宮城は、国民の生命、身体、財産などを守るために裁判官の「専恣横断」を排斥すべきであることを強調したのである。ここに自由主義者・宮城の情熱のほとばしりを見て取ることができる。

第二節　罪刑法定主義の派生的原則

第一款　意義

今日、罪刑法定主義のコロラリーとしての「派生的原理」として、①慣習刑法の排斥、②絶対的不確定刑の否定、③刑法の効力不遡及、④類推解釈の禁止が一般にみとめられている。[11] 次にこの点について検討しよう。罪刑法定主義の意味・内容から論理必然的に導き出される原則を「罪刑法定主義の派生的原則」という。

①慣習刑法の排斥。罪刑法定主義は、犯罪および刑罰が「成文法」である「法律」で定まっていることを要求するので、「法律」以外の「不文法」である「慣習法」で罪刑を規制することが許されないのは、当然である。つまり、慣習法は、その内容も効力発生時期などもきわめて不明瞭であるから、行為者がその存在と内容を知ることは困難であるし、慣習刑法に基づいて裁判がなされると、裁判官の恣意的判断が大幅にみとめられ、行為者の自由が大幅に制約されることになる。近代国家においては、刑罰権が国家に独占されているため、私刑（リンチ）などの「慣習

法上の刑罰」はみとめられないので、刑罰についてはとくに問題はない。

②絶対的不確定刑の否定。罪「刑」法定主義の本来の趣旨を徹底すると、犯罪行為に対応する刑罰の「種類と分量」も法律によって厳格に規定されているべきであり、刑罰は絶対的に確定されていることが望ましいことになるはずである。なぜならば、行為前に刑罰が確定的に定められていれば、裁判官が犯人に対して刑罰を言い渡すときには、裁判官の裁量の余地がまったくなくなり、それだけ行為者の自由が確実に保障されることになるからである。すなわち、量刑に当たって裁判官の恣意が完全に排除されるので、一般に行為者としては、犯罪の法的効果についての予測可能性が確保されることになるのである。罪刑法定主義の初期の思想には、「絶対的確定刑」の要請が色濃く残っていたが、刑罰がもっている「矯正」という目的の観点からは、右のような考え方には不都合が生ずる。すなわち、一定の犯罪行為に対する刑罰が画一的に定められていると、行為者としての犯人の事情をまったく考慮できなくなってしまい、事案に適合する具体的に妥当な処理が不可能となるのである。しかし、これは、刑事政策学（刑事学）によって確立された「刑罰の個別化」の理念に背反するものである。刑罰は、犯罪者による是認の有無にかかわらず、国家によって強制的に科せられる制裁（サンクション）であると同時に、犯罪者を改善・教育するための方策でもある。この観点からは、犯罪者を健全な社会人として矯正すること（再社会化）こそが、刑罰の目標とされなければならないのである。

ところで、刑種・刑量をともに定めていないばあい、または、刑種だけを定めて刑量をまったく定めていないばあいの法定刑を、「絶対的不確定刑」という。仮に絶対的不確定刑をみとめると、たしかに、量刑と刑の執行が適正になされるかぎり、犯人の再社会化にとって適切な効果を生むかもしれない。しかし、それが、恣意的になされたばあいには、行刑の対象となる犯人の自由が極端に奪われるおそれが生ずる。そのおそれを解消するためには、「実定性」によって基礎づけられる法律のもつ「固定化」作用による「枠づけ」が必要となる。そこで、刑罰の個別化の要求と量刑の枠づけの要求を調和的にみとめるために、「相対的不確定刑」が刑法に規定されるようになっているのである。現在の刑事学の見地からは、刑罰の個別化の要請を無視することはできない。元来、罪刑法定主義の思想は、絶対的不確定刑の採用を否定するにとどまり、絶対的確定刑を積極的に要求するものではないのである。このようにして、「刑罰の個別化の要請」と「人権保障の機能」とを調和させるものとして、相対的不確定刑がみとめられるに至っている。

③刑法の効力不遡及。罪刑法定主義は、「行為前に」刑法規範が存在することを要求するから、「行為後に」制定された刑法がそれ以前の行為についても適用されると、結局、行為当時には存在していなかった刑法によって処罰されることとなって、罪刑法定主義の精神は否定されることになる。したがって、刑法が制定前の行為に遡って適用されないとする原則も、罪刑法定主義から当然に導かれる論理的帰結であるといえる。

④類推解釈の禁止。類推解釈とは、刑法の条文で規定されている事実と規定されていない事実との「類似性」を基礎にして、刑法の規定を後者の事実に推し及ぼす解釈をいう。通説は、罪刑法定主義の見地からは、「拡張解釈」は許されるが、「類推解釈」は許されないとする。拡張解釈とは、日常言語（自然言語）の有する「規準的意味」よりも広く解することをいい、その意味の範囲を超えるばあいが類推解釈である。拡張解釈は、法文の語義を日常言語として包含できる範囲内で拡大するにとどまるため、行為者に与えられるべき「予測可能性」の原理がこれによって損なわれないから、罪刑法定主義に違反しない。ところが、類推解釈は、法文の意味の範囲を超えることによって、本来刑法が予定していない事実に対してもその法規を適用するから、行為者に対して予測可能性の範囲を超える責任を追及するという結果をもたらし、あらかじめ法文で明確に禁止行為を定めておくべきとする罪刑法定主義

に適合しない。したがって、刑法においては類推解釈は原則として許されないことになる。

第二款　類推解釈と拡張解釈の区別

類推解釈と拡張解釈の区別は、次の二つの観点からなされ得る。すなわち、一つは、類推解釈と拡張解釈の「内容」から見た区別の観点であり、もう一つは、類推解釈と拡張解釈の「形式」から見た区別の観点である(12)。

まず、「内容」の点については、日常言語のもつ「規準的な意味」を基礎として、それよりも広く解するばあいが拡張解釈であり、その意味の範囲を超えるばあいが類推解釈である。いいかえると、法文の語義を日常言語として包含できる範囲内(「法文の言葉の可能な意味の範囲内」)で拡大するのが拡張解釈であり、その範囲外まで拡大するのが類推解釈であるということになる。

次に、「推論形式としての類推」という観点から見ると、拡張解釈と類推解釈の限界は、明らかである。なぜならば、「推論形式」としては両者は明白に異なるからにほかならない。すなわち、類推解釈が、構成要件に規定されていることと一定の事実との間に「共通性・類似性」を見出してこれを基礎として、その事実に構成要件で規定されている規範的内容を適用するのに対して、拡張解釈は、もっぱら「言葉の意味の範囲」を問題にするのであって、けっして共通性・類似性を基礎にして言葉の意味の拡張を図るものではないのである。このような類推解釈が禁止される理由は、類推という推論形式をとること自体が、刑罰法規の適用を不当に拡大する危険を有することに求められる。この点にこそ、罪刑法定主義の実践的意義があるのであり、この意味において、解釈の形式・プロセスが重要なのである。

第三款　宮城の所説

右の四原則のうち、宮城の本書において、前二者については格別論及されていない。これは、「罰と刑」が「正条」に規定されているべきであるとすることから、当然視されたからであろう。効力不遡及については刑法第三条が明文で規定しているので、その注釈として展開され、類推解釈の禁止については、右に見た罪刑法定主義の根拠③との関連で詳しく述べられている。まず、効力不遡及の方から見ていこう。

刑法第三条は、「法律ハ頒布以前ニ係ル犯罪ニ及ホスコト得ス」と規定しているが、宮城は、この文言には不当なものがあると論難する。すなわち、ここにいう「法律」は「刑法」と、「犯罪」は「行為」とされるべきであるというのである（五二頁）。宮城が指摘しているように、ここでは法一般の効力不遡及を問題にしているのではなく、あくまでも刑法の効力不遡及が問題なのであり、旧法当時犯罪でなかった「行為」を新法によって「犯罪」として処罰することをとくに問題にするのであるから、「犯罪」という語は不正確である。このように語句を厳密に使い分けている宮城の刑法解釈学者としての力量は、正当に評価されなければならない。ここに宮城が当時の刑法解釈学の第一人者とされた所以がある。

次に、「刑法は頒布以前の行為に及ぼすことを得ず」とされる理由は何かについて、宮城は次のように述べている。すなわち、「凡そ天下の事物、其存して今日に至るものを破壊し若しくは変更するは人為の施すべき所なりと雖も、既に成立し了したるものを前に遡りて破壊変更して曽て其事の成立せざるが如くするは人力の企及するを得ざる所なり。之を換言すれば現に然るものをして将来に向ひて然らざらしむを得ると雖も、既に然りしものを既往に遡りて然らざらしむる決して能すべからざるものとす」とされるのである（五三頁）。つまり、昨日までの法律において

「禁ぜざりし事」を今日その法律を廃止して「更に之を禁ずること」は、人間の為し得るところであるが、今日制定した法律によって、その前日まで「為すことを許したる事」を「未だ曽て存せざりしが如くならしむる」ことはけっしてなし得ないとされることになるわけである。彼によれば、これは「簡単なる道理」であるという（五三頁）。宮城は、「事物」の法則の観点からこの原則を基礎づけようとしており、それは自然法思想の立場を示したものとして興味深い。これは、彼の前著『刑法講義』が公刊された年にドイツで出版されたビンディングの著書が、彼独自の規範論の見地から刑法の効力は原則として遡及すべきである旨を主張していたのと対照的である。宮城は、これは簡単な道理であると述べているが、その後、法実証主義の強力な展開を経た今日では、彼の主張は逆に分かりにくくなっている。なぜならば、実定法の制定によって「法的」効力に変更をもたらすのは、規範的には可能であると一般に考えられているからである。宮城の説を推し進めると、次のようになるであろう。すなわち、「無の状態」から「有の状態」を作り出し、「有の状態」から「無の状態」を作り出すことはできるが、しかし、「実際に存在したもの（有）」を後から「存在しなかったもの（無）」とすることはできない。つまり、ある時点から「将来に向けて」無から有を生じさせ、有を無に帰させることはできるが、ある時点から「過去に向けて」それをなすことはできないという道理を意味するのである。したがって、法律上禁止されていないことをその法律の「廃止」によって、その後、それを禁止することはできる。しかし、一たん許可したことを「後になって」その許可は「無かった」ことにすることはできないということになる。

しかし、宮城の右の主張は、一般論としては一貫していないかの観を呈する。というのは、刑法以外の法については、「各種の法律悉く効力を既往に及ぼさずと謂ふを得ず。刑事訴訟法の如きは、刑法と異にして其の効力を既往に及ぶもの甚だ多きを以てなり」として遡及効をみとめているからである（五二頁）。もし「事物の法則」が遡及効を否定するのであれば、刑法以外の法についてもすべて遡及効を否定すべきことになるはずである。にもかかわらず、訴訟法については遡及効を肯定するのは、フランス刑法学の伝統に従ったものであると解することができるであろう。この点について、宮城は、第三条の注釈において、「刑事の訴訟即ち治罪に関する法は其効力既往に及ぶや否や。曰く是れ亦既往に及ぶべし。抑々訴訟手続の如きは悉く裁告人又は社会の利益を計りて制定したるものにして其変更は全く社会の公権に属する故に効力を既往に及ぼすも犯者の既得権を害すること無し」と述べている（六一頁）。宮城によれば、刑事訴訟法は、すべて「被告人又は社会の利益」を図って制定したものであるから、その「変更」は「社会の公権」に属するので、その効力の遡及をみとめても、行為者の「既得権」を害しないとされるのである。ここでも宮城は、行為者の「既得権」の侵害の存在を問題にし、新法の遡及効を肯定してもそれが存在しないばあいには遡及効をみとめてもよいと解しているわけである。たしかに、「行為者」の既得権の侵害が存在しないことを理由にしているが、しかし、これは刑事訴訟法の変更が「社会」の公権に属するがゆえに行為者の既得権侵害が存在しないとするものである。すなわち、刑事訴訟法それ自体が行為者の利益のために制定されているのであるから、その改正も行為者の利益になるとされるわけである。しかし、これは一種の擬制にほかならない。積極的に「行為者」の立場から不利益の不存在が論拠づけられる必要がある。

そこで、宮城が、さらに「行為者の観点」からも基礎づけようとしている点が注目される。彼は、もし刑法の効力の遡及をみとめると、「人民の既得権」を害することとなって、「立法者は為すべからざる事を為」す結果となって不当であるとする。すなわち、およそ人民が国法を遵守すべき責任を負っているのは、法律があるからであって、法律がなければ遵守の責任はなく、人民は法律の許す範囲内で如何なることをもおこない得る自由を有している。したがって、「人民は法律が或事を行ふを禁ぜざる場合に於ては、之を行なふも決して刑罰を受くべからざる権利、即ち既得権を有するを以て、法律の効力を既往に及ぼすものとする時は、是れ人民の既得権を害する者なり」とされるのである（五三頁）。このように人民の既得権の侵害という観点から刑法の効力不遡及の原則を基礎づけるのは、現在でも通用するし得る論理である。宮城の自由主義者としての立場が、ここに明瞭に出ているとおもう。人民の「権利」を侵害してはならないとするこの立場こそ、啓蒙的自然法思想の核心であるといえる。

宮城は、刑法の効力不遡及の原則は、新法によって刑が重くなったばあいにも妥当するとする。これも「既得権」の侵害という観点から説明されている。すなわち、「今、旧法の下に棲息する人民は、旧法規定の刑は之を受くるの責任ありと雖も、其規定以外に於て更に重き刑を受くの責任なし。即ち旧法規定外より更に重き刑を受くべからざる既得権を有せり」とされるのである（五三―四頁）。このように「既得権の侵害」という形で旧法主義が主張されているので、旧刑法が同一の刑のばあいにいずれの刑法を適用すべきかについては論及されていない。刑が「同一」のばあいには「既得権」の侵害は存在しないので、宮城の見地からはとくに問題にする必要はないことになる。しかし、これは刑法の効力に関する重要問題であるので、何らかの対応が必要である。わたくしは、刑法を「行為規範」として捉える立場から旧法主義を採るべきであると考えている。何れにせよ、宮城が「刑の重い新法の不遡及」を問題にして妥当な結論を導き出していることは、当時の水準として、かなり程度の高い議論をしていたものと評価され得る。

次に、「類推解釈」の禁止の問題を見てみよう。宮城は、「法律に正条あるや否やを判別するに欠くべからざる」「法律説明の規則」（四九頁）として、この問題を扱っている。宮城によれば、裁判官は法の欠缺、不明または不備を理由に裁判を拒否できないので（法例一七条）、「確実に法文を解釈して正条の有無を定め」なければならない。法の不完全のばあいに、右のことが問題となる。そのばあいは、次の二つに分けられている。すなわち、①法律が「不明瞭」であるばあいと②法律が「脱漏」しているばあいであるとされる（五〇頁）。

①法律が不明瞭であるばあいとは、「一所為の法律に明文ありや否や分明ならざる時」である。このばあいには「厳に過ぎんよりは寧ろ寛に失せよ」、「被告の利益に従ひて解せよ」という二つの格言が、古来、おこなわれてきているが、これは「最後の手段」であって、別に「説明の方法」があればそれに従うべきであるとする。安易に法格言に頼るのではなくて、理論的立場から法の内容を探求して行こうとする態度が、右の主張の中に見られる。法律を説明するに当たっては、まず第一に、「法律の精神を探究推量」して、それに従うべきであるとされる。つまり、「文法若くは字義の為めに拘束せらるることなく、換言すれば文を以て法意を害すべからざる」所以は、「法律の説明は、文章を論ずるに非ずして法律の精神を探究するもの」であることに求められている（五〇頁）。ここで、宮城は、字句に拘泥せずに「法律の精神」を重視して解釈すべきことを強調しているのである。これは、今日でいう「目的論的解釈」を高調するものであるといえる。第二に、「説明の用に供すべき材料」には制限は存しないとされる。すなわち、「凡そ論理法許す所の材料は悉く之を採用し論理法に抵触せざる推理は皆之を施行することを得べし」というのである（五〇―一頁）。ここにおいて、立法理由、法制定当時の論議の筆記・草案などを参照して「法律の精神」が探究されるべきであることが強調されている。このように、宮城は、目的論的解釈をおこなうに当たって、立法理由ないし立法事実を考慮すべきことを主張していることになる。彼は、立法に参与した者としてその重要性を直視していたのである。

宮城は、解釈者には踏み越えてはならない制限があるとする。それは「現行法律の現実に有する価値よりも一層善良ならしめ又は不良ならしむる為めに強いて説明するを得ざること」であるとされる（五一頁）。要するに、これは、「現行法」の「精神」に合致しないが故に禁止されることを意味するにとどまる。宮城によれば、「刑法は其意義を拡張して説明するを禁ず」といわれることがあるが、右に見た「説明の材料により正条ありとなすは意義を拡張するに非ずして純粋に法律を説明する」ものであるから、これは「贅言」にすぎないとされている。

宮城の右の言説は、今日でいう「目的論的解釈」の正当性を主張していることになる。宮城は、文言のみに拘束される文理解釈では飽き足らず、さらに目的論的解釈の必要性および正当性をすでに強調していたのである。ここに宮城の法解釈学者としての先駆性がみとめられる。

次に、②法律の脱漏とは、「全く缺文なる」ばあいをいう。この脱漏が「立法者の不注意又は遺忘」に出たものであれ、いかに道徳に背き社会を害する所為であれ、これを「彌縫して以て正条ありとするを得ざる」のであるから、「別に説明の規則あるに非ず。又別に規則を要するに非ず。唯第二条を適用して無罪とするに有るのみ」とされる（五一頁）。これは、じつに明解な主張である。しかし、問題は、不明瞭なるばあいと脱漏とを区別する規準の如何にある。この点については、右に述べた以上のことは述べられていない。しかし、「不応為罪」と「比附緩引の方法」の否定に関する叙述が参考になる。「不応為罪」とは、「律に正条なき所為にても情理上応に為すべからざるものと認定すれば、之を罰するを得ること」をいい、「比附緩引の方法」とは、「律に正条なき所為なれば、他の類似の例を援引比附し罪名を擬定して之を罰すること」をいう。これは、わが国だけではなく中国および古昔のローマにおいておこなわれていたものであり、刑法が整備されていなかった時代には必要な制度であった、と宮城はいう。「何となれば、刑法の粗漏此の如くなるにも拘はらず、律に正条なき者は之を罰するを得ずと規定せば、奸民の法網を脱する者比々踵を接して出て良民為めに堵に安んずること能はざるに至る可ければなり」とされる（四九頁）。しかし、これは「開明国に行ひ得べき」ものではないとして、宮城は断乎、これを拒否する。比附緩引の方法は、今でいう「類推解釈」である。したがって、宮城は罪刑法定義の内容として類推解釈を明確に否定しているのである。

(1) 宮城の見解について、澤登博士は、「罪刑法定主義は近代的刑法典及び刑法学のシンボルであるから、ボアソナードはとくに力を入れてその意義をわが国の法律家たちに強調し、かつ詳細な教育を行った。……宮城の見解も、基本的にはボアソナードの見解を忠実に受け継ぐものである」とされている、澤登俊雄「宮城浩藏の刑法理論」吉川経夫・内藤謙・中山研一・小田中聰樹・三井誠編著『刑法理論史の総合的研究』(平6年・一九九四年) 三五―六頁。

(2) 拙著『刑法総論講義』第3版 (平25年・二〇一三年) 四三頁。

(3) 拙著・前掲注 (2) 四四頁。

(4) 拙著『刑法』(平26年・二〇一四年) 一八頁。

(5) 拙著・前掲注 (2) 四四―五頁。

(6) 拙著・前掲注 (2) 四五頁。

(7) 拙著『違法性の理論』刑事法研究第二巻 (平2年・一九九〇年) 七―八頁、六六頁。拙著・前掲注 (2) 二九九頁、拙著・前掲注 (4) 八二頁。

(8) 拙著・前掲注 (7) 二一―三頁。拙著・前掲注 (2) 三〇一頁、拙著・前掲注 (4) 八三頁。

(9) 拙著・前掲注 (7) 七三頁。

(10) 拙著・前掲注 (2) 三〇一―二頁、拙著・前掲注 (4) 八三頁。

(11) 拙著・前掲注 (2) 四七―五五頁、拙著・前掲注 (4) 一八―二四頁。

(12) 拙著・前掲注 (2) 五四―五頁、拙著・前掲注 (4) 二三―四頁。

第三章　犯罪論

第一節　刑法典の編成体系

解釈論の対象となる刑法典の編成体系について、宮城浩藏は、次のように述べている。すなわち、「我刑法は全編を四分し、其第一編には総則、第二編には公益に関する重罪、軽罪、第三編には身体、財産に対する重罪、軽罪、第四編には警違罪を掲載す。即ち第一編は此刑法は勿論他の刑事に関する総ての特別法を支配するの原則を規定し、第二編以下は此刑法を以て支配する犯罪と刑罰とを規定して、他の刑事に関する法律に関係するなし。是故に我刑法は各編共に同一の価値を有するものに非ず。理論上より之を見れば全く二個に分れ、一は総則にして他の一は重罪、軽罪、違警罪なり」とする（一二頁）。理論的には「総則」と「重罪、軽罪、違警罪」に分かれるとされる。現在の用語でいえば、前者が刑法総論、後者が刑法各論に相当する領域である。そして、「第一編を細別すれば第一章には法例、第二章には刑例、第三章には加減例、第四章には不論罪及び減軽、第五章には再犯加重、第六章には加減順序、第九章には未遂犯罪、第十章には親属例を規定したり。蓋し此順序は自然の順序に背反するものなり。凡そ犯者ありて被害者あり、被害者ありて犯罪あり、犯罪ありて刑罰あるは自然の順序なるにも拘はらず、我立法者は先づ法例より直ちに刑例に移り、次に犯者に及ぼし、即ち刑を先にして犯者を後にせり」として、刑法典は刑罰を先置し犯罪を後置しているが、これは自然の順序に反するとする（一三頁）。すなわち、まず犯罪がなされ、それに対応する刑罰が科せられるのであるから、犯罪を先置するのが「自然の順序」であるとされるのである。刑罰先置は現行刑法の採る立場でもある。宮城は、すでに理論的立場から右のように考えていたのであり、これは注目されるべきである。しかし、「我立法者の為したる順序は、欧州各国に於ても殆ど同一轍に帰せり。蓋し立法者の事を規定せんとするに当たり、其順序の如きは敢て自然の法則に従ふを必せず。唯簡便にして明断なるを主とするのみ」として、立法者は自然の法則に従う必要はなくて、「簡便にして明断」であればよいので、右のような規定方法でも構わないと述べている（一二三頁）。欧州各国の刑法は、「犯罪は行為なり」という命題を原則としていたので、右のような規定順序を採っていたと解するのが妥当であるとおもわれる。そして、刑法各則に相当する編について、「第二編、第三編に於ては公益に関する重罪、軽罪、即ち犯罪の害直ちに社会に及ぶ場合と私益に関する重罪、軽罪、即ち犯罪の害直接に一個人に及び、社会は間接の被害者と為る場合として、約言すれば、甲を公罪と謂ひ、乙を私罪と謂ふべし」と述べている（一二三頁）。すなわち、宮城は、犯罪を公益犯と私益犯に分類していたのである。

第二節　犯罪の定義

宮城は、刑法第一条の注釈において「犯罪」の定義について触れている。彼は、まず第一条について、「本条は法律に於て罰する罪の種別を掲ぐと雖も所謂罪とは如何なるものなりや。之が定義を与へず苟も刑法を講究せんには罪の定義を確定するは最も利益あるを信ずるなり」と述べて（二六頁）、犯罪の「定義」の重要性を指摘する。理論を構築するに当たってまず厳密な定義が必要であり、このことを強調している点に宮城の研究者としての態度が明確に示されている。そして、宮城は、「罪とは何ぞや、成文上より解すると立法上より解するとに於て、固より差違なくしてはあらず。成文上より之を解すれば、罪とは法律に於て罰すべき所為是なり。此定義は簡にして尽せり。然れども立法上より之を解すれば、曽て講じたりし社会刑罰権の主義の如何に依て異ならざる可からず」とする（二六頁)。犯罪の定義は、成文上および立法上、内容を異にするとされる。まず、法律によって犯罪とされているものが犯罪であるとするのが、成文上の定義である。これは、簡明であるが、犯罪の「実質」にはまったく触れていない。これに対して、立法上の定義は、社会刑罰権に関する立場によって異なるとされる。すなわち、「純正主義に於ては罪とは道徳に背戻したる所為なりと謂ふべく、命令主義に於ては法律の命令に違反したる所為なりと云ふべし。而して我立法者の採用したる折衷主義に依りて定義を与ふれば、罪とは道徳に背き社会を害し、社会をして刑罰を以て自ら防衛するに必要ならしめたる所為なりと謂ふべし」とされているのである(二六頁)。

宮城は、折衷主義の見地から、「元来一所為の罪と為るには、必ずや道徳に背き社会を害したる二要素なければあらず、然れども称して罪と云はんには、其所為は社会をして刑罰を加へて自ら防衛するに必要ならしむるものなるを要す。故に此定義は大に理論に適合するが如し。然れども個は唯其主義上よりして如何なる所為を罰するやを示したるのみにして、如何なる所為なれば社会は之に刑罰を加へて自ら防衛するの必要あるやと云ふに至りては之が説明を与へず。是れ此定義と雖も尚ほ充分の満足を与ふべきものに非ざるなり」として、さらに社会防衛の必要性を犯罪の要素とする(二六頁)。折衷主義は、もともと犯罪の要素として、①反道義性および②社会有害性を要求する立場であり、③社会防衛の必要性まで要求するものではない。にもかかわらず、宮城が社会防衛の必要性を要求するところに、彼の所説の特徴がある。この点について、彼は、「社会は保護人なり。故に司法権を以て強ひて人民をして法律を遵奉せしむるに三個の手段あり。即ち強制して遵守せしむる一の手段なり。他人の権利を侵害することは之を賠償せしむる二の手段なり。刑罰を加へて遵守せしむる三の手段なり。而して折衷主義の与へたる定義に於ては如何なる所為に対して此第三の手段を用いるの必用を生ずるやを明にせず、実に惜むべきの至りなり」として、「刑罰」を使用する必要性を要求する(二六頁)。

そこで、「民刑二事の限界」を明らかにすべきであるとするのである。両者の区別について、彼は、「凡そ人の権利を害する所為に種々ありと雖も之を大別すれば、則ち人間尋常の注意、智識を以て其害を防衛し得るものと得ざるものとの二種あり。尋常の注意、智識を以て防衛し得る所為に対しては民事の制裁を加ふるを以て足れりとす。即ち損害を賠償せしむれば則足れり。何となれば其害たる人々容易に之を防衛するを得るものなればなり。之に反して尋常の注意、智識を以て防衛することを得ざる所為に至りては之に刑事の制裁を加ふるの必要あり。蓋し其所為獰悪、其損害猛烈にして人々自ら防衛することを得ず。従ひて其害延ひて他人に及ぼし終に社会の秩序を乱すに至るを以てなり」と述べる（二七頁）。そして、両者の関係について、「人間尋常の注意、智識を以て防衛するを得べき害を加ふる所為に向ひては民事上の制裁を加へ、人間尋常の注意、智識を以て防衛するを得ざる害を加ふる所為に向ひては刑事上の制裁を加ふべきなり。故に民事上の制裁を加ふべきものに属するときは立法上理論上共に之を罪とせず、刑事上の制裁を加ふべき所為は則ち罪となるものなり」とする（二七―八頁）。通常の注意・知識を有していれば防衛できる損害については、賠償を課すれば足り、防衛できない被害についてのみその加害行為を罰すべきであるとされるのである。このように、宮城は、すでにダイバージョンの思想を主張していたことになる。彼は、その結論として「是故に罪とは道徳に背き社会を害し社会をして自ら防衛する為めに刑罰を加ふるの必要あらしむる行為を謂ひ、而して所為の果して刑罰を加ふべき必要ありや否やの点に至りては民事刑事の限界を知るを要す。但し是れ畢竟立法上、理論上より生じたるものなり。今成文上よりすれば法律に於て罰すべき所為之を罪と云ふを以て尤も適当なりとす」とされるのである（二八頁）。宮城は、立法上、および理論上の見地からは、犯罪を定義するに当たって社会防衛の必要性が要求されるべきであるが、刑法の講述においては成文上の定義で満足しなければならないとしている。

第三節　犯罪の種類

第一款　法典上の犯罪の種類

刑法第一条が犯罪を三種に区別したのは、宮城によれば、「偶然に出るに非ず。凡そ各人意思の発作して罪を為すに至りては大なる有り小なる有り、又重き有り軽き有りて決して同一同程度のものに非ずして、罪は自然に種別せらるるものならざる可からず。……罪の重なるものは道徳に背き社会を害するも亦重大なれば、其刑を重くして社会公衆に表示せざる可からず。又裁判構成、訴訟手続等は之を鄭重厳粛にせざる可からず。又一般の加重減軽に係る未遂犯罪に詳発するものの如きは刑の適用上差違なくしてはあらず。此の如く罪を区別するの必要あるを見れば、則ち我立法者の此区別を為したるの偶然に非ざるを知るに足る可し」とされる（二八頁）。すなわち、重罪は、反道義性および社会的被害が重大であるので、刑を重くして「社会公衆に表示」し、かつ、「裁判構成、訴訟手続」などを「鄭重厳粛」にすべきであるから、その区別の必要があるとされるのである。そのうえで、犯罪が三つの種類に分類されていることについて、「何故に其区別を三種に限れるか。是れ理由の存する所なり。抑々立法者が千種万別の罪に付きて区別を為さんと欲せば、或は三分し或は四分し五分するは固より随意なりとす。我立法者は之を三分したり」とされる（二八頁）。しかし、宮城は、次のような分類が妥当であるとする。すなわち、立法者は犯罪を三分しているが、「今各犯罪に付きて諦視せば分かれて二となるを知る。即ち一は罪を犯すの意思ありて之を犯したるもの、一は罪を犯す意志の有無を問はずして罪となるものにして所謂有意犯罪、無意犯罪なり。甲は重大なる罪なるを以て罰して公衆に表示するを要す。我刑法の所謂重罪、軽罪是なり」とする（二八頁）。つまり、第一の罪（甲）は、重大な犯罪であり、公衆に表示されるべきものであるとされる。刑法上、重罪および軽罪がこれに当たる。これに対して第二の罪（乙）について、宮城は、「乙は規則を遵奉せざる為に罪と為り其罪軽微にして以て一地方に知らしむるのみにて足る。所謂違警罪是なり」と述べている。このばあいには、罪が軽微なので一地方に表示すれば足りるとされる。そのうえで、「軽罪以上の罪に付きては軽重度を異にし、尚ほ数種に区別するを得べしと雖も唯煩雑を来すのみにて他に利益あるを見ず。是故に各国の刑法多く之を三分す。我刑法者も亦是に倣ひ重き罪を重罪と名づけ、軽き罪を軽罪と為したり。是れ我刑法は罪を大別して重罪、軽罪、違警罪の三種と為せし所以なり」とされている（二八―九頁）。しかし、このような名称について宮城は、「重罪、軽罪及び違警罪と云ふ名称を附したるは別に理由あるを見ず。唯立法者が認めて重しと為したる所為を重罪と名づけ、軽しと認めたる所為を軽罪と称し、警察規則に違背したる所為を違警罪と呼びたるに過ぎず。故に此等名称を用いずして大罪、中罪、小罪或は甲罪、乙罪、丙罪と称するも敢て不可なることなし」と厳しい意見を述べている（二九頁）。

宮城は、「重罪、軽罪、違警罪の三種の区別は、是れ法律上の軽重の程度に従ひたるに過ぎず。学問上よりして罪の性質或は之を犯すの方法等精察なる観察を下せば尚ほ数種に細別することを得べし」として犯罪を分類し、第一に行犯と不行犯を挙げている（三〇頁）。これは、法律の種類から生ずるとされる。つまり、「凡そ法律の種類甚だ多しと雖も要するに禁止法、命令法の二者に外ならず。禁止法とは某々の所為は之を行ふべしと命じたる法律を謂ふ。因て法律の禁止したる事を行ひたる罪之を行犯と謂ひ、法律の命令したる事を行はざる罪を不行犯と謂ふ」とされるのである（三〇頁）。宮城は、法律の種類は非常に多いが、本質的には禁止法と命令法の二種類があるにすぎないことを指摘している。この指摘は妥当であり、現在の法理論にも通用し得るものである。彼によれば、たとえば、「強窃盗罪の如き、謀故殺罪の如きは是れ法律上禁じたる所にして行犯なり。第百七十九条医師、化学者其他職務に因り官署より解剖、分析または鑑定を命ぜられたる者故なくして之を肯ぜざる罪或は違警規則の命令を行はざる罪等は則ち不行犯なり」とされている（三〇頁）。現在の用語でいえば、行犯は作為犯であり、不行犯は不作為犯である。そして、「禁止法」は禁止規範であり、「命令法」は命令規範である。[1] そうすると、宮城は、現在の規範論を基礎とする不作為犯論と同じレベルの議論を展開していたことになる。これは、大いに注目するに値する。

行犯と不行犯の関係について、宮城は、「刑法を繙くときは不行犯少なくして行犯甚だ多し。試みに第二編以下に就きて見んに某々を為したる者は何刑に処すと規定するもの甚だ多くして、某々を為さざる者は何刑に処すと規定するもの実に僅少なり。又刑法は概して行犯を罰するの刑は不行犯を罰するより甚だ重し。顧ふに人間の動作に於て行ひて人に損害を与へ危険を蒙らしむること多く、行はずして損害危険を与ふること少きは自然に出づるものなり。是れ亦刑法は概ね禁止法にして命令法の甚だ少き所以なり」と述べている（三〇頁）。つまり、彼は、作為犯の方が数多く、その刑も重いのは、作為によって損害・危険を生じさせることが多いという「自然」に基づいているとするのである。

不行犯について、宮城は、「此の如く刑法には命令する場合甚だ稀なり。然れども法律上特に命令せざる可からざる場合あり、即ち法律は公益の点より人民に義務を命ずること有り。夫れ社会は各人権利の保護者なり。故に各人は之に対して尽さざる可からざる義務あり。法律は即ち此義務を命じて行はしむること有り。彼の医師、化学者の官署より解剖、分析を命ぜられて故なく肯ぜざる罪の如きは公益上当に為すべきの義務を行はざるが為めに罰せらるるなり」と述べている（三一頁）。法律は例外的に命令によって国民に対して「義務」を課するが、その根拠は、まず「公益」の観点であり、次に、「損害予防」の観点であるとされる。損害予防の観点について、彼は、「又法律は禍害予防の点より人民に義務を命ずること有り。例へば第百二十七条の夜中燈火なくして車馬を疾駆する罪の如き過ちて不慮の害を醸成するを慮り、之を未萌に予防せんが為めに燈火を用いて車馬を疾駆すべき義務を命ぜられたるに、之に背きて行はざるを以て刑罰を受くるなり」と述べている（三一頁）。

宮城は、緊急救助義務についても議論しており、これを否定している（三一頁）。これは、今日の通説と同じ立場でり、妥当である。(2)

行犯と不行犯を区別する「利益」の存否について、宮城は、「此区別は罪の性質より来るを以て成文法に於ては之に因りて別に規定を異にしたる所なく、只立法上学問上よりして其区別を要するのみ。是れ予が罪の種類の第一に掲げし所以なり」としている（三一頁）。つまり、作為犯と不作為犯は、犯罪の性質から生ずる区別であるから、学問的観点から、立法上も分類に当たって、真先になされるべきであるとされているのである。ここに刑法学者としての宮城の面目躍如たるものがあるといえる。

第二款　有意犯と無意犯

宮城は、有意犯と無意犯を区別し、次のように定義している。すなわち、「有意犯とは罪を犯すの意思なきときは罪と為らざる所為にして犯意を以て罪の構成に必要の一元素と為すものを謂ひ、無意犯とは罪を犯す意思の有無を問はず之を罰する所為を謂ふ」とする（三三頁）。そして、「刑罰を加ふるに付き犯意を必要とする所為は有意犯にして、犯意の有無に関せず唯有形上の事実あるを以て之を罰するものは無意犯なり。然れども之を解する者動もすれば輙ち曰く、犯意あるは有意犯にして犯意なきは無意犯なりと。是れ大なる誤解なり」とする。文字から見るかぎり、このような誤解が生ずることもやむを得ないところである。しかし、それが誤解である所以について、彼は次のように説明している。すなわち、「此二犯の区別の由て生ずる所は罪の性質に在り。若し有意犯の性質を有するものにして犯意なきときは全く罪と為らず、之に反して無意犯は犯意あるも亦無意犯として罰すると有り」とされる。その例として、「例へば謀故殺罪、強窃盗罪の如きは純然たる有意犯にして人を殺すの意、財物を盗むの意なきときは或は罪質を変じ、或は全く無罪と為る。之に反して違警罪の大部分は無意犯なり。例へば標識の点燈を怠りたる罪、夜中燈火なくして車馬を疾駆する罪の如きは、故意に之を犯すも若くは偶然に之を犯すも同じく罰せらる。但し過失殺傷、失火の罪の如きは無意犯にして而して必ず犯意なきを要す。何となれば過失殺傷、失火の罪にして犯意あるときは直ちに謀故殺罪若くは放火罪を構成するを以てなり。夫れ此の如く立法者は無意犯を罰するに付き犯意の有無を問はずと雖も、裁判官が実際に罰を適用するに当りては刑の軽重を考定せさるべからず」とされるのである（三三二頁）。現在では、用語法上、有意犯と無意犯という分類は分かりにくくなっている。有意犯は「故意犯」に相当し、これに対置されるのが「過失犯」である。無意犯は、故意犯と過失犯を包含する犯罪類型であり、いわゆる行政犯である。(3)

有意犯と無意犯の関係については、次のように説明されている。すなわち、「罪を構成するには必ず道徳に背き社会を害するの二元素あるを要す」るから、「罪を犯す意なき所為は仮令社会を害するも道徳に背く所あるを見ず。是れ第七十七条に於て『罪ヲ犯スナキノ所為ハ其罪ヲ論セス』と規定する所以なり。故に罪は一般より論ずるときは犯意あるを要するなるを以て、我刑法第二編以下に規定する犯罪は殆ど有意犯なり。然り然して同条但書に於て忽ち例外を設けて犯意なき行為を罰せり。之を極言すれば刑法は刑罰権を以て罰し得ざる所為を罰したるものの如し」とされる（三三三頁）。第七七条は、現行刑法第三八条に相当するものであり、右の言述は今日でもそのまま通用する。第七七条一項本文が犯意のない行為を不処罰と規定しながら、但書においてその例外を規定していることについて、宮城は、「立法者たる者何ぞ此の如き矛盾の事を規定せんや。夫れ社会を組織する上は公安を維持せんが為に警察上より諸種の規則を制定して人民に遵奉すべきの義務を命ぜざる可からず。人民たる者善く其規制を服膺し綿密に注意し精細に留意して禍害を他に及ぼさざることを勉むべし。而して若し其規則に違背したる者あるに当り犯意なきの故を以て之を罰せざるときは何を以て警察の目的を達することを得んや」と述べている（三三―四頁）。つまり、彼は、公安維持の観点から「警察の目的」を達するためには、諸種の規則を制定してそれを遵守する義務を課する必要があるとするのである。しかし、彼は、「然りと雖も立法者の無意犯を罰するは唯社会を害するの一点に在りと謂ふを得ず」として（三四頁）、理論的根拠づけについて、「是れ此所為は実に犯意なくして犯したりと雖も其因を生ずる損害の測る可からざることあるや此の如し。而して此は為すべきの注意を為さず、行ふべきの義務を行はずして危害を社会に与へたるものなるを以て道徳に背かずと云ふを得ず。是に於て乎立法者は決して刑罰権の範囲を脱して殊に犯罪を規定するものに非ざるを知る可し」と述べている（三四頁）。すなわち、おこなうべき義務を履行しないで「危害を社会」に与えることは、「道徳に背かず」ということにはならないとされるのである。ここにおいて、注意義務違反が道徳的違反を基礎づけているとされることになる。

さらに、有意犯と無意犯を区別する利益について、宮城は、次のように述べている。すなわち、有意犯は必ず犯意を要するので、犯意のないばあいに裁判官がこれを罰したときは大審院の破毀するところとなる。無意犯は犯意の有無を問わないので、犯意なしとして罰しなければ同じく大審院の破毀するところとなる。「而して我刑法に於て此二犯を区別するは尤も必要なりとす。何となれば刑法を通読するも二犯の区別、実に不明瞭なるを以てなり」とされる（三四頁）。しかし、「我刑法に於ては有意犯、無意犯の区別は判然明白なることを得べからずと雖も、然れども極端の例証を挙ぐるときは二犯の間大に差違あることを看るを得べし。唯二犯の性質愈々密邇したる所為に至りては之を孰れの範囲に包入せしむ可きやを定むるは実に困難なりとす。乃ち理論上細密に二犯の区別を研究せざる可からざるなり」とされているのである（三五頁）。これは、法文上、両者の区別は困難であるから、理論的に明解にされるべきことを主張するものであるといえる。

第三款　国事犯および非国事犯

宮城は、国事犯と非国事犯の区別は「独り学問上より之を為すのみならず刑法上已に其区別を為したり。故に如何なる所為を国事犯とし非国事犯とするやを詳知するは尤も緊要なり」としたうえで、国事犯とは「成文上より定解を与ふれば国事犯の刑を科する所為之を国事犯と謂ふ」とする（三五頁）。そして、国事犯と非国事犯の区別について「成文上よりして国事犯の定解を探求して非国事犯と区別するは最も困難なるを以て、勢ひ之を学問上に訴へ適当の解を求めざるを得ざるなり」としたうえで（三六頁）、「国事犯、非国事犯の区別は各国の刑法を見るに多くは錯雑して明瞭を欠き、而して学者間に於ても亦議論紛々として一に出でず。即ち之が定解を探究するの困難なるは唯我刑法のみに非ざるなり」と述べているのである（三六頁）。ここにおいて宮城の深い比較法的見識が示されている。

さらに、宮城は、「悪む可きの手段を以て政府を顚覆せんと欲する者なるを以て其道徳に背くや言を俟たず」として、「国家の安寧を害し人民を疾苦せしむるを慮らざるに至りては道徳に背戻するものと謂はざるを得ず。是れ立法者の国事犯を刑法中に規定したるの至当なる所以なり」とする（三七頁）。つまり、国事犯は、「国家の安寧を害し人民を疾苦」させることを考慮しない点において道徳に反するとされるのである。国事犯と非国事犯を区別する利益は、「国事犯の罰すべきは右に述ぶるが如しと雖も、然れども其目的と云ひ手段と云ひ共に非国事犯と同一視すべきに非ざる」ことを明らかにすることにあるとされる（三七頁）。つまり、国事犯の目的と手段が非国事犯と同一視すべきものでないことを明らかにする点に、両者の区別の実益があるとされるのである。さらに、「国事犯人の外国に逃走したる者は其国に於て犯人を本国に引渡すを拒絶すること」があり、「我刑法に於ては二犯に科する所の刑名及び其構成に至るまで皆之を異にし、裁判所構成法に於ては国事犯の重罪は殊に大審院にて之を審判し、以て非国事犯との区別を為せり（裁判所構成法第五十条二号）。以て二犯を区別するの利益あることを了知せらる可し」とされる（三八頁）。つまり、国事犯につき、犯人不引渡の原則がみとめられること、および、大審院において審判がなされることも区別の利益とされているのである。(4)

第四款　即時犯および継続犯

宮城は、犯罪の種類として即時犯と継続犯を挙げている。即時犯および継続犯については、成文上、刑事訴訟法において公訴の時効に関して継続犯の文辞が用いられているが、「刑法には其文辞だに表示せる所なきを以て、如何なる所為は即時犯なりや将た継続犯なりやを知ることを得ず。因て学問上よりして其区別を為さざる可からず。殊に即時犯と為し継続犯と為すに於て大に其結果を異にするもの有り。数罪具発又は公訴時効の場合即ち是なり」とされている（三八頁）。このように、成文上、刑法典には両者の区別は規定されていないが、数罪倶発や公訴時効に関して違いがあるので、「学問上」の観点から区別が必要であるとする。そこで、宮城は、両罪について、「即時犯とは罪を犯すや其所為永く継続せずして直ちに終局するものを謂ふ。人の財物を盗む罪の如き、人を殺す罪の如きは其之を盗み之を殺すの所為は直ちに終りて継続すること無く、其継続する所のものは唯其結果のみ。継続犯とは罪を犯し即時に之を遂ぐると雖も、其所為多少の時間継続するものを謂ふ」と定義付けをしている（三八頁）。即時犯は、今日でいう即成犯である。[5] 即時犯に関して、宮城は、注意すべきこととして、「人を殺し其死人の蘇生せざるは殺したるの結果にして殺したる所為の継続したるにはあらず。人を監禁して数年に彌るは監禁せし所為の継続したるにて当初監禁したる結果に非ざること」を指摘している（三八頁）。つまり、即成犯によって惹起された結果が存続するのは違法状態にすぎず、実行行為の継続ではないことが明確に指摘されているのである。この点が継続犯としての監禁罪との違いであり、宮城の右の説明は現在でもそのまま通用する。[6]

宮城は、継続犯における継続に①「性質に因りての継続」および②「方法によりての継続犯」の二種類があるとする（三九頁）。①「性質に因りての継続犯とは所為の有形的に継続する罪を謂ふ」とされる。そして、「凡そ人の所為は之を分解すれば第一着の所為と、第二着の所為との二個となすことを得べし。例へば窃盗罪に於て人の財物を窃盗するは第一着の所為にして、之を所持して所有者に返還せざるは第二着の所為なり。又監禁罪に就ては第一着の所為は人を監禁場に入れたるに在りて、第二着の所為は之を幽閉し置くに在り、此の如く人の所為は第一着と第二着に由て成立す」とする。つまり、犯罪行為を分解すると、二つに分かれるとされる。たとえば、窃盗罪のばあいは、第一の窃取行為と第二の返還しない行為であり、監禁罪のばあいは、第一の自由剝奪行為と第二の監禁継続行為である。そして、「立法者の之を罰するや第一着の所為に在ること有り。又第二着の所為に在ること有り。其第一着の所為を罰する者は即時犯にして其所為即時に終息し、第二着の所為を罰する者は継続犯にして其所為必ず多少の時間継続す。故に即時犯、継続犯の区別を知らんと欲せば立法者の罰する点を見るに在り。抑々立法者は何故に其罰する点を異にせるか、曰く、所為の性質より出づるなり」とするのである（三九頁）。第一の行為を罰しているのが即時犯であり、第二の行為を罰しているのが継続犯であるとされる。立法者が何れを選択するかは、「所為の性質」の差に基づくとされている。

そして、②について宮城は、次のように説明する。すなわち、「方法に因りての継続犯とは継続する所の罪にして其所為自らは即時犯なりと雖も、之を犯す方法に因て継続犯となる者を謂ふ」と定義したうえで（三九頁）、例を挙げる。「例へば茲に若干個の貨幣を偽造せんと欲する者あり、当初一個を偽造せば則ち即時に一罪を構成するを以て其後引続きて数百個の貨幣を偽造せば数百の罪を構成するが如しと雖も、常に一罪として罰せらる。是れ継続犯なればなり。又窃盗あり、今夜或家に入りて財物を取り、明夜再び入りて金穀を盗みたるときは二箇の即時犯を構成す。然れども初めより一倉庫中の米を悉く盗取せんとする目的にて一日一回づつ数日の長きに彌りて盗み出せんとせんに数個の即時犯を成立するが如しと雖も、是れ継続犯なるを以て一罪として処断せらるるなり」とするのである（三九―四〇頁）。そして、「以上は皆其所為の有形に間断ありて性質上即時犯なるにも拘らず、犯者の意思終始連綿として無形に継続するを以て之を方法に因りての継続犯となすなり。是故に方法に因りての継続犯と成るには犯者の思想、決定、目的の三者終始間断なく同一に継続するを要するなり」とされる（四〇頁）。これらは、今日でいう接続犯ないし包括的一罪のことである。(7) これらを継続犯として説明するのは、用語上、妥当でないが、宮城自身は、これらが性質上即時犯であることをみとめたうえで、数罪倶発、つまり、罪数論の問題として説明しているのである。このような理解は、現在の通説がみとめるところであり、妥当である。

即時犯と継続犯を区別する利益について、彼は、次のように述べる。まず、公訴時効の起算点が異なる点について、「即時犯は直ちに終始する犯罪なるを以て其犯罪の日より起算し、継続犯は即ち犯罪終始の間多少の時間継続する者を以て、其間幾何日数を要するも其犯罪最終の日より起算するなり」とする（四〇頁）。次に、確定判決の一事不再理の効果に違いが生ずる点について、「一所為の確定判決の効力は他の所為に及ばざるなり。又数罪倶発に就きては即時犯は一回毎に一罪を為すを以て所犯数回に及べば数罪倶発一の重きに従ひて論ずれども、継続犯は其所為の継続する間は幾回の多き幾年の長きに至るも一罪を以て論ぜらるるなり」と述べる（四〇頁）。宮城は、「即時犯、継続犯を区別するの利益大なるにも拘はらず二犯の区別に就きて屢々疑問を生ずること有り。予は左に不行犯中に就き一、二の問題を解明して諸君の参考に供せんとす」として、不作為犯を例に挙げて説明する（四〇頁）。まず、印紙を貼用しない罪について論じている。すなわち、「凡そ或る財産の授受若くは契約には之を証明する為め其証書に印紙を貼用し之に消印を為すを要す。茲に或る契約を為すに当りて印紙を貼用せざる犯罪者の法廷に顕出したる者ありとせんに、此罪は即時犯なりや将た継続犯なりや」と問題を提起し（四一頁）、「予は断じて即時犯と為す者なり。之を即時犯と為せば或は論者の所謂実際取締上の不都合を来すこと有らんも、取締の如何を以て法律を曲げて解釈するは妥当の説と謂ふべからず。況や裁判官は法律の精神を適用するも其精神を更改するが如き権力を有する者に非ざるに於てをや」とする（四一頁）。すなわち、彼は、「取締上の不都合」を理由にして「法律を曲げて解釈する」ことの不当性を強調し、とくに裁判官に対して「法律の精神を適用する」ことを要求しているのである。ここに宮城の法律家としての矜持がみとめられる。そして、「今法律の精神を探究するに此罪は証書授受の際已に校正するものにして犯人已に証書を敵手に交付せば敵手の合意なければ之に印紙を貼用せんと欲するも得べからざる地位に在り。即ち自己の権内の者に非ず。依て法律は証書授受の際必ず印紙を貼用せざれば其所為は直ちに終息し、其継続せる所は所為の結果のみ故に之を即時犯と謂ふなり」としている（四一―二頁）。すなわち、本罪は印紙を貼付していない証書を「交付」する行為を処罰するところに、「法律の精神」があると解されているのである。

次に、「届出の日限ある出産届若くは死亡届を怠りたる罪は即時犯なりや継続犯なりや」という問題について、これを継続犯と解する者が多いが（四一頁）、宮城はこれを即時犯であるとする。反対説は、即時犯説によれば、「一たび罰して尚ほ遷延届出でざる時は再び之を罰することを得ざるが如き取締上不都合なる結果を生ず可し、而るに之を継続犯と為す時は幾回も罰することを得べしと。此論も亦妥当ならず。何となれば届出を為すべき期限を経過するも頑として届出を為さざれば直ちに一罪を構成するものにして、其後幾日間届出でざるも是れ届出でざる所為の継続したるに非ずして其結果の継続したるものなれば純然たる即時犯なり」とする（四一―二頁）。つまり、期限内に届出をしない行為（不作為）によってただちに犯罪は終了し、其の後は結果（違法状態）の継続にすぎないとされるのである。宮城の批判は正当である。

第五款　軍事犯および非軍事犯

宮城は、軍事犯について、「軍事犯とは軍人軍属の犯罪にして所犯軍事に係り陸海軍刑法を以て処断すべきものを謂ふ。蓋し軍人軍属は軍事に従事するを以て特別の義務を帯ぶ。故に特別なる法律を設けて之をけん制せざる可からず。是れ陸海軍刑法の設ある所以なり。故に常人にして陸海軍刑法に触るるといえども軍事犯を構成せず。唯軍人軍属に限り罰せらるるものとす。但し軍人軍属と雖も所犯軍事に関せざる時は軍事犯に非ずして普通刑法を以て処断すべきは当然なりとす」と説明している。現憲法下において陸海軍刑法は存在し得ないので、その検討は不要であり、省略する。

なお、宮城は、その他に現行犯と非現行犯および附帯犯と非附帯犯についても触れているが、「是れ一は犯罪発覚の前後に因り、一は数罪相連絡すると否とに関して名称を異にするに過ぎざるを以て之を罪の区別と為すを得ず」

としている（四三頁）。これらは刑法上の犯罪の種類ではないので、宮城の説明は妥当である。

第四節　不論罪および減軽——責任論

第一款　名称問題

宮城浩藏は、刑法典の章名で用いられている「不論罪」および「減軽」という文言について論じている。すなわち、「予は本章を論ずるに先だち『不論罪』と『減軽』との文辞に就きて研究する所あらんとす。不論罪とは単に文辞上より解すれば罪あれども措て問はずと解し得るが如し。又仏文章案に拠るにエキザンプション・ド・ペーヌ（刑の免除）と有るを見れば益々不論罪の字義は罪あれども措て問はずと云ふは真正の解釈なるが如し。然れども所謂不論罪とは無罪と云ふことにして本章の各節を講ずれば其意明了なる可し」として議論を始める（二二七頁）。彼によれば、不論罪は字義通りには「罪は存在するがあえて問題としない」という意味になるのであり、「無罪」（厳密にいえば「犯罪不成立」）ということになる。そして、「予曽てエキザンプション・ド・ペーヌの妥当ならざることをボアソナード氏に質せしに、氏亦予が言を可と為しノン・キュルパビリテー（無罪と訳す）なる文辞を用いるを至当ならんと答へられたり、減軽の文辞も亦妥当を欠く」と用語の不当性を主張するのである。彼は、ボアソナードに聞いたところ、宮城の説が正当である旨の回答を得たことを述べている。そして、彼は、草案との対比において、「草案にはエクスキューズ・レガールと有り、之を訳すれば法律上の宥恕となる。法律上の宥恕とは、其人は罪あれども或る事情、原由あるにより法律上に於て之を宥恕することにして彼の裁判上の宥恕、即ち裁判官が立法者の許与したる範囲内に於て酌量減軽する者と相区別せんが為めに特に『エクスキューズ・レガール』なる文字を用いたりしに、現行刑法は之を改竄して減軽なる文辞を用いるに至れり。此点に付きては草案は最も可なりと信ず。凡そ減軽とは宥恕の結果たるに過ぎず。即ち罪を宥恕するが故に刑を減軽する者なり。斯く減軽は刑を目的としたる文辞に拘はらず不論罪なる罪を目的とする文辞と共に掲げたるは蓋し不当の行文と謂はざる可からざるなり」と主張したのである（二二七頁）。すなわち、草案の文言が正当であったのに、立法の段階で誤って改変されたというのである。彼によれば、不論罪は「犯罪」の成否に関わるものであるのに対して、減軽は宥恕の結果、「刑」に関わるものであるから、両者を同列に扱うのは不当であるとされるのである。不論罪は、今日でいう責任論に当たることになる。

本節においては、「犯罪」の成否に関わる不論罪に重点を置いて検討することにする。

第二款　不論罪の規定の根拠

不論罪の規定は、「如何なる理由によりて設けられた」のかについて宮城は、次のように述べる。すなわち、「人の所為にして之を犯罪と為して以て其人の計算に入るには、其人が犯罪を構成するに足る可き責任なかる可からず。要するに責任は犯罪構成の一元素にして責任の有無は以て犯罪の有無を決すべし」としたうえで（二二八頁）、「敢て問ふ、他物に責任なく唯人類にのみ責任あるは何の故ぞや。曰く人類の心意内には善正邪悪を弁識するの智識（即ち弁別力）と為不為を決定するの自由との二能力ありて他物には此二能力なし。是れ一は責任ありて、一は責任なき所以なり。夫れ人類の心意を解剖し之を諦視するに、実に不可思議なる能力甚だ多く、智識と自由との如きも其一にして実に人類の他動物と殊異なるの処此点にあるが如し」と述べている（二二八―九頁）。ここにおいて、宮城は、犯罪の構成要素の一つとして「責任」を挙げている。ここであえて法律用語である「責任」という語が用いられている点が注目されなければならない。その「責任」の基礎は、正邪善悪を「弁識する知識（弁別力）」と為不為を決定する「自由」に求められている。したがって、「吾人が有する所の善悪邪正を弁識するの智識と為、不為を決定するの自由とは人類の責任構成の元素にして、若し其一を欠く時は責任なし。責任なき時は罪とならずと云ふの結果を生ずるに至る。此責任なきの所為は則ち不論罪の因て起りたる所以なりとす」とするのである（二二九頁）。このようにして宮城は、不論罪の規定の根拠は、責任のない行為は犯罪を構成しないことにあると主張しているのである。これは、不論罪が刑法における「責任論」の問題であることを明示するものにほかならない。

第三款　責任無能力と強制に基づく行為に関する規定

責任能力と強制に基づく行為に関する規定について、宮城は、次のように説明する。まず、責任無能力について、「夫れ人類は完全の能力を具備するを以て普通一般の状態と為すと雖も、或は特種の事情の為めに或る能力を虧欠すること無きに非ず。例へば白痴瘋癲は善悪邪正を弁別する知識を有せざるが故に責任なし。是を以て此者人を殺し若しくは人家に放火したりとせんに、其害悪は幾何く大なるにもせよ彼の禽獣の人を殺し雷火の家を焼くと同じく、一の事件たるに過ぎずして犯罪を構成せざるなり。是れ我刑法は知覚精神の喪失に因て是非を弁別せざる者は其罪を論ぜずと云ふ条文を規定したる所以なり」とされる（二二九―三〇頁）。すなわち、「善悪邪正を弁別する知識」を有しない者が生じさせた「害悪」は、単なる「事件」にすぎず、「犯罪を構成」しないとされるのである。したがって、刑法は、「知覚精神の喪失」によって「是非を弁別せざる者」については、その罪を論ぜすと規定しているとされるわけである。そして、刑法典は「第七十八条、第七十九条に幼者の犯罪に付き不論罪を規定したるが如きも亦幼者は幾分の智識なきには非ざれども責任を構成すべき智識なしと為して之を不論罪と為したるなり」と解されている（二三〇頁）。つまり、「幼者」も「責任を構成すべき智識なし」として責任無能力者となしているのである。

さらに、強制に基づく行為について、彼は、「例へば暴行者に迫られ之を避くるの道なく其言に従ひて人を殺傷したる者の如きは、其人固より危害の切迫にして為、不為を決定するの自由なく事此に及びたる者なり。故に人を殺すの跡あるも、猶ほ彼の暴風が家を破り人を殺したると分つこと無し。実に人を殺したるの跡大に悪むべきが如しと雖も、自由なきの所為は責任を構成せず。責任を構成せざる時は固より犯罪とならざるなり。是れ我刑法に於て、抗拒すべからざる強制に遇ひ其意に非ざるの所為は其罪を論ぜずと規定したる所以なり（第七十五条）」と説明している（二三〇頁）。ここにおいて、「危害」が「切迫」しこれを避けられない者は、「為、不為を決定するの自由」を有せず、その「自由なきの所為は責任を構成せず」とされるのである。つまり、意思決定の自由のない者の行為は責任のない行為であるから犯罪を構成しないとされているのである。彼は、意思決定の自由を有しない行為が犯罪を構成しないのは、自然現象としての「嵐」によって被害が惹起されたばあいと異ならないと比喩を用いて説示している。このような比喩は「自由」の観念が定着していなかった当時においては、きわめて強烈な印象を与えたであろう。

次に、宥恕減軽規定の根拠について、宮城は、次のように述べている。すなわち、「人は智識と自由との二能力を有するが故に責任あり。責任あるが故に犯罪を成す。然れども人の罪を犯すや必ずしも完全なる能力を具備するものに非ず。或は智識と自由とを有するには相違なけれども、其之を有するの度甚だ不完全なる者なきに非ず。之を換言すれば責任の度の甚だ少き場合あり」としたうえで（二三〇頁）、「十二歳以上十六歳以下の幼者にして罪を犯したる時は、仮令弁別ありて犯すも之を大人の罪を犯したるに比ぶれば固より同一に論ずるを得ず。十二歳以上十六歳以下の幼者は固より智識なきにはあらずと雖も、其智識は一般に甚だ不完全なることは何人も之を認知すべし。智識既に不完全なる時は犯罪の度も亦軽しと為さざる可からず。是を以て我刑法は十二歳以上十六歳以下の幼者若しくは十六歳以上二十歳以下の幼者の犯罪に付きては、其罪を宥恕して本刑より減等することとなせり。是れ本節に所謂宥恕減軽を設けたる所以なりとす」と説明しているのである（二三〇―一頁）。ここで宮城は、「智識」が「不完全なる時」は「犯罪の度」も軽いので、その「刑」も軽くなるべきことを明解に説明している。その延長線上において、「宥恕」減軽という表現の不当性を強調する。すなわち、「此の如く宥恕減軽の起因を解する時は『宥恕』の文辞の甚だ穏当ならざるを知り得べし。蓋し宥恕と云へば既に充分の罪あるも之を宥すと云ふ意なるが如し。然れども法律上に於て宥恕を行ふは責任の少なきが為め、換言すれば犯罪の度軽きが為めに軽き刑を科する者にして充分の罪あれども故らに之を宥恕すと云ふには非ざるなり……此場合に於ては之を宥恕と曰はずして或は年齢に因りての減軽と曰はば可ならんか」と述べている（二三一頁）。宮城によれば、刑が減軽されるのは、あくまでも「責任」が少ないため、つまり、「犯罪」の程度が低いためであるから、厳格に「年齢に因りての減軽」と称すべきなのである。ここに宮城の学者としての厳密さがみとめられる。

責任無能力規定については、第一〇款において見ることにする。

第四款　強制に基づく行為の取扱いに関する規定とその根拠

強制に基づく行為について刑法七五条は、「抗拒ス可カラサル強制ニ遇ヒ其意ニ非サルノ所為ハ其罪ヲ論セス、天災又ハ意外ノ變ニ因リ避クヘカラサル危難ニ遇ヒ自己若クハ親屬ノ身躰ヲ防衛スルニ出タル所為亦同シ」と規定している。この規定について、宮城は、「本条は彼の責任を構成する一条件たる為、不為を決定する自由なきが為めに無罪なりと云ふを規定したる法文にして、即ち自己の力を以て抗拒し逃避すべからざるが如き重大なる強制に遇ひて行ひたる所為は、其形跡は犯罪に類するも之を罪とし論ぜずと云ふことを規定せり」と述べている（二三一頁）。つまり、強制により「責任を構成する一条件」である「為、不為を決定する自由」が喪失するので、責任が阻却されて犯罪は不成立となるとされるのである。これは、今日でも通用する論理である。(8)

さらに、本条の根拠について、宮城は、「有形的強制即ち強者、弱者の手に刀を持たしめて他人を殺害したる如きは弱者は固より其為、不為を決定するの自由なきは言を待たず。其身体猶ほ且強者の控制する処となりたる者なれば此場合に自由なく、従ひて責任なしと云ふは当然の事にして、其無罪なることは実に法文を要せずして明瞭なり。何となれば何人と雖も此場合に自由あり責任あり、又有罪の所為なりと曰ふ者あらざればなり。是故に本条は唯所謂無形的強制の場合のみに適用する条文に過ぎずと云ふも過当に非ざる可し」と述べている（二三二頁）。有形的強制、つまり、物理的強制のばあいに責任がないのは、当然のことであるから、条文で規定するまでもないとされる。したがって、本条は、無形的強制、つまり、精神的・心理的強制のばあいの取扱いについての規定であるとされる。そのうえで宮城は、「然らば無形的強制は果して吾人をして為、不為を決定するの自由を失はしむる者か。曰く然り。此場合に於ては危害身に逼りて我身を殺さんか、強者の言に従はんか、俗に所謂二つに一つの場合にして、我身体生命を重んずるの切なる終に是非、黒白、為不為の決定を為すに遑なくして事の此に及びたる者なれば、其所為たる固より自由ありて為したる者と謂ふを得ざるなり」として、無形的強制も責任を阻却すると解している（二三二―三頁）。すなわち、このばあいは「所謂二つに一つの場合」で現在の用法でいう「他行為可能性」が存在しないので、責任はみとめられないことになるわけである。[9] 右の宮城の叙述は、きわめて妥当であるとおもう。

ところが、宮城は、無形的強制については、外国においても立法上および理論上対立があるとする。第一説は、「無形的強制に遇ひて他人を害するの所為例へば甲者、乙者に迫りて丙者を殺させしめたるが如き、乙者は其身非常なる強制を受くるとはいへ、丙者を殺すの権利ありと謂ふを得ず。彼の正当防衛の如きは固より生存権の実行なれば、之を純然たる無罪の所為と謂ふを得べしと雖も、此場合は甲者に対するに非ずして第三者たる丙者に対するより其丙者を害するの権利なきことは一目瞭然たり。故に此場合に於ては乙者は罪なしと謂ふを得ず。即ち乙者の所為は法律上殊に其罪を問はざるに止りて、其所為自身は無罪なるに非ざるなり。然るに此場合に於ては乙者を以純乎たる無罪と為し怪まざるは却て奇怪に勝へず」と主張するとされる（二三三頁）。この説が、正当防衛と対比して正当防衛行為は権利性がみとめられるので犯罪不成立とするのは、妥当である。[10] しかし、このことから強制に基づく行為に責任があるとするのは、妥当でないといえる。次に第二説は、「此場合に為、不為を決定するの自由なしと論ずるは甚だ不可なり。蓋し甲者が乙者を強制して丙者を殺さずんば汝を殺さんと云ふ場合に当りて、乙者は果して為、不為を決定するの自由なきか、已れ丙者を殺さずして甲者に殺さるるか、或は甲者の言に従ひて丙者を殺すか、二者択一の自由は之を有する者なり。乙者已に二者択一の自由あり。而るに之を自由なしとして無罪とするは実に奇怪の事なり」と主張するとされる（二三三頁）。この説は、行為者に「二者択一の自由」があるので、完全な責任がみとめられると解するものでり、このような理解は不当であるといえる。

宮城は、第一説は「法律と道徳との区別を混淆したる謬説なりと信ず」とする（二三三頁）。すなわち、「立法者は人に向ひて汝は身を殺して人を救へよ、汝は仁人君子たる可しと強ゆることを得ず。立法者普通の人情に基きて其所為は刑事の責任を負ふや否やを見るに止まるのみにして、責任ある者は之を罪とし、責任なき者は之を無罪とするなり。故に道徳上の責任あるも、法律上の責任なき時は如何なる所為と雖も之を純然たる無罪と為す」とするのである（二三四頁）。法律と道徳を峻別する宮城の立場からは、右の批判は妥当である。次に第二説については、「自由の一分子なきに非ずと雖も、其自由たるや甚だ制限せられたる者にして責任を構成するに足る自由に非ず。故に之を無罪と為すは至当にして罪あれども之を問はずと云ふが如き論説の不可なるを知る得べし」とされている（二三四頁）。この説が、「責任を構成するに足る自由」の不存在をみとめている点は妥当であるとされている。

第五款　「抗拒ス可カラサル強制」の意義と要件

第七五条にいう「抗拒ス可カラサル」強制」の意義について、宮城は、「固より予め定め難く、各事実に就きて之を認むるの外なし。即ち裁判官の認定に任ずる者とす」としながらも、「学問上より其場合を定め置くことは敢て難しと謂ふに非ず。一般より之を論ずるときは、所謂抗拒すべからざる強制と為し得るには左の四条件を具備することを要す」として、四つの要件を提示している（二三四―五頁）。つまり、宮城は、学問的観点からの一般論として、強制の要件を理論的に検討しているのである。ここに理論家としての宮城の相貌が見られる。その四つの要件とは、①強制の避く可からざること、②強制の巨大にして結果の危険なること、③危害の現在なること、④強制の原因は他より来たりたることをいう。①について、たとえば、「甲者あり、乙者を劫して丙者を殺さしめんとす。乙者に於て充分甲者に敵して之を摧くの腕力あるか、或は甲者の強制を避くるの途あるに猶ほ丙者を殺したる時は、是れ所謂抗拒すべからざる強制に遇ひたりと謂ふべからざるなり」とする。「故に抗拒すべからざる強制と謂はんには、其受くる所の強制の避くべからざることを要するなり」とされるのである（二三四頁）。②について、たとえば、

「汝、彼を殺さずんば即ち汝の頭を斬らんと云ふが如きは、其強制巨大にして結果危険なりとす。少しく例を換へて汝、彼を殺せ、然らずんば則ち汝の頭髪を剪らん、と云ふが如きは拒否すべからざる強制と謂ふべからざるなり」とする（二三四―五頁）。ここで強制および危険の「程度」の「比較」が提示されている。③について、たとえば、「汝、彼の家に入りて其財産を強取し来れ、若し言に従はざれば則ち明日汝を殺害すること有る可し、と云ふが如きは、其害の未来に属して現在に非ざれば、之を避くるの手段なきに非ず。刑法は此の如き未来の危害を恐れて人を害したる者を以て無罪とは為さざるなり」とする（二三五頁）。ここで危険の「現在性」の問題が検討されている。これは、今日の緊急行為における「危険の現在性」の問題と共通する論点である。④について、たとえば、「放佚遊惰の極、口を糊するに途なく、終に饑餓に迫りて他人の物品を窃取したるが如き場合は、所謂抗拒すべからざる強制に非ず。……此場合に饑餓の強制は自己より来りたるものなれば本条に云ふ強制には非ざるなり」とする（二三五頁）。これは、今日の用語でいう危険の「自招性」の是非の問題にほかならない。

右の諸要件の存否の「認容」の基準について、宮城は、「予は学問上抗拒すべからざる強制の場合を列挙すと雖も、前にも述べし如く其場合の認定は一に事実裁判官に在り。而して強制は各人其度を異にするを以て常と為すが故に、裁判官たる者は被強制者の年齢、体力、禀性、気力、教育、地位等を観察し、其情状を斟酌して判定せざる可からざるなり」と述べている（二三五頁）。これは、裁判官の事実認定に関わる実務上の重要問題であり、宮城が的確にこれについても論及し、考慮すべき事項を提示していることは、注目に値する。

第六款　第七五条第一項と第二項の関係

刑法第七五条第一項と第二項の関係について、宮城は、「第一項は強制の原因人より来り、第二項は物より来りたる差違あるが如くなれども、尚ほ一層注意して之を観察すれば、強制の原因が人より来るも物より来るも強制は即ち強制にして人の自由を虧欠せしむるが故に無罪なりと云ふ点に至りては、二者区別あるを見ず。故に此点より論ずれば唯第一項のみにて充分なりと謂ひ得るが如し。然れども我立法者は、強制の原因の物より来りたる者に制限を立てんと欲して終に第二項を設けたる者なり。即ち抗拒すべからざる強制が外物より来りたる時は、自己又は親属の身体を救護するときに非ざれば無罪とせずと云ふ制限を設けて、他人の為め若しくは自己の財産を救護保存せんが為めに人を害したる場合は有罪なりとす、と云ふことを明にしたるなり」とする（二三七頁）。すなわち、強制の原因が「物」または「人」の何れかに由来するとしても、人の「自由」を失わせる点においては、違いは存在しないので、第一項だけで充分のはずであるが、強制が「物」に由来するばあいには、「自己または親属の身体」を救護するときにかぎり、犯罪不成立とするという「制限」を付するために第二項が規定されたとするのである。立法者は、このような制限がないばあいには「自己の財産又は朋友の為めに他人を害したる所為をも無罪とする危険を生ずべし。是れ立法者の殊に第二項を設けて制限を置きたる所以なり」と説明されている（二三七頁）。もし第二項がないばあいには、自己の「財産」または親族でない第三者のために他人を害する行為も不可罰とする不都合が生ずるとされている。

第七款　強制による侵害が「他人」または「自己の財産」に及ぶばあいの取扱い

宮城は、さらに解釈論上の問題について論じている。すなわち、「抗拒す可からざる強制」の原因となる内容が「他の人が害を受くるに在る時、又は自己の財産に害を受くるに在る時」の取扱いをどうするか、について検討しているのである（二三八頁）。たとえば、「甲者、乙者を脅して曰く、汝、丙者を殺すべし、応ぜずんば則ち我れ直ちに汝の愛子を縊殺せんと云ふ場合の如き、或は汝、直ちに某々の文書を偽造すべし、肯ぜずんば則ち我れ直ちに汝の家屋に放火せん、と云ふ場合の如き、乙者に於て果して丙者を殺し又は文書を偽造したる時は、之を如何に処分するか。強制の原因が外物より来りたるに非ざれば第七十五条第二項を適用すべからざれば、直ちに第一項を適用すべきか」という問題である。この点について、宮城は、「抑々強制者が受くる所の害と被強制者が他人に加ふる所の害と比較し、受くる所の害却りて大なる時は、為、不為を決定する自由なしと謂ふを得ざるを以て有罪とせざる可からず。之に反して受くる所の害甚だ大にして加ふる所の害僅少なる時は、自由なきにより之を無罪とせざる可からず。故に本問の如き場合に於ては強制の因て起る所、他の人に在るも亦は自己の財産に在るも果して自由を欠きたる場合には、第七十五条第一項を適用せざる可からざるなり」と述べている（二三九頁）。このばあいには、守ろうとした害（利益）と侵害した害（利益）を比較し前者が大きいときには、意思決定の「自由」が欠如するので、第一項を適用して犯罪不成立とすべきであるとされるわけである。ここで実質的に法益の比較衡量論が展開されていることが注目される。

第八款　職務命令の履行

刑法は、さらに不論罪について、第七六条において、「本属長官ノ命令ニ従ヒ其職務ヲ以テ為シタル者ハ其罪ヲ論セス」と規定している。本条の根拠について、宮城は、まず「本条は是非を弁別するの智識と為、不為を決定するの自由とを有して為したるも罪とならざるにして、不論罪の理由大に前後各条と異なる所の者あり。此場合は須く為すべきの事を為したる者なり。即ち本属長官の命令に従ひて当さに為すべきの職務を為したる者なり。否、権利を行ひたる者なり、尚ほ極言すれば善事を行ひたる者なり。故に之を無罪とすと。予も亦曾て斯説を主唱したりしが、後大に其不可なるを悟了せり」と述べる（二四二頁）。従来、上官の命令に従って職務をおこなったばあいには、「為すべきの事」、「権利」または「善事」をおこなったので、犯罪不成立となると解されてきた。このばあい、行為者は為すべき行為をおこなったにすぎないから、義務の履行または権利の行使として違法性がないとされるべきことになる(11)。これは、今でいう違法性阻却事由に当たる。宮城もかつてこの説を支持したが、後に改説している。彼は、改説の理由について、「本条の不論罪も亦前条と同じく犯罪の構成に必要なる為、不為を決定する自由の一元素を欠くに在りと。此論結たる敢て予の私見に非ず。ボアソナード氏も亦此論を称道せり。前に掲載したる草案の全文に徴して之を推知すべし。蓋し本属長官の命令を遵守すべき者、其命令を受けたるときは命令の是非、善悪を論ぜず之に服従するの義務あり。此義務たる自己の職を辞するに非ざるよりは背戻することを得ず」とするのである（二四二頁）。上官の命令があるばあいには、受命者は「命令の是非、善悪を論ぜず」にその命令に服従する「義務」があるので、それに違反するためには、「自己の職を辞する」の覚悟が必要であり、そのことは「為、不為を決定するの自由」を失わせるものである。そこで、宮城は、他の不論罪と同様に、「不論罪」として責任が阻却されると解したのである。しかし、これは、職務違反（不作為）を「義務犯」として構成するものであって、妥当ではないと解される。このばあいには、命令に従う「作為」を端的に違法性が阻却されると解すべきであるとおもう。

第九款　故意論および過失論

刑法は、故意および過失に関して第七七条において「罪ヲ犯ス意ナキノ所為ハ其罪ヲ論セス但法律規則ニ於テ別ニ罪ヲ定メタル者ハ此限ニ存ラス、罪ト爲ル可キ事實ヲ知ラスシテ犯シタル者ハ其罪ヲ論セス、罪本重カル可クシテ犯ス時知ラサル者ハ重キニ従テ論スルコトヲ得ス、法律規則ヲ知ラサルヲ以テ犯スノ意ナシト爲スコトヲ得ス」と規定している。宮城は、「本条は甚だ難問を来す所の条文なれば偏に諸君の注意を望む」と述べたうえで、本条が不論罪として規定している理由は「為、不為を決定するの自由を欠きたるに出づるに非ず。又今より直ちに見んと欲する所の是非、善悪を弁別する可き智識なきに出づるにも非ずして全く罪を犯すの意思なきに由るなり。然れども其所謂罪を犯すの意思と云ふ解釈に至りては本条を一読して了解すべきに非ず。乞ふ先づ其解釈より始めん」とする（二四三頁）。すなわち、本条が不論罪を規定している理由は、これまで見てきた意思決定の「自由」の不存在および是非弁別の「智識」の不存在ではなくて、「罪を犯す意思」の不存在にあるとされるのである。本条は、現行刑法三八条にほぼ同じ形で継承されており、解釈論上、参考になることが多いので詳しく検討することにしよう。

宮城によれば、「罪を犯すの意無きの所為」という文言は、「文章上二様に解する」ことができるとされる（二四四頁）。すなわち、第一説は、「罪を犯すの意なき所為とは有意の反対にして無意、即ち故意に出でざる所為と解する」ものである。この説は、「罪を犯すの意なき所為」とは、「有意」でない「無意」の所為を意味し、「有意」とは「故意」を意味すると解するのである。右のように解する根拠は、「本条第一項の但書に所謂『法律規則ニ於テ別ニ罪ヲ定メタル』云々と云ふ場合は総て無意の犯罪にして過失殺傷、失火の如きを想像したるを見て之を知る得べし」ということに求められている。そして、成文上、無意の犯罪は「過失犯」とされていると解する。その結論として「因て第一項に於て無罪とするには無意即ち故意に出でざる所為なるを要し、故意に出でたる場合は有罪なりとす」とされる。このように解する根拠は第二項との関係にあり、「第二項は罪と為る可き事実を知らずして為したる場合、例へば有夫の婦を処女と誤認して通じたるが如き所為を無罪とする者にして、要するに故意なるも罪となる可き事実を知らざれば無罪なりと云ふことなれば、第一項の無意の場合と相対立して存在する所の条文なり」とされる（二四四頁）。つまり、この説によれば「故意」は罪となるべき事実を知っていることを意味するとされるわけである。

第二説は、「罪を犯すの意なき云々とは故意に出でざるときと解するに非ずして、各本条に規定する各犯罪に要する意思なき云々と解する」立場である。この説は、各条文に規定されている「各犯罪」に必要な意思を問題にする。この解釈によれば、「凡そ犯罪には或は故意のみにて罪となる者あり、或は故意のみにては罪とならずして一種の目的あるを要する者あり。夫の故殺罪の如きは故意あれば則ち罪と為り、其目的の如何を問はずと雖も、貨幣偽造罪の如きは故意のみにては罪とならずして、之を悪事に使用するの意思あることを要す。文書偽造罪も亦然り」とされる（二四四頁）。要するに、罪を犯す意思は、故意または目的を意味するとされるのである。そして、「斯く各犯罪には其罪の異なるに従ひて特種の意思を要するを以て、本条は此等各罪に要する意思なき時は無罪なりと云ふことなり」とされる（二四四頁）。第二説の「解釈に従へば本条第二項は全く無用に帰す。何となれば罪となる可き事実を知らざるの所為は、是れ即ち罪を犯す意なきの所為にして第一項と同一の事を規定したるものと為ればなり。例へば第二項の適例として既に前に掲げたる有夫の婦たるを知らずして通じたる所為の姦通罪を成さざるは、罪となる可き事実を知らざる者にして即ち姦通罪を犯すの意なきものなり。強ひて第二項を保護すれば、立法者が注意の為めに掲げたりと云ふが如き価値なき条文たるに過ぎざるなり」とされる（二四五頁）。つまり、本説によれば、第二項は単なる注意規定とされることになる。

宮城は、第二説は「成文上之に従はざる可からず。而して第二項は現行刑法修正の機到らば則ち之を削除して可なり」としたうえで、「故に犯意は総て各本条に就き之を探求せざる可からず。而して各本条を通読するに此如き意思を要すと云ふことを明言したる者なし」とする（二四五頁）。そして、「草案には各本条下に於て往々『悪意ヲ以テ』云々『情ヲ知リテ』云々『故意ヲ以テ』云々等の文辞を挿入したるが故に、単に条文を一読したるのみにて容易に此種の犯罪には如何なる犯意を必要とするかを知るを得べかりしに現行刑法は之を削除したり。顧ふに第七十七条に於て犯意なきの所為は罪を論ぜずと規定したるを以て別に各本条に明記するの要なしと思惟しに因るなる可し。然れども是れ速了の見解たるに過ぎずして、各本条の犯意を知ること実に困難なりとす。依て予は第二編以下の各本条に至りなば明に其犯罪に要すべき犯意を挙げて以て諸君の便に供すべし」としている（二四五―六頁）。草案は各条文において故意のほかに主観的要素を規定していたが、刑法はこれを省略したので、宮城は、各条文における犯意は、個別的にその内容を明らかにすべきであるとする。立法に関与した者として草案との関係をも解釈論に加味する点に宮城の解釈論の幅広さが見られる。宮城は、「犯意なきの所為は何故に無罪となるか」（二四六頁）という問いに対して、「凡そ犯罪とは云はんには、其所為たる社会を害し道徳に背く者ならざる可からず。道徳に背くも社会を害せず、社会を害するも道徳に背かざれば犯罪に非ず。今犯罪なき所為の所を観察するに、仮令社会を害するの結果ありとするも犯意なきを以て固より道徳に背くと云ふを得ず。是れ其無罪たる所以なり」と答えている（二四六―七頁）。すなわち、「犯意」がないばあいには、反道義性が存在しないので、犯罪不成立となるとされるのである。

また、「本条第一項但書は如何なる場合を想像したるか。又其無罪に非ざる理由如何」という問いに対して、宮城は、次のように回答している。すなわち、「第一項但書の場合は……或は過失殺傷、失火罪等無意の所為を云ひ、或は意思の有無を必要とせざる違警罪中多くの場合の如き要するに無意犯を想像したる者なり」としたうえで（二四七頁）、「無意犯とは犯意なきも罰する所の犯罪なり。但し過失殺傷、失火の罪は犯意あれば謀故殺罪、殴打創傷罪、放火罪となるを以て必ず犯意なきを要すれども、違警罪中に規定せらるる無意犯、例へば標識の点燈を怠りたる罪、夜中燈火なくして馬車を疾駆したる罪等は、犯意なき時は勿論、犯意あるも亦同じく罰する所の者なり」と答えている（二四七頁）。つまり、第一項但書は故意を包含し得る違警罪についても適用されると解されている。したがって、「第二項は既に第一項の解説中に於て一言したるが如き第一項中に含まる可き条文なり。而して其場合及び理由の如きも亦前に略言したるを以て再論せざるなり」とする（二四七頁）。

次に、「第三項は例へば他人と思惟して殺害せしに、何ぞ図らん父若しくは父母なりと云ふが如き場合にして、有形の事実より之を観れば其所為は普通の殺人罪より重かる可き犯罪なりと雖も、其父たり母たることを知らざるを以て普通罪と同一の刑を受け、其重きに従ひて罪せらるること無し。本項を玩味する時は、本項も亦第二項と同じく第一項中に包含する所の者にして別項を設くるの必要なきなり」とする（二四七頁）。そして、その理由として、「罪の重かる可き事実を知らざる所は即ち是れ犯意なき所にして、犯意なき所は之を重く罰すべからざるは本項の規定を要せずして第一項に於て已に知るを得べければなり。顧ふに本項も亦一層の明了を欲して之を規定したるにすぎず。而して終に蛇足の条文たることを免がれざるなり」とする（二四七―八頁）。本項は、現在の用語でいえば、軽い事実を認識して重い犯罪を実現した「抽象的事実の錯誤」の取扱いに関する規定であり、現行刑法第三八条第二項に相当するものである。宮城によれば、これも第一項に包含されており、単なる注意規定であるとされるのである。

第四項について宮城は、「第四項は法律規則に於て罰すべき所為を行ひ而して其法律規則の有りしことを知らずと云ふも、為めに犯意なしと為すべからざることを規定す。例へば人を殺したる者あらんに、法律に於て人を殺すの所為を罰すること有るを知らずと云ひて其罪を免るることを得ず」とする（二四八頁）。本項は、現行刑法の第三八条第三項本文に相当するものである。宮城は、「法律規則を知らざるを以て犯意なしとすることを得ざる理由如何」について、次のように説明する。この点について、「法律は人皆之を知ると云ふ推測ありて此推測には反対の証拠を挙げるを許さず」とする説もあるが、それは不当であるとする。「人は法律を知っている」という推定が一般にみとめられてきたが、彼はこれを明確に否認するのである。すなわち、「果たして一般の人は法律を知るを以て普通の状態と為すか。法律は解し難く知り易からざる者なり。夫の刑法、民法特に行政の如きは常に法律を講ずる者、若しくは常に法律を適用する者猶ほ最も明瞭なること能はずして困難を極むる者あるに非ずや。何ぞ一般の人悉く之を知るの理ある可けんや」とするのである（二四九頁）。つまり、つねに法律を講じたり適用したりする者でさえ法律を正確に把握するのは困難であるのに、ましてや一般人が法律を知ることはできないとするのであり、きわめて説得的な言述である。ローマ法以来、「法の不知は害す」という法諺を根拠に法律を知っていることを推定する見解が有力に主張されてきたにもかかわらず、宮城がこれを否定していることの意義はきわめて大きいといえる(12)。

さらに、宮城は、「凡そ殺人罪、放火罪、竊盗罪等普通の犯罪は白痴瘋癲に非ざるよりは吾人の良心に於て犯すべからざる者なることを知る。吾人の良心既に其犯すべからざるを知る時は成文を設くるの要なし。而して尚ほ之が成文を設くるは裁判官の専横を防ぎ、吾人の自由を保護せんが為めなり。普通の犯罪の犯すべからざることは何人も之を知る。知りつつ犯す。故に知らずと云ふも無罪たるを得ざるなり。然れども行政規則若しくは違警罪に干する規則の如きは、全く一般人民の知り難き者に属す。而も犯罪者をして其規則を知らずと云ひて無理たるを得ざらしむるは公益を保護するが為めなり。蓋し此等の法律を頒布すと雖も之を知らずと云ふことを許容して悉く罪を問はざる時は、此等法律規則は将に執行力を有するの時々なからんとす。執行力なきの法律之を徒法と曰ふ。以上は則ち第四項の規定ある所以なりとす」と述べている（二四九―五〇頁）。宮城の右の主張は、後年に至って牧野英一博士が提唱された「自然犯・法定犯区別説」に通ずるものがある。宮城によれば、自然犯については、行為者は当然、その犯罪を犯してはならないことを知っているので、明文がなくても責任は阻却されない。にもかかわらず、明文規定を設けたのは「裁判官の専横を防ぎ、吾人の自由を保護」するためであるとされる（二四九頁）。このように、裁判官の専恣を防止して市民の「自由」を保障する必要があるとするところに、宮城の自由主義者としての立場が明確に示されている。これに対して、法定犯としての行政規則違反、違警罪については、「公益を保護」するために法律を知らなくても処罰されるべきであるとされる。そうでなければ「執行力」はみとめられなくなるとする。公益保護のためには、原則の例外をみとめるべきことを肯定するが、そのばあいには明文規定が必要であるとして自由主義の原理の貫徹がはかられている。

第一〇款　責任無能力者規定

最後に、責任無能力者の規定について見ておこう。刑法第七八条は、責任無能力について、「罪ヲ犯ス時知覺精神ノ喪失ニ因テ是非辨別セサル者ハ其罪ヲ論セス」と規定している。本条について、宮城は、「是非を弁別する所の智識は犯罪の責任を構成するに必要なる一物件たり。本条は即ち智識てう元素を虧欠したるが為め之を不論罪と為すなり。然り而して智識なき場合は、自由は虧欠する者と知る可し。本条の『是非ヲ弁別セサル』云々の文辞は特に挿入せずして可なり。何となれば知覚精神を喪失したる者の是非を弁別せざることは固より論を俟ざればなり」と述べている（二五二頁）。「知覚精神」の喪失者が是非弁別能力がないのは当然であるとされる。現行刑法第三九条は、責任無能力者および限定責任能力者について規定し、「心神喪失」者が責任無能力者とされているが、その内容は「是非弁別能力」が中核であると解されている。宮城は、「是非を弁別する」ところの「智識」が「責任」の構成要素であると解していた。その智識が欠如するばあいには「自由」が欠如するので「不論罪」となると解したのである。そして、彼は、「吾人の知覚精神は如何なる場合に喪失するか。是れ法律に規定せざる所にして一に法医学上に於て之を定むる者とす。蓋し吾人の知覚精神を喪失する原因は一にして足らず。其喪失の状態も甚だ多し」とする（二五二頁）。知覚精神の喪失の存否および状態については法律に規定されておらず、「法医学」によって定めるべきことが主張されているのは、注目に値する。

このように「理論としては此の如く論決して復た困難を看ず。然れども実際に於ては間々智識の有無、存否を知るに甚だ困難なること有り……之を監査し判定するに当りて錯誤を来すことは稀有の事と謂ふべからず。裁判官たる者謹慎を加へずんばある可からざるなり」とされている（二五三頁）。実務経験が豊富であるからこそ、宮城は、理論的には容易であっても、監査・判定に「錯誤」を生ずる問題について、裁判官に慎重さを求めているのである。

第五節　未遂犯論

第一款　未遂犯の意義

宮城浩藏は、未遂犯について、刑法典に規定されている犯罪は「皆既遂の犯罪を想像したる者なりと雖も、犯罪者は諸種の原因よりして其罪に着手するも目的を達せずして止むこと有り。此場合を称して未遂犯と曰ふ。……乃ち未遂犯とは既遂犯に対する語なりと知る可し」と述べている（三三八頁）。このように、彼は、未遂犯を既遂犯に対する概念であるとし、刑法典上は「既遂の犯罪を想像」したものであるとして、既遂犯処罰が原則であることをみとめているのである。これは、現行刑法に承継されており、[13]現在の理論からも評価され得る理解であるといえる。さらに、彼は、「犯罪は悉く未遂たる可き性質を有するに非ず。罪の種類に因りては未遂犯無き犯罪の存する者あり。夫の内乱に関する罪、猥褻罪、偽証罪等は其罪に着手すれば則ち直ちに完全なる犯罪となるものなり。此種の犯罪は姑く之を措き、凡そ犯罪の目的を違せず中途にして已むときは、危害全からずして社会を害すること少き者なり。已むに社会を害すること少なき時は既遂罪と同視するを得ずして幾分か刑の減軽なくんばあらず。是れ本章の規定ある所以なり」とするのである（三三八頁）。彼は、未遂が存在しない犯罪類型があること、および、未遂犯は「社会を害すること」が少ないので、既遂犯と同視すべきではなく、必要的に「刑の減軽」がみとめられるべきことを指摘している。これは、理論的に一貫した見解であると評価できる。

刑法第一一一条は、「罪ヲ犯サンコトヲ謀リ又ハ豫備ヲ為スト雖モ未タ其事行ハサル者ハ本條別ニ刑名記載スルニ非サレハ其刑ヲ科セス」と規定しており、この条文について宮城は、「未遂犯は既に犯罪に着手したる後に係れり。

其未だ犯罪に着手せざる以前に於ける所為は刑法上之を如何に処分するか。是れ本条の規定したる所なり」と説明している（三三八頁）。条文上、「着手」という文言が用いられていないのにもかかわらず、宮城がこれを使用しているのは注目に値する。これは、その後の未遂犯論において中核概念となる実行の「着手」の観念を提示したことになるからにほかならない。本条は、既遂犯処罰が原則であり、法典上、未遂犯処罰の規定があるばあいにかぎり、例外的に未遂犯を処罰するもので、その限りにおいて内容的に現行刑法第四四条に相当するものである。

第二款　行為の遂行段階

宮城は、行為の遂行段階に関して、「凡そ人の罪を犯すや物に触れ事に感じて直ちに之を決行する者なきに非ずと雖も、諸種の所為を経過するを以て常と為す。……刑法は人間の所為の幾何部分まで干与し得る物なりやを見んとす」としたうえで（三三八頁）、内部的行為と外部的行為について、次のように述べる。すなわち、「内部的行為は背道の点は或は之有るも、社会干与し得べからざる者なり。若し人間の裁判権は内部的行為に対して干与するを得るものなる時は、吾人の自由は何に由て之を保全するを得んや。是故に刑法は内部的行為に干与すること無しと云ふを以て一大原則と為すなり」とする（三三九頁）。内部的行為については、反道義性がみとめられるばあいであっても、「自由」の保障という観点から刑法は関与してはならないとするのが「一大原則」であるとされる。自由主義者の宮城の根本的主張がここに見られる。彼は、「人間の裁判権」という観念を持ち出して、それが内部的行為に関与することをみとめると「吾人の自由」は保全され得ないと説いたのである。さらに、「決心にして外部に表はるるときは人間の裁判権固より之に干与するを許す雖も、社会の危険の度未だ以て刑罰権を実行するに足らざる者多きにより尚ほ之をしも罰せざるを以て原則と為すなり。我百十一条に於て『罪ヲ犯サンコトヲ謀リ云々其刑ヲ科セス』と規定したるは所謂犯罪の決心は刑法之に干与せずとの原則を掲げたるに過ぎざるなり」とする（三三九頁）。彼は、「決心」が外部に表れたばあいであっても、なお「社会の危難の度」が「刑罰権を実行する」に足りないものが多いので、処罰すべきではなく、このことを第一一一条は規定していると強調したのである。そして、「我刑法は例外として犯罪決心の結果の外部的行為によりて表はれたる者を罰すること有り。内乱に関する罪（第百二十五条第二項）、皇室に対する罪（第百十六、十八条）の二罪是なり。此他の所為と雖も例外として之を罰することを得ざるに非ざれども、我が立法者は此二罪に限り、他は悉く原則を適用すること為せり」と説明している（三三九頁）。つまり、「犯罪の決心の内部的行為に属するを以て之を罰する本条に『本条別ニ刑名ヲ記載スル云々』と有る即ち是なりとす」とするのである（三四〇頁）。内乱罪と皇室に対する罪の二罪以外は、厳格に原則が遵守されるべきことが強調されている。自由主義を刑法解釈論においても堅持すべきことが提示されていることに、改めて注目すべきであるとおもわれる。

予備と着手について、宮城は、「外部的行為は内部的行為に継て起る所の所為にして、先づ予備となり、進みて着手となる。倶に体力に関する所の者とす」と述べる（三四〇頁）。そして、「予備とは例へば罪を犯すの場所を択み、或は殺さんとする人を捜し、或は犯罪の用に供する器具を求め、或は共犯者を索め、或は方略を定むるが如き是なり。着手とは此に因て犯罪の目的たる結果を生ずべき所為にして、例へば人を殺さんと欲し刀剣を以て既に切傷したるが如き、盗を為さんと欲して財物に触れたるが如き是なり」と概念規定する（三四〇頁）。外部的行為は、まず予備として発現し、続いて着手に至るとされる。準備行為としての予備が具体的に例示されている。[14] 着手については、「犯罪の目的たる結果を生ずべき所為」として特徴づけている。[15]「結果を生ずべき」という表現に「結果発生の危険」が含意されていると解することができるとおもう。必ずしも明確に叙述されているわけではないが、理論的にそのように解することは許されるであろう。[16] そのうえで、彼は、刑法の規定について、「予備に就きて我刑法の規定する所如何。是も亦本条中に明言する所たり。着手の所為に関しては次条に規定せり。即ち本章の未遂犯罪の事を規定せり」と説明している（三四〇頁）。

第三款　予備

予備の当罰性について、宮城は、「犯罪の予備の初は道徳に背戻する者なることは固より言を俟たず。其外部的行為に属するを以て危険を社会に加ふることも亦少小に非ず。故に社会刑罰権の之に干与することを得ざる者に非ざるなり」としたうえで、「何故に犯罪の予備を罰すること無きを原則とするか。曰く予備の所為たる果して犯罪の予備なるや否やを判別し難くして強て之を罰せんと欲せば、往々無罪者を罰するが如き不良の結果を生ずる者あり」とするのである（三四一頁）。ここで、宮城は、予備行為が「道徳に背戻」し「危険を社会」に与えることが少ないので、「社会刑罰権」の関与の可能性を肯定して、予備行為の当罰性をみとめる。しかし、「予備」となるか否かの「判別」が困難であることを理由に予備行為不可罰の原則を根拠づけている。[17] すなわち、判別が困難であるのにこれを強いて処罰しようとすると、「無罪者を罰する」という「不良の結果」を招来するとされるのである。ここに必罰主義の不当性が明確に主張されている。そのうえで、彼は、予備の当罰性の根拠について、「予備なる者は着手に近接し、一歩を脱離すれば全く着手と成り得る所の所為なれば、此等予備の所為を罰して以て不測の禍害を予防するを要す。是れ其予備の所為として之を罰する所以なりとす」と述べている（三四二頁）。彼は、予備が「着手」に近接し、「不測の禍害」、すなわち結果発生の危険を生じさせるので、「不測の禍害を予防」するために処罰されるべきであると解しているのである。ここで、予備が「着手」に近接していることを理由に着手が不測の禍害の危険性を有することを主張していることになる。

宮城は、第一一一条にいう「其刑ヲ科セス」とは「罪有れども宥して其刑を科せずと解し得らるるが如しと雖も、此文辞は唯無罪といふことにして別に異義あるに非ず」としたうえで、「該条は犯罪決心若しくは予備を為すも、本条に於て特別に之を罰する時に非ざれば無罪となりと云へる一大原則を規定したる者とす」としている（三四三頁）。すなわち、予備には「刑を科せず」と規定されているが、それは「犯罪とならず」という意味であると解することによって予備不可罰の原則が徹底させられている。

第四款　未遂犯の処罰

未遂犯の処罰について、第一一二条は、「罪ヲ犯サントシテ已ニ其事ヲ行フト雖モ犯人意外ノ障礙若クハ舛錯ニ因リ未タ遂ケサル時ハ已ニ遂ケタル者ノ刑ニ一等又ハ二等ヲ減ス」と規定する。この規定について、宮城は、「本条は人間の外部的行為中着手の事を想像し、所謂未遂犯に関する刑を規定したるものなり」とする（三四三頁）。すなわち、本条は、「外部的行為」の中で「着手」を問題とする「未遂犯」の「刑」を規定したものであるとされるわけである。これらは、今日の未遂犯論においても議論されている論点であることに注意する必要があるとおもわれる。

未遂には着手未遂と着手既遂があるとされる。宮城は、「着手未遂とは着手して未だ充分に其所為を遂げざる者にして、此場合は目的たる結果の生ずること無し」とする（三四三頁）。つまり、これは、「着手」して「所為を遂げざる」ものであり、「結果」は生じないものとされる。そして、「其未遂を来す原由」が二つあるとされる。すなわち、「一は自ら中止すること、他の一は意外の障礙に出でたること是なり。之を例せんに人を殺さんと欲し既に刀を加へたれども、刑を恐るるか若しくは悔悟するよりして之を遂げずして止むは自ら中止する場合なり。既に刀を加へたるも他人の為めに支へられて之を遂げざるは、意外の障礙に出でたる場合なり」とされる（三四三頁）。これは、今日でいう「中止未遂」と「障害未遂」である[18]。これに対して、「着手既遂」とは、「着手して既に充分其所為を行ひ遂げたる者にして、此場合には目的たる結果の生ずる時と生ぜざる時との二有り。其結果を生じたる時は其目的を達したる者にて、之を生ぜざる時、例へば人を殺さんと欲して銃を放ちたるに意外の舛錯によりて之に命中せざるか、或は命中するも創傷に止まる時の如きは其目的を達せざる者なり」とされるのである（三四三頁）。これは、今日でいう「実行未遂」ないし「終了未遂」であり、結果が発生しないばあいである[19]。結果が発生したばあいは、その目的を達成したものであり、既遂犯にほかならない。

宮城は、本条の規定内容について、「着手未遂にて犯人の意に出でたる中止によりて目的を遂げざる者は本条之を想像せず。……本条は二個の場合を規定したる条文にして、即ち意外の障礙に因て目的を遂げざる者と意外の舛錯に因て目的を遂げざる者とあり。換言すれば本条は着手未遂と欠効との二個の場合を規定せる者なり」とする（三四三頁）。すなわち、現行刑法における中止未遂（中止犯）は規定されておらず、着手未遂における障害未遂および実行未遂における欠効犯のみが規定されていることになる。

第五款　欠効犯とその処罰

欠効犯の意義について、宮城は、「欠効犯とは、罪を犯さんとして既に其所為を行ひ了るも尚ほ意外の舛錯により て其目的たる結果を得ざるを云ふ。意外の舛錯とは例へば人を殺さんと欲して銃丸を放ち誤りて的らざるか、若しくは的るも唯微創のみにて死に至らざるが如き、毒殺せんと欲して毒薬を飲ましたるに其人直ちに消毒薬を服して死せざるが如き場合にして、犯者已に其行はんと欲する所為を充分に遂げたるも尚ほ其目的を達する能はざりしもの是なり」と説明している（三四六頁）。要するに、欠効犯は、実行未遂における障害未遂を意味する。

欠効犯の処罰について、宮城は、「背徳の点より観察するも加害の点より攻究するも之を罪とす可きは言を待たず。唯其目的たる結果の生ぜざるを以て既遂犯と均しく罰するを得ざるのみ。仏国刑法は之を既遂犯と同一に罰す。実に不当と謂ふ可し。然れども此場合は之を着手未遂の場合と同一にす可からず」とする（三四六頁）。つまり、欠効犯は、背徳および加害の観点から当罰性が当然にみとめられるのである。フランス刑法は、これを既遂犯と同様に処罰するが、宮城はそれは妥当でないと批判する。しかし、これを着手未遂と同様に処罰するのも妥当でないとする。すなわち、宮城は、「着手未遂の場合に比すれば、加害の点は彼此異なるときも、背徳の度は反て重大なりと謂はざる可からず。何となれば犯人既に其為さんと欲する所の者を執行し了りたる者なるを以て背徳の度は其頂点に達したる者と謂はざる可からざればなり」としたのである。。行為者がおこなおうとする行為を完了した点において、未完了に終わった着手未遂のばあいよりも背徳の程度は重いとされる。それゆえ、「草案に於て着手未遂の場合には本刑より二等又は三等を減じ、欠効の場合には一等又は二等を減じたるは蓋し之が為めのみ」とするのである（三四六頁）。しかし、両者の区別は実際上、困難であるとするので、立法者は両者を同一の刑で処罰することにしたと解している（三四六—七頁）。

第六款　着手未遂と欠効犯

「現行法適用上其区別の必要」性と区別の基準および方法について、宮城は、次のように述べている。すなわち、まず、区別の必要性について、「着手未遂は欠効より背徳の度稍々軽きに因り、一等又は二等減の範囲内に於て刑の軽重を斟酌せざる可からざるを以てなり」とされる（三四七頁）。つまり、着手未遂は欠効犯より反道義性の程度が低いため、刑の減軽がなされ得るので、両者の区別が実践的に必要とされるわけである。

次に、理論的観点からの区別が述べられている。すなわち、「今学理上より之を観察すれば欠効の場合は犯人の為さんと欲する方法を執行し了りたる者なれば、中止せんと欲するも固より為す可からずと雖も、着手未遂の場合は其方法を執行し終らざるにより其中止すると中止せざるとは犯人の意中に存す。約言すれば着手未遂には中止するを得る余地あれども、欠効には到頭中止するを得ざる者なり。二者の区別すべきは全く此点に存す」とするのである（三四七頁）。たしかに、科刑に当たって一等または二等減の範囲内で刑の軽重を酌量しなければならないので、両者の区別が必要とされる。しかし、理論的には、欠効のばあいには中止は不可能であるから、中止の可否こそが着手未遂と欠効を区別する基準であるとされるのである[20]。しかし、今日では実行未遂についても中止犯がみとめられているので、この主張には疑問が生ずる。

さらに宮城は、「区別するの方法如何」について、「犯罪執行の情状に因り換言すれば、其所為を中止するを得ると得ざるとの点に因りて之を区別するを要す」と述べている（三四七頁）。つまり、中止の可否が区別の方法であるとされているのである。

第七款　中止犯とその処分

宮城は、学説上、用いられている中止犯という用語は妥当でないとする。すなわち、「犯罪に着手すれども犯人自ら之を中止したるに因り犯罪の目的を達成せざる場合は学者之を称して中止犯と云ふ。中止の文辞穏当ならず。何となれば夫の意外の障礙に因りたる未遂犯も亦中止の犯罪たるに相違なければなり」とされるのである（三四八頁）。しかし、便宜上、「中止犯の文辞を用いる」とする。宮城によれば、「中止」は中途で結果が完成しなかったことを意味するので、障害未遂もこれに包含されていることになる。しかし、処分について「我刑法は意外の障礙若しくは舛錯によりて犯罪の目的を遂成せざる者を以て未遂犯と為したり。今中止犯は意外の原因によらずして、全く犯人意内の原因に因りて中止したる者なるを以て、先づ中止犯の処分如何の疑問を生ず可し」とする（三四八頁）。中止犯は、もっぱら行為者の意思が原因となるものであるから、明らかに障害未遂とは異なるとされるわけである。それゆえ、中止犯の処分も異なるべきであるとされたのであった(21)。

そこで、中止犯の処分について、宮城は、「現に生じたる結果即ち毀傷損害に付きて之を罰し、若し結果を生ぜざれば無罪なり」とする説を支持する（三四八頁）。そして、この立場は「実に法理に適し実際に合したる者なり」とする。そして、その論拠について、「既に法律上罰す可き所為に着手したる後は、仮令自ら其所為を遂げざるも其背徳の点に於ては言を待たず。社会を害することも亦鮮少に非ず。故に其現に生じたる毀傷損害あるに於ては之を罰すべきは多言を要せず。且仮令現に毀傷損害の生ぜざるときにても之を罰することを得ざるに非ざるなり。然れども是れ法理上の論にして、実際に至りては中止犯を罰せんと欲せば必ず法文に明規するを要す。其明規なき者は之を不問に措かざる可からざるなり」と述べている（三四九頁）。すなわち、宮城によれば、法理上、未遂犯は処罰が可能であるが、実際上は中止犯を処罰しようと欲するばあいには明文の法規が必要であるので、明文規定がないばあいには不可罰となる。つまり、犯罪不成立とされるべきことになるわけである。しかし、「我刑法に於ては其罪の中止犯は其罪に付きては無罪なりとするも、他に其中止に因りて生じたる結果を罰するの規定あることを」忘れてはならず、「其規定ある者は固より之を適用せざる可からず。但し我刑法は現に殴傷損害を生ぜざる者は之を問ふこと無し。蓋し此等の所為たる社会刑罰権の之に干渉するに足らざる者と為せしになる可し」とするのである（三四九頁）。着手行為によって犯罪的結果が生じた以上、その結果については罪責を負わなければならないことは、当然である。しかし、結果がまったく発生しないばあいには、「社会刑罰権」が干渉するに足りないとされることになるわけである。

右の処理について、宮城は、例を挙げて次のように説明する。すなわち、「窃盗を為さんと欲して人家に入りたりしに、何等かの原因よりして自ら其所為を中止して其家を出でたる者の如きは、所謂窃盗罪の中止にして窃盗罪の既遂にも非ず又未遂に非ざれば、窃盗罪として無罪たらざるを得ず。然れども我刑法は故なくして人の住所に侵入するの所為は人の住所を侵す罪として之を罰するを以て、其刑に問ふ可き者とす」として、「今窃盗を為さんと欲して人の家宅に侵入するは、是れ実に不正当の事由たるを以て、窃盗の中止犯は人の住所を侵す罪として之を論ずるは最も適当なりと謂ふ可し」とするのである（三五〇頁）。これは、現在では、住居侵入窃盗において、目的としての窃盗には着手もしていないので、たんに手段としての住居侵入罪の既遂犯だけが成立し、それのみで処罰されることになる。したがって、宮城が、これを中止犯の問題として扱うのは、現時点では妥当でないとされる。

第八款　不能犯

宮城は、不能犯について、次のように述べる。すなわち、「不能犯なる者は夫の欠効犯の如く犯罪の目的たる悪結果の生ぜざる所の者なれども、其悪結果の生ぜざるは或は事物の所為の性質に因り、或は施用の方法に因り到頭悪結果の生ずる能はざる者を想像したるなり」とする（三五三頁）。つまり、不能犯は、犯罪の目的である悪結果が発生しない点では欠効犯と共通するが、「到頭悪結果の生ざる」点で決定的に異なるとされるのである。到頭結果が生じないというのは、およそ結果が生じないことを意味する。そして、不能犯には、①「事物の所為の性質」に由来するものと②「施用の方法」に由来するものがあるとされる。①の例として、「例へば人を殺さんと欲して之を斬りたるに其人は業已に死したる者なりとせんか。此所為たる殺人罪は到底成立すること無し。何となれば殺人罪を構成せんには其犯罪の事物が生命を有する所の人間たるを要すればなり」と述べる。殺人罪のばあい、「犯罪の事物」つまり「行為客体」が生命を有する人間である必要があるので、右の事例は不能犯であるとされるのである。これは、今日の用語でいえば、「客体の不能」である。[22] ②の例として、「犯罪に施用したる方法よりして不能犯の生ずる場合を示さんに、例へば人を毒殺せんと欲し、毒薬ならざる薬を毒薬と誤信し之を飲ましめたるが如き犯罪の結果は決して生ずること無し。何となれば毒薬を施用せざれば以て毒殺罪を構成すること無ければなり。是れ実に適用の方法よりして犯罪の結果の生ぜざる者なり」と述べる。②の事例は、今日の用語でいう「方法の不能」である。[23] ここで、すでに今日の不能犯論の中核が講述されている。[24]

不能犯の処分について、宮城は、「不能犯は前段に於て述べたるが如く事物若しくは方法上決して犯罪の悪結果を生ぜざる者なれば、道徳に背戻することは之れ有るも、社会の害は到頭生ずること無きによりて方法上之を無罪と決せざる可からざるのみならず、我刑法には不能犯のことを規定せずとも亦無罪と決定せざる可からざるなり」とする（三五三頁）。すなわち、不能犯は、「道徳に背戻」するが、「社会の害」はまったく生じないので、犯罪を構成せず、刑法典に規定がなくても無罪とされるべきであるというのである。ただし、「其所為の結果として毀傷損害の生ずる時、例へば懐胎に非ざる婦女を懐胎なりと誤認して堕胎薬を与へ、為めに其健康を害したる時は其処分如何。蓋し是も亦中止犯と同じく結論せざる可からず、即ち不能犯は其目的とする所の犯罪に付ては無罪なりと雖も、若し其所為の結果として損害の生じたる時は、其損害に付きて其罪を論ぜざる可からざるなり」とする（三五三―四頁）。行為者の意図する犯罪が不能犯であっても、その行為によって現実に発生した犯罪的結果について罪責を負うのは当然であるとされている。これは、妥当な結論である。

第九款　不能犯と欠効犯との区別

「不能犯と欠効犯との区別」について、宮城は、次のように論じている。すなわち、まず、「等しく是れ既に其所為を行ひ了りたるに其目的たる結果の生ざる者なり。而して一は無罪となり、一は有罪となる。其区別の必要なる固より言を待たず。但事物の不能よりして犯罪の目的とする結果の生ぜざる場合は、常に不能犯にして之を欠効犯と区別するの必要あるを見ず」とする（三五四頁）。すなわち、両者はいずれも結果不発生であるが、一方は犯罪不成立で他方は犯罪成立であるから、その区別は必要であるけれども、客体の不能はつねに不能犯であるので、区別の必要はないとされるのである。そして、「其必要なる犯罪は使用したる方法の如何によりて犯罪の目的とする結果の生ぜざるの場合に在りとす」としたうえで、「一般的に其区別を言ふ時は犯罪に使用したる方法拙劣なるが為めに其目的とする結果を生ぜざる時は、欠効犯にして、其結果の生ぜざるは方法の拙劣に出るに非ずして、方法が性質上不能なるときは不能犯なりと謂ふ可し。換言すれば犯罪に使用したる方法が絶対的不能なる時は不能犯にして、関係的不能なる時は欠効犯なりと謂ふ可し」とする（三五四頁）。すなわち、宮城は、「一般的」な基準として、「方法の拙劣」による結果不発生は欠効犯であり、「方法が性質上不能なる時」は不能犯であると主張するのである。つまり、「関係的不能なる時」が欠効犯であり、「絶対的不能なる時」が不能犯であるとされる。これは、今日の「絶対的不能・相対的不能」説（客観的危険説）にほかならない。「関係的不能」は「相対的不能」に当たる。[25]

そして、「極端の例」を挙げて宮城は、「人を殺さんと欲して呪詛したるが如きは不能犯なり。即ち呪詛なる方法は道理上犯罪の目的とする結果を生ずる能はざる者にして、何人が之を使用するも如何に注意して行ふも常に不能にして所謂絶対的不能なり。之に反して人を毒殺せんと欲して毒薬を飲ましめたるに、其毒少量にして害を生ずるに至らざる時の如きは欠効犯なり。何となれば其毒の少量なりしは方法の拙劣なる者にして少しく注意したらんには害悪必ず生ず可く所謂関係的不能なればなり」と説明する（三五四―五頁）。しかし、このように「其区別一見分明なるが如しと雖も、是れ唯極端の例を挙げたるを以て然るのみ。少しく実際に入りて観察する時は二者相近邇して之を区別すること実に困難なり」と述べている（三五五頁）。極端な事例として絶対的不能につき呪詛による殺人を挙げ、欠効犯につき毒殺における毒薬の分量不足を挙げている。「危険」という用語は用いられてはいないが、少し注意すれば「害悪必ず生ず可く」という表現は、実質的には危険を意味するといえるのである。このように、宮城は、現在の「絶対不能・相対的不能」説・客観的危険説を先取りしていたと評価され得る。

第一〇款　他人による結果惹起の取扱い

宮城は、第一一一条の注釈の最後に次の問題を挙げて検討を加えている。その問題とは、「犯人が犯罪の所為を行ひ了り、未だ其目的たる結果の生ぜざるに他の原因の之に加はる有りて、其結果を生ぜしめたる時は之を既遂犯とするか、将た未遂犯とする」というものである（三五六頁）。その例として「甲あり、乙を路に要して之を斬り、充分死に至らしめたりと信じ遁走せしに、乙未だ死に至らず。丙者あり、偶々其傍を過ぎ、乙の未だ死せざるを見て再び之を斬り終に死に至るらしめた」という事例を挙げ、次のように解決策を示す。すなわち、「此場合に於て、丙者の所為は殺人罪の既遂犯に問ひて毫も疑なしと雖も、甲者の所為は既遂犯に問はんか、其結果を生ぜしめたるは丙者の所為に由る。未遂犯に問はんか、犯人の所為は已に遂げ、目的も亦人によりて達したる者なり。其処分果して如何、甚だ困難なる問題なりと謂ふ可し。予は断言す、甲者は殺人罪の未遂犯なりと」とされるのである（三五六頁）。その理由として、「之を要するに甲者は外力の為めに其目的を遂げざる者なり。換言すれば丙者が乙者の生命を絶つまでは乙者は生存したる者にして、之が生命を絶ちたるは丙者の所為に出でたるものなれば、甲者を以て未遂犯と為さざる可からざるなり。実際に於ては甲者は丙者の所為によりて大に利益する所あるが如しと雖も、理論上此の如く論結せざる可からず」と述べられているのである（三五六頁）。たしかに、丙の行為の介入により甲は利益を得たように見えるが、しかし、理論的にはこのように解すべきであるとされている。これは、現在でも議論されている因果関係の問題である[26]。宮城が理論的観点からこの問題に論及しているのは、高く評価されるべきである。

第一一款　未遂犯の可罰性

未遂犯の可罰性について、刑法第一一三条は、「重罪ヲ犯サントシテ未タ遂ケサル者ハ前條ノ例ニ照シテ處断ス、輕罪ヲ犯サントシテ未タ遂ケサル者ハ本條別ニ記載スルニ非サレハ前條ノ例ニ照シテ處断スルコトヲ得ス、違警罪ヲ犯サントシテ未タ遂ケサル者ハ其罪ヲ論セス」と規定している。宮城は、本条について「本条は未遂犯を罰すべき場合と罰す可からざる場合と定めたる条文なり。即ち重罪の未遂犯は総て之を罰し、軽罪の未遂犯は各本条に於て特に其罰すべきことを明言したる時に非ざれば之を罰せず。違警罪の未遂犯は総て之を罰すること無きなり」と説明する（三五七頁）。そして、その理由について、「其理由たる別に深意の存するに非ず。重罪は其罪重大なるを以て其未遂の場合と雖も之を不問に措くことを得ず。軽罪、違警罪は其罪軽くして其未遂の場合には之を罰するの必要なき者あり。因て軽罪は本条別に記載する場合のみを罰し、違警罪は総て之を罰せざるなり」と述べている（三五七頁）。彼によれば、重罪は、罪質が重いので未遂犯を罰するが、軽罪および違警罪は罰する必要がないばあいが多いので、各条文で規定がないかぎり、処罰されないのである。重罪および違警罪が存在しない現行刑法にとっては、これらに関する議論は無用であるので、その検討は省略する。

第六節　共犯論

第一款　数人共犯の意義と種類

「数人共犯」の意義について、宮城浩藏は、「数人共犯とは数人連絡して一罪を犯したるを謂ふ。茲に注意すべきは各犯互に通牒あること、即ち犯人互に罪を犯さんとする意思の一致あることを必要とする是なり。意思の一致なき時は仮令数人にて一罪を犯すも謂ふ所数人共犯に非ざるなり」と述べている（三〇九頁）。数人共犯は、今日でいう「共犯」に当たる。宮城は、共犯の要件として、「互いに罪を犯さんとする意思の一致」、つまり、「共同意思の存在」を挙げている。そして、数人共犯の種類について、彼は、「数人共犯に主たる者あり、従たる者あり。是れ犯者の位置によりて其区別を為すなり。即ち犯罪を構成するに已む可からざる所の所為、即ち犯罪の原因たる者は主たる共犯にして之を正犯と云ひ、犯罪構成に已む可からざる所為に非ずして唯犯罪を容易ならしめたる者は従たる共犯にして之を従犯と称す。此の如く数人共犯の場合には正犯あり、従犯ありて各犯の位置資格同一ならず。従ひて之に科する所の刑を異にせざる可からず。是れ本章の設ある所以なり」と述べている（三〇九―一〇頁）。共犯の種類には、「正犯」と「従犯」があるとされる。正犯は、「犯罪を構成するに已む可からざる所の所為」をおこなう者とされる。すなわち、「犯罪構成に已む可からざる所為」をおこない「犯罪の原因」となった者が正犯である。これに対して、たんに「犯罪を容易ならしめたる者」が従犯である。これは、今日でいう「実行行為」をおこなう者を正犯とし、正犯の「実行行為」を容易にする行為をおこなう者を従犯とするものである。つまり、宮城は、実行行為を正犯と従犯の区別の基準とする形式的客観説を主張していたことになる。(27)そのうえで、両者は科せられる刑を異にすべきであるとする。

第二款　正犯と従犯

「正犯及び従犯は如何なる場合に生じ得る」かという問題について、宮城は、次のように述べている。すなわち、

「凡そ人の行為は三個の段階を経過する者にして決定、予備、決行の三者是なり。哲理上より之を論究すれば尚ほ幾多の段階を要す可きも、犯罪を構成するに至るの段階は此三個の外に出でざるなり。即ち初め発意ありて後に之を決行すべきや否やを決定し、而して後に決行の予備を為し、予備已に成り始めて犯罪を決行するに至る者なり。然り而して此三段階は一人にて之を為すを得るのみならず、数人に於て之を為すことを得べく即ち犯罪の決定、予備、決行に各々正犯、従犯を生ずることを得る者なり」としている（三一〇頁）。彼によれば、およそ「人の行為」は①決定、②予備そして③決行の段階を経過するものであり、①は「発意」を決行すべきか否かの「決定」であり、②は決行の「予備」であり、③は犯罪の「決行」である。この三つの段階は、単独犯および共犯のそれぞれにみとめられるとされる。そして、オルトランが譬喩を演劇に取ったのに倣って、彼は、「劇を演ずるに至りては各俳優共同一致して同一の目的に進行し、何れも演劇其物の役者に非ざる無しと雖も、其分担の役に主従大小ありて之を同列に置くこと能はざるが如く、数人一致して一罪を犯すときは何れも其罪の犯者に非ざる無しと雖も、其分担所為に主従、軽重の別ありて之を同等の地位に置くことを得ず。此譬喩によりて容易に数人共犯の関係を了知せられん」としたのである（三一〇頁）。宮城は、このように三つの段階について正従の内容について説明するが、「以上説明したる主と曰ふは我刑法の所謂正犯、従犯に該当する者に非ず。学問上人間の所為の段階を立てて之に各々正従あることを示したるに過ぎず」とする（三一一頁）。右の演劇の比喩はじつに精妙であり、「数人一致して一罪を犯す」共犯と「分担所為に主従、軽重の別」があることを巧みに叙述しているのである。これは、今日でいう「犯罪共同説」を主張するものである[28]。そして、彼は、「今之を我刑法に照らすに決心の正犯は之を教唆者と云ひ被教唆者と云ひて、各之を認め、其従犯は之を認むること無し。予備の正犯は之を認めず独り従犯を認む。決行に至りては全く正、従の区別を為さずして総て正犯として之を認む。之を換言すれば我刑法に於ては決行に関係したる者は総て正犯にして、従犯あること無く、予備に関係したる者は総て従犯にして、正犯あること無く、決心に関係したる者は総て正犯にして、従犯あること無きなり」とするのである（三一二頁）。すなわち、刑法は、各段階における関係者について、決心に関してはすべて正犯、予備に関してはすべて従犯、決行に関してはすべて正犯としているとされる。そのうえで、「我刑法の数人共犯の場合に於て之を正犯と従犯とに分ちたるは犯罪の関係分担の度に差違あるが為めなり。既に犯罪の関係分担の度に差違あるときは其責任の度も亦差異なくんばあらず。是れ固より自然の道理なりとす。是を以て我刑法は明に其刑に等差を為し、従犯の刑は正犯の刑より一等を減ずることと為したり（第百九条）」と述べている（三一二頁）。すなわち、宮城によれば、刑法が正犯と従犯を区別したのは、「犯罪の関係分担の度」に差異があり、その「責任の度」にも差異があるので、従犯の刑を正犯より一等を減じたのである。このような刑の減軽は「自然の道理」であるとされる。

第三款　正犯

共同正犯について刑法第一〇四条は、「二人以上現ニ罪ヲ犯シタル者ハ皆正犯ト為シ各自ニ其刑ヲ科ス」と規定する。本条について、宮城は、「本条は正犯の定解並に其刑を科するの方法を規定す。『二人以上現ニ罪ヲ犯シタル』云々現にとは実際上と云ふの意にして、之を別言すれば有形的にと云ふことに解すべし。即ち二人以上有形的に罪を犯したる者は皆正犯と為す」と述べている（三一二頁）。彼によれば、正犯とは、二人以上が有形的に罪を犯したばあいをいうとされる。つまり、共同正犯の客観的要件として「共同実行」を要求したのである。そのうえで、彼は、「二人以上有形的に罪を犯せば皆所謂正犯なることを得可きか」という問いに対して、「仮令数人が有形的に罪を犯すも通牒なくんば所謂正犯にあらざるなり」と答えている（三一一—三一二頁）。すなわち、「通牒」つまり「共同意思」がなければ正犯とされないのである。共同正犯の主観的要件として共同意思の存在が要求されていることになる。

さらに、宮城は、本条にいう「正犯」について、「正犯とは其罪の主たる犯罪と云ふことなれば、従犯に対したる名称なり。之を以て従犯なき時は正犯の文辞を用いるの要なし」と述べている（三一三頁）。つまり、正犯は従犯の対立概念であり、従犯がないばあいにはそれを用いる必要はないとされるのである。

科刑について、宮城は、「『各自ニ其刑ヲ科ス』とは其罪に加担する犯人が各一人にて犯したると同じき罪に該する所の刑を科すと云ふの意なり。既に各自に其刑を科す、即ち犯人中幼者の故を以て減軽せられ、再犯の故を以て加重せらるる者あるも、其減軽及び加重が他の正犯の受くる刑に影響すること無きの結果を生ずべし」とする（三一三頁）。これは、一身的事由による刑の加重減軽が他の共犯者に影響を及ぼさないことをみとめるものであり、当然のことである。そのように規定する理由について、彼は、「夫れ人の罪を犯すや仮令数人一致するも、其社会を害し道徳に背くの点に至りては各々其責に当らざるを得ず。是れ各自に其刑を科せらるる所以なり」と述べている（三一四頁）。彼によれば、犯行に当たって「数人一致するも」、「社会を害し道徳に背く」点においては、各人がその責任を負うべきであるとされるのである。

第四款　教唆犯

一　教唆犯の意義と科刑

教唆犯について、刑法第一〇五条は、「人ヲ教唆シテ重罪軽罪ヲ犯サシメタル者ハ亦正犯ト為ス」と規定している。教唆犯について、宮城は、「教唆とは種々の方法を以て人を教導誘引するを謂ふ」と定義し（三二四頁）、「何を以て教唆者を正犯と為すや」という問いに対して、「教唆者あればこそ被教唆者が罪を決行したれ、否罪を決行するの決心を為したれ、教唆者なくんば被教唆者をして犯罪の決心を為さしめず、従ひて犯罪を決行せしめざりしなり。換言すれば教唆者は体力上の働きを為さずと雖も、智力上の働きを為したる者にして此智力と被教唆者の体力と合同一致して犯罪を成すに至りたる者なり。既に教唆者を以て犯罪の原因となし智力上の働きを為したる者とするときは、教唆は実に犯罪を構成するに必要欠く可からざる所為なれば、之を正犯と為すの理由を知ることを得べし」と答えているのである（三二四―五頁）。彼によれば、教唆者は、「智力」上の働きをなして被教唆者の「体力と合同一致」して犯罪をなしたものであり、教唆は「犯罪の原因」として「犯罪を構成するに必要欠くべからざる所為」であるから、「正犯」となるとされる。教唆は、犯罪の「決意」と「決行」の原因であり、教唆者の「智力」と被教唆者の「体力」が合一して犯罪を遂行したことになるから、教唆者は正犯者とされるわけである。これはこれで一貫した思考であるといえる。現行刑法は、教唆を正犯とは異なる狭義の共犯としているが、刑は正犯の刑によるとしている。この科刑の根拠づけに関して、宮城の右の説明が参考となる。

フランス法の規定について、宮城は、「仏法に於て教唆者を以て従犯と為すは当を得たる者に非ず。何となれば従犯は犯罪を容易にしたる者にして教唆者は犯罪の原因を成したる者なれば、二者全く相反するを以てなり。但し仏法に於ても教唆者の刑は正犯と同じきを以て、此点に付きては相異ること無し」と説明している（三一五頁）。これに対して、フランス法が教唆者を従犯とし科刑を正犯の刑と同一とするのは、妥当でないと批判しているのである。

二　教唆の未遂の可罰性

宮城は、教唆の未遂の可罰性について、次のように述べている。すなわち、「教唆者を以て犯罪の原因と為すときは、其結果たる犯罪の生ぜざる時は唯犯罪の原因の存立するのみにして、未だ以て教唆者を罰することを得ず。何となれば犯罪の原因即ち決定は之を罰することを得ざればなり。是を以て教唆の事実ありと雖も、被教唆者が教唆せられたることを決行せざる時は之を罰することを得ざるなり」とする（三一五頁）。彼によれば、教唆行為がなされても犯罪を決行しないかぎり、教唆犯は成立しないのであり、決行には結果発生が包含されるのである。そうすると、教唆が犯罪の「原因」とされる以上、結果たる「犯罪」が発生しないばあいには不可罰となるのは、当然のことである。また、「犯罪の原因」が「決定」という内心的行動にとどまるかぎり、教唆行為は不可罰であるとされることになる。

さらに、被教唆者が犯罪を決行してもそれに教唆が影響を及ぼしていないばあいの可罰性について、宮城は、「仮令教唆を受けたる者が罪を決行するも、其物の心意を感動せしめ之が為めに決行したるに非ざれば、教唆者は罪となること無し。換言すれば教唆者を罰するには被教唆者の心意に勢力を及ぼし因て罪を犯さしめたることを要す」と述べている（三一五頁）。これは、教唆行為と「決行」との間に「因果関係」を要求するものである。実質的に今日の教唆犯論における「因果関係」必要説に相当するといえる[29]。宮城の分析力の鋭さがここに見られる。

三　教唆の方法

教唆の方法について、宮城は、「草案には其類例を挙げて『脅迫、贈与、結約、威権其他詐欺ノ方法ヲ以テ人ヲ教唆シテ云々』と有るにより教唆の如何を知るを得べきも、本条は唯『人ヲ教唆シテ云々』とのみ有るを以て実際適用上困難を感ぜざるに非ず。然れども草案の類例を以て本条を解するは解釈上失当の事に非ざるを以て宜く草案の意を採用すべし。是を要するに教唆者を罰するは其犯罪の原因を成したるに因るを以て、其方法の如何を問はず苟も自己の意思を他人に移し他人をして之を決行せしめたる時、即ち其事実の原因を成したる者なる時は之指して教唆と謂ふ可きなり」と述べている（三一五頁）。彼によれば、教唆を「犯罪の原因」であるという観点を徹底すると、教唆の「方法の如何」を問うべきでないことになる。したがって、教唆の認定という「実際適用上」は、草案における例示が役立つとされるのである。

「助言」が教唆に当たるか、という問題について、宮城は、「教唆は被教唆者の心意に勢力を与へたるを要す」るので、「此疑問に対すれば助言は以て教唆と為すを得ずと判断せざる可からず。此問題たる已に仏国に於て生じたる所にして、学者或は之を教唆者と為し、或は之を教唆者と為さず」と述べる（三一六頁）。この問題はすでにフランスにおいて論じられ、肯定説と否定説が対立しているとされる。そして、彼は、「助言を受けたる者の心意に刺撃を与へ、感激を起さしめ以て犯罪を決行せしめたる時は是れ教唆なり。之に反して其助言が犯罪決行の心意に勢力を及ぼさざる時は教唆と謂ふを得ず。要は其犯罪決行の心意に勢力を及ぼしたるや否やによりて、或は教唆と云ひ或は教唆に非ずと云ふべきなり」とするオルトラン説を「実に妥当の説と謂ふ可し」としてこれを支持している（三一六頁）。彼によれば、助言が行為者の「犯罪決行の心意」に影響を及ぼしたばあいは教唆であり、影響を及ぼさなかったばあいは教唆でないとされる。宮城が師のオルトランの説を提示してこれを支持しているのは、注目されるべきである。彼が随所でオルトラン説に言及し、自らの理論的立場からこれを支持することを明示しているところに、彼が日本のオルトランと称される所以があるといえる。

四　教唆犯と正犯の限界

宮城は、教唆犯と正犯の限界について、事例に即して論じている。すなわち、「教唆と犯罪の一部分を分担せしめたる者とは、注意して以て混淆する無きを要す。例へば甲者あり。官文書偽造罪を犯さんと欲すれども其犯罪に最も必要なる官印を偽造するの技倆を有せず。是に於て乙彫刻師に語るに其実を以てし、若干金を与へて官印を偽造せしめたり」という事例において、甲は、「官印偽造の一部を分担したる所の決行者なりと謂はざる可からず」とする（三一六頁）。この事例において、甲は、官文書偽造罪をおこなおうと考えたが、官印を偽造する技術をもっていなかったので、これを有する乙に偽造を分担させている。このばあい、甲と乙は共同正犯とされるのである。その理由について、彼は、「此種の犯罪を構成する所の犯意は唯故意のみにては罪とならずして、之を悪事に行使すると云ふ特種の意思なかる可からず。此場合に於て甲者は既に悪事に行使するの目的を有すれども自ら彫刻すること克はざるを以て、乙者をして自己の目的を達するに必要欠く可からざる所の一部分を分担せしめたる者にして、乙者と共に官印偽造罪の決行者なり。乙者を教唆したる者にあらざるなり」と述べている（三一六―七頁）。ここで宮城は、官文書偽造罪が成立するためには、「故意」だけでは足りず、「特殊な意思」としての「悪事に行使するの目的」が必要であることを指摘する。そのうえで、官印偽造罪における目的を有する甲は、「自己の目的」を達成するために「必要欠く可からざる」一部の行為を乙に分担させているので、甲および乙は共同正犯であるとされるわけである。

五　教唆犯と間接正犯

宮城は、責任無能力者、たとえば「幼者を教唆して重罪、軽罪と為るべき事実を行はしめたる者は之を教唆者として罰すべきか」という問題について、論じている。これは、ドイツ刑法学およびその影響を受けた後の日本刑法学における極端従属性説を前提とする間接正犯論に関わる。すなわち、これは、教唆犯と間接正犯の限界の問題にほかならない[30]。この問題について宮城は、次のように述べる。すなわち、「教唆は之を普通の人に加ふるも、幼者に加ふるも其結果に於て異なる所なし。例へば普通の人をして人を殺さしむるも、幼者をして人を殺さしむるも、人の殺死したる結果に至りては毫も異なる所なく其加害の点に於て少差あらず。而して普通の人を教唆すれば有罪となり、幼者を教唆すれば無罪となるとは云はば誰が之を是認する者あらんや。乃ち知る、之を有罪とせざる可からざることを」と述べているのである（三一七頁）。彼は、まず右の行為は犯罪とされるべきであるとする。すなわち、このばあい、被教唆者が普通人であれ幼者であれ、その者が殺害の結果を生じさせた点は同じであるから、ともに犯罪の成立をみとめるのが法感情に合うとされるのである。そして、右の結論に関して、「如何なる資格に於て有罪とするや、如何なる刑を科すべきや」という問いに対して、「予は断言すべし、幼者を教唆して罪を犯さしめたる者は謂ふ所教唆者なりと。何となれば現実教唆有りたる者を強て教唆者に非ずと謂ふの理なければなり。而して之を教唆者とすれば前に述べたりしが如く、之を無罪と為さざる可からざる不都合を生ず可きが如しと雖も、是れ有罪、無罪の因て分岐する所以を知らざるより生ずる所の者なり。予を以て之を観るに其之を有罪とするに於て何等の不都合を生ずること無し」と答えている（三一八頁）。宮城は、教唆犯として処罰すべきとするが、その根拠は、「現実」に教唆の実体が存在することに求めている。しかし、これは、今日の解釈論の見地からは論拠として不十分といわざるを得ない。

そこで、別の観点からの彼の論拠づけを見ておく必要がある。宮城は、「幼者を教唆して、重罪、軽罪を犯さしめたる者は教唆者として之を罰すること」の理論的根拠を「教唆の勢力が幼者に及ぼした」ことに求めており、「幼者が其教唆せられたることを知りて行ひたるの事実」あるばあいには、「幼者を教唆して人を殺さしめたる時は幼者に人を殺すの意思あることを要す」とする（三一九―二〇頁）。つまり、教唆の影響が幼者に及んでいる以上、教唆犯が成立すると主張したのである。これは、先に見た「犯罪の原因」論の展開であり、解釈論として評価に値する。そして、「若し幼者にして教唆せられたることを知らざる時は、是れ論者の所謂幼者を器械に使用したるなり。何となれば無意の物件を使用して罪を犯したると異なること無ければなり。例へば米俵の中に人を入れて真実の米なりと詐り、幼者をして之を斬らしめたるが如き……是れ幼者……を器械に使用したる者にして其罪の決行者なりと謂はざる可からざるなり」とするのである。つまり、幼者が「教唆せられたる事実を知るに於ては其教唆を為したる者は教唆者として罰するなり。教唆せらりたる事実を知らざる時は器械として使用したる者なれば決行者なりとす」されているのである（三二〇頁）。幼者に対する教唆犯が成立するためには、被教唆者である幼者に「故意」が存在することを必要とするので、故意のない幼者は、「無意の物件」にすぎず、これを「器械として使用」した者が犯罪の「決行者」であるとされるわけである。ここで「器械」として使用されていることが重視されており、実質的には間接正犯論における「道具」理論と同じである。これが間接正犯論に発展しなかったのは、教唆犯が「正犯」と解されていたことに由来すると解される。

六　教唆の中止

教唆の中止について、宮城は、二つの種類があるとする（三二〇頁）。すなわち、①「被教唆者の未だ罪を決行せざる前の中止」と②「被教唆者が已に罪を決行したる後の中止」があるとされるのである。①は、被教唆者が犯罪を実行しなかったばあいであり、②は、犯罪を実行した後のばあいである。彼は、①について、「仮令教唆乃ち犯罪の原因あるも犯罪の決行乃ち結果を生ぜざるにより無罪なり」とする。このばあいは、犯罪の「結果」が発生していないので、犯罪不成立になるとされるのである。②について、彼は、「仮令中止するも業已に犯罪の結果を生じたる後なれば有罪なりと決せざる可からず。教唆者、被教唆者は其罪に就きては同一体なれば、結果の生じたる後に中止するも為めに犯罪を消滅せしむること能はず。是れ教唆の性質上よりして斯く論結せざる可からざるなり」とする（三二〇頁）。すなわち、犯罪の結果が発生した以上、「犯罪を消滅」させることはできないので、「教唆の性質上」犯罪の成立を肯定しなければならないとするのである。さらに、教唆者と被教唆者は当該犯罪については「同一体」であることが根拠とされている。これは犯罪共同説からの帰結であるといえる。

第五款　共犯と身分

一　不真正身分犯と共犯

不真正身分犯と共犯の取扱いについて、刑法第一〇六条は、「正犯ノ身分ニ因リ別ニ刑ヲ加重ス可キ時ハ他ノ正犯従犯及ヒ教唆者ニ及ホスコヲ得ス」と規定している。この点について、宮城は、「共犯人中の一人若しくは数人に、法律上加重減軽の原由の随伴する者あれば他の共犯に其影響を及ぼさざる者なりや否や」という問題を提示し、「本条の規定は即ち之が為めのみ」に規定されたものであるとする（三二一頁）。そして、刑の加重減軽の事由の種類により関与者への影響に差異が生ずるとする。すなわち、「凡そ罪を軽からしめ又重からしめ、従ひて刑を加重減軽する原由が犯罪執行の情状より出づる者なる時は、其罪に関係したる犯人は直接に其加重減軽の原由に干与すること無しと雖も、加重減軽の影響を受けざる可からず。何となれば法律が犯罪執行の情状に因りて加重減軽したるは固と犯罪其物の重く又は軽きが為めなるを以て、正犯と従犯とを問はず、教唆者と被教唆者とを論ぜず、之に干与したる者は皆其影響を受くべきは自然の理なればなり」とされるのである（三二一―二頁）。彼は、「犯罪執行の情状」

という外在的・客観的事実が加重減軽の理由とされているばあいには、共犯全員に共通して影響が及ぶのは「自然の理」であるとするわけである。このように、行為者の一身専属的でない外在的・客観的事情が刑の加重・減軽事由とされているばあいには、行為者毎に考慮する必要はなく一律に関与者全員に適用されるのは、当然である。

これに対して、宮城は、「身分によりて刑を加重、減軽するは、犯罪其物をして重く若しくは軽からしむるに非ず。犯罪は依然として其軽重の価値を変ずること無く、唯身分を有したるが為めに殊に其刑のみを加重し減軽するに過ぎず。是を以て共犯人中の一人に身分によりて加重、減軽すべき原由の生ずること有るも之を他の共犯人に及ぼすこと無きなり」とする（三二四頁）。「身分」という行為者固有の一身的・主観的事実が加重減軽の理由とされているばあいは、不真正身分犯であり、その身分を有する者のみに影響が及ぶことになる。(31)

二　真正身分犯とその科刑

真正身分犯とその科刑の問題について、宮城は、「身分其物が犯罪の一原素なる時は、其罪に干係したる者は悉く其罪に該する刑を受けざる可からず」と述べている（三二七頁）。そして、身分が「犯罪の一原素」であるとは、身分が犯罪の構成要素であることを意味し、そのような身分を必要とする犯罪は、現在の用語でいう真正身分犯である。(32)宮城は、その例として官吏収賄罪を挙げて、次のように説明する。すなわち、「此罪たる常人に対しては規定なき者にして、官吏たる身分ありて始めて収賄罪を構成する者なれば、収賄罪は一の特別の罪なりと謂ふ可し」とされるのである。非身分犯である「通人」ではなくて「官吏」という身分があって始めて収賄罪を構成するので、本罪は「特別の罪」として特徴づけられている。これを前提にして、宮城は、「是を以て常人にして官吏を教唆して賄賂を収受せしめたる時は、官吏収賄罪の刑を受けざる可からず。常人にして特別の罪の犯人と為るは奇怪の観なきに非ざれども、其特別の罪たるの点は即ち常人をして此罪の犯人とならしむる所以なり」とする。そして、このように解すべき理由は、「本条に『正犯ノ身分ニ因リ刑ヲ加重スヘキ時』云々と有るにより、正犯の身分によりて罪となる場合は固より本条の予想する所にあらず。而して第百四条には『二人以上現ニ罪ヲ犯シタル者』云々とあり、第百五条には『人ヲ教唆シテ重罪軽罪ヲ犯サシメタル者』云々と有るにより本条の所謂身分により刑を加重すべき罪を除くの外は、特別の罪と雖も常人をして共に其刑を受けしめざる可からざるなり（此常人の官吏収賄罪に干与したる者を正犯となすべきや否やに付きては大に議論ある可しと雖も、予は此の如く決定す）。要するに身分によりて罪となる場合に於て、其罪に干与する者は悉く其罪に該す可き刑を受くる者とす」ということに求められている（三二七―八頁）。

宮城によれば、真正身分犯は、「身分ありて始めて」その「罪を構成する」「特別の罪」であるから、それに関与する者は、すべてその罪の「犯人」、すなわち正犯となるとされる。さらに、条文の関係から、一〇六条は不真正身分犯に関する特別規定であるから、それ以外の罪、すなわち真正身分犯については適用されないと解されている。現在の身分犯と共犯に関する理解からは若干分かりにくくなっているが、宮城の立論の特徴は次の点にある。すなわち、不真正身分犯の規定は、身分を有する者についてのみ適用されるのであるから、真正身分犯のばあいは、右の規定の反対解釈として非身分者についても適用されることになるわけである(33)。

第六款　教唆犯と錯誤

一　教唆犯の錯誤の意義とその取扱い

教唆犯と錯誤の取扱いについて、刑法第一〇八条は、「事ヲ指定シテ犯罪ヲ教唆スルニ當リ犯人教唆ニ乗シ其指定

シタル以外ノ罪ヲ犯シ又ハ其現ニ行フ所ノ方法教唆者ノ指示シタル所ト殊ナル時ハ左ノ例ニ照シテ教唆者ヲ處断ス

一　所犯教唆シタル罪ヨリ重キ時ハ止タ其指定シタル罪ニ従テ刑ヲ科ス

二　所犯教唆シタル罪ヨリ輕キ時ハ現ニ行フ所ノ罪ニ従テ刑ヲ科ス」と規定している。本条の趣旨は、宮城によれば、「教唆を受けて罪を決行する者が教唆以外の罪を犯したる時は教唆者の責任は如何なるやを規定したる者にして、教唆者の所為は其教唆したる事件の決行あるに非ざれば之を罰せずと云ふ原則より生じたる条文なりとす」とされる（三三一頁）。すなわち、彼によれば、本条は、教唆した犯罪についてのみ教唆者は処罰されるべきであるとする「原則」に由来するものであるとされるのである。宮城は、本条の「其指定シタル以外ノ罪ヲ犯シ」という「文辞は狭隘に解釈せざる可からず。若し之を汎博に解し去る時は実に奇怪の結果を生ずべし」とする。教唆者は、教唆に基づいて発生した結果についてのみ罪責を負うべきであるから、第一〇八条は厳格に解釈されなければならないとされる。厳格解釈をしないと実際上、不都合が生ずるという。この点について、宮城は、事例を挙げて説明する。すなわち、「例へば窃盗を教唆したる被教唆者放火罪を犯したり。人を殺すことを教唆せしに被教唆者強盗罪を犯したり。是れ本条の所謂『指定以外』の所為なりや」という問いに対して、宮城は、「窃盗を教唆し若しくは殺人を教唆したるに放火若しくは強盗を犯したるは、是れ全く別個の罪を犯したる者なり。教唆の結果の生ぜざる者なり。教唆は決行者の犯したる罪の原因とならざる者なり。教唆者の所為は甚だ悪むべきが如しと雖も、之を罰するときは夫の教唆者の所為は其教唆したる事件の決行に非ざれば之を罰せずと云ふ原則に背馳するなり」と述べているのである（三三一頁）。窃盗教唆により放火罪の結果を、殺人教唆により強盗罪の結果をそれぞれ惹起したばあい、「決行者」たる被教唆者は、教唆とは「全く別個の罪」を犯しているので、教唆者は「教唆の結果」を生じさせていないことになる。したがって、教唆者を処罰すべきではないとされるわけである。宮城は、ここで現在の錯誤論の適用例としてこの問題を扱っているわけではない[34]。あくまでも「教唆」の問題として論じていることに注意しなければならない。このように宮城は、教唆者の「指定」した犯罪の意義を狭く解すべきことを主張する。それは、教唆が実現された犯罪としての「別個の罪」の「原因」となっていないことを論拠としている。

「別個の罪」となるか否かを決める基準について、宮城は、本条の「指定以外」の意義は、「指定せられたる罪と決行したると相異れども二罪相関係する者を謂ひたるなり」としたうえで（三三二頁）、「例へば窃盗を教唆したる強盗を犯したるが如き、殴打を教唆したるに決行の際殺意を生じて故殺をしたるが如き、強盗と故殺とは是れ所謂『指定以外』の罪なり。何となれば窃盗と強盗と、殴打と故殺とは固と別個の罪なりと雖も、二罪、相関係したるを以てなり」とするのである（三三一—二頁）。つまり、「指定以外」とは、「二罪相関係する」ものであることを意味すると解されているのである。ここで教唆した犯罪と発生した犯罪との間の相関関係が指摘されている。しかし、これは明確な基準を提示するものではない。次に、「其現ニ行フ所ノ方法教唆者ノ指示シタル所ト殊ナル時」とは「犯罪執行の情状が教唆者の指示したる所と異る時と云ふことにして、例へば単なる窃盗を教唆したるに二人以上にて犯したる時の如き、或は兇器を携帯して犯したる時の如きは、被教唆者は教唆者の指示に殊なりたる情状にて犯罪を執行したる者なり」とする（三三二頁）。これは、「犯罪執行の情状」つまり、犯罪遂行の方法を問題にするものである。この説明に格別、疑義は存在しない。

二　科刑

共犯の錯誤が存在するばあいの教唆者に対する科刑について、宮城は、次のように述べる。すなわち、刑法第一〇八条は、「被教唆者が決行したる罪の軽重によりて教唆者の責任を定めたり」と述べている（三三二頁）。まず、実現した罪が重いばあいについて、「其重き時は指定したる罪に従ひて教唆者の責任を定むるの理由は、其教唆は重き犯罪の原因とならざればなり。窃盗を教唆したるに強盗を犯したるが如き、其教唆は他人の物を取ることの原因にこそなれ之を強取することの原因とならず、故に其指定したる罪の刑を科せらるるなり」と述べている。すなわち、このばあい、教唆は重い罪の原因となっていないので、指定した軽い罪の刑を科せられることになるとされるのである。たしかに、教唆行為は、「重い」結果の「原因」とはなっていないので、その重い犯罪の刑を科すべきではないといえる。しかし、そうだからといって「軽い」犯罪の成立をみとめるには根拠が必要である。この点についての論及が欠けているのは、錯誤論の問題として処理されていないからにほかならない。

次に、実現した罪が軽いばあいについて、「其軽き時は現に行ふ罪の刑に従ひて教唆者を罰するの理由も亦甚だ簡易なり。強盗を教唆するも被教唆者は窃盗を犯したる時は、強盗は教唆のみに止り即ち決定のみに止りたる者にて、全く思想上の罪に属す。思想上の事は法律之を罰すること無し。故に現に生じたる事実に就きて罪を問ふなり」とするのである（三三二頁）。つまり、指定した「重い」罪は、実現されていないので単なる「思想上の罪」にすぎず、処罰されるべきではないことになる。教唆した事実については「決定」に関係したにすぎないので、思想上の罪にとどまると解する点に、宮城の理由づけの特徴がある。しかし、こけだけでは現に生じた「軽い」罪の事実について罪責を問うにとどまるとされることの理論的根拠は不十分である。

第七款　従犯

一　従犯の意義

従犯の意義と科刑について、刑法第一〇九条は、「重罪輕罪ヲ犯スコトヲ知テ器具ヲ給與シ又ハ誘導指示シ其他豫備ノ所為ヲ以テ正犯ヲ幇助シ犯罪ヲ容易ナラシメタル者ハ従犯ト為シ正犯ノ刑ニ一等ヲ減ス但正犯現ニ行フ所ノ罪従犯ノ知ル所ヨリ重キ時ハ止タ其知ル所ノ罪ニ照シ一等ヲ減ス」と規定している。本条にいう「器具ヲ給与シ又ハ誘導指示シ其他予備ノ所為ヲ以テ」の解釈について、宮城は、「正犯の所為を容易ならしむる類例を掲げたる者なり」と述べる（三三三頁）。つまり、これらは例示的列挙であるとされるのである。そして、彼は、「我刑法に所謂従犯は正犯の予備の所為を幇助したる者なりと知るべし」とする（三三四頁）。彼が従犯を「正犯の予備の所為」を幇助することに限定しているのは、現在の共犯論の見地からは奇異の感を覚えざるを得ないであろう。[35] しかし、流石に宮城は、現在の共犯論において論じられている論点についても、疑問を提示して論議していたのである。すなわち、「然らば決心を幇助したる者、若しくは決行を幇助したる者は如何」という問いに対して、「決心を幇助したる者は、時に或は教唆者として罪を問ふこと有れども多くは無罪なり。決行を幇助したる者は悉く正犯として罰せらるるなり」と答えているのである（三三四頁）。彼によれば、①決心を幇助した者は、教唆犯または犯罪不成立となり、後者が多いとされる。決心を幇助したにとどまるばあいは、思想に関与したにすぎず、犯罪にならないと解するのは、宮城の立場からは当然ということになる。これに対して、②決行を幇助した者は正犯であるとされる。決行に関与すれば、すべて正犯とされることになる。しかし、この見解を貫くと矛盾が生ずる。すなわち、「窃盗罪の瞭望者等は、或は其犯罪構成に必要欠く可からざる者に非ざること有り。是等は理論上の従犯なるにも拘はらず総て正犯として之を罰するは当を得たる者に非ず」とされることになる。なぜならば、理論上、正犯は「犯罪構成に必要欠く可からざる」行為をなした者に限られるべきであるにもかかわらず、そうでない従犯をも包含するのは妥当でないからにほかならない。

さらに、「且従は常に従にして、罪度の軽重より刑罰の寛厳に至るまで正と共にす可からざるは理論上動かす可からず。而して之を同一にして顧みざるは益々当を得たる者に非ざるを知る可し」とされている（三三五頁）。すなわち、正犯と従犯は、「犯罪性」の程度および「刑罰」の程度において異なるので、両者を同列に扱うのは不当であることになるわけである。

二　科刑

宮城は、刑法第一〇九条にいう「正犯ノ刑ニ一等ヲ減ス」とは「正犯が現に受くる所の刑に一等を減ずと云ふの意にあらずして、法律上正犯に該す可き刑より一等を減ずと云ふの意に解釈すべし」とする（三三五頁）。つまり、正犯に下される宣告刑ではなくて、正犯の法定刑を基準にして減軽されるべきであるとされるのである。したがって、「是を以て正犯にのみ宥恕減軽等の原由ありて減軽せらるるも、従犯の刑は其減軽したる刑より一等を減ずるにあらざるなり。因て従犯の刑は実際正犯の刑と同等なること有る可く、或は却て正犯より重き刑を受くること有る可し」とされる（三三五頁）。正犯についてのみ減軽する事由が存在するばあいには、従犯の刑は正犯と同等または重くなることが生じ得る。そこで、不真正身分犯と従犯の科刑について、刑法第一一〇条は、「身分ニ因リ刑ヲ加重ス可キ者従犯ト為ル時ハ其重キニ従テ一等ヲ減ス　正犯ノ身分ニ因リ刑ヲ減免ス可キ時ト雖モ従犯ノ刑ハ其輕キニ従テ減免スルコトヲ得ス」と規定していることになるわけである。本規定の意義について、宮城は、「本条は第百六条と対比すべき条文にして彼は正犯に就きて規定し、此は従犯に就きて規定したるに過ぎず」とする。つまり、第一〇六条が正犯における不真正共犯と身分に関する規定であるのに対して、第一〇七条は従犯における不真正身分犯と共犯に関する規定であるとされるのである。それゆえ「第百六条の下に於て起る可き問題、例へば犯罪執行の情状により刑を加重するには、共犯者は其加重の影響を受くること、又子孫、其尊属親に対する罪の刑の加重は其身分を有する者のみに止まること、又は身分によりて罪と為るべき犯罪、例へば官吏収賄罪の如き罪に干係する共犯者は其罪の刑に該せらる可きこと等は、従犯に就きても亦同一に論結せざる可からざるなり」ということになる（三三七頁）。従犯についても、正犯のばあいと同様、それぞれ①「犯罪執行の情状」による刑の加重は、全共犯者に及び、②身分による刑の加重は、その身分を有する者のみに止まり、③「身分によりて罪を為るべき犯罪」、つまり真正身分犯の共犯はその犯罪の刑により処せられることになる。これは、宮城の立場からは首尾一貫した論述であるといえる。

（1）拙著『刑法総論講義』第3版（平25年・二〇一三年）二三三―四頁。
（2）拙著・前掲注（1）二四〇頁。
（3）拙著・前掲注（1）八五頁。
（4）国事犯・政治犯については、拙著・前掲注（1）八六―七頁参照。
（5）拙著・前掲注（1）一一一頁。
（6）拙著・前掲注（1）一一一頁。
（7）拙著・前掲注（1）六四七頁。
（8）拙著・前掲注（1）四六四頁。
（9）拙著・前掲注（1）四〇八頁。
（10）拙著『正当防衛権の再生』刑事法研究第五巻（平10年・一九九八年）一九頁、六九頁。拙著・前掲注（1）三五二頁。
（11）拙著・前掲注（1）三二〇―一頁。
（12）拙著『錯誤論の諸相』刑事法研究第三巻（平6年・一九九四年）五九―六〇頁、拙著『責任の理論』刑事法研究第13巻（平24年・二〇一二年）八六頁、一七〇―一頁。拙著・前掲注（1）四四九―五〇頁。
（13）拙著・前掲注（1）四七〇―一頁、拙著『刑法』（平26年・二〇一四年）一三三頁。
（14）中野正剛教授によれば、宮城の予備概念は「今日の予備行為の概念に対応する」とされる、中野正剛『未遂犯論の基礎――学理と政策の史的展開――』（平26年・二〇一四年）一一〇頁。

(15) 中野教授は、宮城が『刑法正義上巻』等で「実行の着手（「着手」）の基準」を「公式の形で」明らかにしたことは、ボアソナードの明言していなかったものであり、「重要な業績であると評価できよう」とされている、中野・前掲注（14）一一三頁。
(16) この点に関して中野教授は、「当該行為の持つ危険性の質や程度に準拠して実行の着手時期を決めようとする発想は見られず、かつ基本的には着手を形式的に理解していた」とされている、中野・前掲注（14）一一五頁。
(17) これは、中野教授によれば、「故意の認定が外形的行為からは容易に判別しがたい」とする「認定論」の観点からの予備罪の原則不処罰を導き出すものとされている、中野・前掲注（14）一一〇頁。
(18) 中止未遂（中止犯）と障害未遂については、拙著・前掲注（1）四九一頁、拙著・前掲注（13）一四一頁。中野教授は、宮城が中止犯を着手未遂の概念に「連結」させその段階に限定したことに注目し、ボアソナードの所説との対比において、「宮城の所説の特徴」であるとされる、中野・前掲注（14）一一三頁。
(19) 拙著・前掲注（1）四八七頁、拙著・前掲注（13）一四六頁。
(20) 着手未遂と欠効犯の区別の詳細については、中野・前掲注（14）一一五―一二二頁参照。
(21) 宮城の中止犯論の詳細については、中野・前掲注（14）一二六―九頁参照。
(22) 拙著・前掲注（1）五一二―三頁、拙著・前掲注（13）一五一頁。
(23) 拙著・前掲注（1）五一三―六頁、拙著・前掲注（13）一五一頁。
(24) 宮城の不能犯論の詳細については、中野・前掲注（14）一三一―六頁参照。
(25) 拙著・前掲注（1）五〇八頁、拙著・前掲注（13）一五〇頁。
(26) 拙著・前掲注（1）一六六―七頁。
(27) 拙著『共犯論序説』刑事法研究第七巻（平13年・二〇〇一年）五―六頁、五七頁。拙著・前掲注（1）五三〇―六頁、拙著・前掲注（13）一五三―六頁。
(28) 拙著『共犯の理論』刑事法研究第10巻（平20年・二〇〇八年）二八頁。拙著・前掲注（27）一九―二二頁。
(29) 拙著・前掲注（1）五八七頁。
(30) 拙著・前掲注（1）五三七―四一頁。
(31) 不真正身分犯とその取扱いについては、拙著・前掲注（27）一八二―九二頁、拙著・前掲注（1）六一五―六一頁参照。
(32) 「身分」の概念については、拙著・前掲注（27）一〇三―三八頁参照。「真正身分犯」の概念については、拙著・前掲注（27）一五七頁、拙著・前掲注（1）六〇九頁参照。

(33) 真正身分犯と共犯の取扱いについては、拙著・前掲注(27)一六九―八二頁、拙著・前掲注(1)六〇九―一四頁参照。
(34) 教唆と錯誤の問題については、拙著・前掲注(28)一三三―六頁、拙著・前掲注(1)六二〇―二三頁参照。
(35) 現在の刑法理論における従犯行為・幇助行為の意義については、拙著・前掲注(28)一五〇―一頁、拙著・前掲注(1)五九六―八頁参照。

第四章　刑罰論

第一節　刑罰権の根拠

宮城浩藏によれば、刑罰権の基礎をめぐって古来、数多くの説が唱えられてきたが、罪悪を処罰する点においては、何れも一致しているので、実際上、何れの説を採るかは関係がないかの観を呈する。実際にそのように解した学者もおり、その例として宮城は、アメリカのリヴィングストンの名を挙げている（一四頁）。たしかに、大かつ顕著な罪悪が刑法に取り入れられていることは明白である。しかし、微細な罪悪については「確然たる一定の主義」を明示しないと、刑法に取り入れるべきか否かを判断できないので、刑罰権の根拠を究明する必要があるとされる。現在の刑法理論においては、犯罪論に独自の意義が与えられており、刑罰根拠論とは一応区別して犯罪の本質論が展開されている。しかし、ここでは宮城の立論に従って彼の議論を見て行くことにする。彼は、刑罰権の根拠に関して、多数の見解の小異を捨てて大同につくものとして、次のように一〇個の説を挙げて、逐一、その内容を説明したうえで検討を加えている（一五―二三頁）。ここでは、その概要を示すにとどめておくことにする。

①復讐主義。これは、「自然の感覚」である復讐に刑罰の根拠を求めるものであるが、宮城は、次のようにこれを斥ける。すなわち、復讐は、道徳上、善良の性質を有するものではなく、この主義は、結局タリオ（同害報復）をみとめるものであって、加害行為と同量同質の報復があり得ない犯罪類型が存在するし、「残忍酷薄忌むべく厭ふべき刑罰」を肯定することになるので、不当であるとされるのである。ここで宮城が、復讐は、「道徳上、善良の性質」

を有するものではないことを指摘したうえで、タリオは「残忍酷薄」な刑罰をもたらすとして、復讐主義に反対しているのは、注目に値する。彼は、復讐の本質を見抜いてそれを否定したのである。

②恐嚇主義。一般予防の見地から刑罰の威嚇力にその根拠を求める恐嚇主義に対しては、威嚇力が社会秩序保全の手段となり得るにしても、その手段を使用することの正当性は検証されていないとして、これを否定する。彼が刑罰の威嚇力の有用性をみとめながらも、使用の「正当性」を疑問視しているのは、興味深い。

③民約主義。民約主義には、(イ)社会契約によって社会は刑罰権の委託を受けるとする説と、(ロ)各人が有する天賦の正当防衛権の一部を社会に譲与したので、社会はこれを集合して刑罰権を取得したとする説がある。民約説はルソーによって唱導されたが、宮城は、これをルソーなどが感じた「妄想」にすぎないとし、人間は、元来「社交の動物」であるから、契約しなくても同種相集って社会を構成するに至るものであるとする。彼が、ルソーの民約説を全面的に否定しながらも、哲学者としてのルソーを高く評価していたことは、注目されるべきであるとおもう。すなわち、彼は、ルソーを「千古卓越の哲学者として依然其光輝を放つ」と評価しているのである（一七頁）。宮城が哲学に深い関心をもち、ルソーを正当に評価していることには改めて感心させられる。しかし、民約説そのものについては、右のように否定的見解が示されている。

さらに、刑罰権の根拠の細説としての(イ)説と(ロ)説について宮城がどのように考えているか、を見ることにしよう。宮城は、(イ)説に対しては、生命・自由は譲与を内容とする社会契約の目的物とはなり得ないと批判し、(ロ)説に対しては、「正当防衛権」は加害が切迫しているばあいに主張できるものであって、加害が終了した後には主張できない、として刑罰権の根拠として正当防衛権を採用するのは妥当でないと批判する。前者の論拠の中に、宮城の自然法思想を読み取ることができる。すなわち、彼は、生命・身体を不可侵のものと解しており、ここに権利・自由の「絶対性」を確信していたことが伺われるのである。後者の論拠は、かなり細かい解釈論の展開の感がないではない。なぜならば、個人の正当防衛と社会の正当防衛をまったく同列に扱い、正当防衛の客観的要件である「侵害の急迫性」を問題にしているからである。このように、解釈論的な観点から刑罰権の根拠に対する批判を論拠づけようとしているところに、刑法理論家としての宮城の相貌が見て取れる。

④承認主義。社会が犯罪を処罰することを人民が承認した点に刑罰権の根拠を求めるこの説に対して、宮城は、ある者が被害を予知し容認したとしても加害行為が正当化されるものではないことを理由に、この説を否定する。しかし、現在の刑法理論においては、被害者の承諾に基づく違法性阻却、つまり、加害行為の正当化がみとめられているので、右の理由づけには疑問がないわけではない。

⑤正当防衛主義。この説は、無形人としての社会も自然人と同様に正当防衛権を有するが、社会のばあいには、個人のばあいと異なり、加害の急迫性がなくなっても正当防衛は可能であるとする。その理由は、犯人を処罰して将来を警戒しないと社会の維持が図れないことに求められている。この立場は、今日の言葉でいえば、目的主義、社会功利主義に当たることになる。この説に対して宮城は、社会が正当防衛権を行使することが「正当なりや否や」について、この立場は何も述べていないとする。つまり、正当防衛権があるからといって他人を処罰することの正当性を基礎づけることはできないというのである。彼によれば、もし社会の防衛だけを考慮に入れるのであれば、「白痴、瘋癲者の所為」も「如何なる小害」も処罰すべきこととなり、ひいては「無辜罰」を招来する恐るべき事態が生ずるとされるのである。このように、権利自由の確保を標榜する宮城が社会防衛主義の行き着く極点を正確に把握していたことは、今日の刑法学の見地から高く評価される必要がある。なぜならば、この思考は、後の新派の立場に位置づけられ得るからである。

⑥必要主義。この立場によれば、社会は存立上、当然刑罰権を有し、その行使について少しも不正は存在しないとされる。これは、ベンサムの主張するところであるが、「事の利不利、要不要」は「事の善不善、正不正」を判定する規準となり得ないので、この説は妥当でないとされる。まさしく宮城が指摘するとおりであると解される。

⑦賠償主義。これは、社会が有する賠償権が刑罰権の基礎であるとする説である。宮城によれば、この説は、刑罰と賠償を混同するものであり、賭博犯罪のように賠償の観念を容れる余地のない犯罪もあるし、外国における犯罪はそもそも処罰できなくなるから、この説は不当である。宮城の批判は、妥当であるといえる。

⑧純正主義。これは、今日でいうところの絶対主義である。宮城自身の叙述でこの説の内容を確認しておこう。彼は、次のように述べる。すなわち、「善を為せば善報あり、悪を為せば悪報あるは自然の理免る可からざるの教にして、刑罰は即ち悪事を為したるに付きて生ずる所の悪報なり。是を以て人の社会に在りて悪事を為すときは、社会は則ち之に応報として刑罰を加ふるは実に正当なるものなり。故に其応報を加ふるの社会に利あると否とを問ふを要せず。例へば罪人あり、永く鉄窓の下に呻吟せり。然るに此社会が突然明旦を期して滅却するものと仮想せんに最早社会は此犯人を処分するの必要なしと雖も、悪事を為したる者は悪報を受くべきを以て必ずや之を処分して猶予する所なかる可しと。是れ千七百年代の半ばより千八百年代の初に至りて彼カント、ジョセフ氏の輩が盛に唱道したる所の純正主義なり」とするのである（二一一頁）。ここでカントの名前が挙げられ、彼の有名な主張が紹介されている。

純正主義に対して宮城は、次のようにいう。応報は、たしかに「事物自然の道理」であるが、しかし、なぜ社会はその応報に関与して刑罰を科する権限を有するのかは論証されていない。しかも、いかに「微少の害悪」であっても必ず応報が必要となるから、つねに処罰されざるを得なくなる。さらに、「無形的な悪念」をも処罰することとなって「思想の自由」が侵害される可能性が出て来るとされる。すなわち、この説は、「刑罰は則ち悪事を為したるに付きて生ずる所の悪報なり」とするものであるから、「其応報を加ふるは社会に利あると否とを問ふを要せず」ということになる。そこでは「事の善悪正邪」だけが問題となるので、社会における利益侵害の観点が欠落することになる。したがって、単なる内心的な事柄も「善悪正邪」の判断の対象となり得るとされるわけである。

宮城の右のような考え方を現在の不法論に投影してみると、次のようになる。違法行為を倫理秩序の維持という観点から「行為反価値」（行為無価値）にのみ重点を置くと、必然的に行為者の主観のみを重視する「志向反価値」論へ移行し、利益侵害・価値侵害としての「結果反価値」（結果無価値）は不法にとって不要となる。このように宮城は、反倫理的態度の追及に執着する厳格主義（リゴリスムス）が「思想の自由」を侵害する危険性を有することをすでに指摘無価値一元論が「思想の自由」を侵害するに至る思考であることを主張するものである。これは、行為していたのである。宮城の見解は、現在の不法論の見地からも高く評価され得る。

⑨命令主義。これは、ハルトールの主張にかかる当時の最新の学説である。この説によれば、社会は、その秩序を維持するために「法律を制定する権即ち命令権」を有しており、命令には当然に制裁が伴うので、社会は刑罰権を有するとするものである。これに対して宮城は、命令には制裁がつきものであるにしても、なぜその制裁が刑罰でなければならないかの説明がなされていないこと、この説では刑に軽重がある理由を説明できないこと、を理由にしてこの説を斥けている。命令に伴う制裁が刑罰でなければならないことは、この説では論証されていないので、宮城の主張は妥当である。

⑩折衷主義。宮城は、オルトランの折衷説を採るべきであるとする。折衷主義とは、処罰の「正当性」を純正主義によって、処罰の「必要性」を防衛主義によって、それぞれ基礎づける学説である。宮城によれば、「刑罰を行ふ

の正当なる理由」を説明する点において純正主義に勝るものはないが、この説では「社会が何によりて其悪報に干渉して刑罰を行ふの権ありや」を説明することはできない。この点を説明できるのは社会防衛主義を措いて他にないとされる。そこで、宮城は、罪悪をなせば必ず刑罰を受けることの根拠を純正主義に求め、社会が刑罰権を有する根拠を正当防衛主義に求めたのである。言い換えると、彼は、「受刑の理由」と「科刑の権限」とを区別して、前者を純正主義によって、後者を正当防衛主義によって論証しようとしたことになる。このように見てくると、折衷主義は刑罰「二元論」であるといえるとおもわれる。

元来、「折衷」主義は、異なる原理を安易に結合するものであるとの批判ないし非難をこうむりやすい。この点について宮城は、一般論として折衷主義を次のように擁護しており、これは、今日の刑法解釈論においてもそのまま妥当する見解であるとおもう。すなわち、彼は、「凡そ事を論ずるに当りては唯其一端を挙げ一面を観るの能く尽す所に非ず。例へば尚空気の如し。之を酸素より成ると云ふは非なり。之を窒素より成ると云ふも亦非なり。空気は酸素、窒素の混合物にして其他の気体を含有すると云はば始めて正当なりと謂ふべし。折衷主義の因て起る所以なり」と述べているのである（二二頁）。彼は、空気の比喩を用いて一元論の不当性を説得的に論述している。事の一面のみを強調するよりも、総体を多面的に捉えようとするかぎり、折衷主義の合理性がみとめられるべきである。したがって、折衷主義を安易な妥協主義として排するのは不当であるといわなければならない。

宮城は、わが国の刑法も折衷主義を採っており、その観点から解釈すべきであるとする。それでは折衷主義の結論の特徴はどこにあるのであろうか。それは、道徳に背き、かつ社会を害する行為のみが処罰の対象であると解する点にある。犯罪がつねに道徳違反行為と解する基礎には、「刑法は倫理の最低限である」と解する思想が存在する。この思想は、現在でもなお有力であり、反道義性を強調して反道義的行為の必罰を要求することになる。しかし、宮城の折衷主義の特徴は、むしろ道徳に違反する行為であっても社会に損害を与えないかぎりは処罰してはならないとする点にある。つまり、「社会侵害性」によって「可罰性を限定」する思考である。これは、現在でいう結果反価値論（結果無価値論）の観点に当たると見てよいとおもわれる。結果無価値論は、結果無価値一元論にほかならない。純正主義の立場は、「行為者の主観」のみを重視することになるから、行為反価値一元論（行為無価値一元論）に堕することになる。いずれも極端な一元論とならざるを得ない。そこで宮城は、右のような折衷主義を支持するに至ったのである。結果反価値の観点を加味する宮城の折衷主義は、今日の二元的人的不法論（二元的行為無価値論）と同じ傾向にあるといえる。社会防衛権と刑罰権とは異なるものであるから刑罰権ありとはいえないとするベルトールの批判に対して、宮城は、折衷主義は社会的防衛権と刑罰権とを同一視するものではなくて、社会が自己防衛するために犯罪者が受けるべき応報をおこなうにとどまり、刑罰を科するのは防衛の結果にすぎない、と反論している（二三三頁）。この反論は妥当であるといえる。

第二節　刑罰の目的と性質

宮城浩藏は、「法理上より刑の定解を与へんと欲せば、社会刑罰権の基礎を定むるの如何によりて各々異ならざる可からず」としたうえで、「折衷主義」の立場から刑罰を次のように定義する。すなわち、「刑とは社会の公権を以て犯罪を理由と為し犯人に対する所の痛苦なり、略言すれば刑は痛苦なり」とするのである（九一頁）。前に見たとおり、刑罰は、その理念をめぐる見解の対立を超えて共通性を有する。その究極的な共通性は「苦痛」（痛苦）である。宮城は、このことを的確に把握していたのである。宮城は、刑罰が犯罪を理由として科せられる「痛苦」であることを前提にして、刑の「目的」について以下のように述べている。

刑の目的として「刑は刑なきを期す」とよく言われるが、これは真正な刑の極点を示すにすぎず、刑の直接の目的は「将来の犯者を警戒すること、再犯を防遏すること」の二つに尽きるとされる（九三頁）。今日の言葉でいえば、前者は一般予防であり、後者は特別予防である。刑罰の目的としてこの二つをみとめるのは、今日の刑法理論の立場であり、何れに重点を置くかが争われているのである。宮城は、「一人刑せられて万人之を畏れ将来の犯者を警戒し復罪を犯すこと無からしむ」と前者を端的に表現し、これを刑罰の第一の目的として挙げている。この目的を達成するのには「罪悪必罰」の実を示すことが必要であるとされるのである（九三頁）。

そして、犯人を処罰しても将来、再び犯行を繰り返さないとの考えを生じさせなければ科刑の必要はないので、刑罰の第二の目的は、再犯の防圧であるとされる。その目的を達成する方法として、(イ)犯人を終生拘禁すること、(ロ)犯人をして過ちを悔い善に遷らしめること、の二つがあり、(ロ)が妥当であるとしている。そして、当時の行刑改革の外国およびわが国の動向に触れたうえで、「監獄改良の問題は已に我与論と為りたるが如し。実に欣喜の至りなり」と述べている（九三―四頁）。ここにおいて、宮城の行刑に対する深い関心と知識を見て取ることができる。宮城は、教育刑思想の信奉者ではなかった。というのは、彼にとって刑罰は、「犯人に於て刑は自己の罪悪の応報なりと悟了し過を悔ひ善に遷るの心を発揮すれば則ち可なり」といった意味をもつにすぎず、「獄舎は学校に非ず、即ち唯囚徒の教育のみに従事することを得ず」とされているからである（九四頁）。教育刑論を支持するわたくしとしては、残念におもうが、当時の刑法学者として刑罰論について深く洞察していた宮城は高く評価されなければならない。

宮城によれば、刑罰の目的を達成するためには、「善良正なる刑」を科する必要があり、「不良不当の刑」を科さないようにしなければならない。そこで、彼は、刑罰が具備すべき性質を検討すべきであるとして、次の七つの要件を挙げている（九四―七頁）。

①刑は、身体に及ぶこと。刑罰は苦痛であるから、直接的に苦痛を感じさせるのに最も適しているのは身体に対する刑であるとされる。しかし、これは身体刑を意味するものではない。身体刑は、近代の人権思想からは不当な刑罰として否定されるべきものでる。したがって、これは、身体の自由を剝奪する刑を意味する。

②刑は、一身に止まること。これは、刑罰の一身専属性を意味し、「連座」制の否定を意味する。連座制の否定は、個人責任・自己責任の原則をみとめることにほかならない。さらに、間接的に犯人の家人に影響を及ぼす刑も否定されるべきことを宮城自身もみとめているので、結局、間接的影響というのは、あくまでも程度問題にすぎないといえる。

③刑は、標式として犯人を警戒するに足りるものであること。つまり、刑罰は、犯罪を犯させないようにするためには「罪悪必罰の例」、すなわち「標式」を示す必要があるというのである。そして、標式としての機能をよく果たすのは生命刑、身体に対する刑であるとされる。

④刑は、犯人を懲戒して悔悟させること。これについては刑罰の目的で触れられているとおりである。

⑤刑は、「平等不偏なる」こと。男女貴賤によって、同一の行為に対する刑に差があってはならないとされる。しかしながら、男女差、個人差などが現実に存在する以上、同一の刑によっても、実質上、その苦痛の受け取り方に差があることが指摘されている。たしかに、同一行為に対して同一の刑が科せられるべきでるといえるが、しかし、刑罰の受け取り方に個人差があるのも事実であるので、宮城の指摘は妥当である。

⑥刑は、分割すべきこと。犯人が数人あるばあいには、それぞれの犯情に応じて刑が科せられるべきことが強調されている。これも個人責任・自己責任の表われにほかならない。

⑦刑は、補償し取り消すことを得るものであること。人智の限りを尽くしても「誤判」を避けることはできない。したがって、誤判であることが判明したときには、刑を取り消して補償することによって、その害を消滅させる途が開かれていなければならないとされる。宮城は、随所で誤判の可能性を危惧しており、これは、彼が実務に通暁していたことを示す証左であるといえる。

これらの要件は、立法者に対して強く要求されるものであり、その多くは、現時点においても通用する点が少くない。

第三節　刑罰の種類

第一款　総説

刑罰の種類について、宮城は、まず次のように述べる。すなわち、「夫れ刑は痛苦なり。而して痛苦を人類に与ふる万法其類少しと為さず。然れども之を大別すれば左の三個の外に出でず」として、①人の身体に及ぼす痛苦、②人の権利に及ぼす痛苦および③人の心に及ぼす痛苦を挙げ、「故に犯人に科する刑罰も亦三種に止まる者とす。即ち身体に及ぶの刑、権利に及ぶの刑、心に及ぶの刑是なり」とする（九一頁）。そして、それぞれの刑について次のように説明している。すなわち、まず、身体に及ぶ刑について、「身体に及ぶの刑とは直接に犯人の身体に痛苦を感ぜしむる所の刑罰にして此種の刑は多く之あり。即ち生命を奪ふ者、身体を毀傷する者若しくは身体の自由を剝奪する者等あり。其身体を毀傷する刑は今日文明国の採用する所とならず。生命を奪ふ者若しくは身体の自由を拘束する者は各国多く之を採用す。我国に於ても亦然り。即ち死刑は生命を奪ふの刑にして拘留、禁錮、禁獄、懲役、徒流刑は身体の自由を剝奪するの刑なり」とする（九一―二頁）。前に見たように、身体を毀傷する身体刑は、これに含まれない。

この刑が間接的に自由に及ぶことについて、宮城は、「身体の自由を剝奪する刑若しくは生命を奪ふ刑の如きは身体に及ぼす者なりと雖も、亦同時に権利に及ぶ刑と謂ふを得べし。何となれば生存の権若しくは自由の権を奪ふを以てなり。然れども前に所謂身体に及ぶの刑は唯有形上身体に直接なる影響ある刑を一括したるに過ぎず」と述べている。つまり、この刑は有形的に身体に及ぶものに限られるのである。

次に、権利に及ぶ刑について、「此に掲ぐる所の権利に及ぶの刑とは直接に権利に影響ある所の刑にして即ち無形上より痛苦を感ぜしむる所の者なり。我刑法の所謂剝奪公権、停止公権若くは禁治産或は科料、罰金、没収即ち是なり」とする（九二頁）。身体に及ぶ刑が有形的に直接、身体に影響を及ぼす刑であるのに対して、権利に及ぶ刑は、直接、権利に影響を及ぼす刑であり、無形的に痛苦を感じさせるものである。その典型は、剝奪公権、罰金などであるとされる。「権利に及ぶ刑」は、現行法における罰金、科料、没収を含むとされるが、これらは別の観点から性格づけられるべきものであるといえる。

最後に、心に及ぶ刑について、宮城は、「心に及ぶの刑とは直接に犯人の心情に痛苦を感ぜしむる所の者を謂ふ。総て刑は痛苦なるを以て一として心情に影響せざる者なしと雖も、夫の身体に及ぶ者、権利に及ぶ者の如きは唯間接に心情に影響ある刑たるに過ぎず。所謂心に及ぶの刑とは彼の近時に至るまで行はれし呵責の如き類にして身体又は権利に影響なくして直接に心情に痛苦を与ふる所の者なり」と述べている（九二頁）。すなわち、この刑は、直接、心情に対して痛苦を与えるものであり、その典型は呵責であるとされる。そして、この刑は、「害ありて益なき所の者とす。即ち唯悪に固執するの念を誘起し改過遷善の路を絶たしむるのみならず到底執行し難き所の刑たるに過ぎず」とされる（九二頁）。そして、刑法がこの刑を採用しなかった理由について宮城は、次のように述べている。すなわち、「例へば訟廷に於て謝状を作らしむるが如きは若し犯人執拗にして之を肯ぜざる時は何を以て強ひて之を作らしむるを得んや。結局他の刑を用いるが如き場合を生ずるに至る。是れ此種の刑の不正なる所以にして我刑法に於て之を採用せざるは此に由る。他の文明国に於ても亦皆然らざるはなし」としている（九二―三頁）。この刑は、実効性がなく、かつ執行も困難であるから、文明国においては採用されておらず、わが国もこれを採用しなかったとされるのである。この指摘は妥当であると解される。

第二款　死刑

刑罰論において古くして新しい問題である死刑に関する宮城の見解を見ておこう。

死刑は、一たん執行されると誤判であることが判明しても、もはやこれを取り消して補償することができないので、宮城は、死刑は「善良の刑」ではないとする。すなわち、「死刑は善良の刑に非ず。何となれば此刑は取消又は補償することを得ざる者にして一旦死刑を行ひし後は之を取消すの必要を生ずることありと雖も、死者復た生くべからざれば到底之を如何ともすることは能はざればなり。被刑者を活すの必要ありとは則ち裁判に誤謬ある場合を想像したるなり」とされるのである（一〇〇頁）。そして、誤判の可能性について、宮城は、「夫れ裁判官なる者罪を断ずるに当りては綿密なる手続に依り確実なる証憑を蒐集し丁寧厳重に審理するも、人の感想の不同なる其判断の点を誤りて裁判すること無きを保すべからざるなり。否誤判は実際屢々見る所の者なり。已に被告人を死刑に処したる後に於て其誤判たること明瞭なるに当りて之を取消し若しくは補償することは決して為し得べき所に非ざるなり」と述べている（一〇〇頁）。つまり、裁判官がいかに「丁寧厳重に審理」したとしても判断を誤って裁判することがないとはされ得ないというのである。実際上も誤判は度々生じているとされる。このように、裁判官が人知の限りを尽くしても誤判の可能性は否定され得ないのであり、実際に再審裁判がなされている事実も否定できない。

誤判の実際について、宮城は、「今之を実例に徴せんに仏国の或学者の調査に拠るに欧州各国に於て死刑の言渡に錯誤ありて之を取消したること僅々二十年間に於て六度あり。即ち三年に一度の比例なり。但し此等の被告人は已に刑を言い渡されたりと雖も、幸に特赦の恩典を被りて無期徒刑若しくは有期徒刑に処せられたる者なり」（一〇〇頁）として、欧州各国の事例を挙げて説明している。ここで統計学的観点からの論拠を提示している点が注目されなければならない。宮城は、「惟ふに此場合は被告人未だ死せざりしを以て幸に誤謬の裁判たること判然たりしと雖も、無辜の被告人已に死刑を執行せられ誤謬の裁判宛も真正の如き観を呈したる者其数少なからざる可し。啻た三年一度強の比例のみならざるなり」と述べ（一〇一頁）、さらに「諸君の既に知らるる如く欧州諸国に於ては重罪に陪審官置きて罪を断ず。殊に仏国に於ては十二名の陪審官ありて死刑に処すべき被告人には概ね強ひて酌量減軽を為すべきことを決すと云ふ。然れども尚ほ誤判あること此の如し。人間裁判の不完全なる実に已むべからざるなるか噫」と述べている（一〇一頁）。つまり、彼は、裁判官だけでなく陪審員による裁判においても事情は同じであり、「人間裁判の不完全なる」ことを嘆いているのである。

また、死刑が分割できないことも死刑廃止論の理由の一つとされている（一〇〇頁）。宮城は、一八世紀から一九世紀にかけてのヨーロッパ諸国の実情に触れつつ、死刑廃止論が「今日甚だ勢力を得たる」ことを指摘している。すなわち、この点について、宮城は、「曽て述べたる如く死刑は分割すべからざる等多く不良の性質を有するにより之を廃すべしと云ふ駁論は、十八世紀の半ばより今日に至るまで非常に勢力を得たり。現に欧米諸国中大国は未だ之を廃せざるも数多の小国は法律を以て全廃したる処あり。即ち、丁抹、和蘭、葡萄牙或は独逸聯邦中の或る小国の如し。又聞く所に由れば近年伊太利に於ては国会に於て死刑を廃すべしと議決せりと」述べて（一〇一頁）、ヨーロッパのいくつかの小国において死刑が廃止されたこと、または廃止の決議をしたイタリアについて触れている。さらに大国においても「成文上其刑を設けれども或は裁判官の斟酌を以て之を宣告せざる有り。或は特赦の恩典により之を行はざる有り。或は法律上より適用の場合を減ずる有り。或は国事犯に就きては全く之を科せざるありて実際死刑執行の甚だ減少したるを見る」と述べている（一〇一頁）。このように、死刑廃止国の存在、死刑判決の不宣告、特赦や法律上の減軽などをほどこしている西洋諸国の事情が紹介されている。ここに宮城の海外事情に関する深い学識が見られる。

しかし、わが刑法は死刑を採用しており、宮城もこれを支持している。すなわち、「社会に対して善悪必罰の例を示して無智の民を警戒し犯罪を未行に撲滅する」には死刑に換わるものがないことを根拠にしているのである（一〇一頁）。この点について、宮城は、「斯の如く死刑廃止の説は今日甚だ勢力を得たるにも拘はらず之を我刑法に規定したるは抑々何の故ぞや。……夫れ死刑は唯取消すを得ず、補償するを得ず又分割することをも得ざるのみならず、犯人を悔悟せしむることを得ざるは固よりなりと雖も其他に刑の目的を達するに必要なること有り。即ち社会に対して善悪必罰の例を示して無智の民を警戒し、犯罪を未行に撲滅するは死刑に若くものなし。是れ我刑法に於て之を用いたる所以なり」と述べている（一〇一頁）。つまり、死刑のもつ一般的威嚇力が死刑存置の最大の理由とされているのである。これは、宮城の基本的立場である応報刑主義からは当然のことであるといえる。しかし、彼が、死刑の存置をみとめるけれども、死刑はけっして善良の刑罰ではないので、「例外の刑」として扱われるべきことを強調している点は、看過されるべきではない。彼は、死刑を科することにきわめて慎重であるべきことを要求して、加重刑としての死刑にも強く反対している。この点について彼は、次のように述べているのである。すなわち、「死刑は決して良質を帯ぶる者に非ざれば我刑法の之を採取したるは例外の刑として用いたるに過ぎず。故に犯罪中に於て単に尤も極端の者にのみ之を科し又初めより法律に規定したる犯罪にのみ之を科し、決して加重により死刑と為すことを得ず」とされている（一〇一―二頁）。そして、「我刑法に於ては死刑を採用すと雖も其適用の範囲を狭隘にして稀に之を用いることと為せるを見るに至る」と述べているのである（一〇二頁）。このような主張は、現在でもおこなわれており、今なお通用するものであるといえる。

さらに宮城は、死刑の執行方法についても詳しく説明している。すなわち、「特に知らず、生命を奪ふは徒に犯人を苦しましむるのみに非ずして他を警戒畏懼せしむるに在ることを。是に由て之を観れば死刑なる者は犯人の生命を奪へば則ち足れり。何ぞ残忍可虐の方法を用いるを要せんや。故に今日に於ては各国共に尤も簡単にして尤も迅速に生命を奪ひ得る方法を用いざるはなし。即ち斬首と絞首との二者是なり。英国及び米国は絞首を用い、仏国及び其他欧州各国は斬首を用い、我国の旧法即ち新律綱領に於ては絞と斬とを併用し、斬首は之を重しとし絞首は之を軽しとせり」と述べている（一〇二頁）。死刑は犯人の生命を奪うことに主眼があるので、「残忍可虐の方法」を用いることはみとめられず、もっとも「簡単」かつ「迅速に」生命を奪う方法として「斬首」または「絞首」が欧米各国で採用されている実状を説明している。そして、新律綱領において「斬首二者を軽重を附した」理由は、「斬に処せられたる者は首足処を異にし、無人間自然の体躯を毀壊するを以て之を絞の体躯を全くして単に生命を奪はるるに過ぎざる者に比すれば其間に軽重あるが如きを以てなり」としている（一〇二頁）。東洋の習俗においては、身体の損傷を伴わない方が損傷を伴う殺害の方よりも緩やかであるから、軽いとされていると解される。しかし、「今日に至りては斬と絞とも亦野蛮時代の方と云ふ譏を免れず。已に米国紐育州立法議会に於ては従来採用したりし絞首法を廃し、電気を以て瞬時に生命を奪ふ所の方法を用いることを討議し千八百八十九年一月より施行したりと云ふ」として（一〇二頁）、当時の最新の情報を披瀝している。

なお、宮城は、フランスにおける斬刑としてのギロチン（ギョッティーヌ）の歴史的背景についても触れている。すなわち、「仏国に於て斬首を用い来りしは大に沿革あることにして我国の如く必ずしも軽重の点より生じたる者に非ざるなり。革命以前は死刑を犯人に科するに当り貴族は斬首し、平民は絞首せり……然るに革命に際して貴族と平民との区別を廃したるよりして死刑も亦之を区別するの必要なく、平民に科したりし絞首を用いんよりは寧ろ貴族に科したる斬首を取り、即ち上れるを下さんよりは下れるを上すの至当なるに若かざるなりと云ふ思考より出でたる者なり」とする（一〇三頁）。フランス革命により貴族と平民の区別がなくなったので、死刑の執行を統一するものとして、貴族に対しておこなわれていた上位の「斬」が採用されたのであった。そして、斬首をおこなうに当たって「古昔は刀を用いしが屢々錯誤を来して全く斬首するを得ずして為めに大に犯者を苦しましむるの憂いあり。且革命の時は死刑に処せらるる者其数を知らず、一々刀を用いる時は煩に堪へざるを以て医師ギョッタン氏一の断頭台を発明し因りて以て速に頭を断することを得たり。聞く、此断頭台は人を台の高処に載せ之を軽倒せしめ之と同時に其首を断するの方法なりと。此器はギョッタン氏の発明に出でたるを以て称してギョチーヌと曰ふ。抑々此断頭台は氏の発明に係り氏の名を附したるにも拘はらず氏自ら此断頭台上に於て首足処を異にするの人となれり。豈に奇ならずや」とギロチンの由来と発明者の処刑のエピソードを紹介した後、「諸君よ、予は死刑の種類を説くに当て覚へず前陳の如き談話に馳せたり。是れ諸君の参考に供したるに過ぎず。幸に之を恕せよ」と述べている（一〇三頁）。右のエピソードを披瀝したのは、学生諸君の参考に供するためであってペダンチックな目的によるものではない旨を弁明しているのは面白い。

第三款　自由刑

刑法は、自由刑について、第一七条以降に規定している。刑法第一七条は、「徒刑ハ無期有期ヲ分タス島地ニ發遣シ定役ニ服ス有期徒刑ハ十二年以上十五年以下ト為ス」と規定する。自由刑について、宮城は、「徒刑より禁錮に至るまでの刑は所謂身体の自由を剝奪する所の者なり。我刑法は之を以て刑の基本となす。欧米諸国も亦此種の刑を以て基本とせざるなし」としたうえで（一〇六頁）、「此種の刑は直接に身体に及び、標式となりて他を警戒し、分割して以て罪度に適応するを得。誤謬の裁判を取消し補償するを得るのみならず、長く獄舎に拘束し服役せしめて間々善良の教訓を加へ以て悔悟せしむるを得べし。此等は曽て刑の目的及び其性質を説くに当りて詳かに弁じたるを以て今復た此に贅せず」と述べている（一〇六頁）。そして、彼は、「我刑法は身体の自由を剝奪する刑を基本となすを以て彼の死刑の如き罰金の如きは之を例外の刑とせり。実に至当の制度と謂ふべし。唯此種の刑を数個に区分したるに付き大に駁撃を受けたり。即ち常事犯に付きては無期徒刑、有期徒刑、重懲役、軽懲役、重禁錮、軽禁錮に細別し、国事犯に付きては無期流刑、有期流刑、重禁獄、軽禁獄及び軽禁錮に小分せり。論者曰く、此れ区分多きに過ぎて諸多の弊害を来すを免れず」とする（一〇六頁）。一般に、刑法が自由刑を刑罰の基本とするのは妥当であるが、自由刑を細分するのは妥当でないと批判されていた。このような批判に対して宮城は、批判論の「論者の言ふ所理なきに非ず。我刑法が斯の如く刑を細分化したるは或は立法者裁判官をして困難を来さしむること有る可し。然れども論者をして此の如く現行の制度に不満を懐かしめたるは審査修正の際草案を変改したるに由る」ものであるが（一〇七頁）、「我現行刑法を実際に適用する時は論者の予期したるが如き大なる不都合を生ずること無きを知る。何ぞや。曰く我刑法は裁判官に酌量減軽の権を附与したること即ち是なり」として、不都合は生じないとしている（一〇七―八頁）。つまり、裁判官は酌量減軽の権限を有しているので、不都合は生じないとされるのである。そのうえで、宮城は、「現行刑法が身体の自由を束縛する刑を細分化したるは完璧と謂ふこと能ずと雖も然れども亦刑法の組織上宜きを得たる制度と謂ふも敢て不可ならざるなり」と述べて制度として妥当性を有すると評価している（一〇九頁）。

宮城は、徒刑について詳細に説明しているが（一〇六―七頁）、これは現行刑法に承継されていないので、割愛して、次に、懲役について見ることにしよう。刑法第二二条は、「懲役ハ内地ノ懲役場ニ入レ定役ニ服ス但六十歳ニ満ル者ハ第十九條ノ例ニ従フ、重懲役ハ九年以上十一年以下輕懲役ハ六年以上八年以下ト爲ス」と規定している。宮城によれば、「『懲役』は国事犯に科する第三級の刑にして徒刑に次ぐ所の者なり。之を分かちて重軽の二種と為すと雖も其刑の執行方法等敢て異る所の者なし。唯刑期に長短の差あるのみ」であるから、「本条には別に説明する程の問題なし」とされている（一一三頁）。刑法第二三條は、「禁獄ハ内地ノ獄ニ入レ定役ニ服セス、重禁獄ハ九年以上十一年以下軽禁獄ハ六年以上八年以下ト爲ス」と規定しているが、宮城は、「『禁獄』は国事犯に科する所の刑にして流刑の次に位す。本条に付ては別に解明するの点なし」と述べている（一一三頁）。

刑法第二四条は、「禁錮ハ禁錮場ニ留置シ重禁錮ハ定役ニ服シ軽禁錮ハ定役ニ服セス、禁錮ハ重輕ヲ分タス十一日以上五年以下ト爲ス」と規定している。宮城は、禁錮について次のように説明している。すなわち、「『禁錮』は軽罪の主刑にして其の重軽を分たず皆禁錮場に留置するものとす。抑々禁錮の刑たる之を統計に徴するに諸刑中尤も多く適用する所の者とす。蓋し人の最も犯す者若しくは犯し易き者は、窃盗又は詐欺取財の罪にして此二罪は禁錮を以て之を罰するに因るなり。故に刑罰の目的たる懲治の効を奏するは殆ど此刑に在りと謂ふべし。此刑にして能く其目的を達せんか、再犯者の数極めて少く従ひて社会安静の状を呈するに至る可し」とするのである（一一三頁）。

統計上、禁錮刑がもっとも多いとされるが、その理由は、もっとも犯す者が多いか、または犯し易い犯罪は窃盗罪または詐欺罪であることに求められている。しかし、宮城は、その効果について、「実際上効を奏すること能はざる者ありて却て反対の結果を生ずるを見る。今試みに監獄署に就きて禁錮場内の犯人を見よ。多くは是れ再犯に非ざれば則ち三犯四犯若しくは五犯の多きに上り、而して靦として慙る所なき者に非ざるは無し」として疑問を提示している（一二三―四頁）。このように宮城は、統計学の方法論を用いて刑事政策学の知見を披瀝していることになる。彼は、最先端の科学の応用を実施していたのであり、これは高く評価されるべきであるとおもう。

監獄制度の改良に関して、宮城は、「監獄制度改良の問題に付ては各国皆之に注目し鋭意研究せざる無し。曽て開設したる万国監獄会議は其改良方法を議したる者なり。今其会議に於て決定したる囚人監禁方法の大略を述べん」として、その内容について詳述している（一二四―五頁）。宮城の海外事情に対する深い学識がその叙述に示されている。これは、刑事政策学史に関わるものであるから、ここでは省略する。

禁錮に重禁錮と軽禁錮があるが、この点について宮城は、次のように説明している。すなわち、「禁錮には重軽の二種あり、一見すれば重軽の名あるが故に二刑の間自ら軽重の差あるが如しと雖も敢て然るに非ず。其軽と云ひ重と云ふは服役の有無を指示したるに過ぎず。而して服役の有無は此刑の軽重を為す者に非ざるなり。蓋し夫の懲役の如きは其軽重の区別に因りて刑に軽重あることは其刑期に長短の差のあるを以て之を知るを得べしと雖も、重軽禁錮の刑期は同一なれば刑期の点に於ては軽重なし」とする（一二五頁）。懲役のばあいは刑期に差があるので、重軽の区別は刑期の長短によることになる。ところが、禁錮のばあいは刑期は同一であるので、刑期の長短による区別は不可能である。そこで、「一方に服役あり、一方に之なきは其科する所の罪の性質に異なる所の者あればなり。則ち重禁錮は通常破廉恥の罪、即ち道徳に背き社会を害すること最も大なる犯罪に科し、軽禁錮は国事犯又は非国事犯中にて道徳背戻の点よりも重もに社会に害悪を流す犯罪、例へば公選の投票を偽造する罪……官吏瀆職の罪の如きに科する所の者なれば刑期の同一なる場合には決して軽重あること無きなり」とする（一二五―六頁）。つまり、「罪の性質」により重軽の区別がなされることになり、重禁錮は「破廉恥罪」に科せられるのである。そして「重禁錮は重禁錮に相応すべき罪に科し、軽禁錮は軽禁錮に適当すべき罪に科するものにして服役の有無を以て二刑の軽重を度ることを得ざるなり……故に重禁錮も軽禁錮も其名称に重軽の区別あるにもせよ、其刑の構成に定役有無の差違あるにもせよ、二刑の間に決して軽重あること無きなり」とされている（一二六頁）。

第四款　財産刑

刑法第二六条は、財産刑としての罰金について、「罰金ハ二圓以上ト爲シ尚ホ各本條ニ於テ其多寡ヲ區別ス」と規定している。罰金について、宮城は、「『罰金』に二様あり。一は軽罪の主刑にして一は軽罪の附加刑なり。本条の罰金は即ち主刑なり。……如く我刑法は、身体の自由を剝奪する刑を以て基本の刑となしたるを以て罰金は夫の死刑と共に例外の刑として採用したり。故に罰金を主刑として科するは実に数種の罪に過ぎず。但し特別法には多く此刑を採用せり」と述べている（一二八頁）。罰金の種類として、軽罪の主刑と軽罪の附加刑があり、本条は主刑としての罰金について規定しているとされる。前に見たとおり、身体の自由を剝奪する刑が「基本の刑」とされ、罰金刑は「例外の刑」とされているのである。

罰金の刑法上の価値について宮城は、「罰金は禁錮と等しく懲治を以て重もなる目的と為すと雖も、此を以て其目的を達せんとするは甚だ難く、且罪悪必罰の例を示すに於て尚ほ且其目的を達すること甚だ難かる可し」と述べている（一二八頁）。彼によれば、罰金刑の目的は、「懲治」および「罪悪必罰の例」を示すことであるが、何れの目的も達成は困難であるという。その理由について、彼は、「夫れ罰金を科すれば唯犯人に属する財産所有の権利を官に移転するに過ぎざれば夫の直接に身体に及ぶ諸刑の如く罪悪必罰の例を示すこと甚だ大ならず」と述べている。つまり、罰金刑は、刑罰の主な目的である「懲治」を達成することが非常に困難であり、「罪悪必罰の例」を示すこともきわめて困難であるとされているのでる。さらに、宮城は、「罰金を科せられて再犯せざる者は悪を為し、罪を犯すは不正なることを悟りて然るに非ず。唯巨額の罰金を納むるの苦痛あるを以てに過ぎざるのみ。故に罰金は以て懲治の目的を達するに充分なる刑に非ざるなり。又罰金は不公平なる刑たるを免れず。何となれば受刑者の貧富に由りて其心に感ずる苦痛の度甚だ懸隔する所の者あればなり」とする（一二八頁）。すなわち、たんに巨額の罰金を納付する苦痛だけでは懲治の目的を達することはできず、また、「受刑者の貧富」により苦痛の程度に差があるので罰金刑は「不公平なる刑」であると指摘しているのである。そして、宮城は、「罰金は不公平なる刑と謂はざる可からざる」がゆえに「罰金は善良なる刑と謂ふべからず。是れ我刑法は例外の刑として僅に数種類の罪に科したる過ぎざる所以なりとす」と説いている（一二九頁）。このように不公平な罰金刑は、「善良なる刑」ではないので、刑法上、例外的な刑とされ、数種類の犯罪に対してのみ科せられているにとどまるとする。しかし、特別法には罰金を科する犯罪が数多く規定されていると指摘しているが、その理由は示されていない。

次に、罰金刑の最多額が規定されていない理由について、宮城は、「罰金の額は二円以上にして最多額は別に規定せず。是れ此の如くせざる可からざる必要あるに由るなり。第百九十三条の罪、即ち貨幣を取受するの後に於て偽造又は変造なることを知り之を行使したる者の如きは、其行使したる価額の二倍に相当する罰金に処せらるるを以て犯人の行使の多寡に因りて一万円に上るか、百万円に上るか、或は三円二円に下るか予め之を知ること能はず。

故に総則に於て其最多額の極度を規定するも無用に属すべし」と説明している（一二九頁）。このように、上限が規定されていないことの理由を丁寧に説明しているところに、宮城の立法および法適用の実際に関する学識が示されている。

第三部

資料編

一　旧刑法・刑法改正第一次草案対照表

〔解　説〕

ここに掲記するのは、明治一三年太政官布告第三六号として公布され、明治一五年一月一日から施行された刑法（旧刑法）と第一次刑法正草案の条文対照表である。すでに周知のように、旧刑法は、フランス刑法を模範にして作られたものであるが、制定されて間もなく改正の必要性が強調されたのである。[1] このような改正気運の中で、明治政府は、宮城浩藏、河津祐之、亀山貞義に草案の作成を命じ、出来上った草案を採用して、明治二四年の第一回帝国議会に提出したが、審議未了に終った。[2] 刑法改正の歴史において、本草案の有する意義は大きい。すでに施行された旧刑法に対して、旧来の東洋法思想を基盤とする日常の法生活、法実務を踏まえて、その不都合を是正しようとするものであるから、これを歴史学的視点から究明していく必要があろう。この第一次草案は、旧刑法の枠内にあると評されることが多いが、[3] さらに詳細に比較して旧刑法から現行刑法に至るまでの改正作業への影響を検討する必要があるとおもわれる。小野博士は、現行「刑法は決して旧刑法と絶縁された立法ではない。寧ろ旧刑法の修正であり、補充であるとも見られる。其の重要なる部分において旧刑法の規定がそのまま踏襲されているのである」と指摘された。[4] 従来、現行刑法はドイツ刑法の決定的影響の下に成立したとされるが、西原博士は、「全体として、現行刑法の規定の大部分は旧刑法の規定の改善されたものであり、それにくらべると、ドイツ刑法から直接導入された規定は、わずかのパーセンテージを占めるにしかすぎない。しかも、でき上った現行刑法はドイツとは似ても似つかぬものであって、ドイツ刑法とくらべるならば、むしろ旧刑法の方に近似しているとさえいえるようである」と指摘しておられる。(5) このように現行刑法が旧刑法の改善としての性格を有するものである以上、旧刑法の改正案としての第一次改正草案も、なお現行刑法に何らかの形で活かされているはずであろう。これを探求することにも学問的意義があるとおもわれる。このような観点から、刑法改正の歴史を考察するに当たって、本草案を参照する必要があるけれども、現在、これを入手するのは困難となっている。そこで、基礎資料として旧刑法との対照を提供することにする。このような形で本稿を作成するに至った経緯を記しておくことにしよう。

先に、明治大学創立百周年記念事業の一環として、明治法律学校創立者等の代表著作の覆刻刊行がなされた。覆刻と言っても写真版によるものではなくて、読み易くするために、新たに組み直し、旧字体を新字体に、片仮名を平仮名に変え、さらに句読点・濁点を付した翻刻である。わたくしは宮城浩藏博士の『刑法正義』を担当したが、(6) その作業は非常な難行苦行であった。全巻を読んで句読点等を付すのであるが、片仮名まじりの漢文調の著書・論文を読むことはそれ程多くはないので、当初は、目を通すのが苦痛であったことを告白せざるを得ない。特定のテーマについて著書の見解を知るために難解な書物を読むこと自体は、必ずしも苦痛とは言えないであろう。むしろ新たな知見を得る喜びの方が大きいであろう。大審院の判例を読むばあいもそうである。しかし、翻刻のためだけに目を通すというのは苦痛を伴うルーティン・ワークでしかないといえるであろう。とはいえ、翻刻がもたらす学問上の意義には大きなものがあることは言うまでもない。今回、翻刻作業の大変さを身を以て知り得たことは、わたくしにとって得難い貴重な経験である。担当の職員の方の誠実な援助が得られたため、わたくしの手間が大いに省けたのは幸いであった（もちろん、作業の最終的責任がわたくしにあることは言うまでもない。わたくしの学問的責任において句読点等を付したのである）。

ドイツでの在外研究から帰って直ぐに右の作業を開始したが、他の数冊の著訳書の執筆と並行しておこなわなければならなかった。そのため、なかなか進捗しなかったが、次第に宮城浩藏の格調高い文章に引き込まれ、かなりスピードを上げることができた。そして旧刑法に関する知見を得ることとなった。文献解題として、宮城浩藏の業績の学問的意義の概略をまとめたけれども、(7) なにしろ余裕のない時期に急いで仕上げた仕事であるから、歴史的考証に不満があるので、後日、補充したいと考えている。

ところで、翻刻本にも附録の「対照表」を収録してある。(8) わたくしとしては、資料的価値が高いので、この部分だけでも完全覆刻にした方がよいと考えていたが、創立百周年記念学術叢書の他の著書とのバランス等から、平仮名まじりのものとし、しかも旧刑法には見られない新設規定に付せられた傍点も除去せざるを得ないこととなった。(9) これにより本来の資料的価値が減殺されてしまい残念なので、後日、何とかその資料的価値の再生を実現しようと秘かに決意し、その作業を続けてきた。翻刻版の『刑法正義』においては、刑法草案に対応すべき旧刑法の条文はたんに該当条文番号だけを指示しているに止まっている。しかし、対照表の利用者にとっては、その条文の内容も掲記されている方が一目瞭然となってきわめて便利である。そこで本稿では、旧刑法の条文内容も掲記して、研究上の便宜を図ることにした。その際、前掲『刑法正義』において示されている旧刑法の該当条項に逐一、当たってみると、それに相応する条文がないものが幾つか出てきたので、その内容から逆に探索しなければならなかった（その部分は〔　〕で示してある）。

わたくしとしては、この改正刑法草案の意義等について詳細な考証をおこなうつもりで作業を続けてきたが、未完成の段階でつい口外してしまったため、『法律論叢』の編集委員としての職責上、今、急に原稿を提出せざるを得ない羽目となった。右の課題を留保したまま、ここに刑法改正史の研究者のための予備資料としてこの対照表を公刑する。改正刑法草案を条文配列順に下段に、それに対応する旧刑法の条項を上段に掲記することにした。これは、『刑法正義』における原形を尊重するためだけでなく、改正草案を検討するのに便宜であると考えられるからにほかならない。大いに利用して戴ければ幸甚である。

（1）　刑法改正論議が生じた原因について小野博士は次のように指摘された。すなわち、「舊刑法の自由主義的性格は、當時我が邦の社會が全面的に近代化、自由主義化の途上にあつたとはいへ、可成り急進的なものであつたに違ひない。舊刑法の實施後間もなく其の改正の議がおこつたことは、其の國民の正義感にも又社會防衛的必要にも充分の滿足を與へなかつた點に其の根本原因があつたのではないかと思はれる。我が邦の刑事統計は舊刑法實施の年である明治十五年以前には遡らないが、明治二十年、三十年代の犯罪現象は其の後のそれに比して如何にも夥しかつたことが注意されなければならない。ところが西洋においても恰も一八八〇年（明治十三年）前後から刑法と刑法學とに對する實證科學的批判が始まり、謂ゆる實證學派又は新派（近代學派）の刑法が擡頭し、やがて社會防衛主義、目的主義、さうして刑事政策的立場における主觀主義が強調され、其の刑法の改革運動が發展するに至つた。この運動は我が邦の刑法改正にも影響した。明治四十年の謂ゆる新刑法において裁判官に廣い範圍の自由裁量が認められるに至つた如きそれである。さうしてこの新刑法の下に牧野博士の目的主義・主觀主義の刑法學が發展したのである。これは固よりボアソナード刑法學の未だ全く知らないところであつた」と、小野清一郎「旧刑法とボアソナードの刑法学」同『刑罰の本質について・その他』（昭30年・一九五五年）四三〇頁。

西原博士は、刑法草案の審議の過程に現われた主張の検討を通して、改正理由として次の三点があったことを次のように指摘しておられる。すなわち、「第一は、刑法の立形式全体に向けられたものであって、その中には、たとえば、類推が否定されたのであるからもっと用語を厳密にし、しかも予想する犯罪類型をもれなく包括しなければならない、とするものや、犯罪の類型が多すぎて煩雑であり、しかもその各々にたいする刑期が狭すぎるため弾力的な量刑ができず、不公平な結果を生ずることがある、と説くものがあった。第二は、刑法の総則に関するもので、外国との交流が多くなったが刑法の対人的場所的効力に関する規定、とくに在外邦人の処罰に関する規定がないのは不便であるとするもの、流刑は今日の実情に合わないとするもの、自由剥奪刑をもっと単純化せよとするもの、短期自由刑制度は弊害が多いからこれに代わる制度を考案せよとするもの、監視の制度は有害無益であるとするもの、執行猶予または宣告猶予の制度を採用せよとするもの、などが聞かれた。第三は、刑法各則に関するもので、立憲政体になったのだから、それに相応するような規定を設けるべきだとする意見が強く、たとえば公務員犯罪の概念を拡張して公選の議員、吏員なども含めうるようにすべきだとするものや、逆に議会および議員を保護する規定が必要だとするもの、官吏侮辱罪は事実の真否を問わず処罰されることになっているが、これは不当で、真実の場合は不処罰にすべきだとするものなどがあり、また、電気が発達したから電話や電車を保護する規定を設けるべきだとする見解が主張された。さらに、めずらしいものとしては、わが国法医学の草分けである片山国嘉博士が、その法医学の立場から旧刑法の殴打創傷罪の規定を批判したものなどがある」とされる、西原春夫「刑法制定史にあらわれた明治維新の性格」同『刑事法研究第二巻』（昭42年・一九六七年）一二八頁。

（2）　旧刑法の改正の経過につき、佐伯博士と小林教授の次の叙述が有益であると考えられるので、そのまま引用しておくことにしよう。「旧刑法の施行された期間は、明治一五年から同四一年現行刑法にとって替わられるまでの二六年間であるが、この期間も旧刑法にとっては決して平穏無事な時期ではなかった。それというのは、その施行直後から、早くも刑法改正の動きが政府部内に起っていたからである。当初は、改正案の作成までには至らなかったが、その後、政府は五回も刑法改正案を議会に提出し、遂に五回目にはその目的を達して現行法を成立させたのである。最初の改正案は、明治二四年一月第一回帝国議会に提出せられたが（第一次草案）、審議未了に終った。それは、法律取調委員会で、宮城浩蔵らが起草したもので、内容は依然としてフランス法系に属し旧刑法を本質的に改めるものではなかった。次の第二次草案は、明治三四年二月第一五回帝国議会に提出されたが、これは二五年以来司法省内の刑法改正審査委員会で審議作成した案を、朝野の法曹及び社会一般に発表して意見を徴したうえ、さらに法典調査会で練り上げたものであったが、これまた審議未了となった。次いで、それを若干修正した第三次草案が翌三五年の第一六回帝国議会に提出され、さらにそれを修正した第四次草案が翌々三六年の第一七回帝国議会に再度提出せられたが、いずれも不成立に終った。そして最後に、明治四〇年第二三回帝国議会に提案された第五次草案がやっと議会を通過して、現行刑法となったのである。このような次第で、現行刑法の原型は、明治三四年の第二次草案中に見出されるのであるが、この草案は、第一次草案と異なり、フランス刑法の拘束を脱して、一八七〇年のドイツ刑法をより多く参照しており、さらに前記の新派刑法学の濃厚な影響を蒙っていることが看取されるのである。従って、それは、当然、旧刑法の代表する折衷主義刑法思想との対決を覚悟しなければならぬ運命をもっていたのである。」佐伯千仭＝小林好信「刑法学史」鵜飼信成＝福島正夫＝川島武宜＝辻清明編『講座日本近代法発達史第十一巻』（昭42年・一九六七年）二三六―七頁。

（3）　佐伯博士は、「第一草案は……その体裁・内容ともにまだ全く旧刑法の軌道内にある」とされる、佐伯千仭『刑法講義（総論）』〔三訂版〕（昭52年・一九七七年）四〇頁。なお、佐伯＝小林・前掲注（2）二三七頁参照。

（4）　小野・前掲注（1）四三一―二頁。さらに小野博士は、旧刑法下における学説が現在の刑法学に対して有する歴史的意義について、次のように指摘された。すなわち、「又舊刑法の下における解釋理論は我が刑法學の文化財として新刑法の下に傳へられてゐる。尤も、新刑法施行の前後から我が法律學はフランス法學を離れてドイツ法學を學ぶに至り、從つて謂ゆる舊派・新派の論争も専らドイツにおけるそれを移したものに外ならなかつた。ボアソナードの註釋書の如きも明治四十年以後の刑法學者にしてこれを讀んだ者が果して幾人あつたであらうか。とはいへ其は無意識的傳統となつてわが刑法學、さうして恐らくはそれよりも強く、わが司法實務を支配して來たのである。これこそは目的主義卽ち社會功利主義の思想的地盤でありながら、しかも主觀主義、卽ち特別豫防主義の理論的徹底を控制して來たところのものである。其の功過については亦論ずべきものがあるであらう。だが、いづれにしても其處に或る現實の歴史的意義が存したことを認めなければならない」と、小野・前掲注（1）二三七頁。以って銘すべし、というべきであろう。

（5）　西原・前掲注（1）二四〇頁。

（6）　宮城浩藏著『刑法正義』（創立百周年記念学術叢書第四巻）昭和五九年・一九八四年七月発行。

（7）　前掲注（6）『刑法正義』八四三頁以下。

（8）　前掲注（6）『刑法正義』七九三頁以下。

（9）　刑法改正第一次草案を原著『刑法正義』の附録として収録するに当たって、宮城浩藏の教え子であった佐々木忠藏氏は次のように記されている。すなわち、「左ニ掲クル刑法草案ハ曾テ先生カ河津祐之、龜山貞義兩君ト共ニ政府ノ命ニ依リテ立案シ政府直ニ之ヲ採用シテ第一回帝國議會ニ提出シタルモノニ係ル而シテ不幸ニシテ未タ議了ニ至ラスシテ第一期議會閉會ヲ告ク爾後復タ改正案ノ提出ヲ見ス聞ク所ニ依レハ我政府ハ細査審案ノ後再ヒ提出スルノ意ナリト此草案タル先生等カ精力ヲ竭クシテ研究シタル結果ニシテ殊ニ先生ノ意見採用セラレタル者多キニ居ルヲ見ル讀者諸君刑法正義ヲ繙クノ餘之ヲ參觀セハ得ル所甚タ多キ者アラン因テ之ヲ本書ノ附録トシテ左ニ掲ク（草案中ヽヲ附シタルハ現行法ニ規定ナク草案ノ新ニ設ケタルモノニ係リ而シテ上欄に記載シタル條項ハ此草案ニ對照スヘキ現行法ノ條項ナリ）」と。これは翻刻版七九二頁にも、一部削除のうえ収録してある。

旧刑法対照　改正刑法草案

刑法

第一編　總則

第一章　法例

第一條　凡法律ニ於テ罰ス可キ罪別テ三種ト爲ス

一　重罪

二　輕罪

三　違警罪

第二條　法律ニ正條ナキ者ハ何等ノ所爲ト雖モ之ヲ罰スルヿヲ得ス

第三條　法律ハ頒布以前ニ係ル犯罪ニ及ホスヿヲ得ス

若シ所犯頒布以前ニ在テ未タ判決ヲ經サル者ハ新舊ノ法ヲ比照シ輕キニ從テ處斷ス

改正刑法草案

第一編　總則

第一章　法例

第一條　凡罪ハ別テ重罪、輕罪、違警罪ノ三種ト爲ス

重罪ハ第十條ニ記載シタル刑ヲ以テ罰スル罪ヲ謂フ

輕罪ハ第十一條ニ記載シタル刑ヲ以テ罰スル罪ヲ謂フ

違警罪ハ第十二條ニ記載シタル刑ヲ罰スル罪ヲ謂フ

第二條　法律ノ規定ニ基クニ非サレハ何等ノ所爲ト雖モ之ヲ罰スルコトヲ得ス

第三條　刑事ノ法律ハ既往ニ溯ルノ效力ヲ有セス

所犯新法施行以前ニ在テ未タ確定ノ判決ヲ經サルモノハ新舊ノ法ヲ比照シ輕キニ從テ處斷ス

第四條　日本人外國ニ在テ第二編第一章乃至第四章及ヒ第八章第一節ニ記載シタル罪ヲ犯シタルトキハ日本ニ於テ之ヲ罰ス

其他ノ重罪、輕罪ヲ犯シ左ノ條件具備スルトキ亦同シ

一　外國ニ於テ確定ノ判決ヲ經サルトキ及ヒ確定ノ判決ニ依リ刑ノ宣告ヲ受ケタルモ其刑未タ消滅セサルトキ

二　犯人自ラ日本ノ管内ニ入リタルトキ又ハ其引渡ヲ得

第四條　此刑法ハ陸舊海舊軍ニ關スル法律ヲ以テ論ス可キ者ニ適用スルヿヲ得ス

第五條　此刑法ニ正條ナクシテ他ノ法律規則ニ刑名アル者ハ各其法律規則ニ従フ

若シ他ノ法律規則ニ於テ別ニ總則ヲ掲ケサル者ハ此刑法ノ總則ニ従フ

第二章　刑例

第一節　刑名

第六條　刑ハ主刑及ヒ附加刑ト爲ス

主刑ハ之ヲ宣告ス

附加刑ハ法律ニ於テ其宣告スル者ト宣告セサル者トヲ定ム

タルトキ

三　日本ノ法律ニ於テ罰ス可キ罪ニシテ其罪ヲ犯シタル國ノ法律ニ於テモ亦罪ト爲ストキ

第五條　外國人外國ニ在テ第二編第一章及ヒ第八章第一節ニ記載シタル罪ヲ犯シ前條第二項第一號、第二號ノ條件具備スルトキハ日本ニ於テ之ヲ罰ス

第六條　外國ニ於テ刑ニ處セラレタル犯人ニ對シ更ニ刑ヲ宣告ス可キ場合ニ於テハ其已ニ受ケタル刑期又ハ拂ヒタル金額ヲ通算ス

第七條　此刑法及ヒ其他刑事ノ法律ハ陸海軍人ニモ亦之ヲ適用ス但陸海軍ニ關スル特別ノ法律ヲ以テ別ニ規定シタルモノハ此限ニ在ラス

第八條　此刑法ノ總則ハ別ニ刑ヲ定メタル他ノ法律規則ニ之ヲ適用ス但其法律規則ニ特別ノ規定アルモノハ此限ニ在ラス

第二章　刑例

第一節　刑名

第九條　刑ハ主刑及ヒ附加刑ト爲ス

第七條　左ニ記載シタル者ヲ以テ重罪ノ主刑ト爲ス
一　死刑
二　無期徒刑
三　有期徒刑
四　無期流刑
五　有期流刑
六　重懲役
七　輕懲役
八　重禁獄
九　輕禁獄
第八條　左ニ記載シタル者ヲ以テ輕罪ノ主刑ト爲ス
一　重禁錮
二　輕禁錮
三　罰金
第九條　左ニ記載シタル者ヲ以テ違警罪ノ主刑ト爲ス
一　拘留
二　科料
第十條　左ニ記載シタル者ヲ以テ附加刑ト爲ス
一　剥奪公權
二　停止公權
三　禁治產
四　監視

第十條　重罪ノ主刑ハ左ノ如シ
一　死刑
二　無期懲役
三　有期懲役
四　無期禁獄
五　有期禁獄
第十一條　輕罪ノ主刑ハ左ノ如シ
一　有役禁錮
二　無役禁錮
三　罰金
第十二條　違警罪ノ主刑ハ左ノ如シ
一　拘留
二　科料
第十三條　附加刑ハ左ノ如シ
一　剥奪公權
二　停止公權
三　禁治產
四　監視

五　罰金
六　沒收
第二節　主刑處分
第十二條　死刑ハ絞首ス但規則ニ定ムル所ノ官吏臨檢シ獄内ニ於テ之ヲ行フ
第十三條　死刑ハ司法卿ノ命令アルニ非サレハ之ル行フヿヲ得ス
第十四條　大祀令節國祭ノ日ハ死刑ヲ行フヿヲ禁ス
第十五條　死刑ノ宣告ヲ受ケタル婦女懷胎ナル時ハ其執行ヲ停メ分娩後一百日ヲ經ルニ非サレハ刑ヲ行ハス
第十六條　死刑ノ遺骸ハ親屬故舊請フ者アレハ之ヲ下付ス但式ヲ用ヒテ葬ルヿヲ許サス

第十七條〔第一項〕　徒刑ハ無期有期ヲ分タス島地ニ發遣シ定役ニ服ス
〔第二十二條第二項〕　懲役ハ六年以上八年以下ト爲ス
〔第十七條第二項〕　有期徒刑ハ十二年以上十五年以下ト爲ス
〔第二十二條第二項〕　懲役ハ六年以上八年以下ト爲ス
第二十條〔第一項〕　流刑ハ無期有期ヲ分タス島地ノ獄ニ幽閉シ定役ニ服セス

五　沒收
第二節　主刑
第十四條　死刑ハ絞首シテ之ヲ執行ス但規則ニ定ムル所ノ官吏臨檢シ獄內ニ於テ之ヲ執行ス
第十五條　死刑ハ司法大臣ノ命令アルニ非サレハ之ヲ執行スルコトヲ得ス
第十六條　死刑ハ大祀、令節、國祭ノ日ニ之ヲ執行セス
第十七條　死刑ノ宣告ヲ受ケタル婦女懷胎ナルトキハ其執行ヲ停メ分娩後一百日ヲ經ルニ非サレハ刑ヲ執行セス
第十八條　死行ニ處セラレタル者ノ遺骸ハ親屬、故舊請フ者アレハ之ヲ下付ス但外觀ノ裝飾ヲ用ヒテ葬ルコトヲ許サス
第十九條　懲役ハ無期、有期ヲ分タス自由ヲ剝奪シ規則ノ定ムル所ニ從ヒ定役ニ服セシムルモノトス
第二十條　有期懲役ハ四年以上十五年以下トシ別テ三等ト爲ス
一　十年以上十五年以下
二　七年以上十二年以下
三　四年以上九年以下
第二十一條　禁獄ハ無期、有期ヲ分タス獄舍ニ幽閉スルモノトス

第二十三條〔第一項〕　禁獄ハ內地ノ獄ニ入レ定役ニ服セス

第二十條〔第二項〕　有期流刑ハ十二年以上十五年以下ト爲ス

第二十三條〔第二項〕　重禁獄ハ九年以上十一年以下輕禁獄ハ六年以上八年以下ト爲ス

第二十四條〔第一項〕　禁錮ハ禁錮場ニ留置シ重禁錮ハ定役ニ服シ輕禁錮ハ定役ニ服セス

〔第二十四條第二項〕　禁錮ハ重輕ヲ分タス十一日以上五年以下ト爲シ仍ホ各本條ニ於テ其長短ヲ區別ス

第二十六條　罰金ハ二圓以上ト爲シ仍ホ各本條ニ於テ其多寡ヲ區別ス

第二十七條　罰金ハ裁判確定ノ日ヨリ一月內ニ納完セシム

若シ限內納完セサル者ハ一圓ヲ一日ニ折算シ之ヲ輕禁錮ニ換フ其一圓ニ滿サル者ト雖モ仍一日ニ計算ス

罰金ヲ禁錮ニ換フル者ハ更ニ裁判ヲ用ヒス檢察官ノ求ニ因リ裁判官之ヲ命ス但禁錮ノ期限ハ二年ニ過クルヿヲ得ス

若シ禁錮限內罰金ヲ納脚メタル時ハ其經過シタル日數ヲ扣除シテ禁錮ヲ免ス親屬其他ノ者代テ罰金ヲ納メタル時亦同シ

第二十二條　有期禁獄ハ四年以上十五年以下トシ別テ三等ト爲ス

一　十年以上十五年以下

二　七年以上十二年以下

三　四年以上九年以下

第二十三條　禁錮ハ禁錮場ニ留置シ有役禁錮ハ規則ノ定ムル所ニ從ヒ定役ニ服セシムルモノトス

第二十四條　禁錮ハ有役、無役ヲ分タス十一日以上五年以下トシ仍ホ各本條ニ於テ其長短ヲ定ム

第二十五條　罰金ハ五圓以上トシ仍ホ各本條ニ於テ其多寡ヲ定ム

第二十六條　罰金ハ裁判確定ノ日ヨリ一月內ニ納完セシム

若シ限內納完セサルトキハ一圓ヲ一日ニ折算シ無役禁錮ニ換フルコトヲ得其一圓ニ滿サルモノト雖モ仍ホ一日ニ計算ス但其禁錮ハ公權ニ關スル法律上ノ結果ヲ生セス且其期限ハ同一ノ罰金ニ付テハ一年ヲ超過スルコトヲ得ス

罰金ヲ禁錮ニ換フルニハ檢事ノ請求ニ因リ裁判所長之ヲ命ス但裁判所長ハ受刑者ノ情狀ニ因リ檢事ノ意見ヲ聽キ何時ニテモ其命令ヲ取消スコトヲ得

禁錮限內罰金ヲ納メタルトキハ其經過シタル日數ヲ控除

第二十八條　拘留ハ拘留所ニ留置シ定役ニ服セス其刑期ハ一日以上十日以下ト爲シ仍ホ各本條ニ於テ其長短ヲ區別ス

第二十九條　科料ハ五錢以上一圓九十五錢以下ト爲シ仍ホ各本條ニ於テ其多寡ヲ區別ス

第三十條　科料ハ裁判確定ノ日ヨリ十日内ニ納完セシム若シ限内納完セサル者ハ第二十七條ノ例ニ照シ之ヲ拘留ニ換フ

第三節　附加刑處分

第三十一條　剝奪公權ハ左ノ權ヲ剝奪ス

一　國民ノ特權

二　官吏ト爲ルノ權

三　勳章年金位記貴號恩給ヲ有スルノ權

四　外國ノ勳章ヲ佩用スルノ權

五　兵籍ニ入ルノ權

六　裁判所ニ於テ證人ト爲ルノ權但單ニ事實ヲ陳述スルハ此限ニ在ラス

七　後見人ト爲ルノ權但親屬ノ許可ヲ得テ子孫ノ爲メニスルハ此限ニ在ラス

八　分散者ノ管財人ト爲リ又ハ會社及ヒ共有財產ヲ管理スルノ權

シテ禁錮ヲ免ス

第二十七條　拘留ハ拘留所ニ留置シ其期限ハ一日以上二十五日以下トシ仍ホ各本條ニ於テ其長短ヲ定ム

第二十八條　科料ハ十錢以上二十五圓以下トシ仍ホ各本條ニ於テ其多寡ヲ定ム

第二十九條　科料ハ裁判確定ノ日ヨリ十日内ニ納完セシム若シ限内納完セサルトキハ第二十六條ノ例ニ照シ拘留ニ換フルコトヲ得

第三節　附加刑

第三十條　剝奪公權ハ受刑者ニ對シ左ノ結果ヲ生スルモノトス

一　政權其他性質若クハ法律ニ因テ日本臣民ノ特有ニ屬スル公權ノ喪失

二　官職、公職ノ罷免及ヒ將來之ニ就クノ無能力

三　勳章及ヒ位記ノ剝奪

四　外國ノ勳章ヲ公然佩用スルノ禁止

五　兵籍ニ入ルノ無能力

六　親屬ノ許可ヲ得テ子孫ノ爲メニスルトキノ外後見人又ハ保佐人ト爲ルノ無能力

九　學校長及ヒ教師學監ト爲ルノ權

第三十二條　重罪ノ刑ニ處セラレタル者ハ別ニ宣告ヲ用ヒス終身公權ヲ剝奪ス

第三十三條　禁錮ニ處セラレタル者ハ別ニ宣告ヲ用ヒス現在ノ官職ヲ失ヒ及ヒ其刑期間公權ヲ行フヿヲ停止ス

第三十五條　重罪ノ刑ニ處セラレタル者ハ別ニ宣告ヲ用ヒス其主刑ノ終ルマテ自ラ財産ヲ治ムルヿヲ禁ス

第三十七條　重罪ノ刑ニ處セラレタル者ハ別ニ宣告ヲ用ヒス各本刑ノ短期三分ノ一ニ等シキ時間監視ニ付ス

第三十八條　輕罪ノ刑ニ附加スル監視ハ之ヲ宣告ス但各本條ニ記載スルノ外監視ニ付スルヿヲ得ス

第三十一條　重罪ノ刑ニ處セラレタル者ハ當然終身間公權ヲ剝奪セラルルモノトス

第三十二條　禁錮ニ處セラレタル者ハ其刑期間當然第三十條ニ記載シタル公權ノ施行ヲ停止セラルルモノトス裁判所ハ仍ホ犯罪ノ性質及ヒ情狀ニ因リ刑期滿限後二年ヲ超ヘサル時間公權ノ全部又ハ一分ノ施行ヲ停止スルコトヲ得

第三十三條　重罪ノ刑ニ處セラレタル者ハ其刑期間當然治産ノ禁ヲ受クルモノトス死刑ノ宣告ヲ受ケタル者ハ其執行ニ至ルマテ亦同シ

第三十四條　監視ハ受刑者ニ對シ左ノ結果ヲ生スルモノトス

一　警察官同廳ハ或場所ニ其居住スルヲ禁スルヲ得ルコト

二　警察官ハ何時ニテモ其家宅ヲ捜索スルヲ得ルコト

三　受刑者外國人ナルトキハ日本管外ニ放逐スルヲ得ルコト

第三十五條　監視ヲ附加スル場合ハ各本條ニ於テ之ヲ定ム監視ノ期限ハ法律ニ於テ別段ノ規定ナキトキハ六月以上二年以下トス

第三十九條　死刑及ヒ無期刑ノ期滿免除ヲ得タル者ハ別ニ宣告ヲ用ヒス五年間監視ニ付ス

第四十條　監視ノ期限ハ主刑ノ終リタル日ヨリ起算ス主刑ノ期滿免除ヲ得タル時ハ其捕ニ就キタル日ヨリ起算ス若シ主刑ヲ免シテ止タ監視ニ付シタル時ハ其裁判所確定ノ日ヨリ起算ス

第四十三條　左ニ記載シタル物件ハ宣告シテ官ニ沒收ス但法律規則ニ於テ別ニ沒收ノ例コノ定メタル者ハ各其法律規則ニ從フ

一　法律ニ於テ禁制シタル物件

二　犯罪ノ用ニ供シタル物件

三　犯罪ニ因テ得タル物件

第四十四條　法律ニ於テ禁制シタル物件ハ何人ノ所有ヲ問ハス之ヲ沒收ス犯罪ノ用ニ供シ及ヒ犯罪ニ因テ得タル物件ハ犯人ノ所有ニ係リ又ハ所有主ナキ時ノ外之ヲ沒收スルヿヲ得ス

第四節　徵償處分

第四十九條　刑期ヲ計算スルニ一日ト稱スルハ二十四時ヲ以テシ一月ト稱スルハ三十日ヲ以テシ一年ト稱スルハ曆ニ從フ

第三十六條　監視ノ期限ハ主刑ノ終リタル日ヨリ起算ス若シ主刑ヲ免シテ止タ監視ニ付シタルトキハ其裁判確定ノ日ヨリ起算ス

第三十七條　左ニ記載シタル物件ハ受刑者ノ所有ニ屬スルトキハ之ヲ沒收ス

一　法律ニ於テ成立ヲ禁制シタル物件

二　犯罪ノ用ニ供シタル物件但無意ノ輕罪若クハ違警罪ニ付テハ特ニ定メタル場合ニ非サレハ之ヲ沒收セス

三　犯罪ニ因リ直接ニ得タル物件

本條ノ規定ハ法律規則ニ於テ別ニ定メタル他ノ沒收ノ妨ケトナルコトナシ

第三十八條　法律ニ於テ成立ヲ禁制シタル物件ハ受刑者ノ所有ニ屬セサルトキト雖モ又刑ノ言渡ナキトキト雖モ特ニ宣告シテ之ヲ沒收ス

第四節　刑期計算

第三十九條　刑期ヲ計算スルニ一月ト稱スルハ三十日ヲ以テシ一年ト稱スルハ曆ニ從フ

刑ノ執行ヲ始メタル日ハ全一日トシ之ヲ計算ス

受刑ノ初日ハ時間ヲ論セス一日ニ算入シ放免ノ日ハ刑期ニ算入セス

第五十條　刑ハ裁判確定シタル後ニ非サレハ之ヲ執行スルヿヲ得ス

第五十一條　刑期ハ刑名宣告ノ日ヨリ起算ス若シ上訴ヲ爲シタル者ハ左ノ例ニ從フ

一　犯人自ラ上訴シテ其上訴正當ナル時ハ前判宣告ノ日ヨリ起算ス若シ其上訴不當ナル時ハ後判宣告ノ日ヨリ起算ス

二　檢察官ノ上訴ニ係ル者ハ其上訴正當ナルト否トヲ分タス前判宣告ノ日ヨリ起算ス

三　上訴中保釋ヲ得又ハ責付セラレタル者ハ其日數ヲ刑期ニ算入スルヿヲ得ス

第五十二條　刑期限内逃走シ再ヒ捕ニ就キタル者ハ其逃走ノ日數ヲ除キ前後受刑ノ日ヲ計算ス

第六節　假出獄

第五十三條　重罪輕罪ノ刑ニ處セラレタル者獄則ヲ謹守シ悛改ノ狀アル時ハ其刑期四分ノ三ヲ經過スルノ後行政ノ處分ヲ以テ假ニ出獄ヲ許スヿヲ得

放免ハ刑期滿限ノ翌日午前ニ於テ之ヲ行フ

第四十條　刑期ハ刑ノ執行ヲ始メタル日ヨリ起算ス

第四十一條　裁判宣告前ニ受ケタル未決勾留ノ日數ハ左ノ區別ニ從ヒ刑期ニ算入ス

一　懲役禁獄ニ付テハ其日數ノ半

二　禁錮拘留ニ付テハ其全日數

第四十二條　裁判宣告後確定前ニ受ケタル未決勾留ハ全日數ヲ刑期ニ算入ス但受刑者又ハ其辯護人若クハ法律上代人上訴シ敗訴シタルトキハ刑期ニ算入セス

第四十三條　受刑者逃走シタルトキハ其逃走日數ヲ刑期ニ算入セス

第五節　假出獄

第四十四條　重罪、輕罪ノ繫獄ノ刑ニ處セラレタル者獄則ヲ謹守シ悛改ノ狀アルトキハ其刑期四分ノ三ヲ經過スルノ後行政ノ處分ヲ以テ假ニ出獄ヲ許スコトヲ得

無期徒刑ノ囚ハ十五年ヲ經過スルノ後亦同シ

流刑ノ囚ハ第二十一條ニ照シ幽閉ヲ免スルノ外假出獄ノ例ヲ用ヒス

第五十五條　假出獄ヲ許サレタル者ハ行政ノ處分ヲ以テ治産ノ禁ノ幾分ヲ免スルヿヲ得但本刑期限內特別ニ定メタル監視ニ付ス

第五十五條　假出獄ヲ許サレタル者ハ行政ノ處分ヲ以テ治産ノ禁ノ幾分ヲ免スルヿヲ得但本刑期限內特別ニ定メタル監視ニ付ス

第五十六條　假出獄中更ニ重罪輕罪ヲ犯シタル者ハ直チニ出獄ヲ停止シ出獄中ノ日數ハ刑期ニ算入スルヿヲ得ス

無期刑ノ囚ハ十五年ヲ經過スルノ後亦同シ

第四十五條　假出獄ヲ許サレタル者ハ其刑期限內特別ニ定メタル監視ニ付ス

第四十六條　假出獄ヲ許サレタル者ハ其出獄中治産ノ禁ヲ免ス

第四十七條　假出獄中更ニ重罪又ハ禁錮ニ該ル有意ノ輕罪ヲ犯シタルトキハ行政ノ處分ヲ以テ其假出獄ヲ停ムルコトヲ得

第六節　刑ノ消滅

第四十八條　主刑及ヒ附加刑ノ執行權ハ左ノ諸件ニ因テ消滅ス

一　刑ノ執行ノ終了

二　受刑者ノ死亡但罰金科料沒收ハ此限ニ在ラス

三　刑事訴訟法ニ從ヒ非常上告又ハ再審ニ因リ處刑宣告ノ取消

四　時效

五　大赦

六　特赦

第五十八條　刑ノ執行ヲ遁レタル者法律ニ定メタル期限ヲ
經過スルニ因テ期滿免除ヲ得
第五十九條　主刑ハ左ノ年限ニ從テ期滿免除ヲ得
一　死刑ハ三十年
二　無期徒流刑ハ二十五年
三　有期徒流刑ハ二十年
四　重懲役重禁獄ハ十五年
五　輕懲役輕禁獄ハ十年
六　禁錮罰金ハ七年
七　拘留科料ハ一年
第六十一條　期滿免除ハ刑ノ執行ヲ遁レタル日ヨリ起算ス
若シ捕ニ就キ再ヒ逃走シタル時ハ其逃走ノ日ヨリ起算シ
闕席裁判ニ係ル時ハ其宣告ノ日ヨリ起算ス
第六十一條　期滿免除ハ刑ノ執行ヲ遁レタル日ヨリ起算ス
若シ捕ニ就キ再ヒ逃走シタル時ハ其逃走ノ日ヨリ起算シ
闕席裁判ニ係ル時ハ其宣告ノ日ヨリ起算ス
第六十四條　大赦ニ因テ免罪ヲ得タル者ハ直チニ復權ヲ得
特赦ニ因テ免罪ヲ得タル者ハ赦狀中記載スルニ非サレハ
復權ヲ得ス

七　減刑
八　復權
第四十九條　時效ハ受刑者法律ニ定メタル期限中間斷ナク
其刑ノ執行ヲ遁レタルトキ之ヲ得ルモノトス
第五十條　時效ヲ得ルノ期限ハ左ノ如シ
一　死刑ハ二十五年
二　無期懲役及ヒ無期禁獄ハ二十年
三　有期懲役及ヒ有期禁獄ハ其宣告セラレタル等級ノ長
期ニ等シキ時間
四　禁錮、罰金ハ五年
五　拘留、科料ハ一年
第五十一條　死刑ノ時效ハ裁判確定ノ日ヨリ其期限ヲ起算
シ其他ノ時效ハ刑ノ執行ヲ遁レタル日ヨリ起算ス若シ闕
席判決ニ係ルトキハ其宣告ノ日ヨリ起算ス
第五十二條　繫獄ノ刑ノ時效ハ受刑者ノ逮捕ニ因テ之ヲ中
斷ス
罰金、科料ノ時效ハ受刑者其債務ヲ追認スルニ因リ又ハ
差押其他執行ノ手續ヲ爲スニ因テ之ヲ中斷ス
第五十三條　大赦ハ裁判宣告ノ效力ヲ全滅シ當然復權ヲ得
セシム

赦ニ因テ復權ヲ得タル者ハ自ラ監視ヲ免シタル者トス

第六十四條　大赦ニ因テ免罪ヲ得タル者ハ直チニ復權ヲ得
特赦ニ因テ免罪ヲ得タル者ハ赦狀中記載スルニ非サレハ
復權ヲ得ス
赦ニ因テ復權ヲ得タル者ハ自ラ監視ヲ免シタル者トス

第六十三條　公權ヲ剝奪セラレタル者ハ主刑ノ終リタル日ヨリ五年ヲ經過スルノ後其情狀ニ因リ將來ノ公權ヲ復スルヿヲ得主刑ノ期滿免除ヲ得タル者ハ監視ニ付シタル日ヨリ五年ヲ經過スルノ後亦同シ

第三章　加減例

第六十七條　重罪ノ刑ハ左ノ等級ニ照シテ加減ス
一　死刑
二　無期徒刑
三　有期徒刑
四　重懲役
五　輕懲役

第六十八條　國事ニ關スル重罪ノ刑ハ左ノ等級ニ照シテ加減ス
一　死刑

第五十四條　特赦ハ主刑ノ執行ヲ免ス復權及ヒ監視、沒收ノ免除ハ赦狀中特ニ記載スルニ非サレハ之ヲ得セシメス

第五十五條　減刑ハ確定シタル刑ヲ減ス其新ニ科シタル刑ハ裁判ニテ宣告シタルモノト看做ス

第五十六條　復權ハ剝奪公權ヲ消滅セシム
復權ハ主刑ノ終リタルヨリ五年ヲ經過スルノ後之ヲ請願スルコトヲ得
復權ヲ得タル者ハ當然監視ヲ免ス

第三章　加減例

第五十七條　定役ヲ附スル重罪ノ刑ハ左ノ等級ニ照シテ減輕ス
一　無期懲役
二　一等有期懲役
三　二等有期懲役
四　三等有期懲役

第五十八條　定役ヲ附セサル重罪ノ刑ハ左ノ等級ニ照シテ減輕ス
一　無期禁獄

二　無期流刑
三　有期流刑
四　重禁獄
五　輕禁獄

第六十九條　輕懲役ニ該ル者減輕ス可キ時ハ二年以上五年以下ノ重禁錮ニ處スルヲ以テ一等ト爲ス
輕禁獄ニ該ル者減輕ス可キ時ハ二年以上五年以下ノ輕禁錮ニ處スルヲ以テ一等ト爲ス
第六十七條　重罪ノ刑ハ左ノ等級ニ照シテ加減ス
一　死刑
二　無期徒刑
三　有期徒刑
四　重懲役
五　輕懲役
第六十八條　國事ニ關スル重罪ノ刑ハ左ノ等級ニ照シテ加減ス
一　死刑
二　無期流刑
三　有期流刑

二　一等有期禁獄
三　二等有期禁獄
四　三等有期禁獄
第五十九條　死刑ヲ減輕ス可キトキハ其罪ノ性質定役ヲ附スル刑ニ該ルト定役ヲ附セサル刑ニ該ルトノ區別ニ從ヒ無期懲役又ハ無期禁獄ニ處スルヲ以テ一等ト爲ス
第六十條　三等有期懲役ヲ減輕ス可キトキハ二年以上六年以下ノ有役禁錮ニ處スルヲ以テ一等ト爲シ三等有期禁獄ヲ減輕ス可キトキハ二年以上六年以下ノ無役禁錮ニ處スルヲ以テ一等ト爲ス
第六十一條　重罪ノ刑ノ加重ハ第五十七條及ヒ第五十八條ニ記載シタル順序ヲ顚倒シテ之ヲ行フモノトス
死刑及ヒ無期刑ハ如何ナル場合ニ於テモ加重ニ因リ之ヲ宣告スルコトヲ得ス
一等ノ有期懲役及ヒ有期禁獄ノ刑ヲ加重ス可キトキハ其短期及ヒ長期ニ三年ヲ加フルヲ以テ一等ト爲ス

四　重禁獄
五　輕禁獄

第六十六條　法律ニ於テ刑ヲ加重減輕ス可キ時ハ後ノ數條ニ記載シタル例ニ照シテ加減ス但加ヘテ死刑ニ入ルヿヲ得ス

第七十條　禁錮罰金ニ該ル者減輕ス可キ時ハ各本條ニ記載シタル刑期金額ノ四分ノ一ヲ減スルヲ以テ一等ト爲シ其加重ス可キ時ハ亦四分ノ一ヲ加フルヲ以テ一等ト爲ス輕罪ノ刑ハ加ヘテ重罪ニ入ルヿヲ得ス但禁錮ハ加ヘテ七年ニ至ルヿヲ得

第七十一條　禁錮ヲ減盡シタル時ハ拘留ニ處シ罰金ヲ減盡シタル時ハ科料ニ處ス禁錮罰金ヲ減シテ其短期十日以下寡數一圓九十五錢以下ニ及フ時ハ亦拘留科料ニ處スルヿヲ得

第七十二條　拘留科料ニ該ル者加減ス可キ時ハ禁錮罰金ノ例ニ照シ其四分ノ一ヲ加減スルヲ以テ一等ト爲ス違警罪ノ刑ハ加ヘテ輕罪ニ入ルヿヲ得ス但拘留ハ加ヘテ十二日ニ至ルヿヲ得減シテ一日以下ニ降スヿヲ得ス科料ハ加ヘテ二圓四十錢ニ至ルヿヲ得減シテ五錢以下ニ降ス

第六十二條　禁錮、罰金ヲ減輕ス可キトキハ其刑期金額ノ四分ノ一ヲ減スルヲ以テ一等ト爲シ其加重ス可キトキハ亦四分ノ一ヲ加フルヲ以テ一等ト爲ス但禁錮ハ加重ニ因リ七年ヲ超過スルコトヲ得ス

禁錮、罰金ノ加減二等以上ニ及フトキハ其已ニ加減シタルモノニ就テ加減ス

第六十三條　禁錮ヲ減シテ其長期十日以下ニ至ルトキハ其相當日數ノ拘留ニ處ス若シ其短期ノミ十日以下ニ至ルトキハ亦拘留ニ處スルコトヲ得

罰金ヲ減シテ其多數五圓未滿ニ至ルトキハ其相當額ノ科料ニ處ス若シ其寡數ノミ五圓未滿ニ至ルトキハ亦科料ニ處スルコトヲ得

第六十四條　拘留、科料ヲ加減ス可キトキハ禁錮、罰金ノ例ニ照シ其四分ノ一ヲ加減スルヲ以テ一等ト爲ス但拘留ハ減シテ一日未滿ニ下スコトヲ得ス科料ハ減シテ十錢未滿ニ下スコトヲ得ス

ヿヲ得ス

第七十三條　禁錮拘留ヲ加減スルニ因テ其期限ニ零數ヲ生シ一日ニ滿サル時ハ之ル除棄ス

第九十九條　犯罪ノ情狀ニ因リ總則ニ照シ同時ニ本刑ヲ加重減輕ス可キ時ハ左ノ順序ニ從テ其刑名ヲ定ム但從犯及ヒ未遂犯罪ノ減等其他各本條ニ記載スル特別ノ加重減輕ハ其加減シタル者ヲ以テ本刑ト爲ス

一　再犯加重

二　宥恕減輕

三　自首減輕

四　酌量減輕

第四章　不論罪及ヒ減輕

第一節　不論罪及ヒ宥恕減輕

第七十七條　罪ヲ犯ス意ナキノ所爲ハ其罪ヲ論セス但法律規則ニ於テ別ニ罪ヲ定メタル者ハ此限ニアラス

罪トナルヘキ事實ヲ知ラスシテ犯シタル者ハ其罪ヲ論セス

罪本重カル可クシテ犯ス時知ラサル者ハ其重キニ從テ論スルヿヲ得ス

法律規則ヲ知ラサルヲ以テ犯スノ意ナシト爲スヿヲ得ス

第六十五條　禁錮、拘留ヲ加減スルニ因テ其期限ニ零數ヲ生シ一日ニ滿サルトキハ之ヲ除棄ス

第六十六條　法律上同時ニ刑ヲ加重、減輕ス可キ原由アルトキハ一等減輕ト一等加重ト相殺ス

第四章　除刑又ハ減刑ノ原由

第六十七條　罪ヲ犯スノ意ナクシテ行ヒタル所爲ハ罪トシテ論セス但法律ニ於テ其規定ヲ遵守セサルノミヲ罰シ又ハ不注意ヨリ損害ヲ生シタル所爲ヲ罰スル場合ハ此限ニ在ラス

本人相當ノ注意ヲ缺クコトナクシテ刑ヲ加重ス可キ事實ヲ知ラサルトキハ其加重ノ事實ニ該ル可キ刑ヲ受ケサルモノトス

第六十八條　人ノ身體又ハ財產ニ關スル罪ヲ犯シタル者其

第七十五條　抗拒ス可カラサル强制ニ遇ヒ其意ニ非サルノ所爲ハ其罪ヲ論セス
天災又ハ意外ノ變ニ因リ避ク可カラサル危難ニ遇ヒ自己若クハ親屬ノ身體ヲ防衛スルニ出タル所爲亦同シ
第七十六條　本屬長官ノ命令ニ從ヒ其職務ヲ以テ爲シタル者ハ其罪ヲ論セス

第七十八條　罪ヲ犯ス時知覺精神ノ喪失ニ因テ是非ヲ辨別セサル者ハ其罪ヲ論セス
第三百十四條　身體生命ヲ正當ニ防衛シ已ムヿヲ得サルニ出テ暴行人ヲ殺傷シタル者ハ自己ノ爲メニシ他人ノ爲メニスルヲ分タス其罪ヲ論セス但不正ノ所爲ニ因リ自ラ暴行ヲ招キタル者ハ此限ニ在ラス
第三百十五條　左ノ諸件ニ於テ已ムヿヲ得サルニ出テ人ヲ殺傷シタル者ハ其罪ヲ論セス
一　財産ニ對シ放火其他暴行ヲ爲ス者ヲ防止スルニ出タル時

人又ハ財産ニ錯誤アリト雖モ罪ヲ犯スノ意ナシト爲スコトヲ得ス
第六十九條　爲、不爲ノ自由ナクシテ行ヒタル所爲ハ罪トシテ論セス
此規定ハ左ニ記載シタル場合ニ於テ必ス之ヲ適用ス
一　抗拒ス可カラサル脅迫又ハ身體ノ强制ヲ受ケタルトキ
二　天災又ハ意外ノ變ニ因リ避ク可カラサル危難ニ遇ヒ自己若クハ親屬ノ身體ヲ救護スルニ出タルトキ
三　自己及ヒ本屬長官ノ職權內ニ在ル事件ニ付キ其長官ノ命令ヲ執行シ又ハ執行スルモノト相當ニ信シタルトキ
第七十條　知覺精神ノ喪失ニ因リ是非ヲ辨別セスシテ行ヒタル所爲ハ罪トシテ論セス
第七十一條　危急ノ暴行ニ對シ自己又ハ他人ノ身體、財産ヲ防衛スル爲メ已ムヲ得スシテ行ヒタル所爲ハ罪トシテ論セス
其防衛ノ度ヲ超ユルモ暴行ニ因リ激シキ感動ヲ發シ直チニ行ヒタル所爲ハ亦罪トシテ論セス

二　盗犯ヲ防止シ又ハ盗贓ヲ取還スルニ出タル時
三　夜間故ナク人ノ住居シタル邸宅ニ入リ若クハ門戸牆
　壁ヲ踰越損壊スル者ヲ防止スルニ出タル時
第三百九條　自己ノ身體ノ暴行ヲ受クルニ因リ直チニ怒ヲ
發シ暴行人ヲ殺傷シタル者ハ其罪ヲ宥恕ス但不正ノ所爲
ニ因リ自ラ暴行ヲ招キタル者ハ此限ニ在ラス
第三百九條　自己ノ身體ノ暴行ヲ受クルニ因リ直チニ怒ヲ
發シ暴行人ヲ殺傷シタル者ハ其罪ヲ宥恕ス但不正ノ所爲
ニ因リ自ラ暴行ヲ招キタル者ハ此限ニ在ラス
第三百十四條　身體生命ヲ正當ニ防衛シ已ムヿヲ得サルニ
出テ暴行人ヲ殺傷シタル者ハ自己ノ爲メニシ他人ノ爲メ
ニスルヲ分タス其罪ヲ論セス但不正ノ所爲ニ因リ自ラ暴
行ヲ招キタル者ハ此限ニ在ラス
第三百十六條　身體財產ヲ防衛スルニ出ルト雖モ已ムヿヲ
得サルニ非スシテ害ヲ暴行人ニ加ヘ又ハ危害已ニ去リタ
ル後ニ於テ勢ニ乘シ仍ホ害ヲ暴行人ニ加ヘタル者ハ不論
罪ノ限ニ在ラス但情狀ニ因リ第三百十三條ノ例ニ照シ其
罪ヲ宥恕スルヿヲ得
第七十九條　罪ヲ犯ス時十二歳ニ滿サル者ハ其罪ヲ論セス
但滿八歳以上ノ者ハ情狀ニ因リ滿十六歳ニ過キサル時間
　之ヲ懲治場ニ留置スルヿヲ得
第八十條　罪ヲ犯ス時滿十二歳以上十六歳ニ滿サル者ハ其

第七十二條　自己又ハ親屬ニ暴行若クハ重大ナル侮辱ヲ受
クルニ因リ怒ヲ發シ直チニ加害者ニ害ヲ加ヘタル者ハ其
罪ヲ宥恕シテ本刑ニ二等又ハ三等ヲ減ス
第七十三條　前二條ノ規定ハ不正ノ所爲ニ因リ自ラ暴行又
ハ侮辱ヲ招キタル者ニ之ヲ適用セス但其所爲ノ性質ニ因
リ第七十一條ノ場合ニ於テハ其罪ヲ宥恕シテ本刑ニ二等
又ハ三等ヲ減シ第七十二條ノ場合ニ於テハ一等又ハ二等
ヲ減スルコトヲ得
第七十四條　十歳ニ滿サル者ノ行ヒタル所爲ハ罪トシテ論
セス但裁判所ハ所爲ノ情狀ニ因リ滿十五歳ニ過キサル時
間懲治場留置ヲ命スルコトヲ得
第七十五條　滿十歳以上十五歳ニ滿サル者ノ行ヒタル所爲

所為是非ヲ辨別シタルト否トヲ審案シ辨別ナクシテ犯シタル時ハ其罪ヲ論セス但情狀ニ因リ滿二十歳ニ過キサル時間之ヲ懲治場ニ留置スルヿヲ得

若シ辨別アリテ犯シタル時ハ其罪ヲ宥恕シテ本刑ニ二等ヲ減ス

第八十一條　罪ヲ犯ス時滿十六歳以上二十歳ニ滿サル者ハ其罪ヲ宥恕シテ本刑ニ一等ヲ減ス

第八十二條　瘖啞者罪ヲ犯シタル時ハ其罪ヲ論セス但情狀ニ因リ五年ニ過キサル時間之ヲ懲治場ニ留置スルヿヲ得

第八十三條　違警罪ハ滿十六歳以上二十歳ニ滿サル者ト雖モ其罪ヲ宥恕スルヿヲ得ス

滿十二歳以上十六歳ニ滿サル者ハ其罪ヲ宥恕シテ本刑ニ一等ヲ減ス十二歳ニ滿サル者及ヒ瘖啞者ハ其罪ヲ論セス

第二節　自首減輕

第八十五條　罪ヲ犯シ事未タ發覺セサル前ニ於テ官ニ自首シタル者ハ本刑ニ一等ヲ減ス但謀殺故殺ニ係ル者ハ自首減輕ノ限ニ在ラス

ハ其是非ヲ辨別シタルト否トヲ判決シ辨別ナクシテ行ヒタルトキハ罪トシテ論ス但裁判所ハ所為ノ情狀ニ因リ滿二十歳ニ過キサル時間懲治場留置ヲ命スルコトヲ得

若シ辨別アリテ行ヒタルトキハ其罪ヲ宥恕シテ本刑ニ二等ヲ減ス但此場合ニ於テモ裁判所ハ刑期滿限ノ後滿二十歳ニ過キサル時間懲治場留置ヲ命スルコトヲ得

第七十六條　罪ヲ犯ストキ滿十五歳以上二十歳ニ滿サル者ハ其罪ヲ宥恕シテ本刑ニ一等ヲ減ス

第七十七條　生來又ハ幼稚ヨリノ聾啞ニシテ滿十歳以上ノ者ノ行ヒタル所為ニ付テハ第七十五條ノ規定ヲ適用ス但懲治場留置ノ期限ハ五年ヲ超過スルコトヲ得ス

第七十八條　前數條ニ從ヒ懲治場ニ留置セラレタル者ニ對シテハ裁判所ハ檢事ノ請求ニ因リ又ハ親屬ノ申請アルトキハ檢事ノ意見ヲ聽キ其留置ヲ解クコトヲ得

第七十九條　違警罪ニ付テハ滿十五歳者上二十歳ニ滿タサル者ト雖モ其罪ヲ宥恕セス

滿十歳以上十五歳ニ滿サル者及ヒ聾啞者ハ其罪ヲ宥恕シテ本刑ニ一等又ハ二等ヲ減ス

第八十條　罪ノ徵憑未タ犯人ニ對シ發覺セサルニ先チ官ニ自首シテ其處分ヲ待ツ者ハ其罪ヲ宥恕シテ本刑ニ一等ヲ減ス

第三節　酌量減輕

第八十九條　重罪輕罪違警罪ヲ分タス所犯情狀原諒ス可キ者ハ酌量シテ本刑ヲ減輕スルヿヲ得

法律ニ於テ本刑ヲ加重シ又ハ減輕ス可キ者ト雖モ其酌量ス可キ時ハ仍ホ之ヲ減輕スルヿヲ得

第九十條　酌量減輕ス可キ者ハ本刑ニ一等又ハ二等ヲ減ス

第五章　再犯加重

第九十四條　再犯加重ハ初犯ノ裁判確定ノ後ニ非サレハ之ヲ論スルヿヲ得ス

第九十五條　刑期限內再ヒ罪ヲ犯スニ因リ刑ヲ宣告シタル時ハ先ツ其定役ニ服ス可キ者ヲ執行シ定役ニ服セサル者ヲ後ニス若シ初犯再犯共ニ定役ニ服スル刑ニ該ル時又ハ共ニ定役ニ服セサル刑ニ該ル時ハ先ツ其重キ者ヲ執行ス

罰金科料ニ該ル者ハ順序ニ拘ハラス各之ヲ徵收ス

被害者ノ告訴ヲ待テ訴追ス可キ罪ニ付テハ犯人其被害者ニ首服シ且官ノ處分ヲ待ツヲ以テ自首ノ效アリトス法律ニ於テ死刑又ハ無期刑ヲ科スル重罪ニ付テハ自首ノ爲メ減輕ヲ行ハス

第八十一條　重罪、輕罪、違警罪ヲ分タス所犯ノ情狀ニ因リ本刑又ハ加減シタル刑ノ最低度以下ニ減輕ス可キモノハ酌量シテ仍ホ其刑ヲ減輕スルコトヲ得

酌量減輕ス可キモノハ其刑ニ一等又ハ二等ヲ減ス

第五章　再犯

第八十二條　確定判決ニ依リ先ニ刑ニ處セラレタル者再ヒ罪ヲ犯ストキハ再犯ト爲ス

再犯ニ因リ刑ヲ加重スル場合ハ各本條ニ於テ之ヲ定ム

第八十三條　初犯、再犯共ニ繫獄ノ刑ニ該リ同時ニ之ヲ執行ス可キトキハ定役ヲ附スルモノヲ先ニシ定役ヲ附セサルモノヲ後ニス若シ二刑共ニ定役ヲ附スルモノナルカ又ハ定役ヲ附セサルモノナルトキハ先ツ其重キモノヲ執行ス

第八十四條　監視ハ總テ主刑ヲ執行シ終リタル後ニ之ヲ執行ス

若シ監視ヲ附加スル刑數箇アルトキハ止タ其期限ノ長キ

第七章　數罪倶發

第百條　重罪輕罪ヲ犯シ未タ判決ヲ經ス二罪以上倶ニ發シタル時ハ一ノ重キニ從テ處斷ス

重罪ノ刑ハ刑期ノ長キ者ヲ以テ重ト爲シ刑期ノ等シキ者ハ定役アル者ヲ以テ重ト爲ス

輕罪ノ刑ハ其所犯情狀最重キ者ニ從テ處斷ス

監視ヲ執行ス

第六章　數罪倶發

第八十五條　未タ確定ノ判決ヲ經サル數罪倶ニ發シタルトキハ各其刑ヲ宣告シ以下數條ノ規定ニ從ヒ之ヲ執行ス

第八十六條　死刑ト繫獄ノ刑トヲ宣告シタルトキハ止タ死刑ヲ執行ス

第八十七條　數箇ノ刑共ニ定役ヲ附シ又ハ共ニ之ヲ附セサルトキハ止タ其期限ノ長キモノヲ執行ス若シ其刑期等シキトキハ止タ其一ヲ執行ス

定役ヲ附シタル刑ト定役ヲ附セサル刑トヲ宣告シタル場合ニ於テ定役ヲ附シタル刑期長ク又ハ等シキトキハ止タ其刑ヲ執行ス若シ其刑期定役ヲ附セサル刑ヨリ短キトキハ先ツ定役ヲ附シタル刑ヲ執行シ其期限ヲ定役ヲ附セサル刑ニ通算ス

第八十八條　期限等シキ重罪ノ刑ト禁錮ノ刑トヲ宣告シタル場合ニ於テ其共ニ定役ヲ附シ又ハ之ヲ附セサルトキハ止タ重罪ノ刑ヲ執行ス

期限等シキ無役禁錮ト拘留トヲ宣告シタルトキハ止タ禁錮ヲ執行ス

第八十九條　重罪ノ刑ト禁錮トヲ宣告シ又ハ禁錮ト拘留ト

第百二條　一罪前ニ發シ已ニ判決ヲ經テ餘罪後ニ發シ其輕ク若クハ等シキ者ハ之ヲ論セス其重キ者ハ更ニ之ヲ論シ前發ノ刑ヲ以テ後發ノ刑ニ通算ス但前發ノ刑罰金科料ニ該リ已ニ納完シタル者ハ第二十七條ノ例ニ照シ折算シテ後發ノ刑期ニ通算ス若シ前發ノ罪ヲ判決スル時未タ發セサル罪再犯ノ罪ト倶ニ發シタル者ハ其再犯ト比較シ一ノ重キニ從ヒ前發ノ刑ヲ通算セス

第百二條　一罪前ニ發シ已ニ判決ヲ經テ餘罪後ニ發シ其輕ク若クハ等シキ者ハ之ヲ論セス其重キ者ハ更ニ之ヲ論シ前發ノ刑ヲ以テ後發ノ刑ニ通算ス但前發ノ刑罰金科料ニ

ヲ宣告シタル場合ニ於テ前數條ノ規定ニ從ヒ禁錮又ハ拘留ヲ執行スルトキハ重罪又ハ禁錮ノ刑ハ仍ホ其法律上ノ結果ヲ生ス

第九十條　重罪ノ刑ト罰金若クハ科料トヲ宣告シタルトキハ止タ重罪ノ刑ヲ執行ス

禁錮若クハ拘留ト罰金若クハ科料トヲ宣告シタルトキハ禁錮拘留ヲ執行シ其一日ヲ一圓ニ折算シテ罰金科料ノ額ヨリ控除シ剩ル金額ヲ徴收ス

第九十一條　數箇ノ罰金若クハ科料ヲ宣告シ又ハ罰金ト科料トヲ宣告シタルトキハ止タ其金額ノ多キモノヲ執行ス

第九十二條　附加刑ハ總テ之ヲ執行ス但停止公權及ヒ監視ニ付テハ止タ其期限ノ長キモノヲ執行ス

第九十三條　一罪前ニ發シ已ニ確定ノ判決ヲ經テ餘罪後ニ發シタルトキハ亦前數條ノ規定ニ從フ但後發罪ニ對スル繋獄ノ刑前發罪ノ刑ヨリ重キトキハ其前後ノ刑定役ヲ附スルト否トヲ分タス已ニ執行シタル前發罪ノ刑期ヲ後發罪ノ刑期ニ通算ス

已ニ執行シタル刑又ハ執行中ノ刑消滅シタルニ因リ他ノ刑ヲ執行ス可キ場合ニ於テモ亦前項通算ノ例ニ從フ

第九十四條　前發罪ヲ判決スルトキ未タ發セサル罪再犯罪ト倶ニ發シ又ハ再犯罪ヨリ後ニ發シタルトキハ再犯罪ノ刑ト後發罪ノ刑トヲ比較シ前數條ノ規定ニ從テ處分シ前

該リ已ニ納完シタル者ハ第二十七條ノ例ニ照シ折算シテ後發ノ刑期ニ通算ス若シ前發ノ罪ヲ判決スル時未タ發セサル罪再犯ノ罪ト倶ニ發シタル者ハ其再犯ト比較シ一ノ重キニ從ヒ前發ノ刑ヲ通算ス

第八章　數人共犯

第一節　正犯

第百四條　二人以上現ニ罪ヲ犯シタル者ハ皆正犯ト爲シ各自ニ其刑ヲ科ス

第百五條　人ヲ教唆シテ重罪輕罪ヲ犯サシメタル者ハ亦正犯ト爲ス

第二節　從犯

第百九條　重罪輕罪ヲ犯スヿヲ知テ器具ヲ給與シ又ハ誘導指示シ其他豫備ノ所爲ヲ以テ正犯ヲ幇助シ犯罪ヲ容易ナラシメタル者ハ從犯ト爲シ正犯ノ刑ニ一等ヲ減ス

第百十條〔第一項〕　身分ニ因リ刑ヲ加重ス可キ者從犯ト爲ル時ハ其重キニ從テ一等ヲ減ス

發罪ノ刑ハ別ニ之ヲ執行ス若シ前發罪ノ刑後發罪ノ刑共ニ再犯罪ノ刑ヨリ重キトキハ前發罪ノ刑ト後發罪ノ刑トヲ比較シテ處分シ再犯罪ノ刑ハ別ニ之ヲ執行ス

第七章　數人共犯

第九十五條　二人以上共ニ罪ヲ犯シタル者又ハ罪ヲ犯スニ際シ之ニ必要ナル所爲ニ加功シタル者ハ皆正犯ト爲シ各自ニ其刑ヲ科ス

第九十六條　贈與、約束、脅迫、威權其他ノ手段ヲ以テ人ヲ教唆シ重罪、輕罪ヲ犯サシメタル者ハ亦正犯ト爲ス

第九十七條　左ニ記載シタル者ハ重罪、輕罪ノ從犯ト爲シ正犯ノ刑ニ一等ヲ減ス

一　正犯ヲシテ其罪ヲ遂ケシムル爲メ誘導、指示シ又ハ犯罪ノ用ニ供シ若クハ犯罪ヲ容易ナラシム可キ器具、方法ヲ授ケ若クハ之ヲ得セシメ其他豫備ノ所爲ニ加功シタル者

二　罪ヲ犯スニ際シ其便利ト爲ル可キ所爲ニ加功シ又ハ當然爲ス可キノ義務ヲ執行セスシテ正犯ヲ幇助シタル者

身分ニ因リ刑ヲ加重ス可キ者從犯ト爲ルトキハ其重キニ從テ一等ヲ減ス

第九十八條　犯罪ノ情狀ニ因リ刑ヲ加重ス可キ場合ニ於テ

第百六條　正犯ノ身分ニ因リ別ニ刑ヲ加重ス可キ時ハ他ノ
正犯従犯及ヒ教唆者ニ及ホスヿヲ得ス
〔第十條第二項〕　正犯ノ身分ニ因リ刑ヲ減免ス可キ時ト雖
モ従犯ノ刑ハ其輕キニ従テ減免スルヿヲ得ス
第百七條　犯人ノ多數ニ因リ刑ヲ加重ス可キ時ハ教唆者ヲ
算入シテ多數ト爲スヿヲ得ス

第百十三條　重罪ヲ犯サントシテ未タ遂ケサル者ハ前條ノ
例ニ照シテ處斷ス
輕罪ヲ犯サントシテ未タ遂ケサル者ハ本條別ニ記載スル
ニ非サレハ前條ノ例ニ照シテ處斷スルヿヲ得ス
違警罪ヲ犯サントシテ未タ遂ケサル者ハ其罪ヲ論セス
第百十二條　罪ヲ犯サントシテ已ニ其事ヲ行フト雖モ犯事
意外ノ障礙若クハ舛錯ニ因リ未タ遂ケサル時ハ已ニ遂ケ
タル者ノ刑ニ一等又ハ二等ヲ減ス

第十章　親屬例
第百十四條　此刑法ニ於テ親屬ト稱スルハ左ニ記載シタル

ハ共犯中其事ニ與ラサルモ情ヲ知リタルトキ若クハ豫知
シ得ヘキトキハ其加重ヲ免カルルコトヲ得ス
共犯ノ身分ニ因リ刑ヲ加重ス可キトキハ他ノ共犯ニ及ホ
スコトヲ得ス

第九十九條　犯人ノ多數ニ因リ刑ヲ加重ス可キトキハ教唆
者及ヒ従犯ヲ算入シテ多數ト爲スコトヲ得ス但罪ヲ犯ス
ニ際シ加功シタル従犯ハ此限ニ在ラス

第百三條　重罪ノ未遂犯ハ之ヲ罰ス
輕罪ノ未遂犯ハ法律ニ於テ特ニ罰スルコトヲ定メタル場
合ニ於テ之ヲ罰ス
違警罪ノ未遂犯ハ之ヲ罰セス
第百四條　未遂犯ノ刑ハ法律ニ於テ別段ノ規定ナキトキハ
已ニ遂ケタルモノノ刑ニ一等又ハ二等ヲ減ス
第百五條　罪ヲ行フノ際犯人ヲ自ラ中止シ又ハ其所爲ヲ盡
スモ自ラ效果ヲ缺カシメタルトキハ止タ現ニ生シタル害
ニ従テ之ヲ罰ス

第九章　名例
第百六條　此法律ニ於テ親屬ト稱スルハ左ニ記載シタル者

者ヲ云フ
一　祖父母父母夫妻
二　子孫及ヒ其配偶者
三　兄弟姉妹及其配偶者
四　兄弟姉妹ノ子及ヒ其配偶者
五　父母ノ兄弟姉妹及ヒ其配偶者
六　父母ノ兄弟姉妹ノ子
七　配偶者ノ祖父母父母
八　配偶者ノ兄弟姉妹及ヒ其配偶者
九　配偶者ノ兄弟姉妹ノ子
十　配偶者ノ父母ノ兄弟姉妹

第百十五條　祖父母ト稱スルハ高曾祖父母外祖父母同シ父母ト稱スルハ繼父母嫡母同シ子孫ト稱スルハ庶子曾玄孫外孫同シ兄弟姉妹ト稱スルハ異父母ノ兄弟姉妹同シ
養子其養家ニ於ル親屬ノ例ハ實子ニ同シ

ヲ謂フ
一　祖父母、父母、夫妻
二　子孫及ヒ其配偶者
三　兄弟、姉妹及ヒ其配偶者
四　兄弟、姉妹ノ子及ヒ其配偶者
五　父母ノ兄弟、姉妹及ヒ其配偶者
六　父母ノ兄弟、姉妹ノ子
七　配偶者ノ祖父母、父母
八　配偶者ノ兄弟、姉妹及ヒ其配偶者
九　配偶者ノ兄弟、姉妹ノ子
十　配偶者ノ父母ノ兄弟、姉妹

祖父母ト稱スルハ高曾祖父母、外祖父母同シ父母ト稱スルハ繼父母、嫡母同シ子孫ト稱スルハ庶子、曾玄孫、外孫同シ兄弟、姉妹ト稱スルハ異父、異母ノ兄弟、姉妹同シ
養子其養家ニ於ケル親屬ノ例ハ實子ニ同シ

第百七條　官吏ト稱スルハ巡査、憲兵卒及ヒ監獄ノ看守ヲ包含ス

第百八條　公吏ト稱スルハ執達吏、公證人及ヒ地方自治制ニ依リ公共ノ事務ヲ執ル吏員ヲ謂フ

第百九條　臨時委任ヲ受ケテ官吏、公吏ノ事務ヲ補助シ若クハ之ヲ攝行スル者ハ仍ホ官吏、公吏ニ準ス

第百八條　事ヲ指定シテ犯罪ヲ教唆スルニ當リ犯人教唆ニ乘シ其指定シタル以外ノ罪ヲ犯シ又ハ其現ニ行フ所ノ方法教唆者ノ指示シタル所ト殊ナル時ハ左ノ例ニ照シテ教唆者ヲ處斷ス

一　所犯教唆シタル罪ヨリ重キ時ハ止タ其指定シタル罪ニ從テ刑ヲ科ス

二　所犯教唆シタル罪ヨリ輕キ時ハ現ニ行フ所ノ罪ニ從テ刑ヲ科ス

〔第百九條〕　但正犯現ニ行フ所ノ罪從犯ノ知ル所ヨリ重キ時ハ止タ其知ル所ノ罪ニ照シ一等ヲ減ス

第九章　未遂犯罪

第百十二條　罪ヲ犯サントシテ已ニ其事ヲ行フト雖モ犯事意外ノ障礙若クハ舛錯ニ因リ未タ遂ケサル時ハ已ニ遂ケタル者ノ刑ニ一等又ハ二等ヲ減ス

第百條　事ヲ指定シテ犯罪ヲ教唆スルニ當リ犯人教唆ニ乘シ其指定シタル所ト輕重ヲ異ニスル同性質ノ罪ヲ犯シ又ハ其現ニ行フ所ノ方法教唆者ノ指定シタル所ト異ナルトキハ左ノ例ニ照シテ教唆者ヲ處斷ス

一　所犯教唆シタル罪ヨリ重キトキハ止タ其指定シタル罪ニ從テ刑ヲ科ス

二　所犯教唆シタル罪ヨリ輕キトキハ現ニ行フ所ノ罪ニ從テ刑ヲ科ス

第百一條　共謀シテ罪ヲ犯スニ當リ正犯中共謀シタル所ト異ナル罪ヲ犯シタル者アルトキ又ハ正犯現ニ行フ所ノ罪從犯ノ知ル所ノ罪ト異ナルトキハ他ノ正犯又ハ從犯ハ前條ノ例ニ照シテ處斷ス

第八章　未遂犯

第百二條　罪ヲ犯サントシテ已ニ其實行ニ著手スト雖モ犯人意外ノ障礙若クハ舛錯リ因リ遂ケサルモノハ未遂犯ト爲ス

第百十條　判事、檢事ト稱スルハ行政裁判所ノ長官、評定官、陸海軍法會議ノ判士長、判士、理事、主理其他特別裁判所ニ於テ審判、檢察ノ事務ヲ掌ル者ヲ包含ス

警察官ト稱スルハ陸海軍檢察官ヲ包含ス

第百十一條　議會ト稱スルハ法律ヲ以テ組織シタル議會ヲ謂ヒ議員ト稱スルハ其議會ノ議長、議員ヲ謂フ

第四十九條　刑期ヲ計算スルニ一日ト稱スルハ二十四時ヲ以テシ一月ト稱スルハ三十日ヲ以テシ一年ト稱スルハ暦ニ從フ
受刑ノ初日ハ時間ヲ論セス一日ニ算入シ放免ノ日ハ刑期ニ算入セス

第百十二條　家宅ト稱スルハ人ノ住居シ又ハ人ノ住居ニ供シタル家屋、船舶其他ノ建造物ヲ謂フ
家宅ニ附屬スル庭園其他ノ場所ニシテ防圍ヲ施シタルモノハ家宅ニ準ス

條百十三條　門戸、牆壁ト稱スルハ家宅ノ上下四方ヲ限ル人工若クハ天然ノ防圍ヲ謂フ
其踰越ト稱スルハ防圍ノ下邊ヨリ潜入スルモノヲ包含ス
鎖鑰ヲ開クト稱スルハ僞鑰ヲ用ヒ其他ノ手段ヲ以テ人ノ閉鎖シタル場所ヲ開クヲ謂フ

第百十四條　兇器ト稱スルハ左ニ記載シタルモノヲ謂フ
一　銃、劍、刀、槍其他ノ兵器
二　菜刀、棍棒其他用方ニ因リ人ヲ殺傷スルニ足ル可キ物件
三　人ヲ威嚇スルニ足ル可キ爆發物及ヒ燃燒物

第百十五條　毆打ト稱スルハ總テ暴行其他人ヲ疾病創傷ニ致スノ意ヲ以テ行ヒタル匪曲ノ所爲ヲ包含ス

第百十六條　一日ト稱スルハ二十四時ヲ謂フ

第百十七條　年齡ヲ計算スルニ一歳ト稱スルハ暦ニ從ヒ生

第二編　公益ニ關スル重罪輕罪

第一章　皇室ニ對スル罪

第百十六條　天皇三后皇太子ニ對シ危害ヲ加ヘ又ハ加ヘンヘシタル者ハ死刑ニ處ス

第百十八條　皇族ニ對シ危害ヲ加ヘタル者ハ死刑ニ處ス其危害ヲ加ヘントシタル者ハ無期徒刑ニ處ス

第百十六條　天皇三后皇太子ニ對シ危害ヲ加ヘ又ハ加ヘントシタル者ハ死刑ニ處ス

第百十七條　天皇三后皇太子ニ對シ不敬ノ所爲アル者ハ三月以上五年以下ノ重禁錮ニ處シ二十圓以上二百圓以下ノ罰金ヲ附加ス

日ヨリ起算シタル一年ヲ謂フ

第二編　公益ニ關スル重罪及ヒ輕罪

第一章　皇室ニ對スル罪

第百十八條　天皇、三后、皇嗣、皇嗣ノ妃及ヒ攝政ノ生命ニ對シ危害ヲ加ヘタル者ハ已遂、未遂ヲ分タス死刑ニ處ス

其身體ニ對シ危害ヲ加ヘタル者ハ已遂、未遂ヲ分タス無期懲役ニ處ス

第百十九條　前條ニ記載シタル以外ノ皇族ノ生命ニ對シ危害ヲ加ヘタル者ハ死刑ニ處シ若シ未遂犯ニ係ルトキハ無期懲役ニ處ス

其身體ニ對シ危害ヲ加ヘタル者ハ無期懲役ニ處シ若シ未遂犯ニ係ルトキハ一等有期懲役ニ處ス

第百二十條　前二條ニ記載シタル重罪ノ豫備ヲ爲シタル者ハ未遂犯ノ刑ニ一等ヲ減シ其二人以上陰謀ヲ爲シタルニ止マル者ハ二等若クハ三等ヲ減ス

第百二十一條　前條ニ記載シタル豫備又ハ陰謀ヲ爲スト雖モ自首シタル者ハ本刑ヲ免シ一年以下ノ監視ニ付ス

第百二十二條　天皇、三后、皇嗣、皇嗣ノ妃其他皇族ニ對シ其面前ニ於テ不敬ノ所爲ヲ行ヒタル者ハ三月以上五年以下ノ有役禁錮若クハ無役禁錮ニ處ス

其面前ニ非スト雖モ文書ヲ配付シ演說ヲ爲シ其他公ノ方

〔第百十七條第二項〕　皇陵ニ對シ不敬ノ所爲アル者亦同シ

第二章　國事ニ關スル罪

第一節　內亂ニ關スル罪

第百二十一條　政府ヲ顚覆シ又ハ邦土ヲ僭竊シ其他朝憲ヲ紊亂スルヿヲ目的ト爲シ內亂ヲ起シタル者ハ區別ニ從テ處斷ス

一　首魁及ヒ教唆者ハ死刑ニ處ス

二　群衆ノ指揮ヲ爲シ其他樞要ノ職務ヲ爲シタル者ハ無期流刑ニ處シ其情輕キ者ハ有期流刑ニ處ス

三　兵器金穀ヲ資給シ又ハ諸般ノ職務ヲ爲シタル者ハ重禁獄ニ處シ其情輕キ者ハ輕禁獄ニ處ス

四　教唆ニ乘シテ附和隨行シ又ハ指揮ヲ受ケテ雜役ニ供シタル者ハ二年以上五年以下ノ輕禁錮ニ處ス

第百二十一條　政府ヲ顚覆シ又ハ邦土ヲ僭竊シ其他朝憲ヲ紊亂スルヿヲ目的ト爲シ內亂ヲ起シタル者ハ左ノ區別ニ

法ニ因リ不敬ノ所爲ヲ行ヒタル者ハ二月以上四年以下ノ有役禁錮若クハ無役禁錮ニ處ス

第百二十三條　皇陵及ヒ神宮ニ對シ不敬ノ所爲ヲ行ヒタル者ハ一月以上三年以下ノ有役禁錮若クハ無役禁錮ニ處ス

第二章　內亂ニ關スル罪

第百二十四條　皇室ヲ顚覆シ皇嗣ノ順序ヲ紊亂シ邦土ヲ僭竊シ其他國憲ヲ變更スルコトヲ目的トスル內亂ニ與シタル者ハ左ノ區別ニ從テ處斷ス

一　首魁及ヒ煽動者ハ死刑ニ處ス

二　群衆ノ指揮ヲ爲シ其他樞要ノ職務ヲ爲シタル者ハ無期禁獄又ハ一等有期禁獄ニ處ス

三　兵器、彈藥、金穀、船舶其他軍用ノ物品ヲ資給シ又ハ暴動者ノ爲メ有益ナル事務ヲ爲シタル者ハ一等又ハ二等ノ有期禁獄ニ處ス

四　前數號ニ記載シタル以外ノ共犯人ハ三等有期禁獄ニ處シ止タ雜務ニ使役セラレタル者ハ一年以上五年以下ノ無役禁錮ニ處ス

暴動者ト通謀セスト雖モ暴動者ノ爲メニ有益ナル幇助ヲ爲シタル者ハ一等乃至三等ノ有期禁獄ニ處ス

第百二十五條　政府ル顚覆シ政務ヲ變亂シ其他政事ニ關スル事項ヲ目的トスル內亂ニ與シタル者ハ前條ノ例ニ照シ

従テ處斷ス
一　首魁及ヒ教唆者ハ死刑ニ處ス
二　群衆ノ指揮ヲ爲シ其他樞要ノ職務ヲ爲シタル者ハ無期流刑ニ處シ其情輕キ者ハ有期流刑ニ處ス
三　兵器金穀ヲ資給シ又ハ諸般ノ職務ヲ爲シタル者ハ重禁獄ニ處シ其情輕キ者ハ輕禁獄ニ處ス
四　教唆ニ乘シテ附和隨行シ又ハ指揮ヲ受ケテ雜役ニ供シタル者ハ二年以上五年以下ノ輕禁錮ニ處ス

第百二十二條　內亂ヲ起スノ目的ヲ以テ兵器彈藥船舶金穀其他軍備ノ物品ヲ劫掠シタル者ハ已ニ內亂ヲ起シタル者ノ刑ニ同シ

第百二十五條　兵隊ヲ招募シ又ハ兵器金穀ヲ準備シ其他內亂ノ豫備ヲ爲シタル者ハ第百二十一條ノ例ニ照シ各一等ヲ減ス

〔第百二十五條第二項〕　內亂ノ陰謀ヲ爲シ未タ豫備ニ至ラサル者ハ各二等ヲ減ス

第百二十六條　內亂ノ豫備又ハ陰謀ヲ爲スト雖モ未タ其事ヲ行ハサル前ニ於テ官ニ自首シタル者ハ本刑ヲ免シ六月

各一等ヲ減ス

第百二十六條　前二條ニ記載シタル內亂ヲ起ス爲メ左ノ所爲ヲ行ヒタルトキハ未タ兵ヲ擧ルニ至ラスト雖モ內亂ヲ起シタルト同ク論シ同條ノ例ニ照シ各一等ヲ減ス
一　兵器、彈藥、金穀其他軍備ノ物品ヲ劫掠シタルトキ
二　陸海軍ノ製造所、武庫、陣營又ハ政府ニ屬シ若クハ政府ノ使用スル船舶ヲ劫掠シタルトキ

第百二十七條　兵隊ヲ招募シ又ハ兵器、彈藥、金穀、船舶其他軍用ノ物品ヲ準備シテ內亂ノ豫備ヲ爲シタル者ハ第百二十四條、第百二十五條ノ例ニ照シ各二等ヲ減ス
其他ノ方法ヲ以テ豫備ヲ爲シタル者ハ各三等ヲ減ス

第百二十八條　二人以上內亂ノ陰謀ヲ爲シタル者ハ第百二十四條、第百二十五條ノ例ニ照シ各四等ヲ減ス

第百二十九條　內亂ノ豫備又ハ陰謀ヲ爲スト雖モ自首シタル者ハ本刑ヲ免シ一年以上三年以下ノ監視ニ付ス

以上三年以下ノ監視ニ付ス

第百二十八條　內亂ニ乘シテ人ノ身體財產ニ對シ內亂ノ目的ニ關セサル重罪輕罪ヲ犯シタル者ハ通常ノ刑ニ照シ重キニ從テ處斷ス

第百二十七條　內亂ノ情ヲ知テ犯人ニ集會所ヲ給與シタル者ハ二年以上五年以下ノ輕禁錮ニ處ス

第二節　外患ニ關スル罪

第百二十九條　外國ニ與シテ本國ニ抗敵シ又ハ外國ト交戰中同盟國ニ抗敵シ其他本國ニ背叛シテ敵兵ニ附屬シタル者ハ死刑ニ處ス

第百三十條　交戰中敵兵ヲ誘導シテ本國內ニ入ラシメ若クハ本國及ヒ同盟國ノ都府城塞又ハ兵器彈藥船艦其他軍事ニ關スル土地家屋物件ヲ敵國ニ交付シタル者ハ死刑ニ處ス

第百三十條　第百二十四條、第百二十五條及ヒ第百二十六條ニ記載シタル罪ノ實行前人ノ身體又ハ財產ニ對スル通常ノ重罪又ハ輕罪ヲ犯シタル者ハ各本條ノ刑ニ處ス其實行ヲ始メタル後ト雖モ內亂ニ必要ナラサルトキ亦同シ何レノ場合ニ於テモ軍使、俘虜、人質其他戰鬪ニ加ハラサル者ヲ殺シタル者ハ死刑ニ處ス

第百三十一條　內亂ノ情ヲ知テ犯人ニ集會所ヲ給與シタル者ハ一年以上三年以下ノ無役禁錮ニ處ス

第百三十二條　此章ニ記載シタル罪ヲ犯シタル者ハ監視ニ付スルコトヲ得

第三章　外患ニ關スル罪

第百三十三條　日本人外國ニ與シテ日本ニ抗敵シ又ハ外國ト交戰中日本ノ同盟國ニ抗敵シタル者ハ死刑ニ處ス

第百三十四條　外國ト交戰中敵國ノ兵隊ヲシテ日本若クハ同盟國ノ管內ニ入ルコトヲ得セシメ又ハ日本若クハ同盟國ニ屬シ若クハ其使用スル城邑、陣營、港口、船舶、陸海軍ノ製造所又ハ倉庫ヲ敵國ニ付交シタル者ハ死刑ニ處ス

其他攻守ノ爲メニ有益ナル場所、物件ヲ敵國ニ交付シタル者ハ無期懲役又ハ一等有期懲役ニ處ス

第百三十一條〔第一項〕本國及ヒ同盟國ノ軍情機密ヲ敵國ニ漏泄シ若クハ兵隊屯集ノ要地又ハ道路ノ險夷ヲ敵國ニ通知シタル者ハ無期流刑ニ處ス

第百三十一條〔第一項〕本國及ヒ同盟國ノ軍情機密ヲ敵國ニ漏泄シ若クハ兵隊屯集ノ要地又ハ道路ノ險夷ヲ敵國ニ通知シタル者ハ無期流刑ニ處ス

〔第百三十一條第二項〕敵國ノ間諜ヲ誘導シテ本國管内ニ入ラシメ若クハ之ヲ藏匿シタル者亦同シ

第百三十五條　敵國ヲ利シ又ハ日本若クハ同盟國ヲ害スル爲メ前條ニ記載シタル場所、物件ヲ毀壞シ若クハ使用スルコト能ハサルニ至ラシメタル者ハ前條ノ例ニ擬シテ處斷ス

第百三十六條　官吏其他ノ者職務ニ因リ又ハ臨時ノ委任ニ因リ日本若クハ同盟國ノ外交商議ニ關スル機密ヲ知リ又ハ陸海軍ノ機密ヲ知テ之ヲ敵國ニ漏泄シタル者ハ無期懲役ニ處ス

僞計、賄賂、暴行ヲ以テ前項ニ記載シタル機密ヲ探知シ之ヲ敵國ニ漏泄シタル者亦同シ

其偶然機密ヲ知テ之ヲ敵國ニ漏泄シタル者ハ二等有期懲役ニ處ス

第百三十七條　敵國ヲ利シ又ハ日本若クハ同盟國ヲ害スル爲メ日本若クハ同盟國ノ陸海軍隊ノ位置、運動其他軍備、軍情ヲ敵國ニ通知シ又ハ水陸ノ要害、險夷ヲ敵國ニ指示シタル者ハ一等有期懲役ニ處ス

第百三十八條　敵國ノ爲メニ間諜ト爲リタル者ハ無期懲役ニ處ス

日本若クハ同盟國ノ管内ニ敵國ノ間諜ヲ入ラシメ又ハ之ヲ誘導シ若クハ藏匿シタル者ハ一等有期懲役ニ處ス

第百三十九條　敵國ヲ利シ又ハ日本若クハ同盟國ヲ害スル爲メ左ノ所爲ヲ行ヒタル者ハ一等又ハ二等ノ有期懲役ニ

第百三十二條　陸海軍ヨリ委任ヲ受ケ物品ヲ供給シ及ヒ工作ヲ爲ス者交戰ノ際敵國ニ通謀シ又ハ其賂遺ヲ收受シテ命令ニ違背シ軍備ノ缺乏ヲ致シタル時ハ有期流刑ニ處ス

處ス

一　日本官署又ハ同盟國ヨリ發シタル命令書其他公信ヲ携帶スル者ノ通行ヲ妨ケタル者

二　公信ノ用ニ供スル電信器械ヲ破壞シ又ハ使用スルコト能ハサルニ至ラシメタル者

三　其命令書又ハ公信ヲ携帶シ若クハ發送、受領ス可キノ任ヲ受ケテ之ヲ廢棄、隱匿、遲延又ハ變造シタル者

第百四十條　前數條ニ記載シタル罪ノ豫備ヲ爲シタル者ハ各本刑ニ照シ二等又ハ三等ヲ減ス

第百四十一條　自己ノ名ヲ以テスルト他人ノ代理ナルトヲ問ハス日本官署若クハ同盟國ヨリ委任ヲ受ケテ物品ヲ供給シ又ハ工作ヲ爲ス者交戰ノ際敵國ヲ利シ又ハ日本若クハ同盟國ヲ害スル爲メ其委任條件ニ違背シタルトキハ三等有期懲役ニ處ス

第百四十二條　未タ宣戰ニ至ラスト雖モ敵國ニ對シ戰端ヲ開カントスル際ニ於テ前數條ニ記載シタル罪ヲ犯シタル者ハ亦各本條ニ依テ處斷ス

第百四十三條　平時ニ於テ政事若クハ軍事ニ關スル機密ヲ外國政府ニ漏泄シタル者ハ其直接ナルト間接ナルトヲ分タス二月以上二年以下ノ有役禁錮及ヒ十圓以上百圓以下ノ罰金ニ處ス

若シ其職務ニ因テ知リタル機密ニ係ルトキハ一等ヲ加フ

第百三十五條　此章ニ記載シタル罪ヲ犯シ輕罪ノ刑ニ處スル者ハ六月以上二年以下ノ監視ニ付ス

第百三十三條　外國ニ對シ私ニ戰端ヲ開キタル者ハ有期流刑ニ處ス其豫備ニ止ル者ハ一等又ハ二等ヲ減ス

第百三十三條　外國ニ對シ私ニ戰端ヲ開キタル者ハ有期流刑ニ處ス其豫備ニ止ル者ハ一等又ハ二等ヲ減ス

第百三十四條　外國交戰ノ際本國ニ於テ局外中立ヲ布告シタル時其布告ニ違背シタル者ハ六月以上三年以下ノ輕禁錮ニ處シ拾圓以上百圓以下ノ罰金ヲ附加ス

第百四十四條　外國人日本ニ在テ第百三十四條以下ニ記載シタル罪ヲ犯シタルトキハ各本條ノ例ニ照シ一等ヲ減ス

第百四十五條　此章ニ記載シタル罪ヲ犯シタル者ハ監視ニ付スルコトヲ得

第四章　國際ニ關スル罪

第百四十六條　外國ニ對シ私ニ發シタル遠征軍ニ與シタル者ハ左ノ區別ニ從テ處斷ス

一　首魁及ヒ煽動者ハ二等有期禁獄ニ處ス

二　樞要ノ職務ヲ爲シタル者及ヒ兵器、彈藥、金穀、船舶其他軍用ノ物品ヲ資給シタル者ハ三等有期禁獄ニ處ス

三　其他ノ共犯人ハ六月以上三年以下ノ無役禁錮ニ處ス

第百四十七條　兵隊ヲ招募シ又ハ兵器、彈藥、金穀、船舶其他軍用ノ物品ヲ準備シテ遠征ノ豫備ヲ爲シタル者ハ前條ノ例ニ照シ各二等又ハ三等ヲ減ス

第百四十八條　遠征ノ豫備ヲ爲スト雖モ自首シタル者ハ本刑ヲ免シ一年以上三年以下ノ監視ニ付ス

第百四十九條　外國ニ對シ媾和ヲ破リ又ハ其報復ヲ招ク可キ敵對ノ所爲ヲ行ヒタル者ハ三等有期禁獄ニ處ス

第百五十條　外國交戰ノ際日本ニ於テ局外中立ヲ布告シタルトキ其布告ニ違背シタル者ハ六月以上三年以下ノ無役禁錮及ヒ十圓以上百圓以下ノ罰金ニ處ス

第二節　宮吏ノ職務ヲ行フヲ妨害スル罪

第百三十九條　官吏其職務ヲ以テ法律規則ヲ執行シ又ハ行政司法官署ノ命令ヲ執行スルニ當リ暴行脅迫ヲ以テ其官吏ニ抗拒シタル者ハ四月以上四年以下ノ重禁錮ニ處シ五圓以上五十圓以下ノ罰金ヲ附加ス
暴行脅迫ヲ以テ其官吏ノ爲ス可カラサル事件ヲ行ハシメタル者亦同シ

第百三十七條　兇徒多衆ヲ嘯聚シテ官廳ニ喧閙シ官吏ニ强逼シ又ハ村市ヲ騷擾シ其他暴動ヲ爲シタル者首魁及ヒ教唆者ハ重懲役ニ處ス其嘯聚ニ應シ煽動シテ勢ヲ助ケタル者ハ輕懲役ニ處シ其情輕キ者ハ一等ヲ減ス附和隨行シタル者ハ二圓以上二十圓以下ノ罰金ニ處ス
第百四十條　前條ノ罪ヲ犯シ因テ官吏ヲ毆傷シタル者ハ毆打創傷ノ各本條ニ照シ一等ヲ加ヘ重キニ從テ處斷ス

第百五十一條　日本國ノ賓客タル外國ノ君主、皇族、大統領又ハ日本國ニ駐在スル外國使臣ニ對シ侮辱シタル者ハ第百五十六條ノ例ニ擬シテ處斷ス
本條ノ罪ハ被害者又ハ其代表者ノ告訴アルニ非サレハ訴追スルコトヲ得ス

第五章　官ニ抗スル罪

第一節　官吏、公吏、議員ノ職務ヲ行フヲ妨害スル罪

第百五十二條　官吏、公吏、議員其職務ヲ行フニ當リ暴行、脅迫ヲ以テ其官吏、公吏、議員ニ抗拒シ若クハ妨害ヲ爲シ又ハ官吏、公吏、議員ニ迫リ强テ其爲ス可カラサル處分ヲ行ハシメントシタル者ハ四月以上四年以下ノ無役禁錮若クハ有役禁錮ニ處ス
若シ三人以上ニテ犯シタルトキ又ハ兇器ヲ携帶シテ犯シタルトキハ一等ヲ加フ

第百五十三條　多衆集合シテ公事ニ關シ官署、公署、議會ニ對シ暴行、脅迫ヲ爲シタル者ハ兇器ヲ携帶スルト否トヲ分タス六月以上五年以下ノ無役禁錮又ハ五圓以上五十圓以下ノ罰金ニ處ス
其首魁及ヒ煽動者ハ三等有期禁獄ニ處ス
第百五十四條　前二條ノ罪ヲ犯シ因テ官吏、公吏、議員ヲ疾病、死傷ニ致シタル者ハ毆打創傷ノ各本條ニ照シ一等ヲ加ヘ重キニ從テ處斷ス

第百四十一條　官吏ノ職務ニ對シ其目前ニ於テ形容若クハ言語ヲ以テ侮辱シタル者ハ一月以上一年以下ノ重禁錮ニ處シ五圓以上五十圓以下ノ罰金ヲ附加ス
其目前ニ非スト雖モ刊行ノ文書圖畫又ハ公然ノ演說ヲ以テ侮辱シタル者亦同シ

其官吏、公吏、議員ヲ故殺シタル者ハ死刑ニ處ス
第百五十五條　罪ヲ犯スノ目的ヲ以テ二十人以上公ノ場所ニ集合シ官吏、公吏ノ命令ヲ受クルモ解散セサル者ハ十一日以上二月以下ノ無役禁錮又ハ五圓以上三十圓以下ノ罰金ニ處ス

第二節　官吏、公吏、議員ヲ侮辱スル罪

第百五十六條　官吏、公吏又ハ議員ニ對シ其職務執行ノ際若クハ其職務ニ關シ其面前ニ於テ侮辱ヲ爲シタル者ハ十一日以上二年以下ノ無役禁錮ニ處ス
其面前ニ非スト雖モ左ノ場所ニ於テ又ハ左ノ方法ニ依リ侮辱ヲ爲シタル者ハ十一日以上一年以下ノ無役禁錮ニ處ス
一　公ノ集會又ハ公ノ場所ニ於テ犯シタルトキ
二　公ノ場所ニ非スト雖モ特定ノ人ニ限リ集會又ハ臨席ヲ許シタル場所ニテ數人ノ面前ニ於テ犯シタルトキ
三　文書、圖書又ハ偶像ヲ配布シ販賣シ又ハ公衆ノ縱覽ニ供シ若クハ數人ニ示シ又ハ雜劇ヲ演シテ犯シタルトキ
第百五十七條　前條ニ記載シタル場所ニ於テ又ハ方法ニ依リ官吏、公吏、議員ニ對シ其職務上不法ノ所爲アリトシテ指摘シタル者事實ヲ證明スルコト能ハサルトキハ二月以上三年以下ノ無役禁錮及ヒ十圓以上百圓以下ノ罰金ニ

第二百三條　官ノ文書ヲ僞造シ又ハ增減變換シテ行使シタル者ハ輕懲役ニ處ス
其官ノ文書ヲ毀棄シタル者亦同シ

第百七十四條　官署ノ處分ニ因リ特別ニ家屋倉庫其他ノ物件ニ施シタル封印ヲ破棄シタル者ハ二月以上二年以下ノ重禁錮ニ處ス
〔第百七十四條第二項〕　若シ看守者自ラ犯シタル時ハ一等ヲ加フ

處ス

第百五十八條　官署、公署又ハ議會ニ對シ前二條ノ罪ヲ犯シタル者ハ各本刑ニ一等ヲ加フ
本條ノ罪ハ其官署、公署又ハ議會ノ許諾アルニ非サレハ訴追スルコトヲ得ス

第三節　官吏、公吏ノ監守ニ係ル文書ヲ竊取、毀壞シ及ヒ封印ヲ破棄スル罪

第百五十九條　他人ノ利益ヲ害シ又ハ自己若クハ他人ノ不利益ヲ避クルノ意ヲ以テ官吏、公吏ノ監守ニ係ル身分證書其他人ノ權利ヲ證明スル公ノ文書、帳簿ヲ竊取、毀壞、隱匿シ又ハ使用スルコト能ハサルニ至ラシメタル者ハ三等有期懲役ニ處ス

第百六十條　官吏、公吏ノ監守ニ係ル證據物件若クハ證據書類又ハ前條ニ記載シタル以外ノ公私ノ文書、帳簿ヲ竊取、毀壞、隱匿シ又ハ使用スルコト能ハサルニ至ラシメタル者ハ六月以上五年以下ノ有役禁錮及ヒ十圓以上百圓以下ノ罰金ニ處ス

第百六十一條　官吏、公吏ノ法律ニ從ヒ家屋、倉庫其他ノ物件ニ施シタル封印ヲ破棄シタル者ハ一月以上一年以下ノ有役禁錮及ヒ五圓以上五十圓以下ノ罰金ニ處ス

第百六十二條　保管者又ハ監守者自ラ前二條ノ罪ヲ犯シ又ハ其罪ヲ犯ス者アルコトヲ知テ之ヲ制セサルトキハ各本

第百七十九條　醫師化學家其他職業ニ因リ官署ヨリ解剖分析又ハ鑑定ヲ命セラレタル者故ナクシテ之ヲ肯セサル時ハ四圓以上四十圓以下ノ罰金ニ處ス

第百八十條　裁判所ヨリ證人トシテ證據ヲ陳述スルヿヲ命セラレタル者故ナクシテ之ヲ肯セサル時ハ亦前條ニ同シ

第六節　僞證ノ罪

第二百十八條　刑事ニ關スル證人トシテ裁判所ニ呼出サレタル者被告人ヲ曲庇スル爲メ事實ヲ掩蔽シテ僞證ヲ爲シタル時ハ左ノ例ニ照シテ處斷ス

一　重罪ヲ曲庇スル爲メ僞證シタル者ハ二月以上二年以下ノ重禁錮ニ處シ四圓以上四十圓以下ノ罰金ヲ附加ス

二　輕罪ヲ曲庇スル爲メ僞證シタル者ハ一月以上一年以下ノ重禁錮ニ處シ二圓以上二十圓以下ノ罰金ヲ附加ス

三　違警罪ヲ曲庇スル爲メ僞證シタル者ハ違警罪ノ本條ニ依テ處斷ス

刑ニ一等ヲ加フ

第百六十三條　前數條ニ記載シタル輕罪ノ未遂犯ハ之ヲ罰ス

第六章　裁判事務ヲ妨害スル罪

第一節　公務ヲ行フコトヲ拒ム罪

第百六十四條　醫師、化學家其他職業ニ因リ裁判所ヨリ解剖、分析又ハ鑑定ヲ命セラレタル者故ナクシテ之ヲ肯セサルトキハ十一日以上二月以下ノ無役禁錮又ハ五圓以上五十圓以下ノ罰金ニ處ス

第百六十五條　裁判所ヨリ證人又ハ參考人トシテ事實ヲ供述ス可キコトヲ命セラレタル者故ナクシテ之ヲ肯セサルトキハ亦前條ニ同シ

第二節　僞證ノ罪

第百六十六條　豫審、公判ヲ問ハス刑事ニ付キ證人トシテ事實ヲ供述ス可キコトヲ命セラレタル者宣誓ヲ爲シタル上不實ノ事ヲ構造シ若クハ眞實ノ事ヲ掩蔽シ其他虛僞ノ方法ヲ以テ被告人ノ利益ト爲ル可キ供述ヲ爲シタルトキハ其訴件ノ結局如何ニ拘ハラス左ノ區別ニ從テ處斷ス

一　違警罪事件ニ係ルトキハ十一日以上二月以下ノ有役禁錮又ハ五圓以上二十圓以下ノ罰金ニ處ス

二　輕罪事件ニ係ルトキハ二月以上一年以下ノ有役禁錮及ヒ五圓以上三十圓以下ノ罰金ニ處ス

第二百二十條　被告人ヲ陷害スル爲メ僞證ヲ爲シタル者ハ左ノ例ニ照シテ處斷ス

一　重罪ニ陷ラシムル爲メ僞證シタル者ハ二年以上五年以下ノ重禁錮ニ處シ十圓以上五十圓以下ノ罰金ヲ附加ス

二　輕罪ニ陷ラシムル爲メ僞證シタル者ハ六月以上二年以下ノ重禁錮ニ處シ四圓以上四十圓以下ノ罰金ヲ附加ス

三　違警罪ニ陷ラシムル爲メ僞證シタル者ハ一月以上三月以下ノ重禁錮ニ處シ二圓以上十圓以下ノ罰金ヲ附加ス

第二百二十一條　僞證ノ爲メ被告人刑ニ處セラレタル後ニ於テ僞證ノ罪發覺シタル時ハ僞證者ヲ其刑ニ反坐ス若シ反坐ノ刑前條ニ記載シタル僞證ノ刑ヨリ輕キ時ハ前條ノ例ニ照シテ處斷ス

其刑期限内ニ於テ僞證ノ罪發覺シタル時ハ現ニ經過シタル日數ニ照シテ反坐ノ刑期ヲ減スルコトヲ得但減シテ前條僞證ノ刑ヨリ降スヿヲ得ス

第二百二十二條　僞證ノ爲メ被告人死刑ニ處セラレタル時ハ反坐ノ刑一等ヲ減ス其未タ刑ヲ執行セサル前ニ於テ發

三　重罪事件ニ係ルトキハ四月以上二年以下ノ有役禁錮及ヒ十圓以上五十圓以下ノ罰金ニ處ス

第百六十七條　被告人ノ害ト爲ル可キ僞證ヲ爲ス者ハ左ノ區別ニ從テ處斷ス

一　違警罪事件ニ係ルトキハ一月以上六月以下ノ有役禁錮及ヒ五圓以上三十圓以下ノ罰金ニ處ス

二　輕罪事件ニ係ルトキハ六月以上二年以下ノ有役禁錮及ヒ十圓以上五十圓以下ノ罰金ニ處ス

三　重罪事件ニ係ルトキハ二年以上五年以下ノ有役禁錮及ヒ二十圓以上百圓以下ノ罰金ニ處ス

第百六十八條　輕罪事件ノ被告人僞證ノ爲メ前條第二號ニ記載シタル刑ヨリ重キ刑ニ處セラレタルトキハ僞證者ヲ二年以上五年以下ノ有役禁錮及ヒ五十圓以上百圓以下ノ罰金ニ處ス

重罪事件ノ被告人僞證ノ爲メ前條第三號ニ記載シタル刑ヨリ重キ刑ニ處セラレタルトキハ僞證者ヲ三等有期懲役ニ處ス

第百六十九條　被告人僞證ノ爲メ死刑ニ處セラレタルトキハ僞證者ヲ無期懲役ニ處ス若シ被告人ヲ死刑ニ陷ルルノ

覺シタル時ハ二等ヲ減ス
若シ被告人ヲ死ニ陥ルヽノ目的ヲ以テ僞證ヲ爲シタル時ハ死刑ニ反坐ス其未タ刑ヲ執行セサル前ニ於テ發覺シタル時ハ一等ヲ減ス
第二百二十三條　民事商事又ハ行政裁判ニ關シテ僞證ヲ爲シタル者ハ一月以上一年以下ノ重禁錮ニ處シ五圓以上五十圓以下ノ罰金ヲ附加ス
第二百二十四條　鑑定又ハ通事ノ爲メ裁判所ニ呼出サレタル者詐僞ノ陳述ヲ爲シタル時ハ前數條ニ記載シタル僞證ノ例ニ照シテ處斷ス
第二百二十五條　賄賂其他ノ方法ヲ以テ人ニ囑託シテ僞證又ハ詐僞ノ鑑定通事ヲ爲サシメタル者ハ亦僞證ノ例ニ同シ

意思アリタルトキハ死刑ニ處ス
何レノ場合ニ於テモ被告人死刑ノ執行ヲ受ケサルトキハ各一等ヲ減ス
第百七十條　民事、商事又ハ行政ニ關スル訴訟事件ニ付キ僞證ヲ爲シタル者ハ二月以上二年以下ノ有役禁錮及ヒ五圓以上百圓以下ノ罰金ニ處ス
第百七十一條　裁判所ヨリ鑑定又ハ通辯ヲ命セラレタル者虚僞ノ供述ヲ爲シタルトキハ前數條ニ記載シタル僞證ノ例ニ擬シテ處斷ス
第百七十二條　裁判所ヨリ事實參考人トシテ供述ス可キコトヲ命セラレタル者虚僞ノ供述ヲ爲シタルトキハ前數條ノ刑ニ各一等ヲ減ス
第百七十三條　子孫其父母、祖父母ノ害ト爲ル可キ虚僞ノ供述ヲ爲シタル者ハ各本刑ニ一等ヲ加フ
親屬ノ利益ト爲ル可キ虚僞ノ供述ヲ爲シタル者ハ其罪ヲ宥恕シテ本刑ヲ免ス
自己ノ刑事上訴追セラルルコトヲ恐レ虚僞ノ供述ヲ爲シタル者亦同シ
第百七十四條　賄賂、脅迫、僞計其他ノ方法ヲ以テ證人、鑑定人、通事又ハ事實參考人ヲシテ虚僞ノ供述ヲ爲サシメタル者ハ自ラ虚僞ノ供述ヲ爲シタル者ト同ク論シ前數

第二百二十六條　此節ニ記載シタル罪ヲ犯シタル者其事件ノ裁判宣告ニ至ラサル前ニ於テ自首シタル時ハ本刑ヲ免ス

第十二節　誣告及ヒ誹毀ノ罪

第三百五十五條　不實ノ事ヲ以テ人ヲ誣告シタル者ハ第二百二十條ニ記載シタル僞證ノ例ニ照シテ處斷ス

第三百六十三條　子孫其祖父母父母ニ對シ毆打創傷ノ罪其他監禁脅迫遺棄誣告誹毀ノ罪ヲ犯シタル者ハ各本條ニ記載シタル凡人ノ刑ニ照シ二等ヲ加フ但癈疾ニ致シタル者ハ有期徒刑ニ處シ篤疾ニ致シタル者ハ無期徒刑ニ處シ死ニ致シタル者ハ死刑ニ處ス

第三百五十六條　誣告ヲ爲スト雖モ被告人ノ推問ヲ始メサル前ニ於テ誣告者自首シタル時ハ本刑ヲ免ス

條ノ例ニ照シテ處斷ス

第百七十五條　此節ニ記載シタル罪ヲ犯シタル者其事件ノ判決前自首シタルトキハ本刑ヲ免ス

若シ其事件ノ判決ニ對シ控訴アリタルトキ其控訴ノ判決前自首シタル者亦同シ

第三節　誣告ノ罪

第百七十六條　人ヲ罪ニ陷ルルノ意ヲ以テ不實ノ事ヲ告訴、告發シタル者ハ誣告ノ罪ト爲シ二月以上三年以下ノ有役禁錮及ヒ五圓以上百圓以下ノ罰金ニ處ス

子孫其父母、祖父母ニ對シ本條ノ罪ヲ犯シタル者ハ一等ヲ加フ

第百七十七條　誣告ヲ爲シタル者被害者ニ對シ未タ訴追ノ始マラサル前ニ於テ其告訴、告發ヲ取消シタルトキハ本刑ヲ免ス

第四節　辯護士瀆職ノ罪

第百七十八條　辯護士其對手人若クハ對手人ノ辯護士ト通謀シ其他詐欺ノ方法ヲ以テ依頼者ヲ害ス可キ所爲ヲ行ヒ

第三節　囚徒逃走ノ罪及ヒ罪人ヲ藏匿スル罪

第百四十二條　已決ノ囚徒逃走シタル者ハ一月以上六月以下ノ重禁錮ニ處ス

若シ獄舍獄具ヲ毀壞シ又ハ暴行脅迫ヲ爲シテ逃走シタル者ハ三月以上三年以下ノ重禁錮ニ處ス

第百四十四條　未決ノ囚徒入監中逃走シタル者ハ第百四十二條ノ例ニ同シ但原犯ノ罪ヲ判決スル時ニ於テ數罪倶發ノ例ニ照シテ處斷ス

第百四十五條　囚徒三人以上通謀シテ逃走シタル時ハ第百四十二條ノ例ニ照シ各一等ヲ加フ

第百四十六條　囚徒ヲ逃走セシムル爲メ兇器其他ノ器具ヲ給與シ又ハ逃走ノ方法ヲ指示シタル者ハ三月以上三年以下ノ重禁錮ニ處シ二圓以上二十圓以下ノ罰金ヲ附加ス因テ囚徒ノ逃走ヲ致シタル時ハ一等ヲ加フ

第百四十七條　囚徒ヲ劫奪シ又ハ暴行脅迫ヲ以テ囚徒ノ逃走ヲ助ケタル者ハ一年以上五年以下ノ重禁錮ニ處シ五圓

若クハ對手人ヲ曲庇シタル者ハ二月以上二年以下ノ有役禁錮及ヒ十圓以上百圓以下ノ罰金ニ處ス

第百七十九條　刑事ノ辯護人惡意ヲ以テ被告人ヲ害ス可キ所爲ヲ行ヒタル者ハ二月以上三年以下ノ有役禁錮及ヒ十五圓以上百五十圓以下ノ罰金ニ處ス

若シ重罪事件ノ被告人ニ係ルトキハ一等ヲ加フ

第五節　囚徒逃走ノ罪及ヒ罪人ヲ藏匿スル罪

第百八十條　已決、未決ノ囚徒獄舍、獄具又ハ檻車ヲ毀壞シテ逃走シタル者ハ一月以上一年以下ノ有役禁錮ニ處ス

若シ暴行、脅迫ヲ爲シテ逃走シタル者ハ二月以上二年以下ノ有役禁錮ニ處ス

第百八十一條　囚徒二人以上通謀シテ逃走シタルトキハ前條ノ例ニ照シ各一等ヲ加フ

第百八十二條　囚徒ヲ逃走セシムル爲メ兇器其他ノ器具ヲ給與シ又ハ逃走ノ方法ヲ指示シタル者ハ二月以上二年以下ノ有役禁錮ニ處ス因テ囚徒ノ逃走ヲ致シタルトキハ一等ヲ加フ

第百八十三條　暴行、脅迫ヲ爲シ又ハ獄舍、獄具、檻車ヲ毀壞シテ囚徒ヲ劫奪シ又ハ逃走セシメタル者ハ一年以上

以上五十圓以下ノ罰金ヲ附加ス
若シ重罪ノ刑ニ處セラレタル囚徒ニ係ル時ハ輕懲役ニ處ス

第百五十條　看守又ハ發送者其懈怠ニ因リ囚徒ノ逃走ヲ覺ラサル時ハ二圓以上二十圓以下ノ罰金ニ處ス
若シ重罪ノ刑ニ處セラレタル囚徒ニ係ル時ハ三圓以上三十圓以下ノ罰金ニ處ス

第百四十八條　囚徒ヲ看守シ又ハ護送スル者囚徒ヲ逃走セシメタル時ハ亦前條ノ例ニ同シ

四年以下ノ有役禁錮ニ處ス
若シ左ニ記載シタル情狀アルトキハ一箇毎ニ一等ヲ加フ
一　二人以上ニテ犯シタルトキ
二　兇器ヲ携帶シテ犯シタルトキ

第百八十四條　囚徒ヲ看守シ又ハ護送スル者其懈怠ニ因リ囚徒ノ逃走ヲ致シタルトキハ五圓以上二十圓以下ノ罰金ニ處ス
若シ重罪ノ刑ニ處セラレタル囚徒ニ係ルトキハ一等ヲ加フ

第百八十五條　看守者又ハ護送者囚徒ヲ逃走セシメ又ハ其逃走スルヲ知テ制セサルトキハ左ノ區別ニ從テ處斷ス
一　拘留、禁錮又ハ未決ノ囚徒ニ係ルトキハ二年以上五年以下ノ有役禁錮及ヒ十圓以上百圓以下ノ罰金ニ處ス
二　重罪ノ刑ニ處セラレタル囚徒ニ係ルトキハ三等有期懲役ニ處ス
若シ獄舍、獄具、檻車ヲ毀壞シ又ハ暴行、脅迫ヲ爲シ若クハ是等ノ所爲ヲ助ケテ囚徒ヲ逃走セシメタルトキハ各一等ヲ加フ

第百八十六條　看守者又ハ護送者囚徒ヲ逃走セシムル爲メ兇器其他ノ器具ヲ給與シ又ハ逃走ノ方法ヲ指示シタルトキハ前條ノ例ニ照シ各一等ヲ減ス

第百八十七條　監視ニ付セラレ或場所ニ居住スルコトヲ禁

第百五十一條　犯罪人又ハ逃走ノ囚徒及ヒ監視ニ付セラレタル者ナルヿヲ知テ之ヲ藏匿シ若クハ隱避セシメタル者ハ十一日以上一年以下ノ輕禁錮ニ處シ二圓以上二十圓以下ノ罰金ヲ附加ス若シ重罪ノ刑ニ處セラレタル囚徒ニ係ル時ハ一等ヲ加フ

第百五十二條　他人ノ罪ヲ免カレシメンヿヲ圖リ其罪證ト爲ル可キ物件ヲ隱蔽シタル者ハ十一日以上六月以下ノ輕禁錮ニ處シ二圓以上二十圓以下ノ罰金ヲ附加ス

第百五十三條　前二條ノ罪ヲ犯シタル者犯人ノ親屬ニ係ル時ハ其罪ヲ論セス

第百四十九條　前數條ニ記載シタル輕罪ヲ犯サントシテ未タ遂ケサル者ハ未遂犯罪ノ例ニ照シテ處斷ス

第九章　官吏瀆職ノ罪

第二節　官吏人民ニ對スル罪

第二百七十六條　官吏擅ニ威權ヲ用ヒ人ヲシテ其權利ナキ事ヲ行ハシメ又ハ其爲ス可キ權利ヲ妨害シタル者ハ十一日以上二月以下ノ輕禁錮ニ處シ二圓以上二十圓以下ノ罰金ヲ附加ス

セラレタル者其禁ヲ犯シタルトキハ十一日以上二月以下ノ有役禁錮ニ處ス特別監視ニ付セラレタル者其規則ニ背キタルトキ亦同シ

第百八十八條　逃走ノ囚徒又ハ追捕中ノ被告人ナルコトヲ知テ之ヲ藏匿シ若クハ其隱避ヲ助ケタル者ハ十一日以上一年以下ノ有役禁錮若クハ無役禁錮及ヒ五圓以上三十圓以下ノ罰金ニ處ス

第百八十九條　他人ノ罪ヲ免カレシメンコトヲ圖リ罪證ト爲ル可キ物件ヲ隱蔽、毀棄シ又ハ其性質、形狀ヲ變更シタル者ハ十一日以上六月以下ノ有役禁錮及ヒ五圓以上二十圓以下ノ罰金ニ處ス

第百九十條　前二條ノ罪ヲ犯シタル者犯人又ハ被告人ノ親屬ニ係ルトキハ其罪ヲ宥恕シテ本刑ヲ免ス

第百九十一條　此節ニ記載シタル輕罪ノ未遂犯ハ之ヲ罰ス

第七章　官吏、公吏瀆職ノ罪

第一節　官吏、公吏人民ニ對スル罪

第百九十二條　官吏、公吏其職權ヲ濫用シ人ヲシテ其義務ナキコトヲ行ハシメ又ハ其權利ノ執行ヲ妨害シタル者ハ十一日以上六月以下ノ無役禁錮又ハ五圓以上五十圓以下ノ罰金ニ處ス

第二百七十八條　逮捕官吏法律ニ定メタル程式規則ヲ遵守セスシテ人ヲ逮捕シ又ハ不正ニ人ヲ監禁シタル者ハ十五日以上三月以下ノ重禁錮ニ處シ二圓以上二十圓以下ノ罰金ヲ附加ス但監禁日數十日ヲ過クル毎ニ一等ヲ加フ

第二百七十九條　司獄官吏程式規則ヲ遵守セスシテ囚人ヲ監禁シ若クハ囚人ヲ出獄セシム可キノ時ニ至リ之ヲ放免セサル者ハ亦前條ノ例ニ同シ

第二百七十九條　司獄官吏程式規則ヲ遵守セスシテ囚人ヲ監禁シ若クハ囚人ヲ出獄セシム可キノ時ニ至リ之ヲ放免セサル者ハ亦前條ノ例ニ同シ

第百九十三條　官吏、公吏法律ニ定メタル條件若クハ程式ヲ遵守セスシテ人ノ家宅ニ侵入シ又ハ其身體、財産ニ付キ捜索ヲ爲シタル者ハ一月以上一年以下ノ無役禁錮又ハ十圓以上百圓以下ノ罰金ニ處ス

第百九十四條　判事、檢事及ヒ司法、行政警察ノ官吏、公吏其職權ヲ濫用シ法律ニ定メタル場合ノ外ニ於テ信書ノ秘密ヲ侵シタル者ハ一月以上一年以下ノ無役禁錮ニ處ス

第百九十五條　判事、檢事及ヒ司法警察ノ官吏、公吏法律ニ定メタル條件若クハ程式ヲ遵守セスシテ人ヲ逮捕、監禁セシメ若クハ逮捕、監禁シタル者ハ一月以上一年以下ノ無役禁錮ニ處ス

第百九十六條　司獄官吏裁判宣告書、令狀若クハ其他正式ノ逮捕命令書ヲ提出セシメスシテ囚人ヲ領取勾留シタル者ハ一月以上一年以下ノ無役禁錮ニ處ス

司獄官吏懈怠ニ因リ出獄セシム可キ時期ヲ經過シテ囚人ヲ出獄セシメサル者亦同シ

第百九十七條　司法、行政警察ノ官吏、公吏、獄舍又ハ私家ニ不法ノ監禁アルコトヲ知テ之ヲ檢査セサル者又ハ檢査スト雖モ之ヲ停止セシメス若クハ管轄官吏ニ報告セサル者ハ十一日以上三月以下ノ無役禁錮ニ處ス

第百九十八條　判事、檢事及ヒ司法警察ノ官吏、公吏勾留ヲ受ク可カラサル人ナルコトヲ知テ之ヲ逮捕、監禁セシ

第二百八十條　前二條ニ記載シタル官吏又ハ護送者囚人ニ對シ飲食衣服ヲ屏去シ其他苛刻ノ所爲ヲ施シタル者ハ三月以上三年以下ノ重禁錮ニ處シ四圓以上四十圓以下ノ罰金ヲ附加ス因テ囚人ヲ死傷ニ致シタル時ハ毆打創傷ノ各本條ニ照シ一等ヲ加ヘ重キニ從テ處斷ス

第二百八十二條　裁判官檢事及ヒ警察官吏被告人ニ對シ罪狀ヲ陳述セシムル爲メ暴行ヲ加ヘ又ハ陵虐ノ所爲アル者ハ四月以上四年以下ノ重禁錮ニ處シ五圓以上五十圓以下ノ罰金ヲ附加ス

因テ被告人ヲ死傷ニ致シタル時ハ毆打創傷ノ各本條ニ照シ一等ヲ加ヘ重キニ從テ處斷ス

〔第二百八十條第二項〕　因テ囚人ヲ死傷ニ致シタル時ハ毆打創傷ノ各本條ニ照シ一等ヲ加ヘ重キニ從テ處斷ス

〔第二百八十二條第二項〕　因テ被告人ヲ死傷ニ致シタル時ハ毆打創傷ノ各本條ニ照シ一等ヲ加ヘ重キニ從テ處斷ス

第二百八十三條　裁判官檢察官故ナクシテ刑事ノ訴ヲ受理セス又ハ遷延シテ審理セサル者ハ十五日以上三月以下ノ輕禁錮ニ處シ五圓以上五十圓以下ノ罰金ヲ附加ス其民事

メ若クハ逮捕、監禁シタル者ハ二月以上二年以下ノ有役禁錮ニ處ス

司獄官吏解放セラル可キ囚人ヲ故ラニ解放セサル者亦同シ

第百九十九條　司法警察ノ官吏、公吏、司獄官吏及ヒ囚人ノ護送者囚人ニ對シ必需ノ飲食、衣服ヲ屏去シ又ハ暴行ヲ加ヘ若クハ陵虐ノ所遇ヲ爲シタル者ハ三月以上三年以下ノ有役禁錮ニ處ス

第二百條　判事、檢事及ヒ司法警察ノ官吏、公吏被告人ニ對シ強テ自白ヲ爲サシムル爲メ暴行ヲ加ヘ又ハ凌虐ノ所遇ヲ爲シタル者ハ四月以上四年以下ノ有役禁錮ニ處ス

第二百一條　前二條ノ罪ヲ犯シ因テ囚人又ハ被告人ヲ疾病、死傷ニ致シタルトキハ毆打創傷ノ各本條ニ照シ重キニ從テ處斷ス

第二百二條　判事訴訟事件ヲ審理、判決セサルニ因リ監督官ノ督促ヲ受ケ其定メタル期限内ニ正當ノ事由ナクシテ判決ヲ與フルコトヲ拒ミタル者ハ十一日以上三月以下ノ

ノ訴ニ係ル者亦同シ

第二百八十四條　官吏人ノ囑託ヲ受ケ賄賂ヲ收受シ又ハ之ヲ聽許シタル者ハ一月以上一年以下ノ重禁錮ニ處シ四圓以上四十圓以下ノ罰金ヲ附加ス

因テ不正ノ處分ヲ爲シタル時ハ一等ヲ加フ

第二百八十五條　裁判官民事ノ裁判ニ關シテ賄賂ヲ收受シ又ハ之ヲ聽許シタル者ハ二月以上二年以下ノ重禁錮ニ處シ五圓以上五十圓以下ノ罰金ヲ附加ス

因テ不正ノ裁判ヲ爲シタル時ハ一等ヲ加フ

〔第二百八十六條第三項〕　其被告人ヲ陷害シタル者ハ二年以上五年以下ノ重禁錮ニ處シ二十圓以上二百圓以下ノ罰金ヲ附加ス若シ枉斷シタル所ノ刑此刑ヨリ重キ時ハ第二百二十一條第二百二十二條ノ例ニ照シテ反坐ス

無役禁錮ニ處ス

第二百三條　官吏、公吏、議員、仲裁人其職務ニ關シ又ハ其所屬吏員ノ職務ニ關シ賄賂ノ目的ヲ以テ贈與若クハ提供セラレタル金額、物件、約束其他ノ利益ヲ直接、間接ニ收受シ又ハ之ヲ聽許シタル者ハ一月以上一年以下ノ有役禁錮及ヒ十圓以上百圓以下ノ罰金ニ處ス其直接、間接ニ贈賄者ヲ挑唆シテ賄賂ヲ收受、聽許シタル者ハ二月以上一年六月以下ノ有役禁錮及ヒ二十圓以上二百圓以下ノ罰金ニ處ス

賄賂ヲ收受、聽許シ因テ不正ノ所爲ヲ行ヒ又ハ相當ノ所爲ヲ行ハサル者ハ各一等又ハ二等ヲ加フ

第二百四條　判事賄賂ヲ收受、聽許シテ不正ノ裁判ヲ爲シタル者ハ四月以上三年以下ノ有役禁錮及ヒ三十圓以上三百圓以下ノ罰金ニ處ス

若シ刑事ノ本案ニ付キ被告人ニ不利益ナル不正ノ裁判ヲ爲シタルトキハ二年以上五年以下ノ有役禁錮及ヒ四十圓以上四百圓以下ノ罰金ニ處ス被告人ノ受ケタル刑此刑ヨリ重キトキハ三等有期懲役ニ處シ被告人死刑ニ處セラレタルトキハ第百六十九條ノ例ニ從フ

第二百五條　賄賂ヲ贈與、提供シ因テ官吏、公吏、議員若クハ仲裁人ヲシテ不正ノ所爲ヲ行ハシメ若クハ相當ノ所爲ヲ行ハシメス又ハ不正ノ裁判ヲ爲サシメタル者ハ其官

第二百八十八條　前數條ニ記載シタル賄賂已ニ收受シタル者ハ之ヲ沒收シ費用シタル者ハ其價ヲ追徵ス

第二百八十七條　裁判官検事警察官吏賄賂ヲ收受聽許セスト雖モ情ニ徇カヒ又ハ怨ヲ挾サミ被告人ヲ曲庇陷害シタル者ハ亦前條ノ例ニ同シ

第三節　官吏財產ニ對スル罪

第二百八十九條　官吏自ラ監守スル所ノ金穀物件ヲ竊取シタル者ハ輕懲役ニ處ス

因テ官ノ文書簿册ヲ增減變換シ又ハ毀棄シタル時ハ第二百五條ノ例ニ照シテ處斷ス

第二百九十條　租稅其他諸般ノ入額ヲ徵收スル官吏正數外ノ金穀ヲ徵收シタル者ハ二月以上四年以下ノ重禁錮ニ處シ五圓以上五十圓以下ノ罰金ヲ附加ス

第二百九十一條　此節ニ記載シタル罪ヲ犯シ輕罪ノ刑ニ處スル者ハ六月以上二年以下ノ監視ニ付ス

吏、公吏、議員、仲裁人ト同一ノ刑ニ處ス

第二百六條　前數條ニ記載シタル賄賂已ニ收受シタルモノハ之ヲ沒收シ消費シタルモノハ其價ヲ追徵ス

第二百七條　官吏、公吏、議員、仲裁人賄賂ヲ收受、聽許セスト雖モ情ニ徇ヒ又ハ怨ヲ挾ミ不正ノ所爲ヲ行ヒ若クハ相當ノ所爲ヲ行ハス又ハ不正ノ裁判ヲ爲シタル者ハ第二百三條及ヒ第二百四條ノ例ニ從フ

第二節　官吏、公吏財產ニ對スル罪

第二百八條　官吏、公吏其職務ニ因リ自ラ監守スル所ノ金穀、物件ヲ竊取シタル者ハ二年以上五年以下ノ有役禁錮及ヒ十圓以上百圓以下ノ罰金ニ處ス

第二百九條　官吏、公吏其職務ヲ以テ契約若クハ糶賣ヲ爲シ又ハ工事若クハ供給ヲ監督シ其他官有、公有財產ニ關スル事務ヲ行フニ當リ其事務ニ付キ不正ノ利益ヲ得タル者ハ十一日以上六月以下ノ有役禁錮及ヒ十圓以上百圓以下ノ罰金ニ處ス其得タル利益ハ第二百六條ノ例ニ從フ

第二百十條　租稅其他諸般ノ入額ヲ徵收スル官吏、公吏自己ヲ利スル爲メ正數外ノ金穀ヲ徵收シタル者ハ二月以上二年以下ノ有役禁錮及ヒ十圓以上百圓以下ノ罰金ニ處ス

第二百十一條　此節ニ記載シタル罪ノ未遂犯ハ之ヲ罰ス

第四章　信用ヲ害スル罪

第一節　貨幣ヲ僞造スル罪

第百八十二條　內國通用ノ金銀貨及ヒ紙幣ヲ僞造シテ行使シタル者ハ無期徒刑ニ處ス

若シ變造シテ行使シタル者ハ輕懲役ニ處ス

第百八十三條　內國ニ於テ通用スル外國ノ金銀貨ヲ僞造シテ行使シタル者ハ有期徒刑ニ處ス

若シ變造シテ行使シタル者ハ二年以上五年以下ノ重禁錮ニ處ス

第百八十二條　內國通用ノ金銀貨及ヒ紙幣ヲ僞造シテ行使シタル者ハ無期徒刑ニ處ス

若シ變造シテ行使シタル者ハ輕懲役ニ處ス

第百八十四條　官許ヲ得テ發行スル銀行ノ紙幣ヲ僞造シ若クハ變造シテ行使シタル者ハ內外國ノ區別ニ從ヒ前二條ノ例ニ照シテ處斷ス

第百八十五條　內國通用ノ銅貨ヲ僞造シテ行使シタル者ハ輕懲役ニ處ス

若シ變造シテ行使シタル者ハ一年以上三年以下ノ重禁錮ニ處ス

第百八十六條　前數條ニ記載シタル貨幣ノ僞造變造已ニ成テ未タ行使セサル者ハ各本刑ニ照シ一等ヲ減シ其未タ成ラサル者ハ二等ヲ減ス

第八章　信用ヲ害スル罪

第一節　貨幣ヲ僞造スル罪

第二百十二條　內國ニ於テ適法ノ通用ヲ爲ス內外國ノ金銀貨ヲ僞造シテ使用シタル者ハ一等有期懲役ニ處ス

若シ其量目ヲ減シ又ハ命價ヲ增シテ之ヲ變造シ使用シタル者ハ三等有期懲役ニ處ス

第二百十三條　政府ニ於テ發行スル紙幣若クハ紙幣ニ準スル證券又ハ官許ヲ得テ發行スル內外國銀行ノ紙幣若クハ紙幣ニ準スル內外國銀行ノ證券ヲ僞造、變造シテ使用シタル者ハ前條ノ例ニ照シテ處斷ス

第二百十四條　內國ニ於テ適法ノ通用ヲ爲ス內外國ノ銅貨若クハ白銅貨ヲ僞造、變造シテ使用シタル者ハ一年以上五年以下ノ有役禁錮及ヒ十圓以上百圓以下ノ罰金ニ處ス

第二百十五條　前數條ニ記載シタル貨幣、證券ヲ僞造、變造シテ之ヲ使用セサル者及ヒ其僞造、變造ニ與セスシテ之ヲ使用シタル者ハ前數條ノ例ニ照シ各二等ヲ減ス

第百九十條　僞造變造ノ情ヲ知テ其貨幣ヲ取受シ之ヲ行使シタル者ハ僞造變造シテ行使シタル者ノ刑ニ照シ各二等ヲ減ス

其未タ行使セサル者ハ各三等ヲ減ス

第百八十九條　僞造變造ノ貨幣ヲ内國ニ輸入シタル者ハ僞造變造ノ刑ニ同シ

第百八十六條　前數條ニ記載シタル貨幣ノ僞造變造已ニ成テ未タ行使セサル者ハ各本刑ニ照シ一等ヲ減シ其未タ成ラサル者ハ二等ヲ減ス

若シ僞造ノ器械ヲ豫備シテ未タ着手セサル者ハ各三等ヲ減ス

第百九十一條　前數條ニ記載シタル罪ヲ犯シ輕罪ノ刑ニ處スル者ハ六月以上二年以下ノ監視ニ付ス

第百九十二條　貨幣ヲ僞造變造シ及ヒ輸入取受シタル者未タ行使セサル前ニ於テ官ニ自首シタル時ハ本刑ヲ免シ六月以上三年以下ノ監視ニ付ス

若シ職工雜役及ヒ房屋ヲ給與シタル者未タ行使セサル前ニ於テ自首シタル時ハ本刑ヲ免ス

第百九十三條　貨幣ヲ取受スルノ後ニ於テ僞造又ハ變造ナルヿヲ知リ之ヲ行使シタル者ハ其價額二倍ノ罰金ニ處ス

但其罰金ハ二圓以下ニ降スヿヲ得ス

第二百十六條　僞造、變造ノ貨幣、證券ヲ内國ニ輸入シ又ハ之ヲ使用シタル者ハ内國ニ於テ貨幣、證券ヲ僞造、變造シ又ハ之ヲ使用シタル者ト同ク論ス

第二百十七條　前數條ニ記載シタル罪ヲ犯サントシテ未タ遂ケサル者ハ已ニ遂ケタル者ノ刑ニ照シ各一等ヲ減ス

僞造、變造ノ豫備ヲ爲スニ止マリ未タ著手セサル者ハ僞造、變造ノ刑ニ三等ヲ減ス

第二百十八條　前數條ニ記載シタル罪ヲ犯シタル者ハ監視ニ付スルコトヲ得

第二百十九條　貨幣、證券ヲ僞造、變造シ又ハ輸入シタル者未タ之ヲ使用セサル前ニ於テ自首シタルトキハ本刑ヲ免シ一年以上三年以下ノ監視ニ付ス

第二百二十條　内外國ノ貨幣、證券ヲ取受スルノ後ニ於テ僞造又ハ變造ナルコトヲ知リ之ヲ使用シタル者ハ五圓以上百圓以下ノ罰金ニ處ス

第二節　官印ヲ僞造スル罪

第百九十四條　御璽國璽ヲ僞造シ又ハ其僞璽ヲ使用シタル者ハ無期徒刑ニ處ス

第百九十六條　産物商品等ニ押用スル官ノ記號印章ヲ僞造シ又ハ其僞印ヲ使用シタル者ハ輕懲役ニ處ス

書籍什物等ニ押用スル官ノ記號印章ヲ僞造シ又ハ其僞印ヲ使用シタル者ハ一年以上三年以下ノ重禁錮ニ處ス

第百九十八條　官ヨリ發行スル各種ノ印紙界紙及ヒ郵便切手ヲ僞造變造シ又ハ其情ヲ知テ之ヲ使用シタル者ハ一年以上五年以下ノ重禁錮ニ處シ五圓以上五十圓以下ノ罰金ヲ附加ス

第二節　御璽、國璽及ヒ官署、公署ノ記號ヲ僞造スル罪

第二百二十一條　御璽、國璽又ハ其影蹟ヲ僞造シタル者又ハ其印影アル文書ヲ使用シタル者ハ無期懲役ニ處ス御璽、國璽ヲ不正ニ押捺シタル者又ハ其印影アル文書ヲ使用シタル者ハ一等有期懲役ニ處ス

第二百二十二條　法律、規則ニ從ヒ船車、量衡等ニ押用スル官署、公署ノ記號、極印ヲ僞造シテ其物品ニ押捺シ又ハ記號、極印ノ影蹟ヲ僞造シタル者ハ一年以上四年以下ノ有役禁錮及ヒ五圓以上五十圓以下ノ罰金ニ處ス

僞造シテ押捺セサル者又ハ單ニ不正ノ押捺ヲ爲シタル者又ハ一ノ物品ヨリ他ノ品物ニ印影ヲ移シタル者ハ一等ヲ減ス

第二百二十三條　官ヨリ發行スル各種ノ印紙、手形用紙、郵便切手、封皮、葉書、帯紙ヲ僞造、變造シテ之ヲ販賣シ販賣ニ供シ又ハ使用シタル者ハ一年以上五年以下ノ有役禁錮及ヒ五圓以上五十圓以下ノ罰金ニ處ス其僞造シテ販賣、使用セサル者及ヒ僞造ニ與セスシテ販賣、使用シタル者ハ六月以上三年以下ノ有役禁錮及ヒ五圓以上三十圓以下ノ罰金ニ處ス

第二百二十四條　郵便聯合條約國政府ノ發行スル郵便切手、封皮、葉書、帯紙ヲ僞造、變造シ又ハ其僞造、變造ニ係ルモノヲ販賣、使用シタル者ハ前條ノ例ニ照シ各一

第二百條　此節ニ記載シタル輕罪ヲ犯サントシテ未タ遂ケサル者ハ未遂犯罪ノ例ニ照シテ處斷ス

第三節　官ノ文書ヲ僞造スル罪

第二百二條　詔書日ヲ僞造一シ又ハ增減變換シタル者ハ無期徒刑ニ處ス

其詔書ヲ毀棄シタル者亦同シ

第二百三條　官ノ文書ヲ僞造シ又ハ增減變換シテ行使シタル者ハ輕懲役ニ處ス

其官ノ文書ヲ毀棄シタル者亦同シ

第二百十條　賣賣貸借贈遺交換其他權利義務ニ關スル證書ヲ僞造シ又ハ增減變換シテ行使シタル者ハ四月以上四年以下ノ重禁錮ニ處シ四圓以上四十圓以下ノ罰金ヲ附加ス

其餘ノ私書ヲ僞造シ又ハ增減變換シテ行使シタル者ハ一月以上一年以下ノ重禁錮ニ處シ二圓以上二十圓以下ノ罰金ヲ附加ス

第二百四條　公債證書地劵其他官吏ノ公證シタル文書ヲ僞造シ又ハ增減變換シテ行使シタル者ハ輕懲役ニ處ス

若シ無記名ノ公債證書ニ係ル時ハ一等ヲ加フ

第二百九條　爲替手形其他裏書ヲ以テ賣買ス可キ證書若ク

等ヲ減ス

第二百二十五條　此節ニ記載シタル輕罪ノ未遂犯ハ之ヲ罰ス

第三節　文書ヲ僞造スル罪

第二百二十六條　他人ヲ害シ又ハ自己若クハ他人ヲ利スルノ意ヲ以テ公私ノ文書、帳簿、切符ヲ僞造シ又ハ變造シテ公私ノ害ヲ生シ得ヘカラシメタル者ハ二月以上五年以下ノ有役禁錮及ヒ五圓以上百圓以下ノ罰金ニ處ス

第二百二十七條　左ニ記載シタル文書、帳簿ヲ僞造シ又ハ變造シタル者ハ三等有期懲役ニ處ス

一　判決書及ヒ裁判上ノ調書、始末書

二　身分證書其他人ノ權利ヲ證明スル公ノ文書、帳簿

三　公債證書及ヒ其利札

四　株式會社ノ株劵

ハ金額ト交換ス可キ約定手形ヲ僞造シ又ハ増減變換シテ行使シタル者ハ輕懲役ニ處ス

其手形證書ニ詐僞ノ裏書ヲ爲シテ行使シタル者亦同シ

第二百五條　官吏其管掌ニ係ル文書ヲ僞造シ又ハ増減變換シテ行使シタル者ハ前二條ノ例ニ照シ各一等ヲ加フ其文書ヲ毀棄シタル者亦同シ

第二百三條　官ノ文書ヲ僞造シ又ハ増減變換シテ行使シタル者ハ輕懲役ニ處ス

其官ノ文書ヲ毀棄シタル者亦同シ

第二百五條　官吏其管掌ニ係ル文書ヲ僞造シ又ハ増減變換シテ行使シタル者ハ前二條ノ例ニ照シ各一等ヲ加フ其文書ヲ毀棄シタル者亦同シ

第二百十四條　屬籍身分氏名ヲ詐稱シ其他詐僞ノ所爲ヲ以テ免狀鑑札ヲ受ケタル者ハ十五日以上六月以下ノ重禁錮ニ處シ二圓以上二十圓以下ノ罰金ヲ附加ス

官吏情ヲ知テ其免狀鑑札ヲ下付シタル者ハ一等ヲ加フ

第二百十五條　公務ヲ免カル可キ爲メ醫師ノ氏名ヲ用ヒ疾病ノ證書ヲ僞造シテ行使シタル者ハ自己ノ爲メニシ他人ノ爲メニスルヲ分タス一月以上一年以下ノ重禁錮ニ處シ三圓以上三十圓以下ノ罰金ヲ附加ス

醫師囑託ヲ受ケテ其詐僞ノ證書ヲ造リタル者ハ一等ヲ加

五　爲替手形、約束手形、小切手、船荷證書、倉荷證書其他ノ信用證券

第二百二十八條　官吏、公吏其職務ヲ以テ作ル可キ文書、帳簿ヲ僞造シ又ハ變造シタル者ハ前二條ノ例ニ照シ各一等ヲ加フ

第二百二十九條　官吏、公吏其職務ヲ以テ第二百二十七條第二號ニ記載シタル文書、帳簿ヲ作ルニ當リ陳述人又ハ出席人トシテ之ニ關係スル者他人ヲ害シ又ハ自己若クハ他人ヲ利スルノ意ヲ以テ詐僞ノ申告ヲ爲シ公私ノ害ヲ生シ得ヘキ記載ヲ爲サシメ若クハ増減、變換ヲ爲サシメタル者ハ二年以上五年以下ノ有役禁錮及ヒ十圓以上百圓以下ノ罰金ニ處ス

第二百三十條　屬籍、身分、氏名ヲ詐稱シ其他詐僞ノ所爲ヲ以テ官署、公署ノ免狀、鑑札、證明書又ハ疾病其他ノ事項ヲ證明スル醫師ノ證明書ヲ受ケタル者ハ十一日以上六月以下ノ有役禁錮及ヒ五圓以上二十圓以下ノ罰金ニ處ス

官吏、公吏、醫師情ヲ知テ免狀、鑑札又ハ證明書ヲ付與シタル者ハ一等ヲ加フ

フ

第二百四條　公債證書地劵其他官吏ノ公證シタル文書ヲ僞造シ又ハ增減變換シテ行使シタル者ハ輕懲役ニ處ス若シ無記名ノ公債證書ニ係ル時ハ一等ヲ加フ

第二百五條　官吏其管掌ニ係ル文書ヲ僞造シ又ハ增減變換シテ行使シタル者ハ前二條ノ例ニ照シ各一等ヲ加フ其文書ヲ毀棄シタル者亦同シ

第二百九條　爲替手形其他裏書ヲ以テ賣買ス可キ證書若クハ金額ト交換ス可キ約定手形ヲ僞造シ又ハ增減變換シテ行使シタル者ハ輕懲役ニ處ス

其手形證書ニ詐僞ノ裏書ヲ爲シテ行使シタル者亦同シ

第二百十條　賣賣貸借贈遺交換其他權利義務ニ關スル證書ヲ僞造シ又ハ增減變換シテ行使シタル者ハ四月以上四年以下ノ重禁錮ニ處シ四圓以上四十圓以下ノ罰金ヲ附加ス

其餘ノ私書ヲ僞造シ又ハ增減變換シテ行使シタル者ハ一月以上一年以下ノ重禁錮ニ處シ二圓以上二十圓以下ノ罰金ヲ附加ス

第二百十五條　公務ヲ免カル可キ爲メ醫師ノ氏名ヲ用ヒ疾病ノ證書ヲ僞造シテ行使シタル者ハ自己ノ爲メニシ他人ノ爲メニスルヲ分タス一月以上一年以下ノ重禁錮ニ處シ三圓以上三十圓以下ノ罰金ヲ附加ス

醫師囑託ヲ受ケテ其詐僞ノ證書ヲ造リタル者ハ一等ヲ加

第二百三十一條　前數條ニ記載シタル罪ヲ犯シ其僞造、變造ニ係ル文書、帳簿、切符ヲ使用シタル者ハ各本刑ニ一等ヲ加フ

僞造、變造ニ與セスシテ之ヲ使用シタル者ハ僞造、變造シタル者ノ刑ニ同シ

フ

第二百十一條　此節ニ記載シタル輕罪ヲ犯サントシテ未タ遂ケサル者ハ未遂犯罪ノ例ニ照シテ處斷ス

第百三十六條　兇徒多衆ヲ嘯聚シテ暴動ヲ謀リ官吏ノ説諭ヲ受クルト雖モ仍ホ解散セサル者首魁及ヒ教唆者ハ三月以上三年以下ノ重禁錮ニ處ス附和隨行シタル者ハ二圓以上五圓以下ノ罰金ニ處ス

第百三十七條　兇徒多衆ヲ嘯聚シテ官廳ニ喧鬧シ官吏ニ強逼シ又ハ村市ヲ騷擾シ其他暴動ヲ爲シタル者首魁及ヒ教唆者ハ重懲役ニ處ス其嘯聚ニ應シ煽動シテ勢ヲ助ケタル者ハ輕懲役ニ處シ其情輕キ者ハ一等ヲ減ス附和隨行シタル者ハ二圓以上二十圓以下ノ罰金ニ處ス

第百三十八條　暴動ノ際人ヲ殺死シ若クハ家屋船舶倉庫等ヲ燒燬シタル時ハ現ニ手ヲ下シ及ヒ火ヲ放ツ者ヲ死刑ニ處ス

首魁及ヒ教唆者情ヲ知テ制セサル者亦同シ

第七節　放火失火ノ罪

第四百二條　火ヲ放テ人ノ住居シタル家屋ヲ燒燬シタル者ハ死刑ニ處ス

第四百五條　火ヲ放テ人ヲ乘載シタル船舶汽車ヲ燒燬シタ

第二百三十二條　此節ニ記載シタル輕罪ノ未遂犯ハ之ヲ罰ス

第九章　靜謐ヲ害スル罪

第一節　暴動ノ罪

第二百三十三條　人ヲ殺傷、脅迫シ又ハ公私ノ財産ヲ毀壞、奪掠スルノ目的ヲ以テ多衆集合シ暴動ヲ爲シタル者ハ兇器ヲ携帶スルト否トヲ分タス六月以上五年以下ノ有役禁錮又ハ五圓以上五十圓以下ノ罰金ニ處ス

其首魁及ヒ煽動者ハ三等有期懲役ニ處ス

第二百三十四條　前條ノ場合ニ放テ殺傷、脅迫、毀壞又ハ奪掠ノ所爲アリタルトキハ其下手者及ヒ首魁、煽動者ハ各本條ニ照シ重キニ從テ處斷ス

第二節　放火、失火ノ罪

第二百三十五條　火ヲ放テ家宅ヲ燒燬シタル者ハ其家宅自己ノ所有ニ屬スルトキト雖モ無期懲役ニ處ス

火ヲ放テ人ヲ乘載シタル氣車ヲ燒燬シタル者亦同シ

ル者ハ死刑ニ處ス
其人ヲ乗載セサル船舶汽車ニ係ル時ハ重懲役ニ處ス
第四百三條　火ヲ放テ人ノ住居セサル家屋其他ノ建造物ヲ燒燬シタル者ハ無期徒刑ニ處ス
第四百六條　火ヲ放テ山林ノ竹木田野ノ穀麥又ハ露積シタル柴草竹木其他ノ物件ヲ燒燬シタル者ハ輕懲役ニ處ス
第四百八條　放火ノ罪ヲ犯シ輕罪ノ刑ニ處スル者ハ六月以上二年以下ノ監視ニ付ス
第四百七條　火ヲ放テ自己ノ家屋ヲ燒燬シタル者ハ二月以上二年以下ノ重禁錮ニ處ス

社寺、劇場其他公私ノ集會ニ供スル建造物ニシテ現ニ人ノ集會スルトキ及ヒ鑛坑、工場其他人ノ住居ニ供セサル建造物ト雖モ犯人放火ノ際人ノ現在スルコトヲ豫知シ得ヘキトキハ家宅ヲ以テ論ス
第二百三十六條　人ノ住居、現在セサル他人ノ家屋、船舶其他ノ建造物ニ火ヲ放テ燒燬シタル者ハ一等乃至三等ノ有期懲役ニ處ス
第二百三十七條　他人ノ所有ニ屬スル山林、田野又ハ露積シタル竹木、柴草其他ノ物件ニ火ヲ放テ燒燬シタル者ハ三等有期懲役ニ處ス
第二百三十八條　前數條ノ罪ヲ犯シタル者ハ監視ニ付スルコトヲ得
第二百三十九條　自己ノ所有ニ屬スル家屋、船舶、建造物及ヒ第二百三十七條ニ記載シタル物件ニ火ヲ放テ燒燬シタル者ハ其放火ノ爲メ衆人ノ危難ヲ生シ得ヘキトキハ二月以上二年以下ノ有役禁錮ニ處ス
第二百四十條　自己ノ所有ニ屬スト雖モ裁判所ヨリ差押ヘラレ又ハ抵當ト爲シ其他他人ノ爲メニ物權ヲ設定シ又ハ火災保險ニ付シタル物件ハ他人ノ所有ニ屬スルモノト同ク論ス
第二百四十一條　一箇ノ物件ニ火ヲ放チ因テ更ニ重刑ニ處ス可キ他ノ物件ニ延燒シ犯人之ヲ豫知ス得ヘキトキハ其

第四百九條　火ヲ失シテ人ノ家屋財産ヲ燒燬シタル者ハ二圓以上二十圓以下ノ罰金ニ處ス

第四百十條　火藥其他激發ス可キ物品ハ煤氣井蒸氣罐ヲ破裂セシメテ人ノ家屋財産ヲ毀壞シタル者ハ其故意ニ出ルト過失トヲ分チ放火失火ノ例ニ照シテ處斷ス

第八節　決水ノ罪

第四百十一條　堤防ヲ決潰シ又ハ水閘ヲ毀壞シテ人ノ住居シタル家屋ヲ漂失シタル者ハ無期徒刑ニ處ス

若シ人ノ住居セサル家屋其他ノ建造物ヲ漂失シタル者ハ重懲役ニ處ス

第四百十二條　堤防ヲ決潰シ水閘ヲ毀壞シテ田圃礦坑牧場等ヲ荒廢シタル者ハ輕懲役ニ處ス

第四百十三條　他人ノ便益ヲ損シ又ハ自己ノ便益ヲ圖ル爲メ堤防ヲ決潰シ水閘ヲ毀壞シ其他水利ヲ妨害シタル者ハ

重キニ從テ處斷ス

第二百四十二條　前數條ノ罪ヲ犯シ因テ人ヲ疾病、死傷ニ致シタルトキハ毆打創傷ノ各本條ニ擬シ一等ヲ加ヘ重キニ從テ處斷ス若シ犯人其人ノ現在スルコトヲ知リ又ハ知リ得ヘキ場合ニ於テ死ニ致シタルトキハ死刑ニ處ス

第二百四十三條　疎虞、懈怠ノ爲メ又ハ規則、慣習ヲ遵守セサルニ因リ火ヲ失シテ他人ノ財産ニ損害ヲ及ホシタル者ハ十一日以上二月以下ノ無役禁錮又ハ五圓以上五十圓以下ノ罰金ニ處ス

第二百四十四條　蒸滊機關又ハ瓦斯其他激發ス可キ物品ヲ破裂セシメテ家屋、船舶、建造物及ヒ第二百三十七條ニ記載シタル物件ヲ毀壞シタル者ハ放火、失火ノ例ニ擬シテ處斷ス

第三節　決水ノ罪

第二百四十五條　他人ヲ害スルノ意ニ出テ若クハ他人ノ害ト爲ル可キコトヲ知リ人工若クハ天然ノ堤防ヲ決潰シ水閘ヲ毀壞シ其他水利ヲ防害シテ溢水ヲ致シタル者ハ二年以上五年以下ノ有役禁錮ニ處ス

因テ家屋、建造物、山林、田野又ハ其他ノ物件ニ損害ヲ加ヘ又ハ人ヲ疾病、死傷ニ致シタル者ハ放火ノ各本條ニ擬シテ處斷ス

一月以上二年以下ノ重禁錮ニ處シ二圓以上二十圓以下ノ罰金ヲ附加ス

第四百十四條　過失ニ因テ水害ヲ起シタル者ハ失火ノ例ニ照シテ處斷ス

第九節　船舶ヲ覆沒スル罪

第四百十五條　衝突其他ノ所爲ヲ以テ人ヲ乘載シタル船舶ヲ覆沒シタル者ハ死刑ニ處ス但船中死亡ナキ時ハ無期徒刑ニ處ス

第四百十六條　前條ノ所爲ヲ以テ人ヲ乘載セサル船舶ヲ覆沒シタル者ハ輕懲役ニ處ス

第二百四十六條　疎虞、懈怠ノ爲メ又ハ規則、慣習ヲ遵守セサルニ因リ溢水ヲ致シタル者ハ失火ノ例ニ擬シテ處斷ス

第四節　船舶ヲ覆沒スル罪

第二百四十七條　衝突、坐礁其他ノ方法ヲ以テ人ノ住居シ又ハ人ヲ乘載シタル船舶ヲ覆沒シタル者ハ其船舶自己ノ所有ニ屬スルトキト雖モ一等有期懲役ニ處ス

船長又ハ運轉手自ラ犯シタルトキハ無期懲役ニ處ス

第二百四十八條　前條ノ罪ヲ犯シ因テ人ヲ死ニ致シタルトキハ死刑ニ處ス

第二百四十九條　人ノ住居セス且人ヲ乘載セサル他人ノ船舶ヲ覆沒シタル者ハ二等又ハ三等ノ有期懲役ニ處ス船長又ハ運轉手自ラ犯シタルトキハ一等ヲ加フ

第二百五十條　船舶ヲ衝突シ他ノ救助ヲ受クルニ非サレハ繼續シテ航行スルコトヲ得サルトキ又ハ船舶ヲ坐礁シ自力ノミニテ水上ニ浮フコトヲ得サルトキハ覆沒ト同ク論ス

自己ノ所有ニ屬スト雖モ裁判所ヨリ差押ヘラレ又ハ抵當ト爲シ其他他人ノ爲メニ物權ヲ設定シ又ハ海上保險ニ付

第六節　往來通信ヲ妨害スル罪

第百六十二條　道路橋梁河溝港埠ヲ損壞シテ往來ヲ妨害シタル者ハ二月以上二年以下ノ重禁錮ニ處シ二圓以上二十圓以下ノ罰金ヲ附加ス

第百六十五條　汽車ノ往來ヲ妨害スル爲メ鐵道及ヒ其標識ヲ損壞シ其他危險ナル障礙ヲ爲シタル者ハ重懲役ニ處ス

第百六十六條　船舶ノ往來ヲ妨害スル爲メ燈臺浮標其他航海ノ安寧ヲ保護スル標識ヲ損壞シ又ハ詐僞ノ標識ヲ點示シタル者ハ亦前條ニ同シ

第百六十八條　第百六十二條ノ罪ヲ犯シ因テ人ヲ殺傷シタル者ハ毆打創傷ノ各本條ニ照シ重キニ從テ處斷ス

第百六十九條　第百六十五條第百六十六條ノ罪ヲ犯シ因テ汽車ヲ顚覆シ又ハ船舶ヲ覆沒シタル時ハ無期徒刑ニ處シ人ヲ死ニ致シタル時ハ死刑ニ處ス

シタル船舶ハ他人ノ所有ニ屬スルモノト同ク論ス

第五節　往來、通信ヲ妨害スル罪

第二百五十一條　悪意ヲ以テ道路、橋梁、河溝、港埠ヲ損壞シ又ハ壅塞シテ往來ノ妨害ヲ生シ得ヘカラシメタル者ハ二月以上二年以下ノ有役禁錮ニ處ス

第二百五十二條　滊車ノ往來ヲ妨害スル爲メ鐵道又ハ其標識ヲ損壞シ其他汽車ノ危難ヲ招ク可キ所爲ヲ行ヒタル者ハ二等有期懲役ニ處ス

第二百五十三條　船舶ノ往來ヲ妨害スル爲メ燈臺、浮標、標識ヲ損壞シ其他船舶ノ危難ヲ招ク可キ所爲ヲ行ヒタル者ハ亦前條ニ同シ

第二百五十四條　前數條ノ罪ヲ犯シ因テ危難ヲ生シタルトキハ各本刑ニ一等ヲ加ヘ人ヲ疾病、死傷ニ致シタルトキハ豫メ謀テ人ヲ殺傷スルノ刑ニ擬シ重キニ從テ處斷ス

第二百五十五條　故意ニ出ルト雖モ汽車又ハ船舶ノ往來ヲ妨害スルノ意ナクシテ第二百五十二條、第二百五十三條ニ記載シタル所爲ヲ行ヒタル者ハ二月以上三年以下ノ有役禁錮及ヒ五圓以上五十圓以下ノ罰金ニ處ス

因テ危難ヲ生シタルトキハ本刑ニ一等ヲ加ヘ人ヲ疾病、死傷ニ致シタルトキハ毆打創傷ノ各本條ニ擬シ重キニ從

第百六十三條　僞計又ハ威力ヲ以テ郵便ヲ妨害シ若クハ之ヲ阻止シタル者ハ亦前條ニ同シ

第百六十四條　電信ノ器械柱木ヲ損壞シ又ハ條線ヲ切斷シテ電氣ヲ不通ニ致シタル者ハ三月以上三年以下ノ重禁錮ニ處シ五圓以上五十圓以下ノ罰金ヲ附加ス

若シ器械柱木條線ヲ損壞シテ電信ノ妨害ヲ爲スト雖モ不通ニ至ラサル時ハ一等ヲ減ス

第百六十七條　前數條ニ記載シタル罪其事務ニ關スル官吏及ヒ雇人職工自ラ犯シタル時ハ各本刑ニ照シ一等ヲ加フ

第百七十條　此節ニ記載シタル輕罪ヲ犯サントシテ未タ遂ケサル者ハ未遂犯罪ノ例ニ照シテ處斷ス

第五章　健康ヲ害スル罪

第一節　阿片烟ニ關スル罪

第二百三十七條　阿片烟ヲ輸入シ及ヒ製造シ又ハ之ヲ販賣シタル者ハ有期徒刑ニ處ス

第二百三十八條　阿片烟ヲ吸食スルノ器具ヲ輸入シ及ヒ製造シ又ハ之ヲ販賣シタル者ハ輕懲役ニ處ス

第二百三十九條　税關官吏情ヲ知テ阿片烟及ヒ其器具ヲ輸入セシメタル者ハ前二條ノ刑ニ照シ各一等ヲ加フ

テ處斷ス

第二百五十六條　僞計、暴行、毀壞其他ノ方法ヲ以テ郵便、電信、電話ヲ妨害シ若クハ之ヲ阻止シタル者ハ一月以上三年以下ノ有役禁錮及ヒ五圓以上五十圓以下ノ罰金ニ處ス

第二百五十七條　前數條ニ記載シタル罪其事務ニ關スル官吏及ヒ雇人、職工自ラ犯シタルトキハ各本刑ニ照シ一等ヲ加フ

第二百五十八條　此節ニ記載シタル輕罪ノ未遂犯ハ之ヲ罰ス

第十章　健康ヲ害スル罪

第一節　阿片煙ニ關スル罪

第二百五十九條　阿片煙ヲ輸入シ製造シ販賣シ若クハ販賣ニ供シタル者ハ二等有期懲役ニ處ス

第二百六十條　阿片煙ヲ吸食スルノ器具ヲ輸入シ製造シ販賣シ若クハ販賣ニ供シタル者ハ三等有期懲役ニ處ス

第二百六十一條　税關官吏情ヲ知テ阿片煙若クハ其吸食器具ノ輸入ヲ容易ナラシメタル者ハ前二條ノ刑ニ照シ各一等ヲ加フ

第二百四十條　阿片烟ヲ吸食スル爲メ房屋ヲ給與シテ利ヲ圖ル者ハ輕懲役ニ處ス
人ヲ引誘シテ阿片烟ヲ吸食セシメタル者亦同シ
第二百四十一條　阿片烟ヲ吸食シタル者ハ二年以上三年以下ノ重禁錮ニ處ス

第二百四十二條　阿片烟及ヒ吸食ノ器具ヲ所有シ又ハ受寄シタル者ハ一月以上一年以下ノ重禁錮ニ處ス
第二節　飲料ノ淨水ヲ汚穢スル罪
第二百四十三條　人ノ飲料ニ供スル淨水ヲ汚穢シ因テ之ヲ用フルヿ能ハサルニ至ラシメタル者ハ十一日以上一月以下ノ禁錮ニ處シ二圓以上五圓以下ノ罰金ヲ附加ス
第二百四十四條　人ノ健康ヲ害ス可キ物品ヲ用ヒテ水質ヲ變シ又ハ腐敗セシメタル者ハ一月以上一年以下ノ重禁錮ニ處シ三圓以上三十圓以下ノ罰金ヲ附加ス
第二百四十五條　前條ノ罪ヲ犯シ因テ人ヲ疾病又ハ死ニ致シタル者ハ毆打創傷ノ各本條ニ照シ重キニ從テ處斷ス

第二百六十二條　阿片煙ヲ吸食スル爲メ房室ヲ給與シテ利ヲ圓ル者ハ三等有期懲役ニ處ス
第二百六十三條　阿片煙吸食ノ際又ハ吸食ノ爲メ昏睡スル際發覺セラレタル者ハ一年以上三年以下ノ有役禁錮ニ處ス
阿片煙又ハ吸食ノ器具ヲ賣渡シ贈與シ又ハ貸與シテ他人ノ阿片煙ヲ吸食スルコトヲ容易ナラシメタル者亦同シ
第二百六十四條　阿片煙及ヒ吸食ノ器具ヲ所持スルコトヲ發覺セラレタル者ハ一月以上一年以下ノ有役禁錮ニ處ス
第二節　飲料ノ淨水ヲ汚穢スル罪
第二百六十五條　公衆ノ飲料ニ供スル淨水ヲ汚穢シ若クハ其水質ヲ變セシメ多少ノ時間之ヲ用フルコト能ハサルニ至ラシメタル者ハ十一日以上二月以下ノ有役禁錮又ハ五圓以上五十圓以下ノ罰金ニ處ス
第二百六十六條　人ノ健康ヲ害ス可キ物品ナルコトヲ知テ之ヲ用ヒ飲料水ヲ汚穢シ又ハ其水質ヲ變セシメタル者ハ一月以上二年以下ノ有役禁錮及ヒ五圓以上五十圓以下ノ罰金ニ處ス
第二百六十七條　前二條ノ罪ヲ犯シ因テ人ヲ疾病、死傷ニ致シタル者ハ毆打創傷ノ各本條ニ擬シ重キニ從テ處斷ス若シ人ヲ死ニ致スノ意アリテ死ニ致シタルトキハ死刑ニ

第五節　健康ヲ害ス可キ飲食物及ヒ薬剤ヲ販賣スル罪

第二百五十三條　人ノ健康ヲ害ス可キ物品ヲ飲食物ニ混和シテ販賣シタル者ハ三圓以上三十圓以下ノ罰金ニ處ス

第二百五十五條　前二條ノ罪ヲ犯シ因テ人ヲ疾病又ハ死ニ致シタル者ハ過失殺傷ノ各本條ニ照シ重キニ從テ處斷ス

第六節　私ニ醫業ヲ爲ス罪

第二百五十六條　官許ヲ得スシテ醫業ヲ爲シタル者ハ十圓以上百圓以下ノ罰金ニ處ス

第二百五十七條　前條ノ犯人治療ノ方法ヲ誤リ因テ人ヲ死傷ニ致シタル時ハ過失殺傷ノ各本條ニ照シ重キニ從テ處斷ス

第六章　風俗ヲ害スル罪

第二百六十條　賭場ヲ開張シテ利ヲ圖リ又ハ博徒ヲ招結シタル者ハ三月以上一年以下ノ重禁錮ニ處シ十圓以上百圓以下ノ罰金ヲ附加ス

第二百六十一條　財物ヲ賭シテ現ニ博奕ヲ爲シタル者ハ一月以上六月以下ノ重禁錮ニ處シ五圓以上五十圓以下ノ罰金ヲ附加ス其情ヲ知テ房屋ヲ給與シタル者亦同シ但飲食

處ス

第三節　健康ヲ害ス可キ飲食物ヲ販賣スル罪

第二百六十八條　健康ヲ害ス可キ物品ヲ混和シタル飲食物ナルコトヲ知テ之ヲ販賣シ若クハ販賣ニ供シタル者ハ十一日以上二月以下ノ有役禁錮及ヒ五圓以上三十圓以下ノ罰金ニ處シ又ハ兩刑ノ一ニ處ス

其販賣ニ供シタル飲食物ハ之ヲ沒收ス

第二百六十九條　前條ノ罪ヲ犯シ因テ人ヲ疾病、死傷ニ致シタルトキハ毆打創傷ノ各本條ニ擬シ重キニ從テ處斷ス

第四節　私ニ醫業ヲ爲ス罪

第二百七十條　官許ヲ得スシテ醫業又ハ産婆ノ業ヲ爲シタル者ハ十圓以上百圓以下ノ罰金ニ處ス

第二百七十一條　前條ノ犯人施術ヲ誤リ因テ人ヲ疾病、死傷ニ致シタルトキハ過失殺傷ノ各本條ニ照シ重キニ從テ處斷ス

第十一章　風俗ヲ害スル罪

第二百七十二條　賭場ヲ開張シテ利ヲ圖リ又ハ博徒ノ結合ヲ組成シテ利益ノ分配ヲ圖リタル者ハ一月以上一年以下ノ有役禁錮及ヒ十圓以上百圓以下ノ罰金ニ處ス

第二百七十三條　公ノ場所ニ於テ賭博ヲ爲シ現行ノ際發覺セラレタル者ハ十一日以上六月以下ノ有役禁錮及ヒ五圓以上五十圓以下ノ罰金ニ處ス但現場ニテ消費ス可キ飲食

物ヲ賭スル者ハ此限ニ在ラス
賭博ノ器具財物其現場ニ在ル者ハ之ヲ沒收ス

第二百六十二條　財物ヲ醵集シ富籤ヲ以テ利益ヲ僥倖スルノ業ヲ興行シタル者ハ一月以上六月以下ノ重禁錮ニ處シ五圓以上五十圓以下ノ罰金ヲ附加ス

第二百六十四條　埋葬ス可キ死屍ヲ毀棄シタル者ハ一月以上一年以下ノ重禁錮ニ處シ二圓以上二十圓以下ノ罰金ヲ附加ス

第二百六十五條　墳墓ヲ發掘シテ棺槨又ハ死屍ヲ見ハシタル者ハ二月以上二年以下ノ重禁錮ニ處シ三圓以上三十圓以下ノ罰金ヲ附加ス
因テ死屍ヲ毀棄シタル者ハ三月以上三年以下ノ重禁錮ニ處シ五圓以上五十圓以下ノ罰金ヲ附加ス

第八章　商業及ヒ農工ノ業ヲ妨害スル罪

物又ハ一時ノ遊戲ニ供スル物品ヲ賭シタル者ハ此限ニ在ラス
賭博ノ財物其現場ニ在ルモノハ之ヲ沒收ス

第二百七十四條　官許ヲ得スシテ富講ヲ興行シタル者ハ一月以上六月以下ノ有役禁錮及ヒ十圓以上百圓以下ノ罰金ニ處ス
富籤發賣ノ牙保若クハ幇助ヲ爲シタル者ハ一等ヲ減ス富籤ノ發賣ニ因テ得タル金額ハ之ヲ沒收ス若シ現在セサルトキハ其額ヲ追徵ス

第二百七十五條　官許ヲ得スシテ興行スル富講ノ富籤ヲ購買シタル者ハ五圓以上五十圓以下ノ罰金ニ處ス

第二百七十六條　悪意ヲ以テ死屍ヲ殘毀シ又ハ消失セシメタル者ハ一月以上一年以下ノ有役禁錮ニ處ス
死屍ヲ保護シ又ハ埋葬ス可キ責任アル者死屍ヲ遺棄シタルトキ亦同シ若シ殘毀シ又ハ消失セシメタルトキハ一等ヲ加フ

第二百七十七條　悪意ヲ以テ墳墓ヲ發掘シ棺槨又ハ死屍ヲ露ハシタル者ハ二月以上一年六月以下ノ有役禁錮ニ處ス
因テ死屍ヲ殘毀シ又ハ之ヲ他所ニ移轉シタル者ハ一等ヲ加フ

第十二章　商業、工業及ヒ農業ノ自由ヲ妨害スル罪

第二百六十七條　僞計又ハ威力ヲ以テ穀類其他衆人ノ需用ニ缺ク可カラサル食用物ノ賣買ヲ妨害シタル者ハ一月以上六月以下ノ重禁錮ニ處シ三圓以上三十圓以下ノ罰金ヲ附加ス

前項ニ記載シタル以外ノ物品ノ賣買ヲ妨害シタル者ハ一等ヲ減ス

第二百六十八條　僞計又ハ威力ヲ以テ糶賣又ハ入札ヲ妨害シタル者ハ十五日以上三月以下ノ重禁錮ニ處シ二圓以上二十圓以下ノ罰金ヲ附加ス

第二百七十條　農工ノ雇人其雇賃ヲ增サシメ又ハ農工業ノ景況ヲ變セシムル爲メ雇主及ヒ他ノ雇人ニ對シ僞計威力ヲ以テ妨害ヲ爲シタル者ハ一月以上六月以下ノ重禁錮ニ處シ三圓以上三十圓以下ノ罰金ヲ附加ス

第二百七十一條　雇主其雇賃ヲ減シ又ハ農工業ノ景況ヲ變スル爲メ雇人及ヒ他ノ雇主ニ對シ僞計威力ヲ以テ妨害ヲ爲シタル者ハ亦前條ニ同シ

第三編　身體財産ニ對スル重罪輕罪

第二百七十八條　物價ノ昂低ヲ生セシメ若クハ妨クル爲メ暴行、脅迫又ハ僞計ヲ以テ米穀其他衆人ノ需用ニ缺ク可カラサル食用品又ハ薪炭油ノ船積、陸揚若クハ運輸、賣買ヲ妨害シタル者ハ一月以上六月以下ノ有役禁錮及ヒ十圓以上百圓以下ノ罰金ニ處ス

前項ニ記載シタル以外ノ物品ニ關シテ同一ノ罪ヲ犯シタルトキハ一等ヲ減ス

第二百七十九條　暴行、脅迫又ハ僞計ヲ以テ糶賣又ハ請負入札ノ自由ヲ妨害シタル者ハ十一日以上二月以下ノ有役禁錮及ヒ五圓以上五十圓以下ノ罰金ニ處ス

第二百八十條　農工商ノ雇人其雇賃ヲ增サシメ又ハ其作業、執務ノ條件ヲ變セシムル爲メ通謀シテ他ノ職工若クハ雇主ニ對シ暴行、脅迫又ハ僞計ヲ用ヒ農工商ノ業務ヲ妨害シ得ヘカラシメタル者ハ一月以上六月以下ノ有役禁錮ニ處シ其首魁煽動者ハ三月以上一年以下ノ有役禁錮ニ處ス

第二百八十一條　農工商ノ雇主其雇人ノ雇賃ヲ減セシメ又ハ作業、執務ノ條件ヲ變セシムル爲メ通謀シテ他ノ雇主ニ對シ暴行、脅迫又ハ僞計ヲ用ヒ農工商ノ業務ヲ妨害シ得ヘカラシメタル者ハ一月以上六月以下ノ有役禁錮及ヒ十圓以上百圓以下ノ罰金ニ處ス

第三編　私益ニ關スル重罪及ヒ輕罪

第一章　身體ニ對スル罪

第一節　謀殺故殺ノ罪

第二百九十二條　豫メ謀テ人ヲ殺シタル者ハ謀殺ノ罪ト爲シ死刑ニ處ス

第二百九十四條　故意ヲ以テ人ヲ殺シタル者ハ故殺ノ罪ト爲シ無期徒刑ニ處ス

第二百九十三條　毒物ヲ施用シテ人ヲ殺シタル者ハ謀殺ヲ以テ論シ死刑ニ處ス

第二百九十五條　支解折割其他慘刻ノ所爲ヲ以テ人ヲ故殺シタル者ハ死刑ニ處ス

第二百九十六條　重罪輕罪ヲ犯スニ便利ナル爲メ又ハ已ニ犯シテ其罪ヲ免カル、爲メ人ヲ故殺シタル者ハ死刑ニ處ス

第二百九十七條　人ヲ殺スノ意ニ出テ詐稱誘導シテ危害ニ陷レ死ニ致シタル者ハ故殺ヲ以テ論シ其豫メ謀ル者ハ謀殺ヲ以テ論ス

第二節　毆打創傷ノ罪

第二百九十九條　人ヲ毆打創傷シ因テ死ニ致シタル者ハ重懲役ニ處ス

第一章　身體ニ對スル罪

第一節　謀殺、故殺ノ罪

第二百八十二條　豫メ謀テ人ヲ殺シタル者ハ謀殺ノ罪ト爲シ死刑ニ處ス

第二百八十三條　故意ヲ以テ人ヲ殺シタル者ハ故殺ノ罪ト爲シ無期懲役ニ處ス

第二百八十四條　性質、用方又ハ時會ニ因リ人ヲ死ニ致シ得ヘキ物品ナルコトヲ知リ之ヲ施用シテ人ヲ殺シタル者ハ豫メ謀ルニ非スト雖モ死刑ニ處ス

第二百八十五條　支解、折割其他慘刻ノ所爲ヲ施シ人ヲ殺シタル者ハ豫メ謀ル一非スト雖モ死刑ニ處ス

第二百八十六條　重罪、輕罪ヲ犯スニ便利ナル爲メ又ハ已ニ犯シテ逃走ヲ便ニシ若クハ刑ヲ免カルル爲メ其犯罪ノ當時人ヲ殺シタル者ハ自己ノ爲メニシ他人ノ爲メニスルヲ分タス死刑ニ處ス

第二百八十七條　人ヲ殺スノ意ヲ以テ詐稱、誘導シテ危害ニ陷レ因テ人ヲ死ニ致シタル者ハ豫メ謀ルト否トニ從ヒ謀殺、故殺ヲ以テ論ス
其危害ニ陷レタルモ死ニ致サヽル者ハ未遂犯ヲ以テ論ス

第二節　毆打創傷ノ罪

第二百八十八條　人ヲ毆打シテ其身躰若クハ精神ニ疾病、創傷ヲ生セシメ因テ死ニ致シタル者ハ二等有期懲役ニ處

第三百條　人ヲ毆打創傷シ其兩目ヲ瞎シ兩耳ヲ聾シ又ハ兩肢ヲ折リ及ヒ舌ヲ斷チ陰陽ヲ毀敗シ若クハ知覺精神ヲ喪失セシメ篤疾ニ致シタル者ハ輕懲役ニ處ス

其一目ヲ瞎シ一耳ヲ聾シ又ハ一肢ヲ折リ其他身體ヲ殘虧シ癈疾ニ致シタル者ハ二年以上五年以下ノ重禁錮ニ處ス

第三百一條　人ヲ毆打創傷シ二十日以上ノ時間疾病ニ罹リ又ハ職業ヲ營ムヿ能ハサルニ至ラシメタル者ハ一年以上三年以下ノ重禁錮ニ處ス

其疾病休業ノ時間二十日ニ至ラサル者ハ一月以上一年以下ノ重禁錮ニ處ス

疾病休業ニ至ラスト雖モ身體ニ創傷ヲ成シタル者ハ十一日以上一月以下ノ重禁錮ニ處ス

第三百二條　豫メ謀テ人ヲ毆打創傷シ休業癈篤疾又ハ死ニ致シタル者ハ前數條ニ記載シタル刑ニ照シ各一等ヲ加フ

第三百五條　二人以上共ニ人ヲ毆打創傷シタル者ハ現ニ手ヲ下シ傷ヲ成スノ輕重ニ從テ各自ニ其刑ヲ科ス若シ共毆シテ傷ヲ成スノ輕重ヲ知ルヿ能ハサル時ハ其重傷ノ刑ニ照シ一等ヲ減ス但教唆者ハ減等ノ限ニ在ラス

ス

第二百八十九條　人ヲ毆打シテ五官ノ一ヲ失ハシメ又ハ四肢ノ一若クハ陰陽ノ使用ヲ失ハシメ其他重大ナル不治ノ疾病、創傷ヲ生セシメタル者ハ三等有期懲役ニ處ス

第二百九十條　人ヲ毆打シテ前條ニ記載シタルヨリ輕キ疾病、創傷ヲ生セシメタル者ハ三月以上五年以下ノ有役禁錮ニ處ス

其疾病ノ時間二十日ニ至ラサルトキハ十一日以上二月以下ノ有役禁錮ニ處ス但被害者ノ告訴アルニ非サレハ訴追スルコトヲ得ス

第二百九十一條　豫メ謀テ前三條ノ罪ヲ犯シタル者ハ各一等ヲ加フ罪ヲ犯スニ便利ナル爲メ又ハ已ニ犯シテ逃走ヲ便ニシ若クハ刑ヲ免カルル爲メ其犯罪ノ當時前三條ノ罪ヲ犯シタル者ハ自己ノ爲メニシ他人ノ爲メニスルヲ分タス亦各一等ヲ加フ

第二百九十二條　二人以上共ニ毆打シテ人ヲ疾病、創傷ニ致シタルトキハ其疾病、創傷ノ輕重ニ從テ各自ニ其刑ヲ科ス若シ其輕重ヲ知ルコト能ハサルトキハ重病、重傷ノ刑ニ照シ一等ヲ減ス

第三百八條　人ヲ殺スノ意ニ非スト雖モ詐稱誘導シテ危害ニ陥レ因テ疾病死傷ニ致シタル者ハ毆打創傷ヲ以テ論ス

第三節　殺傷ニ關スル宥恕及ヒ不論罪

第三百十一條　本夫其妻ノ姦通ヲ覺知シ姦所ニ於テ直チニ姦夫又ハ姦婦ヲ殺傷シタル者ハ其罪ヲ宥恕ス但本夫先ニ姦通ヲ縱容シタル者ハ此限ニ在ラス

第三百十三條　前數條ニ記載シタル宥恕ス可キ罪ハ各本刑ニ照シ二等又ハ三等ヲ減ス

第三百十五條　左ノ諸件ニ於テ已ムヿヲ得サルニ出テ人ヲ殺傷シタル者ハ其罪ヲ論セス

一　財産ニ對シ放火其他暴行ヲ爲ス者ヲ防止スルニ出タル時

二　盗犯ヲ防止シ又ハ盗贓ヲ取還スルニ出タル時

三　夜間故ナク人ノ住居シタル邸宅ニ入リ若クハ門戸牆壁ヲ踰越損壞スル者ヲ防止スルニ出タル時

第四節　過失殺傷ノ罪

共犯人豫メ通謀シテ毆打シタルトキハ各自ニ重病、重傷ノ刑ヲ科ス

第二百九十三條　詐稱、誘導シテ人ヲ危害ニ陥レ因テ疾病、死傷ニ致シタル者ハ毆打創傷ヲ以テ論ス

第三節　殺傷ニ關スル宥恕

第二百九十四條　本夫其妻ノ現ニ姦通スルヲ覺知シ直チニ姦夫又ハ姦婦ヲ殺傷シタル者ハ其罪ヲ宥恕ス但本夫先ニ其姦通ヲ縱容シタル者ハ此限ニ在ラス

第二百九十五條　一家ノ恥辱ヲ蔽フカ爲メ又ハ養育ヲ爲ス能ハサルコトヲ恐ルル爲メ父母、祖父母其初生ノ兒孫ヲ殺シタル者ハ其罪ヲ宥恕ス

第二百九十六條　前二條ニ記載シタル宥恕ス可キ罪ハ各本刑ニ照シ二等又ハ三等ヲ減ス

第二百九十七條　左ノ場合ニ於テ已ムヲ得サルニ非スシテ人ヲ殺傷シタル者ハ情狀ニ因リ前條ノ例ニ照シ其罪ヲ宥恕スルコトヲ得

一　財産ニ對シ放火其他暴行ヲ爲ス者ヲ防止スルニ出タルトキ

二　盗犯ヲ防止シ又ハ盗贓ヲ取還スルニ出タルトキ

三　故ナク家宅ニ侵入シ若クハ門戸、牆壁ヲ踰越、損壞スル者ヲ防止スルニ出タルトキ

第四節　過失殺傷ノ罪

第三百十七條　疎虞懈怠又ハ規則慣習ヲ遵守セス過失ニ因テ人ヲ死ニ致シタル者ハ二十圓以上二百圓以下ノ罰金ニ處ス

第三百十八條　過失ニ因テ人ヲ創傷シ癈篤疾ニ致シタル者ハ十圓以上百圓以下ノ罰金ニ處ス

第三百十九條　過失ニ因テ人ヲ創傷シ疾病休業ニ至ラシメタル者ハ二圓以上五十圓以下ノ罰金ニ處ス

第五節　自殺ニ關スル罪

第三百二十條　人ヲ教唆シテ自殺セシメ又ハ囑託ヲ受ケテ自殺人ノ爲メニ手ヲ下シタル者ハ六月以上三年以下ノ輕禁錮ニ處シ十圓以上五十圓以下ノ罰金ヲ附加ス其他自殺ノ補助ヲ爲シタル者ハ一等ヲ減ス

第三百二十一條　自己ノ利ヲ圖リ人ヲ教唆シテ自殺セシメタル者ハ重懲役ニ處ス

第八節　墮胎ノ罪

第二百九十八條　疎虞、懈怠ノ爲メ又ハ規則、慣習ヲ遵守セサルニ因リ人ヲ死ニ致シタル者ハ一月以上六月以下ノ無役禁錮又ハ二十圓以上二百圓以下ノ罰金ニ處ス

第二百九十九條　疎虞、懈怠ノ爲メ又ハ規則、慣習ヲ遵守セサルニ因リ第二百八十九條ニ記載シタル疾病、創傷ヲ生セシメタル者ハ十一日以上二月以下ノ無役禁錮又ハ十圓以上百圓以下ノ罰金ニ處ス

若シ第二百九十條ニ記載シタル疾病、創傷ヲ生セシメタルトキハ五圓以上五十圓以下ノ罰金ニ處ス

本條ノ罪ハ被害者ノ告訴アルニ非サレハ訴追スルコトヲ得ス

第五節　自殺ニ關スル罪

第三百條　人ヲ教唆シテ自殺セシメ又ハ囑託ヲ受ケテ自殺人ノ爲メニ手ヲ下シタル者ハ六月以上三年以下ノ有役禁錮ニ處ス

其他自殺ノ幇助ヲ爲シタル者ハ一等ヲ減ス

第三百一條　自己ノ利ヲ圖リ人ヲ教唆シテ自殺セシメタル者ハ三等有期懲役ニ處ス

第三百二條　教唆者又ハ幇助者ノ意外ノ舛錯、障碍ニ因リ自殺者自殺ヲ遂ケサルトキハ前二條ノ刑ニ一等又ハ二等ヲ減ス

第六節　墮胎ノ罪

第三百三十條　懷胎ノ婦女藥物其他ノ方法ヲ以テ墮胎シタル者ハ一月以上六月以下ノ重禁錮ニ處ス

第三百三十一條　藥物其他ノ方法ヲ以テ墮胎セシメタル者ハ亦前條ニ同シ因テ婦女ヲ死ニ致シタル者ハ一年以上三年以下ノ重禁錮ニ處ス

第三百三十一條　藥物其他ノ方法ヲ以テ墮胎セシメタル者ハ亦前條ニ同シ因テ婦女ヲ死ニ致シタル者ハ一年以上三年以下ノ重禁錮ニ處ス

第三百三十二條　醫師穩婆又ハ藥商前條ノ罪ヲ犯シタル者ハ各一等ヲ加フ

第三百三十三條　懷胎ノ婦女ヲ威逼シ又ハ誆騙シテ墮胎セシメタル者ハ一年以上四年以下ノ重禁錮ニ處ス

第三百三十四條　懷胎ノ婦女ナルヿヲ知テ毆打其他暴行ヲ加ヘ因テ墮胎ニ至ラシメタル者ハ二年以上五年以下ノ重禁錮ニ處ス其墮胎セシムルノ意ニ出タル者ハ輕懲役ニ處ス

第三百三十五條　前二條ノ罪ヲ犯シ因テ婦女ヲ癈篤疾又ハ死ニ致シタル者ハ毆打創傷ノ各本條ニ照シ重キニ從テ處斷ス

第三百三條　婦女ノ承諾ヲ得テ藥物ヲ用ヒ又ハ其他ノ方法ニ依リ墮胎セシメタル者ハ一月以上一年以下ノ有役禁錮ニ處ス

承諾シテ墮胎シタル婦女及ヒ自ラ墮胎シタル婦女亦同シ

第三百四條　前條ノ罪ヲ犯シ因テ婦女ヲ死ニ致シタル者ハ一年以上三年以下ノ有役禁錮ニ處ス

第三百五條　醫師、產婆又ハ藥商婦女ヲ墮胎セシメタル者ハ前二條ノ刑ニ各一等ヲ加フ

第三百六條　婦女ヲ威逼シ其他婦女ノ承諾ヲ得スシテ墮胎セシメタル者ハ一年以上四年以下ノ有役禁錮ニ處ス

第三百七條　懷胎ノ婦女ナルコトヲ知テ毆打シ因テ墮胎ニ至ラシメタル者ハ一年以上五年以下ノ有役禁錮ニ處ス其墮胎セシムルノ意ニ出タル者ハ三等有期懲役ニ處ス

第三百八條　前二條ノ罪ヲ犯シ因テ婦女ヲ疾病、死傷ニ致シタルトキハ毆打創傷ノ各本條ニ擬シ重キニ從テ處斷ス

第三百九條　一家ノ恥辱ヲ蔽フ爲メ又ハ生兒ヲ養育スル能ハサルコトヲ恐ルル爲メ婦女若クハ其夫又ハ其父母、祖父母墮胎ノ罪ヲ犯シタルトキハ其罪ヲ宥恕シテ本刑ニ二

第九節　幼者又ハ者疾者ヲ遺棄スル罪

第三百三十六條　八歳ニ滿サル幼者ヲ遺棄シタル者ハ一月以上一年以下ノ重禁錮ニ處ス

自ラ生活スルヿ能ハサル老者疾病者ヲ遺棄シタル者亦同シ

第三百三十七條　八歳ニ滿サル幼者又ハ老疾者ヲ寥闃無人ノ地ニ遺棄シタル者ハ四月以上四年以下ノ重禁錮ニ處ス

第三百三十八條　給料ヲ得テ人ノ寄託ヲ受ケ保養ス可キ者前二條ノ罪ヲ犯シタル時ハ各一等ヲ加フ

第三百三十九條　幼者老疾者ヲ遺棄シ因テ癈疾ニ致シタル者ハ輕懲役ニ處シ篤疾ニ致シタル者ハ重懲役ニ處シ死ニ致シタル者ハ有期徒刑ニ處ス

第六節　擅ニ人ヲ逮捕監禁スル罪

第三百二十二條　擅ニ人ヲ逮捕シ又ハ私家ニ監禁シタル者ハ十一日以上二月以下ノ重禁錮ニ處シ二圓以上二十圓以

等又ハ三等ヲ減ス

第三百十條　此節ニ記載シタル輕罪ノ未遂犯ハ之ヲ罰ス

第七節　幼者、老者又ハ病者ヲ遺棄スル罪

第三百十一條　自ラ生活スルコト能ハサル幼者、老者又ハ病者ヲ遺棄シタル者ハ三月以上三年以下ノ有役禁錮ニ處ス

其幼者、老者、病者ノ保護ヲ爲ス可キ責任アル者之ニ必要ノ保養ヲ與ヘサルトキ亦同シ

第三百十二條　給料ヲ得テ人ノ寄託ヲ受ケ保養ス可キ者前條ノ罪ヲ犯シタルトキハ一等ヲ加フ

第三百十三條　幼者、老者、病者ヲ遺棄シ又ハ必要ノ保養ヲ與ヘス因テ疾病、死傷ニ致シタルトキハ毆打創傷ノ各本條ニ擬シ重キニ從テ處斷ス

若シ死ニ致スノ意アリテ死ニ致シタルトキハ死刑ニ處ス

第三百十四條　幼者ノ父母、祖父母一家ノ恥辱ヲ蔽フ爲メ又ハ養育スルコト能ハサル爲メ幼者ヲ遺棄シタルトキハ其罪ヲ宥恕シテ本刑ニ二等又ハ三等ヲ減ス

第二章　自由ニ對スル罪

第一節　擅ニ人ヲ制縛、監禁スル罪

第三百十五條　擅ニ人ヲ制縛シタル者ハ十一日以上二月以下ノ有役禁錮ニ處ス

下ノ罰金ヲ附加ス但監禁日數十日ヲ過クル毎ニ一等ヲ加フ

第三百二十二條　擅ニ人ヲ逮捕シ又ハ私家ニ監禁シタル者ハ十一日以上二月以下ノ重禁錮ニ處シ二圓以上二十圓以下ノ罰金ヲ附加ス但監禁日數十日ヲ過クル毎ニ一等ヲ加フ

第三百二十三條　擅ニ人ヲ監禁制縛シテ毆打拷責シ又ハ飮食衣服ヲ屛去シ其他苛刻ノ所爲ヲ施シタル者ハ二月以上二年以下ノ重禁錮ニ處シ三圓以上三十圓以下ノ罰金ヲ附加ス

第三百二十四條　前條ノ罪ヲ犯シ因テ人ヲ疾病死傷ニ致シタル者ハ毆打創傷ノ各本條ニ照シ重キニ從テ處斷ス

第三百二十五條　擅ニ人ヲ監禁シ水火震災ノ際其監禁ヲ解クヿヲ怠リ因テ死傷ニ致シタル者ハ亦前條ノ例ニ同シ

第七節　脅迫ノ罪

第三百二十六條　人ヲ殺サント脅迫シ又ハ人ノ住居シタル家屋ニ放火セント脅迫シタル者ハ一月以上六月以下ノ重禁錮ニ處シ二圓以上二十圓以下ノ罰金ヲ附加ス

第三百十六條　擅ニ人ヲ監禁シタル者ハ一月以上一年以下ノ有役禁錮ニ處ス

監禁日數二十日ヲ過クルトキハ一等ヲ加フ

第三百十七條　擅ニ人ヲ制縛、監禁シテ重キ脅迫ヲ行ヒ又ハ凌虐ノ所遇ヲ爲シタル者ハ前二條ノ刑ニ各一等ヲ加フ

第三百十八條　前數條ノ罪ヲ犯シ因テ人ヲ疾病、死傷ニ致シタル者ハ豫謀毆打創傷ノ例ニ擬シ重キニ從テ處斷ス

第三百十九條　擅ニ人ヲ制縛、監禁シ其制縛、監禁ノ爲メ不虞ノ變災ヲ避クルコト能ハサラシメ因テ疾病、死傷ニ致シタル者ハ毆打創傷ノ各本條ニ擬シ重キニ從テ處斷ス

制縛、監禁ヲ受ケタル爲メ又ハ凌虐ノ所遇若クハ脅迫ヲ受ケタル爲メ被害者自殺シ又ハ自ラ創傷シタルトキ亦同シ

第二節　脅迫ノ罪

第三百二十條　人ヲ殺サント脅迫シ又ハ家宅ニ放火セント脅迫シタル者ハ二月以上一年以下ノ有役禁錮及ヒ十圓以上五十圓以下ノ罰金ニ處ス

毆打創傷其他暴行ヲ加ヘント脅迫シ又ハ財産ニ放火シ及ヒ毀壊劫掠セント脅迫シタル者ハ十一日以上二月以下ノ重禁錮ニ處シ二圓以上十圓以下ノ罰金ヲ附加ス

第三百二十七條　兇器ヲ持シテ前條ノ罪ヲ犯シタル者ハ各一等ヲ加フ

第三百二十八條　親屬ニ害ヲ加フ可キ事ヲ以テ脅迫シタル者ハ亦前二條ノ例ニ同シ

第三百二十九條　此節ニ記載シタル罪ハ脅迫ヲ受ケタル者又ハ其親屬ノ告訴ヲ待テ其罪ヲ論ス

第十節　幼者ヲ略取誘拐スル罪

第三百四十一條　十二歳ニ滿サル幼者ヲ略取シ又ハ誘拐シテ自ラ藏匿シ若クハ他人ニ交付シタル者ハ二年以上五年以下ノ重禁錮ニ處シ十圓以上百圓以下ノ罰金ヲ附加ス

第三百四十二條　十二歳以上二十歳ニ滿サル幼者ヲ略取シテ自ラ藏匿シ若クハ他人ニ交付シタル者ハ一年以上三年以下ノ重禁錮ニ處シ五圓以上五十圓以下ノ罰金ヲ附加ス

其誘拐シテ自ラ藏匿シ若クハ他人ニ交付シタル者ハ六月以上二年以下ノ重禁錮ニ處シ二圓以上二十圓以下ノ罰金

其他人ノ身體、財産ニ對シ害ヲ加ヘント脅迫シタル者ハ一月以上六月以下ノ有役禁錮及ヒ五圓以上三十圓以下ノ罰金ニ處ス

第三百二十一條　左ニ記載シタル情狀アル者ハ前條ノ刑ニ一等ヲ加フ

一　金額、有價證券其他證書類ヲ交付セシムルヲ以テ條件ト爲シ脅迫シタルトキ

二　兇器ヲ携帶シテ脅迫シタルトキ

第三百二十二條　他人ニ害ヲ加フ可キコトヲ以テ脅迫シタル者ハ本人ニ害ヲ加フ可キコトヲ以テ脅迫シタルト同ク論ス

第三百二十三條　脅迫ノ罪ハ脅迫ヲ受ケタル者ノ告訴アルニ非サレハ訴追スルコトヲ得ス

第三節　幼者ヲ略取、誘拐スル罪

第三百二十四條　十二歳ニ滿サル幼者ヲ略取シ又ハ誘拐シタル者ハ二年以上五年以下ノ有役禁錮及ヒ十圓以上百圓以下ノ罰金ニ處ス

第三百二十五條　滿十二歳以上二十歳ニ滿サル幼者ヲ略取シタル者ハ一年以上三年以下ノ有役禁錮及ヒ五圓以上五十圓以下ノ罰金ニ處シ誘拐シタル者ハ六月以上二年以下ノ有役禁錮及ヒ五圓以上三十圓以下ノ罰金ニ處ス

ヲ附加ス

第三百四十三條　略取誘拐シタル幼者ナルヿヲ知テ自己ノ家屬僕婢ト爲シ又ハ其他ノ名稱ヲ以テ之ヲ收受シタル者ハ前二條ノ例ニ照シ各一等ヲ減ス

第三百四十四條　前數條ニ記載シタル罪ハ被害者又ハ其親屬ノ告訴ヲ待テ其罪ヲ論ス但略取誘拐セラレタル幼者式ニ従テ婚姻ヲ爲シタル時ハ告訴ノ效ナシ

第十二節　誣告及ヒ誹毀ノ罪

第三百五十八條　悪事醜行ヲ摘發シテ人ヲ誹毀シタル者ハ事實ノ有無ヲ問ハス左ノ例ニ照シテ處斷ス

一　公然ノ演説ヲ以テ人ヲ誹毀シタル者ハ十一日以上三月以下ノ重禁錮ニ處シ三圓以上三十圓以下ノ罰金ヲ附加ス

二　書類畫圖ヲ公布シ又ハ雜劇偶像ヲ作爲シテ人ヲ誹毀シタル者ハ十五日以上六月以下ノ重禁錮ニ處シ五圓以上五十圓以下ノ罰金ヲ附加ス

第三百二十六條　略取、誘拐シタル幼者ナルコトヲ知テ自己ノ家屬、僕婢ト爲シ又ハ其他ノ名稱ヲ以テ之ヲ收受シタル者ハ略取、誘拐ノ従犯ヲ以テ論ス

第三百二十七條　略取、誘拐ノ罪ハ被害者又ハ其法律上代人ノ告訴アルニ非サレハ訴追スルコトヲ得ス

第三百二十八條　此節ニ記載シタル罪ノ未遂犯ハ之ヲ罰ス

第三章　名譽ニ對スル罪

第一節　誹毀ノ罪

第三百二十九條　人ヲ害シ若クハ侮辱スルノ意ヲ以テ左ノ場所ニ於テ又ハ左ノ方法ニ依リ人ノ名譽ヲ害ス可キ事實、行爲ヲ摘發シタル者ハ其事實、行爲ノ有無ヲ問ハス誹毀ノ罪ト爲シ十一日以上一年以下ノ有役禁錮及ヒ五圓以上五十圓以下ノ罰金ニ處ス

一　公ノ集會又ハ公ノ場所ニ於テ犯シタルトキ

二　公ノ場所ニ非スト雖モ特定ノ人ニ限リ集會又ハ臨席ヲ許シタル場所ニテ數人ノ面前ニ於テ犯シタルトキ

三　如何ナル場所ヲ問ハス被害者ト他人トノ面前ニ於テ犯シタルトキ

四　文書、圖書又ハ偶像ヲ配布シ販賣シ又ハ公衆ノ縦覧ニ供シ若クハ數人ニ示シ又ハ雜劇ヲ演シテ犯シタルト

第三百六十一條　此節ニ記載シタル誹毀ノ罪ハ被害者又ハ死者ノ親屬ノ告訴ヲ待テ其罪ヲ論ス

第三百六十條　醫師藥商穩婆又ハ代言人辯護人代書人若クハ神官僧侶其身分職業ニ於テ委託ヲ受ケタル事ニ因リ知得タル陰私ヲ漏告シタル者ハ誹毀ヲ以テ論シ十一日以上三月以下ノ重禁錮ニ處シ三圓以上三十圓以下ノ罰金ヲ附加ス但裁判所ノ呼出ヲ受ケテ事實ヲ陳述スル者ハ此限ニ在ラス

第三百六十一條　此節ニ記載シタル誹毀ノ罪ハ被害者又ハ死者ノ親屬ノ告訴ヲ待テ其罪ヲ論ス

第十一節　猥褻姦淫重婚ノ罪

キ

第三百三十條　株式會社ノ頭取、支配人其他ノ役員ニ對シ職務上不正ノ事アリトシテ指摘シタル者其事實ヲ證明シタルトキハ罪トシテ論セス

第三百三十一條　誹毀ノ罪ハ被害者ノ告訴アルニ非サレハ訴追スルコトヲ得ス

第三百三十二條　官吏、公吏ヲシテ懲戒處分ヲ受ケシムルノ意ヲ以テ不實ノ事ヲ構造シ其監督官吏、公吏ニ申告シタル者ハ十一日以上一年以下ノ有役禁錮及ヒ五圓以上三十圓以下ノ罰金ニ處ス

本條ノ罪ヲ犯シタル者被害者ニ對シ未タ懲戒手續ノ始マラサル前ニ於テ其申告ヲ取消シタルトキハ本刑ヲ免ス

第二節　陰私漏告ノ罪

第三百三十三條　醫師、藥商、産婆、辯護士、公證人又ハ神職、僧侶其身分、職業ノ爲メ人ノ陰私ヲ委託セラレ若クハ知リ得テ自己ヲ利シ又ハ人ヲ害スルノ意ヲ以テ其陰私ヲ漏告シタル者ハ十一日以上六月以下ノ有役禁錮及ヒ五圓以上五十圓以下ノ罰金ニ處ス

其誹毀ノ條件ヲ具備スルモノハ誹毀ノ刑ニ一等ヲ加フ

第三百三十四條　前條ノ罪ハ被害者ノ告訴アルニ非サレハ訴追スルコトヲ得ス

第三節　姦淫、猥褻ノ罪

第三百四十八條　十二歳以上ノ婦女ヲ强姦シタル者ハ輕懲役ニ處ス藥酒等ヲ用ヒ人ヲ昏睡セシメ又ハ精神ヲ錯亂セシメテ姦淫シタル者ハ强姦ヲ以テ論ス

第三百四十九條　十二歳ニ滿サル幼女ヲ姦淫シタル者ハ輕懲役ニ處ス若シ强姦シタル者ハ重懲役ニ處ス

第三百四十九條　十二歳ニ滿サル幼女ヲ姦淫シタル者ハ輕懲役ニ處ス若シ强姦シタル者ハ重懲役ニ處ス

第三百四十六條　十二歳ニ滿サル男女ニ對シ猥褻ノ所行ヲ爲シ又ハ十二歳以上ノ男女ニ對シ暴行脅迫ヲ以テ猥褻ノ所行ヲ爲シタル者ハ一月以上一年以下ノ重禁錮ニ虜シ二圓以上二十圓以下ノ罰金ヲ附加ス

第三百四十六條　十二歳ニ滿サル男女ニ對シ猥褻ノ所行ヲ爲シ又ハ十二歳以上ノ男女ニ對シ暴行脅迫ヲ以テ猥褻ノ所行ヲ爲シタル者ハ一月以上一年以下ノ重禁錮ニ處シ二圓以上二十圓以下ノ罰金ヲ附加ス

第三百四十七條　十二歳ニ滿サル男女ニ對シ暴行脅迫ヲ以テ猥褻ノ所行ヲ爲シタル者ハ二月以上二年以下ノ重禁錮ニ處シ四圓以上四十圓以下ノ罰金ヲ附加ス

第三百五十條　前數條ニ記載シタル罪ハ被害者又ハ其親屬

第三百三十五條　暴行、脅迫ヲ以テ滿十二歳以上ノ婦女ヲ姦淫シタル者ハ强姦ノ罪ト爲シ三等有期懲役ニ處ス方略ヲ用ヒテ婦女ヲ睡眠若クハ昏絶セシメ其他精神ヲ喪失セシメテ姦淫シタル者ハ强姦ヲ以テ論ス

十二歳ニ滿サル幼女ヲ强姦シタル者ハ二等有期懲役ニ處ス

第三百三十六條　睡眠、昏絶其他精神ノ喪失ニ乘シ婦女ヲ姦淫シタル者ハ前條ノ刑ニ一等又ハ二等ヲ減ス

第三百三十七條　十二歳ニ滿サル幼女ヲ姦淫シタル者ハ二年以上五年以下ノ有役禁錮ニ處ス

第三百三十八條　十二歳ニ滿サル男女ニ對シ猥褻ノ所爲ヲ行ヒタル者ハ一月以上一年以下ノ有役禁錮ニ處ス

第三百三十九條　滿十二歳以上ノ男女ニ對シ暴行、脅迫ヲ以テ猥褻ノ所爲ヲ行ヒタル者ハ一月以上一年以下ノ有役禁錮ニ處ス

十二歳ニ滿サル幼者ニ對シ暴行、脅迫ヲ以テ猥褻ノ所爲ヲ行ヒタル者ハ二月以上二年以下ノ有役禁錮ニ處ス

第三百四十條　前數條ノ罪ハ被害者又ハ其法律上代人ノ告

ノ告訴ヲ待テ其罪ヲ論ス

第三百五十一條　前數條ニ記載シタル罪ヲ犯シ因テ人ヲ死傷ニ致シタル者ハ毆打創傷ノ各本條ニ照シ重キニ從テ處斷ス但强姦ニ因テ癈篤疾ニ致シタル者ハ有期徒刑ニ處シ死ニ致シタル者ハ無期徒刑ニ處ス

第三百五十二條　十六歳ニ滿サル男女ノ淫行ヲ勸誘シテ媒合シタル者ハ一月以上六月以下ノ重禁錮ニ處シ二圓以上二十圓以下ノ罰金ヲ附加ス

第三百五十三條　有夫ノ婦姦通シタル者ハ六月以上二年以下ノ重禁錮ニ處ス其相姦スル者亦同シ

此條ノ罪ハ本夫ノ告訴ヲ待テ其罪ヲ論ス但本夫先ニ姦通ヲ縱容シタル者ハ告訴ノ效ナシ

第十三節　祖父母父母ニ對スル罪

第三百六十三條　子孫其祖父母父母ニ對シ毆打創傷ノ罪其他監禁脅迫遺棄誣告誹毀ノ罪ヲ犯シタル者ハ各本條ニ記載シタル凡人ノ刑ニ照シ二等ヲ加フ但癈疾ニ致シタル者ハ有期徒刑ニ處シ篤疾ニ致シタル者ハ無期徒刑ニ處シ死ニ致シタル者ハ死刑ニ處ス

第三百六十二條　子孫其祖父母父母ヲ謀殺故殺シタル者ハ死刑ニ處ス

訴アルニ非サレハ訴追スルコトヲ得ス

第三百四十一條　前數條ノ罪ヲ犯シ因テ人ヲ疾病、死傷ニ致シタル者ハ毆打創傷ノ各本條ニ擬シ一等ヲ加ヘ重キニ從テ處斷ス

第三百四十二條　十五歳ニ滿サル者又ハ瘋癲、白癡者ノ淫行ヲ勸誘シテ媒合シタル者ハ十一日以上二月以下ノ有役禁錮及ヒ五圓以上五十圓以下ノ罰金ニ處ス

第三百四十三條　有夫ノ婦姦通シタル者ハ六月以上二年以下ノ有役禁錮ニ處ス其相姦スル者亦同シ

本條ノ罪ハ本夫ノ告訴アルニ非サレハ訴追スルコトヲ得ス但本夫先ニ其姦通ヲ縱容シタルトキハ告訴ノ效ナシ

第四章　父母、祖父母ノ身體、自由、名譽ニ對シ犯シタル罪ノ特例

第三百四十四條　子孫其父母、祖父母ニ對シ前三章ニ記載シタル重罪、輕罪ヲ犯シタル者ハ各本刑ニ一等ヲ加フ

第三百四十五條　子孫其父母、祖父母ヲ謀殺、故殺シタル者ハ死刑ニ處ス

其自殺ニ關スル罪ハ凡人ノ刑ニ照シ二等ヲ加フ

第七節　人ノ住所ヲ侵ス罪

第百七十一條　晝間故ナク人ノ住居シタル邸宅又ハ人ノ看守シタル建造物ニ入リタル者ハ十一日以上六月以下ノ重禁錮ニ處ス

若シ左ニ記載シタル所爲アル時ハ一等ヲ加フ

一　門戶牆壁ヲ踰越損壞シ又ハ鎖鑰ヲ開キテ入リタル時

二　兇器其他犯罪ノ用ニ供ス可キ物品ヲ携帶シテ入リタル時

三　暴行ヲ爲シテ入リタル時

四　二人以上ニテ入リタル時

第百七十一條　晝間故ナク人ノ住居シタル邸宅又ハ人ノ看守シタル建造物ニ入リタル者ハ十一日以上六月以下ノ重禁錮ニ處ス

若シ左ニ記載シタル所爲アル時ハ一等ヲ加フ

一　門戶牆壁ヲ踰越損壞シ又ハ鎖鑰ヲ開キテ入リタル時

二　兇器其他犯罪ノ用ニ供ス可キ物品ヲ携帶シテ入リタル時

三　暴行ヲ爲シテ入リタル時

四　二人以上ニテ入リタル時

第百七十二條　夜間故ナク人ノ住居シタル邸宅又ハ人ノ看守シタル建造物ニ入リタル者ハ一月以上一年以下ノ重禁

第五章　住所ニ對スル罪

第三百四十六條　故ナク人ノ家宅ニ侵入シ制止ヲ受ケテ退去セサル者ハ十一日以上二月以下ノ有役禁錮ニ處ス左ニ記載シタル情狀アル者ハ制止ヲ受ケタルトキト雖モ仍ホ本刑ニ處ス

一　犯人潛伏シタルトキ

二　家人又ハ看守人ノ不在中犯シタルトキ

第三百四十七條　人ノ家宅ニ侵入シタル者左ノ情狀アルトキハ一月以上六月以下ノ有役禁錮ニ處ス

一　門戶、牆壁ヲ踰越、損壞シ又ハ鎖鑰ヲ開キテ入リタルトキ

二　兇器其他犯罪ノ用ニ供ス可キ物ヲ携帶シテ入リタルトキ

三　暴行、脅迫ヲ爲シテ入リタルトキ

四　二人以上ニテ入リタルトキ

五　夜間入リタルトキ

錮ニ處ス若シ前條ニ記載シタル加重ス可キ所爲アル時ハ一等ヲ加フ

第百七十三條　故ナク皇居禁苑離宮行在所及ヒ皇陵内ニ入リタル者ハ前二條ノ例ニ照シ各一等ヲ加フ

第二章　財産ニ對スル罪

第一節　竊盗ノ罪

第三百七十一條　自己ノ所有物ト雖モ典物トシテ他人ニ交付シ又ハ官署ノ命令ニ因リ他人ノ看守シタル時之ヲ竊取シタル者ハ竊盗ヲ以テ論ス

第三百六十六條　人ノ所有物ヲ竊取シタル者ハ竊盗ノ罪ト爲シ二月以上四年以下ノ重禁錮ニ處ス

第三百六十七條　水火震災其他ノ變ニ乘シテ竊盗ヲ犯シタル者ハ六月以上五年以下ノ重禁錮ニ處ス

第三百六十八條　門戸牆壁ヲ踰越損壊シ若クハ鎖鑰ヲ開キ

第三百四十八條　故ナク皇居、禁苑、離宮又ハ行在所ニ侵入シタル者ハ前二條ノ刑ニ各一等ヲ加フ

第六章　財産ニ對スル罪

第一節　盗罪

第三百四十九條　自己ヲ利シ又ハ人ヲ害スルノ意ヲ以テ人ニ屬スル動産ヲ不正ニ奪取シタル者ハ盗罪ト爲シテ處罰ス

第三百五十條　自己ノ所有ニ屬スト雖モ物權ニ因リ他人ノ占有スル物件又ハ裁判所ノ差押ニ因リ他人ノ監守スル物件ヲ奪取シタル者ハ盗罪ヲ以テ論ス

共同所有權ヲ有スル者他ノ共同所有者ヲ害スルノ意ヲ以テ其物件ヲ奪取シタルトキ亦同シ

第三百五十一條　盗罪ヲ犯シタル者再ヒ盗罪ヲ犯シタルトキハ各本刑ニ一等ヲ加フ三犯以上ノ者亦同シ

第一款　竊盗ノ罪

第三百五十二條　暴行、脅迫ヲ用ヒスシテ盗罪ヲ犯シタル者ハ竊盗ノ罪ト爲シ二月以上四年以下ノ有役禁錮ニ處ス

第三百五十三條　水火、震災其他ノ變ニ乘シテ竊盗ヲ犯シタル者ハ六月以上五年以下ノ有役禁錮ニ處ス

第三百五十四條　門戸、牆壁ヲ踰越、損壊シ又ハ鎖鑰ヲ開

邸宅倉庫ニ入リ竊盗ヲ犯シタル者ハ亦前條ニ同シ

第三百六十九條　二人以上共ニ前三條ノ罪ヲ犯シタル者ハ各一等ヲ加フ

第三百七十條　兇器ヲ携帶シテ人ノ住居シタル邸宅ニ入リ竊盗ヲ犯シタル者ハ輕懲役ニ處ス

第三百七十五條　此節ニ記載シタル輕罪ヲ犯サントシテ未タ遂ケサル者ハ未遂犯罪ノ例ニ照シテ處斷ス

第三百七十六條　此節ニ記載シタル罪ヲ犯シ輕罪ノ刑ニ處スル者ハ六月以上二年以下ノ監視ニ付ス

第三百七十七條　祖父母父母夫妻子孫及ヒ其配偶者又ハ同居ノ兄弟姉妹互ニ其財物ヲ竊取シタル者ハ竊盗ヲ以テ論スルノ限ニ在ラス

若シ他人共ニ犯シテ財物ヲ分チタル者ハ竊盗ヲ以テ論ス

第二節　強盗ノ罪

第三百七十八條　人ヲ脅迫シ又ハ暴行ヲ加ヘテ財物ヲ強取シタル者ハ強盗ノ罪ト爲シ輕懲役ニ處ス

第三百八十二條　竊盗財ヲ得テ其取還ヲ拒ク爲メ臨時暴行

キテ人ノ家宅其他ノ建造物ニ入リ竊盗ヲ犯シタル者ハ亦前條ニ同シ

第三百五十五條　二人以上共ニ前三條ノ罪ヲ犯シタル者ハ各一等ヲ加フ

第三百五十六條　兇器ヲ携帶シテ人ノ家宅ニ入リ竊盗ヲ犯シタル者ハ三等有期懲役ニ處ス

第三百五十七條　前數條ニ記載シタル輕罪ノ未遂犯ハ之ヲ罰ス

第三百五十八條　家宅其他ノ建造物外ニ於テ竊盗ヲ犯シ未タ遂ケサル者又ハ已ニ遂クルモ其贓額五圓ニ滿サル者ハ十一日以上二月以下ノ有役禁錮ニ處ス

第三百五十九條　此款ニ記載シタル罪ヲ犯シタル者ハ六月以上三年以下ノ監視ニ付スルコトヲ得

第三百六十條　父母、祖父母、夫妻、子孫及ヒ其配偶者又ハ同居ノ兄弟、姉妹互ニ竊盗ヲ犯シタル者ハ其罪ヲ宥恕シテ本刑ヲ免ス

若シ他人自己ノ利ヲ圖テ共ニ犯シタル者ハ宥恕ヲ與フルノ限ニ在ラス

第二款　強盗ノ罪

第三百六十一條　暴行、脅迫ヲ用ヒテ盗罪ヲ犯シタル者ハ強盗ノ罪ト爲シ三等有期懲役ニ處ス

竊盗財ヲ得テ其取還ヲ拒ク爲メ臨時暴行、脅迫ヲ爲シタ

脅迫ヲ爲シタル者ハ强盜ヲ以テ論ス
第三百八十三條　藥酒等ヲ用ヒ人ヲ酔迷セシメ其財物ヲ盜取シタル者ハ强盜ヲ以テ論シ輕懲役ニ處ス
第三百七十九條　强盜左ニ記載シタル情狀アル者ハ一個每ニ一等ヲ加フ
一　二人以上共ニ犯シタル時
二　兇器ヲ携帶シテ犯シタル時
第三百八十條　强盜人ヲ傷シタル者ハ無期徒刑ニ處シ死ニ致シタル者ハ死刑ニ處ス
第三百八十一條　强盜婦女ヲ强姦シタル者ハ無期徒刑ニ處ス
第三百八十四條　此節ニ記載シタル罪ヲ犯シ減刑ニ因テ輕

ル者ハ强盜ヲ以テ論ス
方略ヲ用ヒテ人ヲ睡眠若クハ昏絶セシメ其他精神ヲ喪失セシメテ盜罪ヲ犯シタル者亦同シ
第三百六十二條　强盜ヲ犯シタル者左ニ記載シタル情狀ノ一箇アルトキハ本刑ニ一等ヲ加ヘ二箇以上アルトキハ二等ヲ加フ
一　門戸、牆壁ヲ踰越損壞シ又ハ鎖鑰ヲ開キテ人ノ家宅ニ入リ犯シタルトキ
二　二人以上共ニ犯シタルトキ
三　兇器ヲ携帶シテ犯シタルトキ
第三百六十三條　强盜暴行、脅迫ニ因リ人ヲシテ第二百八十九條ニ記載シタル疾病、創傷ニ至ラシメタルトキハ一等有期懲役ニ處シ第二百九十條第一項ニ記載シタル疾病、創傷ニ至ラシメタルトキハ二等有期懲役ニ處ス
若シ殺意ナクシテ人ヲ死ニ致シタルトキハ無期懲役ニ處シ殺意アリタルトキハ死刑ニ處ス
第三百六十四條　强盜婦女ヲ强姦シタル者ハ無期懲役ニ處シ因テ死ニ致シタル者ハ死刑ニ處ス
第三百六十五條　暴行、脅迫ヲ用ヒ權利、義務ニ關スル證書ヲ作リテ之ヲ交付セシメ又ハ證書ヲ滅盡セシメタル者ハ强盜ヲ以テ論ス
第三百六十六條　此款ニ記載シタル罪ヲ犯シタル者ハ一年

罪ノ刑ニ處スル者ハ六月以上二年以下ノ監視ニ付ス

第三節　遺失物埋藏物ニ關スル罪

第三百八十五條　遺失及ヒ漂流ノ物品ヲ拾得テ隱匿シ所有主ニ還付セス又ハ官署ニ申告セサル者ハ十一日以上三月以下ノ重禁錮ニ處シ又ハ二圓以上二十圓以下ノ罰金ニ處ス

第三百八十六條　他人ノ所有地内ニ於テ埋藏ノ物品ヲ掘得テ隱匿シタル者ハ亦前條ニ同シ

第三百八十七條　此節ニ記載シタル罪ヲ犯シタル者第三百七十七條ニ掲ケタル親屬ニ係ル時ハ其罪ヲ論セス

第四節　家資分散ニ關スル罪

第三百八十八條　家資分散ノ際其財産ヲ藏匿脱漏シ又ハ虚僞ノ負債ヲ增加シタル者ハ二月以上四年以下ノ重禁錮ニ處ス

情ヲ知テ虚僞ノ契約ヲ承諾シ若クハ其媒介ヲ爲シタル者ハ一等ヲ減ス

以上五年以下ノ監視ニ付ス

第二節　遺失物、埋藏物ニ關スル罪

第三百六十七條　遺失又ハ漂流ノ物品ヲ拾得テ自己若クハ他人ノ利得ト爲ス爲メ之ヲ其所有者ニ還付セス又ハ官署、公署ニ申告セサル者ハ十一日以上二月以下ノ有役禁錮又ハ五圓以上二十圓以下ノ罰金ニ處ス

第三百六十八條　他人ノ所有地内又ハ他人ノ所有ニ屬スル物件ノ中ニ埋藏シタル物品ヲ發見シテ其全部若クハ一分ヲ隱匿シタル者ハ亦前條ニ同シ

第三百六十九條　此節ニ記載シタル罪親屬相犯ス者ハ第三百六十條ノ例ニ從フ

第三節　破産及ヒ家資分散ニ關スル罪

第三百七十條　商法ニ從ヒ破産ノ宣告ヲ受ケタル者有罪破産ニ係ルトキハ左ノ區別ニ從テ處斷ス

一　詐欺破産ニ係ルトキハ三等有期懲役ニ處ス

二　過怠破産ニ係ルトキハ二年以上五年以下ノ有役禁錮ニ處ス

第三百七十一條　家資分散ノ宣告ヲ受ケタル者其宣告ノ前後ヲ問ハス債權者ヲ害スルノ意ヲ以テ其財産ヲ藏匿、脱漏シ若クハ虚僞ノ負債ヲ增加シタル者ハ一月以上二年以下ノ有役禁錮ニ處ス

情ヲ知テ虚僞ノ契約ヲ承諾シ若クハ其媒介ヲ爲シタル者

第五節　詐欺取財ノ罪及ヒ受寄財物ニ關スル罪

第三百九十條　人ヲ欺罔シ又ハ恐喝シテ財物若クハ證書類ヲ騙取シタル者ハ詐欺取財ノ罪ト爲シ二月以上四年以下ノ重禁錮ニ處シ四圓以上四十圓以下ノ罰金ヲ附加ス

因テ官私ノ文書ヲ僞造シ又ハ增減變換シタル者ハ僞造ノ各本條ニ照シ重キニ從テ處斷ス

第三百九十二條　物件ヲ販賣シ又ハ交換スルニ當リ其物質ヲ變シ若クハ分量ヲ僞テ人ニ交付シタル者ハ詐欺取財ヲ以テ論ス

第三百九十三條　他人ノ動産不動産ヲ冒認シテ販賣交換シ又ハ抵當典物ト爲シタル者ハ詐欺取財ヲ以テ論ス

自己ノ不動産ト雖モ已ニ抵當典物ト爲シタルヲ欺隱シテ他人ニ賣與シ又ハ重子テ抵當典物ト爲シタル者亦同シ

第三百九十一條　幼者ノ知慮淺薄又ハ人ノ精神錯亂シタルニ乘シテ其財物若クハ證書類ヲ授與セシメタル者ハ詐欺取財ヲ以テ論ス

第三百九十四條　前數條ニ記載シタル罪ヲ犯シタル者ハ六月以上二年以下ノ監視ニ付ス

ハ一等ヲ減ス

第四節　詐欺取財及ヒ背信ノ罪

第三百七十二條　自己又ハ他人ヲ利スルノ意ヲ以テ虚僞ノ事ヲ構造シ又ハ眞實ノ事ヲ變更、隱蔽シ其他詐欺ノ方略ヲ用ヒテ人ヲ錯誤ニ陷レ以テ不正ノ利益ヲ得タル者ハ詐欺取財ノ罪ト爲シ二月以上四年以下ノ有役禁錮及ヒ十圓以上百圓以下ノ罰金ニ處ス

第三百七十三條　未成年者ノ知慮淺薄又ハ人ノ精神錯亂シタルニ乘シテ不正ノ利益ヲ得タル者ハ詐欺取財ヲ以テ論ス

第三百七十四條　人ノ惡事、醜行其他ノ陰私ヲ摘發、漏告セント脅迫シテ不正ノ利益ヲ得タル者ハ詐欺取財ヲ以テ論ス

第三百七十五條　前數條ノ罪ヲ犯シタル者ハ監視ニ付スルコトヲ得

第三百九十五條　受寄ノ財物借用物又ハ典物其他委託ヲ受ケタル金額物件ヲ費消シタル者ハ一月以上二年以下ノ重禁錮ニ處ス若シ騙取拐帶其他詐欺ノ所爲アル者ハ詐欺取財ヲ以テ論ス

第三百九十六條　自己ノ所有ニ係ルト雖モ官署ヨリ差押ヘタル物件ヲ藏匿脱漏シタル者ハ一月以上六月以下ノ重禁錮ニ處ス但家資分散ノ際此罪ヲ犯シタル者ハ第三百八十八條ノ例ニ照シテ處斷ス

第四百二十條　土地ノ經界ヲ表シタル物件ヲ毀壞シ又ハ移轉シタル者ハ一月以上六月以下ノ重禁錮ニ處シ二圓以上二十圓以下ノ罰金ヲ附加ス

第三百九十七條　此節ニ記載シタル罪ヲ犯サントシテ未タ遂ケサル者ハ未遂犯罪ノ例ニ照シテ處斷ス

第三百七十六條　詐欺取財ノ罪ヲ犯シタル者再ヒ詐欺取財ノ罪ヲ犯シタルトキハ本刑ニ一等ヲ加フ三犯以上ノ者亦同シ

第三百七十七條　自己又ハ他人ヲ利スルノ意ヲ以テ賃貸、寄託、使用、貸借、質其他容假ノ名義ニテ交付セラレタル金穀、物件ヲ隱匿、消費シタル者ハ背信ノ罪ト爲シ一月以上三年以下ノ有役禁錮及ヒ五圓以上五十圓以下ノ罰金ニ處ス

第三百七十八條　自己ノ所有ニ屬スル物件ト雖モ裁判所ヨリ差押ヘ更ニ保管ヲ託セラレタルモノヲ隱匿、消費シタル者ハ背信ヲ以テ論ス

第三百七十九條　寄託又ハ代理ノ名義ヲ以テ他人ノ印顆又ハ捺印若クハ署名アル白紙ヲ預リ不正ニ寄託者又ハ委任者ノ利益ヲ害シ得ヘキ證書ヲ作リタル者ハ背信ヲ以テ論ス

第三百八十條　他人ノ所有ニ屬スル土地ノ全部若クハ一分ヲ占領スル爲メ又ハ其土地ノ利益ヲ得ル爲メ經界ヲ表シタル物件ヲ毀棄シ又ハ移轉シタル者ハ二月以上二年以下ノ有役禁錮及ヒ五圓以上五十圓以下ノ罰金ニ處ス

第三百八十一條　此節ニ記載シタル罪ノ未遂犯ハ之ヲ罰ス

第三百九十八條　此節ニ記載シタル罪ヲ犯シタル者第三百七十七條ニ掲ケタル親屬ニ係ル時ハ其罪ヲ論セス

第六節　贓物ニ關スル罪

第三百九十九條　强竊盜ノ贓物ナルヿヲ知テ之ヲ受ケ又ハ寄藏故買シ若クハ牙保ヲ爲シタル者ハ一月以上三年以下ノ重禁錮ニ處シ三圓以上三十圓以下ノ罰金ヲ附加ス

第四百一條　詐欺取財其他ノ犯罪ニ關シタル物件ナル『ヲ知テ之ヲ受ケ又ハ寄藏故買シ若クハ牙保ヲ爲シタル者ハ十一日以上一年以下ノ重禁錮ニ處シ二圓以上二十圓以下ノ罰金ヲ附加ス

第四百條　前條ノ罪ヲ犯シタル者ハ六月以上二年以下ノ監視ニ付ス

第十節　家屋物品ヲ毀壞シ及ヒ動植物ヲ害スル罪

第四百十七條　人ノ家屋其他ノ建造物ヲ毀壞シタル者ハ一月以上五年以下ノ重禁錮ニ處シ二圓以上五十圓以下ノ罰金ヲ附加ス

因テ人ヲ死傷ニ致シタル者ハ毆打創傷ノ各本條ニ照シ重キニ從テ處斷ス

第四百十八條　人ノ家屋ニ屬スル牆壁及ヒ園池ノ裝飾又ハ田圃ノ樊圍牧場ノ柵欄ヲ毀壞シタル者ハ十一日以上三月以下ノ重禁錮ニ處シ又ハ二圓以上二十圓以下ノ罰金ニ處ス

第三百八十二條　此節ニ記載シタル罪親屬相犯ス者ハ第三百六十條ノ例ニ從フ

第五節　贓物ニ關スル罪

第三百八十三條　前四節及ヒ第二百八條ニ記載シタル罪ニ關スル贓物ナルコトヲ知テ之ヲ受ケ又ハ寄藏、故買シ若クハ牙保ヲ爲シタル者ハ十一日以上二年以下ノ有役禁錮及ヒ五圓以上五十圓以下ノ罰金ニ處ス

犯人常業トシテ本條ノ罪ヲ犯シタルトキハ二年以上五年以下ノ有役禁錮及ヒ十圓以上二百圓以下ノ罰金ニ處ス

第三百八十四條　前條ノ罪ヲ犯シタル者ハ監視ニ付スルコトヲ得

第六節　動產、不動產ヲ毀棄スル罪

第三百八十五條　自己ヲ利シ又ハ人ヲ害スルノ意ヲ以テ人ノ所有ニ屬スル動產、不動產ヲ毀壞シ殘害シ消滅セシメ又ハ使用スルコト能ハサルニ至ラシメタル者ハ十一日以上五年以下ノ有役禁錮及ヒ五圓以上百圓以下ノ罰金ニ處ス但被害者ノ告訴アルニ非サレハ訴追スルコトヲ得ス

第四百十九條　人ノ稼穡竹木其他需用ノ植物ヲ毀損シタル者ハ十一日以上六月以下ノ重禁錮ニ處シ又ハ三圓以上三十圓以下ノ罰金ニ處ス

第四百二十一條　人ノ器物ヲ毀棄シタル者ハ十一日以上六月以下ノ重禁錮ニ處シ又ハ三圓以上三十圓以下ノ罰金ニ處ス

第四百二十二條　人ノ牛馬ヲ殺シタル者ハ一月以上六月以下ノ重禁錮ニ處シ二圓以上二十圓以下ノ罰金ヲ附加ス

第四百二十三條　前條ニ記載シタル以外ノ家畜ヲ殺シタル者ハ二圓以上二十圓以下ノ罰金ニ處ス但被害者ノ告訴ヲ待テ其罪ヲ論ス

第四百二十四條　人ノ權利義務ニ關スル證書類ヲ毀棄滅盡シタル者ハ二月以上四年以下ノ重禁錮ニ處シ三圓以上三十圓以下ノ罰金ヲ附加ス

〔第四一七條第二項〕　因テ人ヲ死傷ニ致シタル者ハ毆打創傷ノ各本條ニ照シ重キニ從テ處斷ス

第三百八十六條　自己ノ所有ニ屬スト雖モ裁判所ヨリ差押ヘラレ又ハ抵當若クハ質ト爲シ其他人ノ爲メニ物權ヲ設定シ又ハ保險ニ付シタル動產、不動產ハ他人ノ所有ニ屬スル動產、不動產ト同ク論ス

第三百八十七條　此節ニ記載シタル罪ヲ犯シ因テ人ヲ疾病、死傷ニ致シタルトキハ第二百四十二條ノ例ニ從フ

第四編　違警罪

第一章　秩序ニ關スル罪

第二百三十二條　官職位階ヲ詐稱シ又ハ官ノ服飾徽章若クハ內外國ノ勳章ヲ僣用シタル者ハ十五日以上二月以下ノ輕禁錮ニ處シ二圓以上二十圓以下ノ罰金ヲ附加ス

第二百三十一條　官署ニ對シ文書又ハ言語ヲ以テ其屬籍身分氏名年齡職業ヲ詐稱シタル者ハ二圓以上二十圓以下ノ罰金ニ處ス

〔第四百二十五條〕十二　定リタル住居ナク平常營生ノ產業ナクシテ諸方ニ徘徊スル者

第四編　違警罪

第四百二十五條　左ノ諸件ヲ犯シタル者ハ三日以上十日以下ノ拘留ニ處シ又ハ一圓以上一圓九十五錢以下ノ科料ニ處ス

一　規則ヲ遵守セスシテ火藥其他破裂ス可キ物品ヲ市街ニ運搬シタル者

二　規則ヲ遵守セスシテ火藥其他破裂ス可キ物品又ハ自ラ火ヲ發ス可キ物品ヲ貯藏シタル者

三　官許ヲ得スシテ烟火ヲ製造シ又ハ販賣シタル者

第三百八十八條　公然官職、公職、勳位、貴號ヲ詐稱シ又ハ官吏、公吏ノ服飾、徽章若クハ內外國ノ勳章ヲ僣用シタル者ハ十日以上二十五日以下ノ拘留及ヒ五圓以上二十五圓以下ノ科料ニ處ス

其人ヲ錯誤ニ陥ルノ意ナクシテ詐稱シ僣用シタル者ハ一圓以上十圓以下ノ科料ニ處ス

第三百八十九條　官署、公署ニ對シ文書又ハ言語ヲ以テ其屬籍、身分、氏名、年齡、職業、住所ヲ詐稱シタル者ハ五日以上二十日以下ノ拘留又ハ二圓以上二十圓以下ノ科料ニ處ス

第三百九十條　身體壯健ニシテ定リタル住居ナク平常營生ノ產業ナクシテ諸方ニ徘徊スル者ハ十日以上二十五日以下ノ拘留ニ處ス

第三百九十一條　左ニ記載シタル所爲ヲ行ヒタル者ハ三日以上十五日以下ノ拘留又ハ一圓以上十圓以下ノ科料ニ處ス

一　人家稠密ノ場所ニ於テ濫リ烟火其他火器ヲ玩ヒタル者

二　官署、公署ノ督促ヲ受ケテ崩壞セントスル家屋、牆壁ノ修理ヲ爲サス又ハ路上ニ倒レ若クハ落チントスル樹木其他ノ物件ヲ取除カサル者

三　官許ヲ得スシテ死屍ヲ解剖シタル者

四　人家稠密ノ場所ニ於テ濫リ烟火其他火器ヲ玩ヒタル者

五　蒸氣器械其他烟筒火竈ヲ建造修理シ及ヒ掃除スル規則ニ違背シタル者

六　官署ノ督促ヲ受ケテ崩壞セントスル家屋牆壁ノ修理ヲ爲サヽル者

七　官許ヲ得スシテ死屍ヲ解剖シタル者

八　自己ノ所有地內ニ死屍アルヿヲ知テ官署ニ申告セス又ハ他所ニ移シタル者

九　人ヲ毆打シテ創傷疾病ニ至ラサル者

十　密ニ賣淫ヲ爲シ又ハ其媒合容止ヲ爲シタル者

十一　人ノ住居セサル家屋內ニ潛伏シタル者

十二　定リタル住居ナク平常營生ノ產業ナクシテ諸方ニ徘徊スル者

十三　官許ノ墓地外ニ於テ私ニ埋葬シタル者

十四　違警罪ノ犯人ヲ曲庇スル爲メ僞證シタル者但被告人僞證ノ爲メ刑ヲ免カレタル時ハ第二百十九條ノ例ニ從フ

第四百二十六條　左ノ諸件ヲ犯シタル者ハ二日以上五日以下ノ拘留ニ處シ又ハ五十錢以上一圓五十錢以下ノ科料ニ處ス

一　人家ノ近傍又ハ山林田野ニ於テ濫リニ火ヲ焚ク者

四　自己ノ所有地又ハ其看守スル地內ニ死屍アルコトヲ知テ官署、公署ニ申告セス又ハ他所ニ移シタル者

五　人ノ住居セサル家屋內ニ潛伏シタル者

六　檢視ヲ受ケスシテ變死人ヲ葬リタル者

七　埋葬證ヲ受ケスシテ死者ヲ葬リタル者又ハ埋葬證ヲ檢閲セスシテ葬ラシメタル者

八　流言、浮說ヲ爲シテ人ヲ誑惑シタル者

九　妄リニ吉凶禍福ヲ說キ又ハ祈禱、符呪等ヲ爲シ人ヲ惑ハシテ利ヲ圖リタル者

二　水火其他ノ變ニ際シ官吏ヨリ防禦ス可キノ求メヲ受ケ傍観シテ之ヲ肯セサル者
三　不熟ノ菓物又ハ腐敗シタル飲食物ヲ販賣シタル者
四　健康ヲ保護スル爲メ設ケタル規則又ハ傳染病豫防規則ニ違背シタル者
五　人ノ通行ス可キ場所ニアル危險ノ井溝其他凹所ニ蓋又ハ防圍ヲ爲サヽル者
六　路上ニ於テ犬其他ノ獸類ヲ嗾シ又ハ驚逸セシメタル者
七　發狂人ノ看守ヲ怠リ路上ニ徘徊セシメタル者
八　狂犬猛獸等ノ繫鎖ヲ怠リ路上ニ放チタル者
九　變死人ノ檢視ヲ受ケスシテ埋葬シタル者
十　墓碑及ヒ路上ノ神佛ヲ毀損シ又ハ汚瀆シタル者
十一　神祠佛堂其他公ノ建造物ヲ汚損シタル者
十二　公然人ヲ罵詈嘲弄シタル者但訴ヲ待テ其罪ヲ論ス

第四百二十六條　左ノ諸件ヲ犯シタル者ハ二日以上五日以下ノ拘留ニ處シ又ハ五十錢以上一圓五十錢以下ノ科料ニ處ス
一　人家ノ近傍又ハ山林田野ニ於テ濫リニ火ヲ焚ク者
二　水火其他ノ變ニ際シ官吏ヨリ防禦ス可キノ求メヲ受ケ傍觀シテ之ヲ肯セサル者
三　不熟ノ菓物又ハ腐敗シタル飲食物ヲ販賣シタル者

第三百九十二條　左ニ記載シタル所爲ヲ行ヒタル者ハ二日以上十日以下ノ拘留又ハ五十錢以上五圓以下ノ科料ニ處ス
一　人家ノ近傍又ハ山林、田野ニ於テ濫リニ火ヲ焚キタル者
二　水火其他ノ變ニ際シ官吏、公吏ヨリ防禦ス可キノ求メヲ受ケ之ヲ肯セサル者

四　健康ヲ保護スル爲メ設ケタル規則又ハ傳染病豫防規則ニ違背シタル者
五　人ノ通行ス可キ場所ニアル危險ノ井溝其他凹所ニ蓋又ハ防圍ヲ爲サ、ヲ者
六　路上ニ於テ犬其他ノ獸類ヲ嗾シ又ハ驚逸セシメタル者
七　發狂人ノ看守ヲ怠リ路上ニ徘徊セシメタル者
八　狂犬猛獸等ノ繫鎖ヲ怠リ路上ニ放チタル者
九　變死人ノ檢視ヲ受ケスシテ埋葬シタル者
十　墓碑及ヒ路上ノ神佛ヲ毀損シ又ハ汚瀆シタル者
十一　神祠佛堂基他公ノ建造物ヲ汚損シタル者
十二　公然人ヲ罵詈嘲弄シタル者但訴ヲ待テ其罪ヲ論ス

第四百二十六條　左ノ諸件ヲ犯シタル者ハ二日以上五日以下ノ拘留ニ處シ又ハ五十錢以上一圓五十錢以下ノ科料ニ處ス
一　人家ノ近傍又ハ山林田野ニ於テ濫リニ火ヲ焚ク者
二　水火其他ノ變ニ際シ官吏ヨリ防禦ス可キノ求メヲ受ケ傍觀シテ之ヲ肯セサル者
三　不熟ノ菓物又ハ腐敗シタル飲食物ヲ販賣シタル者
四　健康ヲ保護スル爲メ設ケタル規則又ハ傳染病豫防規則ニ違背シタル者
五　人ノ通行ス可キ場所ニアル危險ノ井溝其他凹所ニ蓋

三　人ノ通行ス可キ場所ニ在ル危險ノ井溝其他凹所ニ蓋若クハ防圍ヲ爲サヽル者
四　發狂人ノ看守ヲ怠リ路上ニ徘徊セシメタル者
五　狂犬、猛獸等ノ繫鎖ヲ怠リ路上ニ放チタル者

第三百九十三條　左ニ記載シタル所爲ヲ行ヒタル者ハ一日以上五日以下ノ拘留又ハ十錢以上二圓以下ノ科料ニ處ス
一　路上ニ於テ犬其他ノ獸類ヲ嗾シ又ハ驚逸セシメタル者
二　瓦礫等ヲ道路、家宅ニ投擲シタル者
三　神祠、佛堂其他公ノ建造物ヲ汚損シタル者
四　濫リニ車馬ヲ疾驅シテ行人ノ妨害ヲ爲シタル者
五　制止ヲ肯セスシテ人ノ群集シタル場所ニ車場ヲ牽入レ若クハ乘入レタル者
六　木石等ヲ道路ニ堆積シテ防圍ヲ設ケス又ハ標識ノ點

又ハ防圍ヲ爲サヽル者
六 路上ニ於テ犬其他ノ獸類ヲ嗾シ又ハ驚逸セシメタル者
七 發狂人ノ看守ヲ怠リ路上ニ徘徊セシメタル者
八 狂犬猛獸等ノ繋鎖ヲ怠リ路上ニ放チタル者
九 變死人ノ檢視ヲ受ケスシテ埋葬シタル者
十 墓碑及ヒ路上ノ神佛ヲ毀損シ又ハ汚瀆シタル者
十一 神祠佛堂基他公ノ建造物ヲ汚損シタル者
十二 公然人ヲ罵詈嘲弄シタル者但訴ヲ待テ其罪ヲ論ス

第四百二十七條 左ノ諸件ヲ犯シタル者ハ一日以上三日以下ノ拘留ニ處シ又ハ二十錢以上一圓二十五錢以下ノ科料ニ處ス

一 濫リニ車馬ヲ疾驅シテ行人ノ妨害ヲ爲シタル者
二 制止ヲ肯セスシテ人ノ群集シタル場所ニ車馬ヲ牽キタル者
三 夜中燈火ナクシテ車馬ヲ疾驅スル者
四 木石等ヲ道路ニ堆積シテ防圍ヲ設ケス又ハ標識ノ點燈ヲ怠リタル者
五 瓦礫ヲ道路家屋園囿ニ投擲シタル者
六 禽獸ノ死屍ヲ道路ニ棄擲シ又ハ取除カサル者
七 汚穢物ヲ道路家屋園囿ニ投擲シタル者
八 警察ノ規則ニ違背シテ工商ノ業ヲ爲シタル者

燈ヲ怠リタル者
七 道路、橋梁其他ノ場所ニ榜示シタル通行禁止及ヒ指道標ノ類ヲ毀棄、汚損シタル者

九　醫師穩婆事故ナクシテ急病人ノ招キニ處セサル者
十　死亡ノ申告ヲ爲サスシテ埋葬シタル者
十一　流言浮說ヲ爲シテ人ヲ誑惑シタル者
十二　妄ニ吉凶禍福ヲ說キ又ハ祈禱符咒等ヲ爲シ人ヲ惑ハシテ利ヲ圖ル者
十三　私有地外ヘ濫リニ家屋牆壁ヲ設ケ又ハ軒楹ヲ出シタル者
十四　官許ヲ得スシテ路傍又ハ河岸ニ床店等ヲ開キタル者
十五　路上ノ植木市街ノ常燈及ヒ厠場等ヲ毀損シタル者
十六　道路橋梁其他ノ場所ニ榜示シタル通行禁止及ヒ指導標ノ類ヲ毀棄汚損シタル者

第四百二十七條　左ノ諸件ヲ犯シタル者ハ一日以上三日以下ノ拘留ニ處シ又ハ二十錢以上一圓二十五錢以下ノ科料ニ處ス
一　濫リニ車馬ヲ疾驅シテ行人ノ妨害ヲ爲シタル者
二　制止ヲ肯セスシテ人ノ群集シタル場所ニ車馬ヲ牽キタル者
三　夜中燈火ナクシテ車馬ヲ疾驅スル者
四　木石等ヲ道路ニ堆積シテ防圍ヲ設ケス又ハ標識ノ點燈ヲ怠リタル者
五　瓦礫ヲ道路家屋園囿ニ投擲シタル者

第三百九十四條　左ニ記載シタル所爲ヲ行ヒタル者ハ十錢以上三圓以下ノ科料ニ處ス
一　私有地外ヘ濫リニ牆壁ヲ設ケ又ハ軒楹ヲ出シタル者
二　路上ノ植木、市街ノ常燈及ヒ厠場等ヲ毀損シタル者
三　橋梁又ハ堤防ノ害トナル可キ場所ニ舟筏ヲ繫キタル者
四　牛馬、諸車其他物件ヲ道路ニ横タヘ又ハ木石薪炭等ヲ堆積シテ行人ノ妨害ヲ爲シタル者
五　車馬ヲ並ヘ牽キ又ハ並ヘ驅テ行人ノ妨害ヲ爲シタル者

六　禽獸ノ死屍ヲ道路ニ棄擲シ又ハ取除カサル者
七　汚穢物ヲ道路家屋園囿ニ投擲シタル者
八　警察ノ規則ニ違背シテ工商ノ業ヲ爲シタル者
九　醫師穩婆事故ナクシテ急病人ノ招キニ應セサル者
十　死亡ノ申告ヲ爲サスシテ埋葬シタル者
十一　流言浮說ヲ爲シテ人ヲ誑惑シタル者
十二　妄ニ吉凶禍福ヲ說キ又ハ祈禱符咒等ヲ爲シ人ヲ惑ハシテ利ヲ圖ル者
十三　私有地外ヘ濫リニ家屋牆壁ヲ設ケ又ハ軒楹ヲ出シタル者
十四　官許ヲ得スシテ路傍又ハ河岸ニ床店等ヲ開キタル者
十五　路上ノ植木市街ノ常燈及ヒ厠場等ヲ毀損シタル者
十六　道路橋梁其他ノ場所ニ榜示シタル通行禁止及ヒ指導標ノ類ヲ毀棄汚損シタル者

第四百二十九條　左ノ諸件ヲ犯シタル者ハ五錢以上五十錢以下ノ科料ニ處ス

一　橋梁又ハ堤防ノ害ト爲ル可キ場所ニ舟筏ヲ繫キタル者
二　牛馬諸車其他物件ヲ道路ニ横タヘ又ハ木石薪炭等ヲ堆積シテ行人ノ妨害ヲ爲シタル者
三　車馬ヲ竝ヘ牽テ行人ノ妨害ヲ爲シタル者
六　水路ニ於テ舟筏ヲ並ヘ通船ノ妨害ヲ爲シタル者
七　氷雪塵芥等ヲ路上ニ投棄シタル者
八　制止ヲ肯セスシテ路上ニ遊戲ヲ爲シ行人ノ妨害ヲ爲シタル者
九　牛馬ヲ牽キ又ハ繫クコトヲ忽セニシテ行人ノ妨害ヲ爲シタル者
十　出入ヲ禁止シタル場所ニ濫リニ出入シタル者
十一　通行禁止ノ榜示ヲ侵シテ通行シタル者
十二　路上ノ常燈ヲ消シタル者
十三　公園ノ規則ヲ犯シタル者

四　水路ニ於テ舟ヲ竝ヘ通船ノ妨害ヲ爲シタル者
五　氷雪塵芥等ヲ路上ニ投棄シタル者
六　官署ノ督促ヲ受ケテ道路ノ掃除ヲ爲サヽル者
七　制止ヲ肯セスシテ路上ニ遊戯ヲ爲シ行人ノ妨害ヲ爲シタル者
八　牛馬ヲ牽キ又ハ繫クコトヲ忽カセニシテ行人ノ妨害ヲ爲シタル者
九　出入ヲ禁止シタル場所ニ濫リニ出入シタル者
十　通行禁止ノ榜示ヲ犯シテ通行シタル者
十一　道路ニ於テ放歌高聲ヲ發シテ制止ヲ肯セサル者
十二　酩酊シテ路上ニ醉噪シ又ハ醉臥シタル者
十三　路上ノ常燈ヲ消シタル者
十四　人家ノ牆壁ニ貼紙及ヒ樂書シタル者
十五　邸宅ノ番號標札招牌又ハ貸家賣家ノ貼紙其他報告ノ榜標等ヲ毀損シタル者
十六　他人ノ田野園囿ニ於テ菜菓ヲ採食シ又ハ花卉ヲ採折シタル者
十七　公園ノ規則ヲ犯シタル者
十八　通路ナキ他人ノ田圃ヲ通行シ又ハ牛馬ヲ牽入レタル者

第四百二十五條　左ノ諸件ヲ犯シタル者ハ三日以上十日以

第二章　衛生ニ關スル罪

第三百九十五條　公許ノ墓地外ニ於テ私ニ埋葬シタル者ハ

下ノ拘留ニ處シ又ハ一圓以上一圓九十五錢以下ノ科料ニ處ス

一　規則ヲ遵守セスシテ火薬其他破裂ス可キ物品ヲ市街ニ運搬シタル者

二　規則ヲ遵守セスシテ火薬其他破裂ス可キ物品又ハ自ラ火ヲ發ス可キ物品ヲ貯藏シタル者

三　官許ヲ得スシテ烟火ヲ製造シ又ハ販賣シタル者

四　人家稠密ノ場所ニ於テ濫リニ烟火其他火器ヲ玩ヒタル者

五　蒸氣器械其他烟筒火竈ヲ建造修理シ及ヒ掃除スル規則ニ違背シタル者

六　官署ノ督促ヲ受ケテ崩壞セントスル家屋牆壁ノ修理ヲ爲サヽル者

七　官許ヲ得スシテ死屍ヲ解剖シタル者

八　自己ノ所有地內ニ死屍アルヿヲ知テ官署ニ申告セス又ハ他所ニ移シタル者

九　人ヲ毆打シテ創傷疾病ニ至ラサル者

十　密ニ賣淫ヲ爲シ又ハ其媒合容止ヲ爲シタル者

十一　人ノ住居セサル家屋內ニ潛伏シタル者

十二　定リタル住居ナク平常營生ノ產業ナクシテ諸方ニ徘徊スル者

十三　官許ノ墓地外ニ於テ私ニ埋葬シタル者

三日以上十五日以下ノ拘留又ハ一圓以上十圓以下ノ科料ニ處ス

十四　違警罪ノ犯人ヲ曲庇スル爲メ僞證シタル者但被告人僞證ノ爲メ刑ヲ免カレタル時ハ第二百十九條ノ例ニ從フ

第四百二十六條　左ノ諸件ヲ犯シタル者ハ二日以上五日以下ノ拘留ニ處シ又ハ五十錢以上一圓五十錢以下ノ科料ニ處ス

一　人家ノ近傍又ハ山林田野ニ於テ濫リニ火ヲ焚ク者

二　水火其他ノ變ニ際シ官吏ヨリ防禦ス可キノ求メヲ受ケ傍觀シテ之ヲ肯セサル者

三　不熟ノ菓物又ハ腐敗シタル飲食物ヲ販賣シタル者

四　健康ヲ保護スル爲メ設ケタル規則又ハ傳染病豫防規則ニ違背シタル者

五　人ノ通行ス可キ場所ニアル危險ノ井溝其他凹所ニ蓋又ハ防圍ヲ爲サヽル者

六　路上ニ於テ犬其他ノ獸類ヲ嗾シ又ハ驚逸セシメタル者

七　發狂人ノ看守ヲ怠リ路上ニ徘徊セシメタル者

八　狂犬猛獸等ノ繋鎖ヲ怠リ路上ニ放チタル者

九　變死人ノ檢視ヲ受ケスシテ埋葬シタル者

十　墓碑及ヒ路上ノ神佛ヲ毀損シ又ハ汚瀆シタル者

十一　神祠佛堂基他公ノ建造物ヲ汚損シタル者

十二　公然人ヲ罵詈嘲弄シタル者但訴ヲ待テ其罪ヲ論ス

第三百九十六條　左ニ記載シタル所爲ヲ行ヒタル者ハ一日以上五日以下ノ拘留又ハ十錢以上二圓以下ノ科料ニ處ス

一　不熟ノ菓物又ハ腐敗シタル飲食物ヲ販賣シタル者

二　禽獸ノ死屍ヲ道路ニ棄擲シ又ハ取除カサル者

三　汚穢物ヲ道路、家宅ニ投擲シタル者

第四百二十七條　左ノ諸件ヲ犯シタル者ハ一日以上三日以下ノ拘留ニ處シ又ハ二十錢以上一圓二十五錢以下ノ科料ニ處ス

一　濫リニ車馬ヲ疾驅シテ行人ノ妨害ヲ爲シタル者

二　制止ヲ肯セスシテ人ノ群集シタル場所ニ車馬ヲ牽キタル者

三　夜中燈火ナクシテ車馬ヲ疾驅スル者

四　木石等ヲ道路ニ堆積シテ防圍ヲ設ケス又ハ標識ノ點燈ヲ怠リタル者

五　瓦礫ヲ道路家屋園囿ニ投擲シタル者

六　禽獸ノ死屍ヲ道路ニ棄擲シ又ハ取除カサル者

七　汚穢物ヲ道路家屋園囿ニ投擲シタル者

八　警察ノ規則ニ違背シテ工商ノ業ヲ爲シタル者

九　醫師穏婆事故ナクシテ急病人ノ招キニ應セサル者

十　死亡ノ申告ヲ爲サスシテ埋葬シタル者

十一　流言浮說ヲ爲シ人ヲ誑惑シタル者

十二　妄ニ吉凶禍福ヲ說キ又ハ祈禱符呪等ヲ爲シ人ヲ惑ハシテ利ヲ圖ル者

十三　私有地外へ濫リニ家屋牆壁ヲ設ケ又ハ軒楹ヲ出シタル者

十四　官許ヲ得スシテ路傍又ハ河岸ニ床店等ヲ開キタル者

十五　路上ノ植木市街ノ常燈及ヒ厠場等ヲ毀損シタル者
十六　道路橋梁其他ノ場所ニ榜示シタル通行禁止及ヒ指導標ノ類ヲ毀棄汚損シタル者

第四百二十八條　左ノ諸件ヲ犯シタル者ハ一日ノ拘留ニ處シ又ハ十錢以上一圓以下ノ科料ニ處ス

一　官署ヨリ價額ヲ定メタル物品ヲ定價以上ニ販賣シタル者
二　渡船橋梁其故ノ場所ニ於テ道行錢ヲ取リ又ハ故ナク通行ヲ妨ケタル者
三　渡船橋梁其他通行錢ヲ拂フ可キ場所ニ於テ其定價ヲ出サスシテ通行シタル者
四　路上ニ於テ賭博ニ類スル商業ヲ爲シタル者
五　官許ヲ得スシテ劇場其他觀物場ヲ開キ及ヒ其規則ニ違背シタル者
六　溝渠下水ヲ毀損シ又ハ官署ノ督促ヲ受ケテ溝渠下水ヲ浚ハサル者
七　制止ヲ肯セスシテ路傍ニ食物其他ノ商品ヲ羅列シタル者
八　官許ヲ得スシテ獸類ヲ官有地ニ放チ又ハ牧畜シタル者
九　身體ニ刺文ヲ爲シ及ヒ之ヲ業トスル者
十　他人ノ繫キタル牛馬其他ノ獸類ヲ解放シタル者

第三百九十七條　左ニ記載シタル所爲ヲ行ヒタル者ハ十錢以上三圓以下ノ科料ニ處ス

一　溝渠、下水ヲ毀損シ又ハ官署、公署ノ督促ヲ受ケテ溝渠、下水ヲ浚ハサル者
二　官署、公署ノ督促ヲ受ケテ道路ノ掃除ヲ爲ササル者

十一　他人ノ繫キタル舟筏ヲ解放シタル者
第四百二十九條　左ノ諸件ヲ犯シタル者ハ五錢以上五十錢以下ノ科料ニ處ス
一　橋梁又ハ堤防ノ害ト爲ル可キ場所ニ舟筏ヲ繫キタル者
二　牛馬諸車其他物件ヲ道路ニ横タヘ又ハ木石薪炭等ヲ堆積シテ行人ノ妨害ヲ爲シタル者
三　車馬ヲ竝ヘ牽テ行人ノ妨害ヲ爲シタル者
四　水路ニ於テ舟ヲ竝ヘ通船ノ妨害ヲ爲シタル者
五　氷雪塵芥等ヲ路上ニ投棄シタル者
六　官署ノ督促ヲ受ケテ道路ノ掃除ヲ爲サヽル者
七　制止ヲ肯セスシテ路上ニ遊戲ヲ爲シ行人ノ妨害ヲ爲シタル者
八　牛馬ヲ牽キ又ハ繫クコトヲ忽カセニシテ行人ノ妨害ヲ爲シタル者
九　出入ヲ禁止シタル場所ニ濫リニ出入シタル者
十　通行禁止ノ榜示ヲ犯シテ通行シタル者
十一　道路ニ於テ放歌高聲ヲ發シテ制止ヲ肯セサル者
十二　酩酊シテ路上ニ醉噪シ又ハ醉臥シタル者
十三　路上ノ常燈ヲ消シタル者
十四　人家ノ牆壁ニ貼紙及ヒ樂書シタル者
十五　邸宅ノ番號標札招牌又ハ貸家賣家ノ貼紙其他報告

ノ榜標等ヲ毀損シタル者
十六　他人ノ田野園囿ニ於テ菜菓ヲ菜食シ又ハ花卉ヲ採折シタル者
十七　公園ノ規則ヲ犯シタル者
十八　通路ナキ他人ノ田圃ヲ通行シ又ハ牛馬ヲ牽入レタル者

第四百二十五條　左ノ諸件ヲ犯シタル者ハ三日以上十日以下ノ拘留ニ處シ又ハ一圓以上一圓九十五錢以下ノ科料ニ處ス
一　規則ヲ遵守セスシテ火藥其他破裂ス可キ物品ヲ市街ニ運搬シタル者
二　規則ヲ遵守セスシテ火藥其他破裂ス可キ物品又ハ自ラ火ヲ發ス可キ物品ヲ貯藏シタル者
三　官許ヲ得スシテ烟火ヲ製造シ又ハ販賣シタル者
四　人家稠密ノ場所ニ於テ濫リニ烟火其他火器ヲ玩ヒタル者
五　蒸氣器械其他烟筒火竈ヲ建造修理シ及ヒ掃除スル規則ニ違背シタル者
六　官署ノ督促ヲ受ケテ崩壞セントスル家屋牆壁ノ修理ヲ爲サヽル者
七　官許ヲ得スシテ死屍ヲ解剖シタル者

第三章　風俗ニ關スル罪

第三百九十八條　密ニ賣淫ヲ爲シ又ハ其媒合、容止ヲ爲シタル者ハ五日以上二十日以下ノ拘留又ハ五圓以上二十五圓以下ノ科料ニ處ス
本條ノ罪ヲ犯シタル者再ヒ犯シタルトキハ一等ヲ加フ三犯以上ノ者亦同シ

八　自己ノ所有地内ニ死屍アルヿヲ知テ官署ニ申告セス又ハ他所ニ移シタル者
九　人ヲ毆打シテ創傷疾病ニ至ラサル者
十　密ニ賣淫ヲ爲シ又ハ其媒合容止ヲ爲シタル者
十一　人ノ住居セサル家屋内ニ潛伏シタル者
十二　定リタル住居ナク平常營生ノ產業ナクシテ諸方ニ徘徊スル者
十三　官許ノ墓地外ニ於テ私ニ埋葬シタル者
十四　違警罪ノ犯人ヲ曲庇スル爲メ僞證シタル者但被告人僞證ノ爲メ刑ヲ免カレタル時ハ第二百十九條ノ例ニ從フ
第二百五十八條　公然猥褻ノ所行ヲ爲シタル者ハ三圓以上三十圓以下ノ罰金ニ處ス
第二百五十九條　風俗ヲ害スル册子圖畫其他猥褻ノ物品ヲ公然陳列シ又ハ販賣シタル者ハ四圓以上四十圓以下ノ罰金ニ處ス
第二百六十三條　神祠佛堂墓所其他禮拜所ニ對シ公然不敬ノ所爲アル者ハ二圓以上二十圓以下ノ罰金ニ處ス
若シ說敎又ハ禮拜ヲ妨害シタル者ハ四圓以上四十圓以下ノ罰金ニ處ス

第三百九十九條　公ノ場所又ハ公衆ノ目ニ觸ル可キ場所ニ於テ猥褻ノ所爲ヲ行ヒタル者ハ三日以上十五日以下ノ拘留又ハ一圓以上十圓以下ノ科料ニ處ス
第四百條　風俗ヲ害スル册子、圖畫其他猥褻ノ物品ヲ公然陳列シ販賣シ又ハ販賣若クハ賃貸ニ供シタル者ハ五圓以上二十五圓以下ノ科料ニ處シ其册子、圖畫、物品ハ之ヲ沒收ス
第四百一條　神祠、佛堂、墓所其他禮拜所ニ於テ神佛又ハ死者ニ對シ公然不敬ノ所爲ヲ行ヒタル者ハ二日以上十日以下ノ拘留又ハ二圓以上二十圓以下ノ科料ニ處ス若シ說敎又ハ禮拜ヲ妨害シタル者ハ一等ヲ加フ

第四百二十六條　左ノ諸件ヲ犯シタル者ハ二日以上五日以下ノ拘留ニ處シ又ハ五十錢以上一圓五十錢以下ノ科料ニ處ス

一　人家ノ近傍又ハ山林田野ニ於テ濫リニ火ヲ焚ク者

二　水火其他ノ變ニ際シ官吏ヨリ防禦ス可キノ求メヲ受ケ傍觀シテ之ヲ肯セサル者

三　不熟ノ菓物又ハ腐敗シタル飲食物ヲ販賣シタル者

四　健康ヲ保護スル爲メ設ケタル規則又ハ傳染病豫防規則ニ違背シタル者

五　人ノ通行ス可キ場所ニアル危險ノ井溝其他凹所ニ蓋又ハ防圍ヲ爲サヽル者

六　路上ニ於テ犬其他ノ獸類ヲ嗾シ又ハ驚逸セシメタル者

七　發狂人ノ看守ヲ怠リ路上ニ徘徊セシメタル者

八　狂犬猛獸等ノ繋鎖ヲ怠リ路上ニ放チタル者

九　變死人ノ檢視ヲ受ケスシテ埋葬シタル者

十　墓碑及ヒ路上ノ神佛ヲ毀損シ又ハ汚濆シタル者

十一　神祠佛堂基他公ノ建造物ヲ汚損シタル者

十二　公然人ヲ罵詈嘲弄シタル者但訴ヲ待テ其罪ヲ論ス

第四百二十八條　左ノ諸件ヲ犯シタル者ハ一日ノ拘留ニ處シ又ハ十錢以上一圓以下ノ科料ニ處ス

一　官署ヨリ價額ヲ定メタル物品ヲ定價以上ニ販賣シタ

第四百二條　左ニ記載シタル所爲ヲ行ヒタル者ハ一日以上五日以下ノ拘留又ハ十錢以上二圓以下ノ科料ニ處ス

一　公然獸類ヲ虐待シ若クハ顯著ナル過度ノ勞働ヲ爲サ

ル者
二　渡船橋梁其故ノ場所ニ於テ定價以上ノ道行錢ヲ取リ又ハ故ナク妨ケタル者
三　渡船橋梁其他通行錢ヲ拂フ可キ場所ニ於テ其定價ヲ出サスシテ通行シタル者
四　路上ニ於テ賭博ニ類スル商業ヲ爲シタル者
五　官許ヲ得スシテ劇場其他觀物場ヲ開キ及ヒ其規則ニ違背シタル者
六　溝渠下水ヲ毀損シ又ハ官署ノ督促ヲ受ケテ溝渠下水ヲ浚ハサル者
七　制止ヲ肯セスシテ路傍ニ食物其他ノ商品ヲ羅列シタル者
八　官許ヲ得スシテ獸類ヲ官有地ニ放チ又ハ牧畜シタル者
九　身體ニ刺文ヲ爲シ及ヒ之ヲ業トスル者
十　他人ノ繫キタル牛馬其他ノ獸類ヲ解放シタル者
十一　他人ノ繫キタル舟筏ヲ解放シタル者

第四百二十八條　左ノ諸件ヲ犯シタル者ハ一日ノ拘留ニ處シ又ハ十錢以上一圓以下ノ科料ニ處ス
一　官署ヨリ價額ヲ定メタル物品ヲ定價以上ニ販賣シタル者
二　渡船橋梁其故ノ場所ニ於テ定價以上ノ道行錢ヲ取リ

シメタル者
二　路上ニ於テ賭博ニ類スル商業ヲ爲シタル者

第四百三條　左ニ記載シタル所爲ヲ行ヒタル者ハ十錢以上三圓以下ノ科料ニ處ス
一　身體ニ刺文ヲ爲シ及ヒ之ヲ業ト爲ス者
二　道路ニ於テ放歌、高聲ヲ發シテ制止ヲ肯セサル者
三　酩酊シテ路上ニ喧噪シ又ハ醉臥シタル者

又ハ故ナク通行ヲ妨ケタル者
三　渡船橋梁其他通行錢ヲ拂フ可キ場所ニ於テ其定價ヲ出サスシテ通行シタル者
四　路上ニ於テ賭博ニ類スル商業ヲ爲シタル者
五　官許ヲ得スシテ劇場其他觀物場ヲ開キ及ヒ其規則ニ違背シタル者
六　溝渠下水ヲ毀損シ又ハ官署ノ督促ヲ受ケテ溝渠下水ヲ浚ハサル者
七　制止ヲ肯セスシテ路傍ニ食物其他ノ商品ヲ羅列シタル者
八　官許ヲ得スシテ獸類ヲ官有地ニ放チ又ハ牧畜シタル者
九　身體ニ刺文ヲ爲シ及ヒ之ヲ業トスル者
十　他人ノ繫キタル牛馬其他ノ獸類ヲ解放シタル者
十一　他人ノ繫キタル舟筏ヲ解放シタル者
第四百二十九條　左ノ諸件ヲ犯シタル者ハ五錢以上五十錢以下ノ科料ニ處ス
一　橋梁又ハ堤防ノ害ト爲ル可キ場所ニ舟筏ヲ繫キタル者
二　牛馬諸車其他物件ヲ道路ニ横タヘ又ハ木石薪炭等ヲ堆積シテ行人ノ妨害ヲ爲シタル者
三　車馬ヲ竝ヘ牽テ行人ノ妨害ヲ爲シタル者

四　水路ニ於テ舟ヲ竝ヘ通船ノ妨害ヲ爲シタル者
五　氷雪塵芥等ヲ路上ニ投棄シタル者
六　官署ノ督促ヲ受ケテ道路ノ掃除ヲ爲サヽル者
七　制止ヲ肯セスシテ路上ニ遊戲ヲ爲シ行人ノ妨害ヲ爲シタル者
八　牛馬ヲ牽キ又ハ繫クコトヲ忽カセニシテ行人ノ妨害ヲ爲シタル者
九　出入ヲ禁止シタル場所ニ濫リニ出入シタル者
十　通行禁止ノ榜示ヲ犯シテ通行シタル者
十一　道路ニ於テ放歌高聲ヲ發シテ制止ヲ肯セサル者
十二　酩酊シテ路上ニ醉噪シ又ハ醉臥シタル者
十三　路上ノ常燈ヲ消シタル者
十四　人家ノ牆壁ニ貼紙及ヒ樂書シタル者
十五　邸宅ノ番號標札招牌又ハ貸家賣家ノ貼紙其他報告ノ榜標等ヲ毀損シタル者
十六　他人ノ田野園囿ニ於テ菜菓ヲ菜食シ又ハ花卉ヲ採折シタル者
十七　公園ノ規則ヲ犯シタル者
十八　通路ナキ他人ノ田圃ヲ通行シ又ハ牛馬ヲ牽入レタル者
〔第四百二十五條〕九　人ヲ毆打シテ創傷疾病ニ至ラサル

第四章　身體、財産ニ關スル罪
第四百四條　人ヲ毆打シ疾病、創傷ニ至ラサル者ハ五日以

者

第三百四十條　自己ノ所有地又ハ看守ス可キ地内ニ遺棄セラレタル幼者老疾者アルヿヲ知テ之ヲ扶助セス又ハ官署ニ申告セサル者ハ十五日以上六月以下ノ重禁錮ニ處ス

若シ疾病ニ罹リ昏倒スル者アルヿヲ知テ扶助セス又ハ申告セサル亦同シ

〔第四百二十七條〕　九　醫師穩婆事故ナクシテ急病人ノ招キニ應セサル者

〔第四百二十六條第十二項〕　公然人ヲ罵詈嘲弄シタル者但訴ヲ待テ其罪ヲ論ス

第二百二十九條　商賣農工定規ヲ増減シタル度量衡ヲ所有シタル者ハ一月以上三月以下ノ重禁錮ニ處シ二圓以上二十圓以下ノ罰金ヲ附加ス

〔第四百二十八條〕　二　渡船橋梁其故ノ場所ニ於テ定價以上ノ道行錢ヲ取リ又ハ故ナク通行ヲ妨ケタル者

上二十五日以下ノ拘留又ハ二圓以上二十圓以下ノ科料ニ處ス

第四百五條　自己ノ所有地内又ハ其管守スル地内ニ遺棄セラレタル幼者、老者、病者アルコトヲ覺知シ故ナク之ヲ扶助セス又ハ官署、公署ニ申告セサル者ハ二日以上十日以下ノ拘留又ハ五圓以上二十五圓以下ノ科料ニ處ス

第四百六條　醫師、産婆故ナクシテ急病人又ハ分娩セントスル婦女ノ招キニ應セサル者ハ一日以上五日以下ノ拘留又ハ二圓以上二十圓以下ノ科料ニ處ス

第四百七條　公然人ヲ罵詈、嘲弄シタル者ハ三日以上十五日以下ノ拘留又ハ一圓以上十圓以下ノ科料ニ處ス

第四百八條　商賈、農工其營業ノ場所ニ於テ又ハ其營業ノ爲メ定規ヲ増減シタル度量衡ヲ所持シタル者ハ五圓以上二十五圓以下ノ科料ニ處ス

第四百九條　價ヲ償フ能ハサルコトヲ知テ旅店、飲食店其他飲食物ノ販賣者ヲシテ飲食物ヲ供給セシメタル者ハ五日以上二十五日以下ノ拘留ニ處ス

賃金ヲ償フ能ハサルコトヲ知テ營業ノ船車ニ乗リタル者亦同シ

第四百十條　渡船、橋梁其他ノ場所ニ於テ定價以上ノ通行錢ヲ取リタル者ハ三日以上十五日以下ノ拘留又ハ二圓以

第四百二十八條　左ノ諸件ヲ犯シタル者ハ一日ノ拘留ニ處シ又ハ十錢以上一圓以下ノ科料ニ處ス

一　官署ヨリ價額ヲ定メタル物品ヲ定價以上ニ販賣シタル者

二　渡船橋梁其故ノ場所ニ於テ定價以上ノ道行錢ヲ取リ又ハ故ナク通行ヲ妨ケタル者

三　渡船橋梁其他通行錢ヲ拂フ可キ場所ニ於テ其定價ヲ出サスシテ通行シタル者

四　路上ニ於テ賭博ニ類スル商業ヲ爲シタル者

五　官許ヲ得スシテ劇場其他觀物場ヲ開キ及ヒ其規則ニ違背シタル者

六　溝渠下水ヲ毀損シ又ハ官署ノ督促ヲ受ケテ溝渠下水ヲ浚ハサル者

七　制止ヲ肯セスシテ路傍ニ食物其他ノ商品ヲ羅列シタル者

八　官許ヲ得スシテ獸類ヲ官有地ニ放チ又ハ牧畜シタル者

九　身禮ニ刺文ヲ爲シ及ヒ之ヲ業トスル者

十　他人ノ繫キタル牛馬其他ノ獸類ヲ解放シタル者

十一　他人ノ繫キタル舟筏ヲ解放シタル者

第四百二十九條　左ノ諸件ヲ犯シタル者ハ五錢以上五十錢

上二十五圓以下ノ科料ニ處ス

第四百十一條　左ニ記載シタル所爲ヲ行ヒタル者ハ一日以上五日以下ノ拘留又ハ十錢以上二圓以下ノ科料ニ處ス

一　渡船、橋梁其他通行錢ヲ拂フ可キ場所ニ於テ其通行錢ヲ出サスシテ通行シタル者

二　官署、公署ノ許可ヲ得スシテ家畜ヲ官有地若クハ公有地ニ牧養シタル者

三　他人ノ繫キタル牛馬其他ノ動物ヲ解放シタル者

四　他人ノ繫キタル舟筏ヲ解放シタル者

第四百十二條　左ニ記載シタル所爲ヲ行ヒタル者ハ十錢以

以下ノ科料ニ處ス
一　橋梁又ハ堤防ノ害ト爲ル可キ場所ニ舟筏ヲ繫キタル者
二　牛馬諸車其他物件ヲ道路ニ横タヘ又ハ木石薪炭等ヲ堆積シテ行人ノ妨害ヲ爲シタル者
三　車馬ヲ竝ヘ牽テ行人ノ妨害ヲ爲シタル者
四　水路ニ於テ舟ヲ竝ヘ通船ノ妨害ヲ爲シタル者
五　氷雪塵芥等ヲ路上ニ投棄シタル者
六　官署ノ督促ヲ受ケテ道路ノ掃除ヲ爲サヽル者
七　制止ヲ肯セスシテ路上ニ遊戯ヲ爲シ行人ノ妨害ヲ爲シタル者
八　牛馬ヲ牽キ又ハ繫クコトヲ怠カセニシテ行人ノ妨害ヲ爲シタル者
九　出入ヲ禁止シタル場所ニ濫リニ出入シタル者
十　通行禁止ノ榜示ヲ犯シテ通行シタル者
十一　道路ニ於テ放歌高聲ヲ發シテ制止ヲ肯セサル者
十二　酩酊シテ路上ニ酔噪シ又ハ酔臥シタル者
十三　路上ノ常燈ヲ消シタル者
十四　人家ノ牆壁ニ貼紙及ヒ樂書シタル者
十五　邸宅ノ番號標札招牌又ハ貸家賣家ノ貼紙其他報告ノ榜標等ヲ毀損シタル者
十六　他人ノ田野園囿ニ於テ菜菓ヲ采食シ又ハ花卉ヲ採

上三圓以下ノ科料ニ處ス
一　人家ノ牆壁ニ貼紙及ヒ樂書シタル者
二　邸宅ノ番號、標札、招牌又ハ貸家、賣家ノ貼紙其他報告ノ榜標等ヲ毀損シタル者
三　他人ノ田野、園囿ニ於テ菜菓ヲ採食シ又ハ花卉ヲ採折シタル者
四　通路ナキ他人ノ田圃ヲ通行シ又ハ牛馬ヲ牽入レ若クハ乗入レタル者

折シタル者
十七　公園ノ規則ヲ犯シタル者
十八　通路ナキ他人ノ田圃ヲ通行シ又ハ牛馬ヲ牽入レタル者
〔第四百二十六條〕十二　公然人ヲ罵詈嘲弄シタル者但訴ヲ待テ其罪ヲ論ス

第四百十三條　第四百四條、第四百七條、第四百九條、第四百十一條、第四百十二條ニ記載シタル罪ハ被害者ノ告訴アルニ非サレハ訴追スルコトヲ得ス

附則

第四百十四條　此法律ハ明治二十五年四月一日ヨリ施行ス

二　先師宮城浩藏先生　小伝

先生氏は宮城、名は浩藏、嘉永三年二月八日を以て山形県羽前国東村山郡天童に生る、武田玄々の次男なり、出でて宮城氏を嗣ぐ、宮城氏世々天童藩織田公に仕へ、重職に任す。先生天資英邁、幼にして文を好み武を嗜み、嶄然頭角を露はす、人以て奇材と為す、既にして藩學養正館に入り拮据励精、業大に進む、藩主信學公大に其材を愛し、擢でて養正舘の句読師と為す、時に年甫めて、十五、戊辰の歳天下淆乱、奥羽諸藩同盟して王師に抗す。

朝廷織田公を奥羽征討先導師と為す、先生十九、藩の監軍吉田大八の麾下に属し、菩楚辛酸を砲烟剣火の間に嘗むること数閲月、大八殊に先生の勇胆を愛し、毎に左右に従へて戦に臨む、乱平ぐの後、藩公先生に命じ、庄内藩酒田に遊び、雲州の衛戍兵に就き英式兵法を学ばしむ、帰藩後師範役となり、英式戎隊を組織し、大に兵制を改革す、是の時に当り、兵乱僅に平ぎ、人心尚ほ激昂し、剣を磨し槍を横へ疎豪放縦自ら高ぶり、殆ど文事を委棄す、藩学亦将に廃絶せんと、先生乃ち率先藩学の授興を計る、同志翕然之に応ず、是を以て養正舘再び興り、少壮者又文事を修むるに至る、明治二年藩公先生を擢て、兵学を東京に修めしむ、先生藩公に懇請し、更に仏蘭西語を学ぶ、翌年政府貢進生の制を設け、各藩をして絶群の士一人乃至三人を貢せしむ、先生乃ち本藩の貢進生となる、此制廃せらるゝに及び、藩公又命じて大学南校に入らしむ、時に司法省明法寮に法律科を設置す、先生転じて之に赴かんと欲す、南校允さず、乃ち意を決し校を脱して之に赴く、明治九年卒業を卒ひ、日本法律学士と為る、司法省命じて仏蘭西国に遊び、法律学を修めしむ、留まること四年、パリー大学に入り、又リオン大学に学び、業成り仏蘭西法律学士の学位を受く、十三年六月帰朝、検事に任し、判事に転じ、司法省書記官に移り、後従六位奏任官三等に叙し、司法省参事官に歴任す、廿二年二月十一日憲法発布の盛典に列し、憲法発布紀念章を賜はる、是より先き政府法典編纂の挙あり、先生法律取調報告委員に任し、起案に鞅掌す、民法商法民事訴訟法の成る、先生興りて力あり、二十三年刑法改正案起草委員を命ぜらる、第一期帝国議会に提出せられたる改正刑法案は、実に先生及び亀山河津両氏の手に成れり、二十四年三月其功績を以て、勲六等に叙せられる、其他海軍主計学校教授及び警官練習所教授を嘱託せられ、代言人試験委員に任ぜらる、等、先生が得る所を以て、輔翼の功を致したること甚だ多し、生生仕官十年、二十三年三月終に冠を掛く、是の時に当り我国始めて衆議院議員選挙の事あり、先生乃ち山形県第一区より選出せられ、幾くもなくして先生代言人となる、東京有名の代言人其数甚だ多し、而して先生の右に出づるもの殆ど罕なり、終に推されて東京代言新組合会長となる、二十五年臨時総選挙に当り、先生復同区より推挙せられ、先生の政海に在るや、不偏不党、超然自ら樹つ、而して各派大に先生を崇重す、第四議会開き、新法典延期案の議場に上るや、先生身を以て断行論を主張し、外に在りては法治協会を起して、是非を輿論に問ひ、内に在りては同志を糾合して、利害を議場に争ふ、賛助人足らず、断行論竟に行はれずと雖も、天下先生の熱心を賞嘆せざるなし、先生曽て学友岸本辰雄、矢代操の二氏等と計り、東京に明治法律学校を設置し、其教頭となりて鋭意教授の労を執ること前後十年、教を受くる者六千余人、業を卒ふる者千余人の多きに達す、同校の府下有名の法律学校となりしは、先生の力多きに居る、蓋し是れ本邦私立法律学校の権輿なり、二十六年二月、先生腸窒扶斯病を患ひ、病むこと旬余、同月十四日溘焉長逝す、同日特旨位一級を進め、正六位　叙せらる、行年四十有四、東京谷中天王寺に葬る、天下の士識ると識らざると、皆痛惜せざるはなし、葬るに及び来り会する者数千人、在野の士にして盛葬此の如きは未だ曽て之あらざるなり、亦以て平生の徳望を想ひ見る可し。

先生殊に刑法に精し、其講述に係る日本刑法講義二巻、大に世人の好評を博し、前後改版五回、出版部数三万に及ぶ、世人先生を呼びて東洋のオルトランと曰ふに至る、其他民事訴訟法正義、民法正義等の著述あり、並に世に行はる、遺稿若干あり、今回出版したる刑法正義は其一なり。

明治法律学校校友　及門　佐々木忠藏　謹撰

明治二十六年六月

川端　博著　**刑事法研究**

著者紹介

川端　博（かわばた・ひろし）

昭和19年生。昭和42年明治大学法学部卒業，司法修習修了，東京大学大学院法学政治学研究科修士課程修了

明治大学名誉教授・法学博士。法制審議会（総会）委員，放送大学客員教授，旧司法試験考査委員（昭和63年度～平成9年度刑法担当），日本学術会議員（第18期・第19期），新司法試験考査委員（平成18年度～同22年度刑法担当）等歴任。

主要著書

『正当化事情の錯誤』，『違法性の理論』，『錯誤論の諸相』，『財産犯論の点景』，『正当防衛権の再生』，『定点観測・刑法の判例』，『共犯論序説』，『事実の錯誤の理論』，『共犯の理論』，『風俗犯論』，『責任の理論』，『人格犯の理論』，『事例思考の実際』，『刑法特別講義・講演録』，『賄賂罪の理論』，『法学・刑法学を学ぶ』，『司法試験』，『集中講義刑法総論』，『集中講義刑法各論』，『刑法総論講義』，『刑法各論講義』，『刑事訴訟法講義』，『刑法』，『刑法各論概要』，『疑問からはじまる刑法Ⅰ（総論）・Ⅱ（各論）』，『刑法講話Ⅰ総論・Ⅱ各論』（以上，成文堂），『刑法総論25講』（青林書院），『通説刑法各論』（三省堂），『文書偽造罪の理論』（立花書房），『事例式演習教室刑法』（勁草書房），『刑法判例演習教室』（一粒社），カウフマン＝ドルンザイファー著『刑法の基本問題』（翻訳・成文堂），『論点講義刑法総論』（弘文堂），『刑法入門』（共著・有斐閣），『リーガルセミナー刑法1総論・2各論』（共著・有斐閣），『レクチャー刑法総論・各論』，『刑法基本講座（全6巻）』（共編著）（以上，法学書院），『刑事訴訟法』（共著・創成社），『刑法総論』・『刑法各論』・『刑事訴訟法』（編著・八千代出版），リューピング『ドイツ刑法史綱要』（共訳・成文堂）等

宮城浩藏の人と刑法思想
刑事法研究　第18巻

平成30年2月20日　初　版　第1刷発行

著　者　川　端　　博
発行者　阿　部　成　一

〒162-0041　東京都新宿区早稲田鶴巻町514番地
発行所　株式会社　成　文　堂
電話 03(3203)9201(代)　Fax (3203)9206
http://www.seibundoh.co.jp

製版・印刷　三報社印刷　　製本　佐抜製本

ISBN978-4-7923-5234-9　C3032　検印省略
定価（本体8000円＋税）

事項・外国人名索引

あ　行

か　行

さ　行

た　行

な 行

は 行

ま　行

や 行

ら 行